A construção da democracia

Fernando Henrique Cardoso

A construção da democracia
Estudos sobre política

1ª edição

CIVILIZAÇÃO BRASILEIRA

Rio de Janeiro
2020

© Fernando Henrique Cardoso, 2020

CIP-BRASIL. CATALOGAÇÃO NA PUBLICAÇÃO
SINDICATO NACIONAL DOS EDITORES DE LIVROS, RJ

C262c   Cardoso, Fernando Henrique, 1931–
    A construção da democracia : estudos sobre política / Fernando Henrique Cardoso. – 1ª ed. – Rio de Janeiro : Civilização Brasileira, 2020.
    392 p.

    ISBN 978-85-200-1142-3

    1. Democracia – Brasil. 2. Brasil – Política e governo – 1964–1985. 3. Brasil – Política e governo – 1985–2002. I. Título.

20-64815
                           CDD: 320.981
                           CDU: 32(81)"1964/1985"

Leandra Felix da Cruz Candido – Bibliotecária – CRB-7/6135

Todos os direitos reservados. É proibido reproduzir, armazenar ou transmitir partes deste livro, através de quaisquer meios, sem prévia autorização por escrito.

Texto revisado segundo o novo Acordo Ortográfico da Língua Portuguesa.

Direitos desta edição adquiridos pela
EDITORA CIVILIZAÇÃO BRASILEIRA
Um selo da EDITORA JOSÉ OLYMPIO LTDA.
Rua Argentina, 171 – Rio de Janeiro, RJ – 20921-380 – Tel.: (21) 2585-2000

Seja um leitor preferencial Record.
Cadastre-se no site www.record.com.br
e receba informações sobre nossos
lançamentos e nossas promoções.

Atendimento e venda direta ao leitor:
sac@record.com.br

Impresso no Brasil
2020

Sumário

PREFÁCIO PARA A EDIÇÃO DE 2020	7
APRESENTAÇÃO, POR BORIS FAUSTO	13

1. Implantação do sistema oligárquico (dos governos militares a Prudente – Campos Sales) — 19
2. Alternativas políticas na América Latina — 67
3. Industrialização, dependência e poder na América Latina — 95
4. Hegemonia burguesa e independência econômica: raízes estruturais da crise do populismo e do nacionalismo — 117
5. O modelo político brasileiro — 151
6. As contradições do desenvolvimento associado — 187
7. A formação do Estado autoritário — 227
8. A questão da democracia — 263
9. A Fronda Conservadora: o Brasil depois de Geisel — 283
10. Os anos Figueiredo — 299
11. Os impasses do regime autoritário: início da distensão — 317
12. O papel dos empresários no processo de transição — 343
13. Regime político e mudança social: a transição para a democracia — 373

Prefácio para a edição de 2020

Este livro agrupa ensaios escritos em diversos momentos da história recente do Brasil. Os impactos de algumas das transformações ocorridas influenciaram, direta ou indiretamente, minha formação intelectual. O capítulo que abre o livro, entretanto, se refere a outra época: nele, procuro fazer uma síntese da formação do regime político nos inícios do período republicano. Tento entendê-lo. O texto reflete as visões que elaborei a partir de textos e documentos lidos, mas também das múltiplas conversas havidas em casa de meu pai e de minha avó paterna.

Provenho de uma família que teve certo destaque na formação da República e em alguns movimentos ligados a sua evolução (como o "tenentismo" de 1922 e 1924). Ou seja, com movimentos que queriam romper os laços com a política oligárquica anterior. Meu bisavô, um dos chefes provinciais do Partido Conservador, fora governador de Goiás e senador local na época da Monarquia. O pai de meu bisavô fora indicado para presidir a Província do Pará, mas não tomou posse porque foi assassinado.

Sempre me preocupei com entender a política do período republicano, desde o porquê da ação dos militares até o formato do regime e do Estado. Meu avô morreu como general e apoiou os "tenentes", como eram na época meu pai, seu irmão mais velho e vários primos, sendo que um tio-avô meu foi ministro da Guerra (como então se designavam os comandantes do Exército) no primeiro governo de Getúlio Vargas, depois da Revolução de 1930. Nos anos 1950, já sob o governo eleito do mesmo Getúlio Vargas, um primo-irmão de meu pai exerceu o mesmo cargo que seu pai, meu tio-avô, havia ocupado nos anos 1930. Seria natural que eu procurasse entender a vida política nos inícios da República, tanto por razões familiares quanto por interesse acadêmico. Trata-se de um ensaio histórico.

Os dois capítulos subsequentes lidam mais com a política na América Latina do que com problemas especificamente brasileiros. Neles discuto, como na época era usual, a formação de estados "burocrático-autoritários" na região. Tento mostrar as especificidades e diversidades desses Estados, embrulhados todos no mesmo designativo: "burocrático-autoritários". Para explicar o autoritarismo estatal, apelo mais à base social de sustentação dos regimes do que à análise de suas políticas: visão mais de sociólogo do que de politicólogo.

Estes capítulos e alguns dos que os seguem foram escritos há cerca de cinquenta anos. Tratam de entender as transformações que ocorriam no mundo e em nossa política. Por eles se vê (assim como em alguns outros do presente volume) o quanto existe de busca de conceitos para expressar a evolução histórica. Menos do que terem sido elaborados academicamente, os conceitos surgem tateando-se o que ocorre na vida política cotidiana.

No final dos anos 1960, eu havia publicado com Enzo Faletto um livrinho que teve reedições em várias línguas, mas que foi originalmente escrito em espanhol em 1967, intitulado *Dependencia y desarrollo en América Latina* (a primeira edição é de 1969, no México, pela editora Siglo XXI). Estávamos às voltas com as transformações estruturais pelas quais passávamos. Ainda não se falava em "globalização", nem sequer em "empresas multinacionais". Eram os trustes e cartéis, a quem se atribuíam os males do mundo capitalista.

No livro sobre dependência e desenvolvimento, referimo-nos ao que acontecia mundialmente, usando a expressão "internacionalização do mercado interno". Nele e em outros ensaios, começávamos a falar de "desenvolvimento dependente-associado". Na América Latina, daí por diante, inventaram uma "teoria da dependência". Nela, se insistia na impossibilidade de haver desenvolvimento nas condições de dependência. Muito do que se disse a respeito do ensaio que fizemos foi lido sob esta ótica, a que nos opúnhamos. Mostrávamos que, pelo contrário, apesar e talvez mesmo em função de o que hoje se chama de globalização, poderia haver certa dinâmica na economia, com consequências nas transformações da sociedade e das políticas. Dependência *com* desenvolvimento.

No capítulo 4, republica-se um ensaio originalmente escrito em 1967 para a revista *Les Temps Modernes*. Este texto é posterior à publicação de meu livro *Empresário industrial e desenvolvimento econômico*, que data de 1964. Nele, já se vê a preocupação – clara no livro sobre os

A CONSTRUÇÃO DA DEMOCRACIA

empresários – em não descrever a ação da "burguesia local" como se ela fosse equivalente, em termos sociais e políticos, à ação das burguesias francesa ou americana, que fizeram a Revolução Democrática no século XVIII. Havia que marcar as diferenças estruturais entre a formação das classes no "centro" do sistema capitalista e em suas periferias. Sem negar os traços comuns, havia que ressaltar as especificidades da formação das classes sociais e da própria política (inclusive com o "populismo") em sociedades que se desenvolviam no século XX. Elas se inseriam em um contexto internacional, para o qual a noção de "imperialismo", como conceito heurístico, começava a perder sentido, embora eu não dispusesse ainda de novos conceitos para explicar o que ocorria.

Os capítulos posteriores reproduzem ensaios que escrevi para entender o que sucedera com os governos do país a partir de 1964. Não só no Brasil, mas em diferentes países da América Latina, a democracia de inspiração liberal começara a ser substituída por formas de governo, com ou sem militares, que passaram a ser caracterizadas como autoritárias. Boa parte dos capítulos, a começar pelo quinto, sobre o "modelo político brasileiro", é composta de textos que apresentei em seminários feitos no exterior por volta dos anos 1960, nos Estados Unidos e em outros países. Contudo, esses ensaios quase sempre também foram publicados no Brasil. Apesar de eu haver sido compulsoriamente aposentado da cátedra de Ciência Política da USP em 1969, havia certa permissividade para se continuar a fazer críticas. O capítulo 5 desta coletânea dialoga com as interpretações prevalecentes na época e busca especificar o que acontecia: apesar da repressão (e não por causa dela), havia crescimento econômico.

Os dois capítulos, tanto o quinto quanto o sexto, mostram o esforço feito para, ao distinguir o que ocorria na "Periferia" com o que ocorrera no passado do "Centro", nos termos da época, mostrar, ao mesmo tempo, o que havia de comum nessas duas situações históricas: eram aspectos do desenvolvimento do capitalismo. Especialmente no capítulo 6 se veem a discrepância entre minhas análises e o ponto de vista prevalecente na intelectualidade crítica daquele período. Minhas leituras teóricas sobre o capitalismo (o seminário no qual um grupo e eu lemos minuciosamente *O capital* e a monumental *História crítica da mais-valia*, de Marx, durou de 1958 a 1964) e o gosto por análises mais empíricas impediam-me de aceitar as noções de "desenvolvimento do subdesenvolvimento". Ou ainda de "pastorização" da economia, como se o que ocorrera em 1964 tivesse repercussões mais a favor do desenvolvimento agrário tradicional do que do urbano-industrial moderno...

A partir de dezembro de 1968, com o Ato Institucional nº 5 (AI-5), as condições repressivas pioraram. Mesmo assim, em círculos privados (criáramos o Centro Brasileiro de Análise e Planejamento, o Cebrap) podíamos, como os monges medievais, escrever sem que nos aborrecessem muito. É certo que os exaltados da direita da época jogaram uma bomba no Cebrap. Havíamos escrito um livro, sob os auspícios de dom Paulo Arns, sobre *Crescimento e pobreza em São Paulo*. Alguns dos membros da instituição, eu inclusive, fazíamos conferências críticas ao que estava sucedendo na política. Alguns de nós fomos presos ou interrogados na Operação Bandeirante (Oban), organização político-policial-militar que lutava contra os "subversivos". Ainda assim, continuamos não só publicando textos críticos ao regime como organizando seminários no Cebrap que tiveram importância para estimular o pensamento político-social brasileiro.

À medida que o regime autoritário foi se "abrindo", cada vez mais, em meu caso, a análise toma o sabor da política. Não a militante ainda, mas a crítica, sempre buscando evitar a mera ideologização. Os capítulos 7 e 8, o primeiro sobre a formação do estado autoritário e o segundo sobre a questão democrática, apresentam textos "de passagem" da análise sociológica para a mais diretamente política. Pouco a pouco, chegava-se à discussão mais aberta dos governos e de suas políticas. Especialmente no capítulo 8, a análise do autoritarismo se torna mais política do que econômica ou sociológica. No capítulo 9 já aparece claramente a questão da sociedade civil e do renascimento de uma perspectiva política mais inclusiva das pessoas e mais democrática. Estávamos na era Geisel, longe dos arroubos do governo Costa e Silva, mas ainda não havíamos chegado à era Médici, quando, a meu ver na época, formou-se o que chamei de Fronda Conservadora. A essa sucedem os anos de Figueiredo com as políticas de abertura. No capítulo 11 passo a considerar as possibilidades de "distensão".

Nesse capítulo se vê como não só a base da sociedade civil, como também sua cúpula, começam a exercer papel crítico nas mudanças que ocorreram no jogo político e a ter presença mais ativa na definição de rumos. Disso também é exemplo o capítulo 12, sobre os empresários e a distensão. Levo em conta na análise, cada vez mais, os fatores propriamente políticos para entender a dinâmica do regime autoritário. Eu desenvolvera um conceito, o dos "anéis burocráticos", pelo qual se mostrava como, em regimes autoritários, havia ligações entre os interesses das camadas sociais com setores burocráticos. Mais tarde, os politicólogos desenvolveram noção semelhante, com outra designação: "capitalismo de laços".

Por fim, no último capítulo, refletindo as discussões da época, encaro, na nova sociedade que se formava, o papel dos movimentos sociais e das classes, bem como no que consistiam o Estado e os partidos. A influência dos livros de Foucault é clara: a microfísica do poder. Nem tudo se resolve no plano das estruturas e das grandes noções. A vida cotidiana também pesa e, se os partidos e movimentos em formação no Brasil não entendessem isso, a fragmentação da sociedade daria espaço apenas para as "conchas acústicas" do poder. Este continuará a exercer-se, absorvendo o que puder. A consciência ingênua dos pobres e oprimidos (ou quaisquer outras) será impotente para resolver as questões de base do povo. Ou seja, estava posta também a questão das ideologias.

Que sentido haveria em juntar estes diferentes ensaios e republicá-los quarenta ou cinquenta anos depois? Primeiro, o histórico: neste livro se descrevem, nem sempre de forma completa e suficiente, as mudanças que foram ocorrendo na sociedade brasileira e em seus regimes políticos. Segundo, alguns dos conceitos que fomos historicamente aprendendo a usar são de valia para entender como chegamos à democracia e ao crescimento econômico, apesar do patrimonialismo e do autoritarismo de grande parte de nossa história. Terceiro, ele mostra, de forma clara, como conceitos e vida andam de mãos dadas. Por fim, porque sempre dá gosto ao autor ver que algo que escreveu no passado pode resistir ao que quase tudo consome: o passar do tempo.

Apresentação

Boris Fausto

Fernando Henrique Cardoso é uma das raras figuras de minha geração que têm uma forte presença no campo intelectual e no campo político. Mais ainda, essa dupla presença, que se tornou nítida a partir de meados dos anos 1970, foi benéfica para sua atividade. Trouxe para a política um comportamento reflexivo e o lastro de quem se preocupou por longos anos em entender as raízes e as vicissitudes deste país. Ao mesmo tempo, seus escritos sobre a política e a sociedade contemporâneas ganharam maior substância ao se apoiarem em uma vivência do jogo do poder. Há sempre o risco para o intelectual, especialmente quando faz a análise de episódios recentes, de fantasiar processos vividos na realidade, de uma maneira bem diversa do que poderia supor. Só a imersão na política ou a proximidade dela eliminam este risco, sob a condição de que o observador tenha equilíbrio suficiente na análise do objeto que está em condições de conhecer de perto.

Os textos componentes deste livro estão longe de ser, porém, uma simples descrição participante. Eles buscam em sua grande maioria entender o que é o Brasil posterior à instauração do regime militar em 1964. Discute questões fundamentais sobre a natureza do regime, seus pontos fortes que lhe dão condições de sobrevivência, seus pontos débeis pelos quais se insinuam os problemas. À medida que estes se avolumam, ganham relevo o tema da transição para a democracia e os dilemas da consolidação de uma ordem democrática.

Embora os ensaios tenham sido escritos em boa medida "no caso da hora", há neles uma grande margem de previsão. Não no sentido de adivinhação do futuro, mas de identificação das questões relevantes e da tentativa de compreender, olhando de frente, uma nova realidade.

Tomemos o exemplo do ensaio "Hegemonia burguesa e independência econômica: raízes estruturais da crise do populismo e do nacionalismo", escrito originalmente para a revista *Les Temps Modernes*, poucos anos após a instauração do regime militar. Por essa época, os intelectuais nacionalistas e de esquerda estavam desarvorados diante do golpe. Como as forças que apoiavam o governo Jango apostavam no desenvolvimento econômico autônomo, promovido pelos técnicos estatais e pela burguesia nacional, era aparentemente razoável acreditar que os militares estavam implantando uma ditadura subserviente aos Estados Unidos e promotora do retrocesso econômico. Autores respeitáveis caracterizaram o regime como "colonial fascista", ou tenderam a acreditar na "pastorização" do País.

O ensaio de Fernando Henrique foi um dos primeiros a indicar que o regime militar não voltara as costas ao desenvolvimento econômico. Ele fora articulado, entre outras forças, por importantes setores industriais-financeiros, em busca de uma política desenvolvimentista capaz de permitir inversões externas de capital e, no plano político, marginalizar as forças populares do sistema de decisões.

Desapareceria a burguesia nacional nesse processo? Não, mas perderia importância como força social ao mesmo tempo que "continuaria a reivindicar, em nome do 'capitalismo nacional', um tratamento que não fosse o de 'cachorro morto'".

Essas constatações iniciais sobre a natureza do regime militar seriam mais tarde corporificadas no ensaio escrito em 1973, com o título de "As contradições do desenvolvimento associado". Aí, o leque de análises se abre e ganha maior fundamento, mostrando a viabilidade do desenvolvimento na periferia do sistema capitalista, assim como a possibilidade de que o capitalismo dependente deixe de se basear na exploração extensiva da mão de obra e, portanto, na baixa remuneração do trabalho.

No plano político, indica-se como era falso o dilema socialismo ou fascismo, apresentado como inevitável para a América Latina.

Outro ponto que deve ser notado é a capacidade de Fernando Henrique de estabelecer distinções no objeto de análise sem ceder terreno à retórica política superficial. É o caso, por exemplo, da definição do regime militar brasileiro como autoritário e não como totalitário. Para algumas mentes letradas simplistas, a caracterização da ditadura militar como autoritária constituía, naqueles anos difíceis, uma capitulação.

No entanto, a demonstração de que o regime, por sua escassa mobilização social, pelo desinteresse ou impossibilidade de construir um partido único, pela frouxa articulação ideológica, se definia como autoritário tinha importantes consequências teóricas e práticas. Isto, tanto do ponto de vista do entendimento da mecânica do regime militar quanto das possibilidades e limites da distensão política.

Ao buscar entender situações novas, Fernando Henrique formulou várias noções originais. Quero me referir apenas a uma delas: a noção de anéis burocráticos que o autor foi delineando no início dos anos 1970 para compreender como se dava o processo de decisões e como se faziam sentir no interior do Estado – especialmente do Executivo – os interesses concretos das classes dominantes.

A partir do governo Médici, quando os partidos perdem muito de sua função, algo se cria em seu lugar. São instrumentos políticos menos estáveis e mais ágeis, pouco visíveis em uma apreciação superficial. A eles, Fernando Henrique aplica a noção de anéis burocráticos – forma que o regime militar adotou para permitir a inclusão de interesses privados em seu seio, e para criar instrumentos de luta político-burocrática no aparelho do Estado.

Mais uma vez aparece o propósito de Fernando Henrique no sentido de estabelecer distinções, agora para marcar a novidade de uma configuração. Os anéis entrelaçados não são *lobbies* por serem mais abrangentes e mais heterogêneos; não correspondem ao corporativismo, pois este supõe maior organização e representação das classes, embora sob controle estatal.

Os últimos ensaios do livro refletem a crescente participação política de Fernando Henrique, e revelam uma mudança no ângulo de abordagem. A preocupação com a base material da sociedade e com as grandes linhas da conjuntura permanece, mas ela se encarna em atores políticos individuais e coletivos.

A análise de figuras como as dos generais-presidentes Geisel e Figueiredo é parte essencial do estudo da transição do regime autoritário para a democracia. O próprio estilo dos textos se modifica, tornando-se mais leve e mais irônico.

Teria o general Geisel conseguido exercer o papel de rei para o qual se sentia talhado, no caminho da libertação conservadora? Em parte, tivemos sim um rei. Mas este rei-sol de Terceiro Mundo conhecerá seus percalços para estabelecer as regras da sucessão, e, mais ainda, para recriar os caminhos pelos quais a carruagem poderá seguir sob o aplauso dos poderosos, ainda que sob o apupo das massas, como Luís XIV.

Se o general Geisel reina e governa, o general Figueiredo reina mas não governa. Ele, sob certos aspectos, "impera como a rainha da Inglaterra impera sobre a *City*: assina em cruz, mas confia porque pertence ao núcleo dos que puseram as Forças Armadas à margem e enlaçaram ao Estado os grandes interesses civis e estatais, por intermédio de uma parte da burocracia civil e militar que virou política".

O ensaio final, "Regime político e mudança social: a transição para a democracia", enfrenta questões essenciais que estão na cabeça e nos escritos de intelectuais e políticos de diferentes orientações. Uma grande interrogação orienta a análise: quais as condições indispensáveis para se democratizar a sociedade e institucionalizar democraticamente a vida política? Fernando Henrique percorre o tema passando pela análise da teoria da representação, pelo problema dos partidos, pelas incertezas da construção de um sujeito histórico transformador que considera por ora indeterminado.

A resposta, ou melhor, as respostas à grande interrogação são parciais não por insuficiência da análise, mas por força das contingências das transformações sociais e políticas em curso que dificultam uma totalização.

Mas, ao mesmo tempo, velhas concepções são revistas, e certas hipóteses, recusadas. Se o sujeito histórico transformador é ainda indeterminado, isto significa que ele não poderá se reduzir ao proletariado industrial da teoria marxista clássica – sujeito determinado *a priori*. Se a consolidação dos partidos está ainda indefinida, podemos desde já evitar o simplismo de imaginar que vamos repetir na periferia industrializada do sistema capitalista o esquema de classes, partidos e Estado que prevalecem na Europa. Também podemos descartar a ideia da construção do partido do povo unido para alcançar a libertação nacional, pois o modelo de sociedade que prevalece no Brasil não é o agrário-colonial de algumas sociedades africanas e asiáticas.

Não vou me estender, até mesmo porque o leitor poderia lembrar com razão, como nos velhos programas de rádio, que o nome de Fernando Henrique dispensa apresentações. Respondo antecipadamente, dizendo que estas linhas são menos uma apresentação e mais uma homenagem pessoal.

CAPÍTULO I Implantação do sistema oligárquico (dos governos militares a Prudente – Campos Sales)

A afirmação de que existem momentos na história que precipitam e cristalizam tendências e soluções gestadas lentamente nas épocas anteriores é trivial. Esses "momentos", quando o corte se faz com referência às longas épocas históricas, podem durar décadas, como quando se diz que a Revolução Francesa marcou o fim do Antigo Regime. Às vezes as mudanças são mais drásticas e rápidas, como ocorreu com os "dez dias que abalaram o mundo", da Revolução Russa de 1917. Em outras circunstâncias, a marcha caprichosa da História – ou seja, a afirmação dos interesses políticos e econômicos de grupos e classes sociais em luta – faz-se mais lentamente, e é entremeada por pequenos golpes palacianos, rebeliões localizadas e vaivéns que dificultam a percepção das novas linhas de força que estão a definir o contorno dos interesses dos grupos e classes envolvidos nas lutas pelo sistema de dominação.

A passagem do Império à República e a formação de um sistema de poder capaz de articular os interesses dos novos donos da situação no Brasil republicano parecem ter obedecido antes à dinâmica de uma história pouco "precipitada", fazendo uma alusão ao comportamento dos elementos químicos, e, simultaneamente, às regras de astúcia e compromisso características da cultura política brasileira, do que ao espetaculoso corte de nós górdios que caracterizou os grandes momentos da passagem do Antigo Regime à era burguesa na França ou, ainda mais drasticamente, a passagem do capitalismo ao socialismo.

De fato, mesmo no nível imediato da percepção, quase ao sabor da crônica dos acontecimentos, o Quinze de Novembro apareceu como um movimento "superficial". Por um lado, na expressão consagrada de

Aristides Lobo, o povo teria assistido "bestializado" à parada militar da Praça da Aclamação. Dentro do Exército, a articulação fez-se por intermédio de um punhado de oficiais jovens de baixa patente que, se estavam isolados da soldadesca – que não parece ter se dado conta do alcance de seus atos mesmo quando reunida em frente ao Ministério da Guerra no dia 15 –, também não se haviam articulado, senão muito parcialmente e à última hora, com os oficiais superiores.[1]

Ao restringir a observação a este tipo de registro anedótico dos acontecimentos, a ordem republicana ter-se-ia instaurado por intermédio de um *putsch* militar cujo êxito pareceria repousar apenas na audácia dos jovens oficiais radicalizados e na incapacidade momentânea de reação dos condestáveis da ordem monárquica que detinham, numericamente, esmagadora maioria em comparação com os revoltosos.

Entretanto, não somente a revolta fez-se vitoriosa como, ao derrubar a ordem imperial, os jovens oficiais (aos quais a corporação militar aderira, simbolizada por Deodoro e, de fato, articulada no plano ideológico por Benjamin Constant e, no plano interno do Exército, pelo ajudante-general de então, Floriano Peixoto) abriram passo à reorganização da ordem política brasileira. Em síntese, nem a República foi mera quartelada, nem se tratou "apenas" – como se estas não importassem... – de uma mudança no nível das instituições, que de monárquicas passaram a republicanas. Houve, de fato, uma mudança de base nas forças sociais que articulavam o sistema de dominação no Brasil.

De alguma maneira, portanto, analisar o período que vai da proclamação à instauração do poder republicano sob controle civil (Prudente e Campos Sales) implica deslindar as fases, as forças sociais, a ideologia e as instituições políticas que, também entre nós e por analogia formal com a história europeia, marcaram a passagem do Antigo Regime para uma ordem burguesa. As especificidades de ambos no Brasil deram contornos próprios aos momentos decisivos de constituição da ordem republicano-burguesa. Esses contornos e a forma assumida pela ordem política instituída pela República precisam ser mais bem descritos para que se entendam o significado da República e a implantação do sistema oligárquico no Brasil.

Nas décadas finais do Império, a "questão social" e sua crítica puseram a nu as bases da sociedade brasileira: a escravidão e a grande propriedade territorial. A decomposição da ordem senhorial-escravocrata foi acelerada na fase final pela ação da própria Coroa; isso acabou por abalar a instituição monárquica. Entretanto, se é certo que no essencial aquela instituição e suas bases sociais – Coroa, escravidão, grande propriedade – resumem o arcabouço da sociedade brasileira na época do Império, a dinâmica delas dificilmente pode ser interpretada como se decorresse apenas dos conflitos entre estas instituições.

AS TRANSFORMAÇÕES ECONÔMICO-DEMOGRÁFICAS

De fato, desde o término do tráfico negreiro e da introdução de imigrantes europeus, e especialmente depois do início da expansão cafeicultora dos anos 1870, as molas fundamentais da economia imperial começaram a assentar em outras forças sociais, sem mencionar que, desde a crise da Independência, o papel da burguesia mercantil era importante na política. Por outro lado, a simplificação da estrutura social e de poder nos termos feitos acima deixa de lado o que Raymundo Faoro[2] chamou de "estamentos burocráticos", o principal dos quais, na época, seria o Exército. Além disso, como indicam os dados a seguir, extraídos do Censo de 1872, entre os senhores e os escravos existia uma massa apreciável de população que não deve ser simplesmente posta entre parênteses nas análises:

	Número de pessoas	Porcentagem
População livre*	8.419.672	94,5%
Porcentagem	1.510.806	5,5%

Mesmo considerando a precariedade da informação censual disponível, essa população (livre e escrava) distribuía-se em um conjunto de profissões que já indicava uma relativa diferenciação estrutural e a presença de estratos sociais que não se resumiam às categorias sociais fundamentais da estrutura social, isto é, aos senhores e escravos (Tabela 1).

Tabela 1 – Distribuição da população por profissões em províncias selecionadas – Brasil, 1872

	Profissões urbanas				
Profissões	Município neutro	São Paulo	Bahia	Pernambuco	Rio Grande do Sul
Religiosos	264	284	288	337	139
Juízes	78	226	158	78	51
Advogados	242	333	215	186	36
Notários e escrivães	85	318	224	111	75
Procuradores	151	254	205	106	90
Oficiais de justiça	69	396	262	114	67
Médicos	394	325	281	101	77
Cirurgiões	44	73	41	16	2
Farmacêuticos	369	263	152	69	74
Parteiros	54	303	310	163	164
Professores e homens de letras	897	1.101	768	532	369
Empregos públicos	2.351	1.014	1.059	747	123
Artistas	9428	4.295	6.454	5.152	823
SUBTOTAL	1.4426	9.185	10.417	7.712	2.090

Profissões	Profissões industriais e comerciais				
	Município neutro	São Paulo	Bahia	Pernambuco	Rio Grande do Sul
Manufatureiros e fabricantes	822	1.578	6.824	1.375	763
Caixeiros e guarda-livros	23.481	7.952	21.670	9.842	1.212
SUBTOTAL	24.303	9.530	28.494	11.217	1.975
Capitalistas e proprietários	2.007	2.054	8.622	3192	1054
Militares	5.474	1.062	2.971	1.818	5.312
Marítimos	8.039	1.044	3.019	1.466	427
Pescadores	1.216	503	4.622	2.185	382
Lavradores	17.021	340.199	453.678	259.483	135.152
Criadores	–	11.403	20.651	5.474	86.954
Operários	18.091	27.329	32.730	11.398	3.768
Costureiras	11.592	29.082	76.651	20.627	27.587
Criados e jornaleiros	25.686	37.698	40.727	26.427	3.865
Serviço doméstico	55.011	99.684	169.511	82.238	24.959
Sem profissão	92.106	268.581	527.523	408.302	141.288
TOTAL	274.972	837.354	1.379.616	841.539	434.813

Note-se que, se considerarmos apenas as províncias-chave para o desdobramento das crises sucessivas que se seguiram à Guerra do Paraguai e à questão servil e desembocaram na República, o peso relativo das profissões urbanas pareceria ser maior do que no conjunto do País (Tabela 2).

Tabela 2 – Distribuição percentual da população trabalhadora por profissões em províncias selecionadas – Brasil, 1872

	Município neutro	São Paulo	Bahia	Pernambuco	Rio Grande do Sul	Brasil
Profissões não manuais urbanas*	28,1	3,4	4,5	4,8	3,1	3,9
Costureiras	6,3	5,1	9,0	4,8	9,4	8,3
Proprietários, capitalistas e empresários	1,6	0,6	1,8	1,1	0,6	0,9
Operários	9,9	4,8	3,8	2,6	1,3	4,7
Lavradores, criadores e pescadores	10,0	62,0	56,2	61,6	75,8	56,5
Jornaleiros e criados	14,1	6,6	4,8	6,1	1,3	7,3
Serviço doméstico	30,0	17,5	19,9	19,0	8,5	18,4
TOTAL	100,0	100,0	100,0	100,0	100,0	100,0
PEA/PT**	66,5	67,9	61,8	51,5	67,5	58,0

Embora a informação censual não permita, de fato, isolar os grupos de profissão por classe social (entre os militares contam-se oficiais e praças de pré, por exemplo), nem separar as profissões entre as que se exerciam nas cidades e as exercidas na área rural, a concentração tão grande de

---

* Considerei profissões "não manuais urbanas" as seguintes: religiosos, juízes, advogados, notários e escrivães, procuradores, oficiais de justiça, médicos, cirurgiões, farmacêuticos, parteiras, professores e homens de letras, empregados públicos, artistas, militares, marítimos, comerciantes, guarda-livros e caixeiros.
** Este percentual é o resultado da população economicamente ativa (PEA) sobre a população total (PT).

profissões liberais, de comerciários e de militares no Município Neutro mostra que, no terceiro quartel do século XIX, havia uma população urbana diferenciada, letrada e burocrática que deveria pesar na "opinião pública" da época.

Mais importante do que registrar a existência de uma diferenciação estrutural complexa que não pode resumir-se a seus setores polares é considerar que os últimos três decênios que antecederam a República de 1889 marcaram importantes modificações nas bases da economia brasileira. Neles, tanto se deu a expansão da lavoura cafeeira na região Centro-Sul e, mais especificamente, no noroeste de São Paulo, quanto o decênio 1870-1880 caracterizou-se como um período de intensa atividade mercantil-financeira que permitiu mais um surto de prosperidade urbano-industrial. De fato, às crises de 1857 e 1864 seguiu-se – com o interregno da Guerra da Tríplice Aliança (1865-1870) – uma nova fase expansiva do ciclo de acumulação. Este, já naquela época ativado pelo Estado e diretamente ligado ao financiamento externo, com consequente expansão do controle estrangeiro da economia, especialmente do capitalismo inglês, propiciou, por um lado, o avanço das instalações de infraestrutura da economia agroexportadora pela expansão da rede ferroviária e melhoria dos portos, e, por outro, permitiu a instalação de fábricas de produtos consumidos internamente (alimentação e tecelagem) e certa expansão nos setores urbanos de serviços.[3] Como consequência, a sociedade brasileira da época dinamizou-se grandemente. No plano estrutural, os processos que mais refletiram essa dinamização foram o crescimento das cidades e as migrações. Assim, tomando-se o período de 1872 a 1920, a evolução do grau de urbanização do Brasil, segundo dados elaborados por Juarez Rubens Brandão Lopes,[4] foi a apresentada na Tabela 3.

Tabela 3 – Grau de urbanização do Brasil (1872-1920)

Censo	População Total	Cidades de 50 mil habitantes ou mais N	Pop.	Cidades de 100 mil habitantes ou mais N	Pop.	Cidades de 500 mil habitantes ou mais N	Pop.	50 mil ou mais	100 mil ou mais	População urbana 500 mil ou mais
1872	9.930.478	4	582.749	3	520.752	–	–	5,9	5,6	–
1890	14.333.915	6	976.038	3	808.619	–	–	6,8	5,6	–
1900	17.438.434	8	1.644.149	4	1.370.182	–	–	9,4	7,9	–
1920	30.635.605	15	3.287.448	6	2.674.836	1	1.157.873	10,7	8,7	3,8

No conjunto, enquanto a população brasileira cresceu a uma taxa média de 2,5% ao ano no período de 1872 a 1890, a população nas cidades com 50 mil ou mais habitantes cresceu a 3,7, e as com mais de 100mil, a 3,1. No último decênio do século, já na República, a taxa média de crescimento global da população caiu para 2,2%, enquanto as cidades cresciam a 6,8 e 6,9%, respectivamente.

Para que se forme uma ideia da importância relativa do tamanho das cidades brasileiras e de seu número, convém comparar a população urbana brasileira e a americana.[5]

Tabela 4 – Número de locais urbanos de tamanhos vários e volume da população (comparação entre Estados Unidos e Brasil em datas escolhidas, em milhares)

Tamanho da população	1850 Estados Unidos	1850 Brasil	1860 Estados Unidos	1860 Brasil	1872 Estados Unidos	1872 Brasil	1890 Estados Unidos	1890 Brasil	1900 Estados Unidos	1900 Brasil	1920 Estados Unidos	1920 Brasil
+ de 1 milhão	–	–	–	–	–	–	–	–	–	–	1	1.157
500 mil/ 1 milhão	1	516	2	1379	–	–	1	522	1	811	1	1.579
250 mil/ 500 mil	–	–	1	267	1	275	–	–	–	–	1	283
100 mil/ 250 mil	5	659	6	993	2	245	2	286	3	557	3	654
50 mil/ 100 mil	4	284	7	452	1	62	3	167	4	274	9	612
25 mil/ 50 mil	16	611	19	670	10	315	7	237	8	312	4	143
10 mil/ 25 mil	36	561	58	884	5	115	6	125	5	76	2	43

Fonte: Bruchev, S. *The Roots of American Economic Growth*. Nova York: Harper & Row, 1968, p. 76-77, Coleção *Harper Torch Book*; e tabela sobre "População das capitais dos estados do Brasil", do Recenseamento de 1920, p. X.

* Cifra obtida em 1906.

A Tabela 4 mostra que, se é certo que o crescimento absoluto da população urbana brasileira foi grande, a rede urbana apresentou, em comparação com o que ocorreu nos Estados Unidos, uma tendência a certo afunilamento: as grandes cidades passaram a concentrar mais população sem que a base da pirâmide urbana se ampliasse na mesma velocidade. Talvez por isso o fato que politicamente era decisivo (o de que se formava nas grandes cidades uma "massa crítica") ficou em geral obscurecido nas interpretações que insistem no peso da estrutura agrária tradicional como determinante geral da sociedade brasileira.[6]

São mais conhecidos os dados referentes ao crescimento da migração externa no período do último quartel do século XIX e início do XX, e não é necessário mais do que indicar cifras globais para recordar sua importância: somente no Estado de São Paulo entraram 184 mil imigrantes na década de 1880,[7] e particularmente depois de 1888 a entrada de imigrantes foi muito acentuada, especialmente em São Paulo, devido à lavoura do café. Assim, em dados gerais de comparação da população estrangeira com a brasileira, a distribuição censual e as cifras corrigidas dos censos ou estimadas foram as seguintes:

Tabela 5 – Brasil – população total e população estrangeira, em mil habitantes* (1872-1920)

Censo	População total		População estrangeira	
	Recenseada	Corrigida	Recenseada	Corrigida
1872	10.112	10.112	383	383
1890	14.334	14.334	714	714
1900	17.436	18.200	1.279	1.296
1920	30.636	27.500	1.590	1.651

---

* Dados e correções extraídos de Santos. M. J., *op. cit.*, p. 263. Os dados de 1900 para o Rio referem-se ao censo realizado em 1906, devido à anulação dos resultados do censo anterior.

Embora percentualmente o número de estrangeiros não tenha sido grande, como houve concentração da migração especialmente para São Paulo, como se vê na Tabela 6, eles contaram decisivamente na força de trabalho disponível na região mais dinâmica do País.

Tabela 6 – Brasil – imigração total no País e em São Paulo por períodos – 1884-1920

Período	Brasil	São Paulo
1884-1887	145.880	53.023
1888-1890	304.054	157.781
1891-1900	1.129.315	733.335
1900-1920	1.469.095	857.149

Fonte: Dados originais do Instituto Brasileiro de Geografia e Estatística (IBGE) e do Departamento Estadual de Estatística de São Paulo.

Tabela transcrita de Santos, M. J., *op. cit.*, p. 269.

O grosso da população imigrante foi recrutado para a lavoura, mas é preciso considerar que nos períodos de crise agrária havia expulsão para as cidades[8] e para outros países (o fluxo migratório em 1901 diminuiu, e em 1903 o número de saídas para o exterior superou o de entradas, voltando a crescer entre 1911 e a Primeira Grande Guerra, para diminuir até 1920 e novamente encontrar um clímax em 1926), bem como convém notar que o desenvolvimento do setor de serviços e da indústria atraía os estrangeiros para as cidades, como a Tabela 7 demonstra.

Tabela 7 – Brasil – distribuição percentual por setores
de produção da mão de obra estrangeira no País

	1872	1900	1920
Agricultura (%)	55,2	43,9	44,9
Indústria (%)	10,1	8,0	24,2
Serviços (%)	34.7	48,1	30,9
Porcentagem de estrangeiros trabalhando sobre o total de estrangeiros presentes com 14 anos de idade ou mais	53,9	59,6	54
TOTAL OCUPADO	209.455	762.669	867.067

Fonte: Dados do Recenseamento Geral do Brasil (1920). Dados de 1872 e 1900 resumidos na introdução, p. VIII-XIII.

* Mais uma vez reproduzo na íntegra (apenas com alteração dos títulos) tabela do trabalho excelente de Santos, M. J., *op. cit.*, p. 272.

As migrações internas havidas no período que ora nos interessa foram menos significativas. Entre 1872 e 1890, as regiões que mais ganharam imigrantes foram as do Amazonas, do Rio (capital nacional) e dos quatro estados do Sul: São Paulo, Paraná, Santa Catarina e Rio Grande. Entre 1890 e 1900, Amazonas, Maranhão e Pará – graças à expansão da extração da borracha – tiveram um forte aumento de população devido especialmente à migração de nordestinos que fugiam das secas. O Rio continuou absorvendo migrantes, e São Paulo, ademais de seu papel na absorção de estrangeiros, também ganhou populações nacionais, embora os outros estados do Sul tivessem perdido população, a crer nos dados – neste caso discutíveis – dos censos. Entre 1900 e 1920, a Amazônia (provavelmente na primeira parte do período) continuou ganhando população, bem como o Rio e os três estados do extremo Sul, mas, em São Paulo, o saldo do período no que toca aos migrantes nacionais foi negativo.

Quanto aos estados que expulsaram população, há de destacar em primeiro lugar a grande perda do Nordeste entre 1870 e 1880 e a do estado do Rio até 1900; por outro lado, Minas Gerais, desde 1890, e Bahia (que ganha população entre 1850 e 1890), desde 1900, perderam largas camadas de população.[9]

Para os fins deste capítulo, indicar a forma que assumiu a migração estrangeira talvez tenha maior significação do que simplesmente indicar seu *quantum*. De fato, na migração estrangeira[10] foi decisiva a ação do Estado, tanto o federal quanto, particularmente, o de São Paulo. Douglas Graham mostrou, comparando o fluxo migratório para o Brasil com o que ocorreu na Argentina e nos Estados Unidos, que o processo migratório estava sujeito à influência tanto de fatores de atração (os surtos de crescimento econômico local alternativo dos três países), que podiam transformar-se – da perspectiva de cada um desses países – em fatores de desvio (se a expansão argentina ou americana, em certas épocas, atraísse mais imigrantes do que o Brasil, por exemplo), quanto de fatores de impulso, originados pela oferta de imigrantes na Europa. Como instrumento equilibrador desse mecanismo, as políticas governamentais de subsídios à imigração para a lavoura, especialmente nas etapas iniciais do fluxo migratório na década de 1890, foram cruciais para garantir a mão de obra necessária à expansão cafeicultora. Em dados gerais,[11] o peso da migração subvencionada foi o seguinte:

Tabela 8

Período	Total de imigrantes	Imigrantes subvencionados (%)
1888-1890	168.240	63,4
1891-1900	719.595	79,9
1901-1910	420.447	40,1
1911-1915	35.604	36,0

Graham mostrou também que a redução de subsídios ou sua expansão tinha efeitos diretos, no jogo atração-repulsão-desvio, sobre o número de imigrantes entrados no Brasil.[12] Até 1900, a proporção de imigrantes subsidiados era acentuada em São Paulo. Só depois dessa época, quando também houve migrações de espanhóis e portugueses, é que a migração sem subsídios parece ter se firmado. Esse surto, entretanto, já não refletia apenas a expansão da cafeicultura, mas derivava de uma intensificação das atividades urbano-industriais.

O QUADRO POLÍTICO DO IMPÉRIO

No plano político, as crises que antecederam a República ligaram-se em parte às transformações que vinham ocorrendo na correlação das forças sociais do País. A emergência do Partido Republicano em São Paulo e a força do movimento abolicionista – ao qual aderiram não poucos fazendeiros republicanos beneficiários da migração estrangeira – são exemplos disso.

Mas, paralelamente, existia um outro fator desequilibrador das instituições políticas imperiais: o Estado vira-se confrontado com crises políticas crescentes, como a Questão Religiosa e a Questão Militar. Esta última se prenunciara já nos idos de 1868, quando o gabinete liberal de 3 de agosto deu lugar ao ministério conservador de 16 de julho. O que estava em jogo, então, não era apenas a "derrubada" da situação provocada pela Coroa para reequilibrar e viabilizar a continuidade do processo político administrativo tradicional. Ocorrera um fato insólito: o imperador, frente à pressão de Caxias, que se desgostara com as críticas açuladas pelos liberais à morosidade na condução da guerra e pedira demissão, levou a questão ao Conselho de Estado. Este, entre o princípio do primado do poder civil e a necessidade de considerar a circunstância da guerra, tentou recusar tanto a exoneração do general quanto garantir a permanência do gabinete Zacarias. Inconformado, o imperador endereçou questão mais precisa ao Conselho de Estado: "Qual é, segundo o Conselho de Estado, o mal menor: a demissão do general ou a do ministério?". A maioria do Conselho, diante da pergunta imperial, optou pela permanência do ministério.

Não obstante, a própria insistência de dom Pedro revelava que a "derrubada" estava à vista. No episódio em tela, o imperador provavelmente estava manobrando para atingir desígnios que, menos do que do general, eram seus. A 16 de julho convocou (depois da demissão de Zacarias por não concordar com a escolha de um senador feita por ele próprio) Eusébio de Queirós e o visconde de Itaboraí para organizar novo ministério, desta feita de velha cepa conservadora, contrário inclusive ao que as Falas do Trono do tempo de Zacarias de Góis haviam apontado como um problema a ser encaminhado: a questão servil.

A CONSTRUÇÃO DA DEMOCRACIA

Dom Pedro, ao agir como agiu em 1868, não antevira o que a observadores estrangeiros parecia claro: a espada começaria a abalar o trono. Ao contrário, o imperador agira, segundo o depoimento do conde d'Eu e anotações do próprio monarca, visando manter tanto o sutil "parlamentarismo" coroado quanto defender a posição do País frente a perigos externos. De fato, a organização política do Império dava ao monarca uma soma de poderes muito maior do que normalmente se pensa ao mencionar o exercício do Poder Moderador. A Constituição de 1824 e suas emendas deixaram sempre em aberto o limite entre a esfera do Poder Moderador e a do Executivo. Como anota Sérgio Buarque de Holanda em seu volume magistral *Do Império à República*,[13] na proposição de Benjamin Constant – o pensador francês – a distinção entre o poder neutro do rei e o poder ativo do gabinete era fundamental para garantir aos ministros, que são politicamente responsáveis, um poder próprio. No Brasil, manteve-se uma zona de incerteza entre o Poder Moderador e o Executivo que, na maioria das vezes, apesar da irresponsabilidade inerente ao Poder Moderador, transformava o monarca, de fato, em fonte de poder absoluto.

A Constituição não escrita do Império, como diz Sérgio Buarque, ou seja, a prática política, acabou por consagrar uma organização política que tinha uma aparência parlamentar, mas não fazia os ministérios dependerem das maiorias da Câmara temporária; afetava conter a vontade do imperador nos limites da soberania popular (e por isso o monarca renunciou ao uso do título de soberano...), mas não se baseava em eleições universais e honestas; permitia que o imperador escolhesse, como agente político ativo, quem das listas tríplices seria o senador vitalício, mas resguardava a ficção de que o rei era irresponsável politicamente e, *last but not least*, dava ao imperador a faculdade de dissolver as Câmaras, independentemente de votos de confiança, e convocar novas eleições, mas fazia crer que o regime se apoiava nos partidos.

Se tal sistema não descambava para o Poder Pessoal, isso se devia ao fato de que por trás dele operava o patriarcalismo tradicional (do qual não escapava, senão que o encarnava, o próprio imperador, com suas virtudes que ostentavam ser a de um rei-cidadão, mas que na prática caracterizavam um rei-senhor) do qual derivara, no plano político-administrativo, o "sistema do patronato". Insistindo sobre esse ângulo da organização política brasileira e, por consequência, sobre a importância da distribuição e do exercício dos cargos públicos para cujo preenchimento a existência de padrinhos, patronos, era essencial, é que Faoro fundamenta suas teses sobre a importância dos "estamentos burocráticos" no Império.

No ápice do sistema, o papel político do imperador era decisivo. A ele cabia dissolver as Câmaras, chamar novos gabinetes, e estes não só "derrubavam" as situações políticas provinciais e locais como nomeavam novos funcionários. O exercício da função pública confundia-se com o preenchimento das expectativas de lealdades partidárias, aberta e justificadamente aos olhos da época, graças à teoria dos "direitos próprios" da administração para nomear "seus" homens. Como não existiam de fato "partidos de representação", posto que os eleitores eram circunscritos e as eleições faziam-se por círculos que separavam votantes de eleitores, garantindo-se, com isso, que o colégio de eleitores fosse uma espécie de clube de senhores, era decisivo o papel do imperador para que funcionasse a rotatividade política do Império, e para que se cumprisse o *ersatz* de opinião eleitoral da época. Graças às mudanças de inclinação política do monarca, ventos novos podiam soprar, e, com essa ficção de democracia parlamentarista, impedia-se que os interesses locais se eternizassem com o predomínio da mesma oligarquia. Havia sempre a ameaça de uma oligarquia emergente a disputar as preferências imperiais e que tinha chance, uma vez dissolvida a Câmara e nomeados novos presidentes de província pelo chefe do gabinete em ascensão, de refazer uma "maioria".

OS MILITARES

Entretanto, em 1868 a voz de Caxias – conservador moderado e fiel ao Império – ecoava com uma força que não provinha do Paço, nem da Câmara, e muito menos dos partidos. Esta força não saía do "sistema". Vinha de uma experiência direta na guerra na qual o que o marechal chamava de "guerra de alfinetes" da política clientelístico-partidária incomodava e irritava mais do que cerceava. Deodoro, assim como a maioria dos oficiais-generais do fim do Império, inclusive Floriano, também havia lutado nas campanhas do Prata ou no Paraguai. Caxias já enfrentara dificuldades enormes para mobilizar tropas no Sul na Revolução Farroupilha e compreendera, que para ser chefe do Exército, precisava ser também presidente da província – para ter influência sobre os chefes locais e mobilizar a Guarda Nacional, maior do que o Exército profissional. Com maior realismo, os combatentes da guerra do Paraguai foram dando-se conta da situação do Exército frente à política.

As maledicências – ou indiscrições – da imprensa criticando os negócios da guerra, o patronato desmoralizante e corruptor, a "politicalha" dos gabinetes contrastavam com as agruras da guerra, com sua morosidade (de cuja responsabilidade se acusavam os chefes militares) e com o despreparo dos soldados. Estes, em grande número, segundo o depoimento do próprio marquês comandante em chefe, eram escravos rebeldes que os senhores mandavam morrer pela pátria.

No regresso depois da vitória, o que fora uma corporação secundária diante do peso da Guarda Nacional começou a tomar consciência de si como força à parte da politicalha. A visão de que entre a nação e o Estado, entre as classes, os escravos e o Império havia um estamento cívico, provado na luta, que merecia respeito e que queria exercer poder, começou a generalizar-se entre os oficiais. Nascia assim um sentimento de pertencer a uma espécie de ordem privilegiada, mas cujo privilégio, na ideologia de seus membros, derivava de abstinências e privações: um espírito de renúncia material que deveria compensar-se pela ampliação dos poderes de interferir "para o bem da pátria". O *esprit de corps* militar surgia por meio de uma espécie de fusão mística entre a corporação e a pátria. Para que ela se objetivasse, entretanto, faltava a substância transfigurada que lhe daria o contorno real: um Estado Reformado.

A reforma do Estado significava em primeiro e principal lugar o fim da monarquia e da "politicalha".

Mas não paravam aí os militares em seus arremessos cívicos. Parte deles associou-se à pregação do reformismo social, contra a escravidão.

Datava de antes da guerra a reserva crítica dos militares à ordem social e política reinante. A tradição "acadêmica" de parte do oficialato dotara--os de senso político crítico e transformara-os na única parte da sociedade que, sendo letrada, não se solidarizava com os "bacharéis". Já em 1855, os estudantes militares que editavam o jornal *O Militar* acusavam os "senhores legistas", os homens das leis, de desídia frente aos problemas da corporação militar e frente aos grandes problemas nacionais. Acusavam frontalmente os "legistas" de responsáveis pela ordem econômica, política e social injusta: "Com vossas tramas e violências eleitorais, com vossa corrupção, desmoralizando o povo tendes rebaixado e adulterado a representação nacional... Suspendestes, sim, esse infernal tráfico [negreiro], mas por que meios fostes a isso levados?", diziam com "repulsa" pela recordação da interferência inglesa.[14]

O mesmo periódico era favorável à abolição, à imigração subvencionada, à reforma eleitoral, às estradas de ferro, à proteção da indústria nacional. Era, em suma, modernizador e progressista, sendo ao mesmo tempo defensor da necessidade de reorganizar, bem treinar, e equipar o Exército.

Depois da Guerra do Paraguai (ou depois da vitória de Caxias nas armas e na política), quando se criou o Clube da Reforma e em 1870 foi lançado o *Manifesto republicano*, Floriano Peixoto criou, em 1871, o Instituto Militar para defender os interesses da corporação.

Este ânimo não desfaleceu mais entre a oficialidade. Em 1887 eclodiu a Questão Militar. Esta outra coisa não foi senão a manifestação política – cívica, diriam os militares – de oficiais em defesa de sua corporação e do direito de os oficiais manifestarem publicamente seu desacordo com autoridades civis e, às vezes, militares.[15]

Começou a existir, na prática, o "cidadão armado". Floriano foi, ainda na monarquia, quem melhor expressou esse estado de espírito. Referindo-se à solução proposta por Silveira Martins e Afonso Celso para revogar os atos do ministro da Guerra, Alfredo Chaves, que, visando impedir uma discussão pública entre o coronel Sena Madureira e um deputado, proibira os oficiais de discutir pela imprensa questões políticas ou militares, e que fora aprovada, comenta o futuro Marechal de Ferro:

> Fato único que prova exuberantemente a podridão que vai por este pobre país e que muito necessita a ditadura militar para expurgá-la. Como liberal, que sou, não posso querer para o meu país o governo da espada; mas não há quem desconheça, e aí estão os exemplos, que é ele o que sabe purificar o sangue do corpo social, que como o nosso está corrompido.[16]

Vê-se que mesmo um "liberal" como Floriano, diante das circunstâncias, tornara-se mais armado do que cidadão. Este *élan* purificador, que confundia num só plano o "brio militar" e as questões nacionais, unia tanto outros liberais, como o visconde de Pelotas – também general e partícipe da guerra –, quanto adeptos do partido da ordem, como Deodoro, conservador e amigo do imperador até as vésperas da República.

Os analistas discrepam sobre as causas do radicalismo militar. Com frequência se atribui aos militares a condição de representantes dos "setores médios", inconformados com os interesses oligárquico-latifundiários. Das precárias informações sobre as origens de classe dos militares[17], parece impressionar mais do que uma dificilmente definível categorização de origem de classe média o fato de que constituíam um grupo *educado*, que fizera boa parte de sua formação nas cidades e que se definia profissionalmente por sua relação com o poder. À medida que os Deodoro (ele próprio ligado à família tradicional de Alagoas, tendo exercido presidência de províncias), os Floriano, os Sena Madureira, os Rebouças (a elite da engenharia militar, no caso destes), os Benjamin Constant encampam e espelham a inquietação da oficialidade, fazem-no como sacerdotes de um culto que lhes era familiar, o do Estado. Não revolucionam, de fora, a partir das bases sociais. Propõem reformas dentro do aparelho burocrático – berço no qual nasceram como força social ativa. E propõem-nas com certo distanciamento do outro estamento social vinculado ao Estado, o dos políticos.

Não surgem para a grande cena nacional em 1889 contra a nova força social emergente na sociedade civil – a burguesia agrária do café e os representantes do capital financeiro-industrial –, mas contra a ordem política que impedira as reformas necessárias, ou as fizera com morosidade e sem apostar muito nelas, como ocorreu com a Lei Saraiva de 1881, que fazia a reforma eleitoral, e contra os homens que a simbolizavam, os políticos do Império.

Não obstante, o radicalismo da oficialidade jovem – fosse qual fosse sua vinculação familiar direta – não poderia expressar-se e encontrar eco se não tivesse havido a expansão do café, a urbanização, os surtos de expansão do mercado interno e, como catalisador de tudo, a ideologia militar de participação ativa na vida pública.

Pelo que se analisou sobre o pensamento e a ação dos oficiais, se bem é certo que a influência positivista – sobretudo de Benjamin Constant – foi grande, a crítica radical encontrava agentes ativos entre os "tarimbeiros", entre os oficiais de cavalaria e infantaria, entre os que nunca haviam passado pela Escola Central, mas que compartilhavam do espírito da corporação e da crença de que algo precisaria ser feito para "purificar" as instituições. A crítica ao filhotismo, ao patronato, à farsa política, irmanava tanto os discípulos dos "apóstolos da humanidade" quanto os *troupiers*, fossem eles descendentes de famílias empobrecidas – embora tradicionais – do Nordeste ou do Rio Grande, ou mantivessem ainda vínculos com a "aristocracia" rural, ou, o que era mais comum no fim do Império, fossem filhos de militares. No caso, conta mais o acento em tradicional do que em "classe média", em ricos ou em pobres, na medida em que tradicional signifique, como se atribuía no Brasil, ligação com a coisa pública e algum grau de educação avançada em comparação com os outros grupos sociais. Provavelmente, neste aspecto, os militares não discrepassem, por exemplo, do "quadro de presidentes de província", dos funcionários da Justiça e, quem sabe, de boa parte das Câmaras, embora não do Senado, dos ministros ou dos Conselhos do Império, para cujas funções recrutavam-se representantes não apenas das "famílias tradicionais", mas das "grandes famílias" ligadas ao poderio econômico.

O fato de serem pobres mas estarem perto do poder, educados mas não "legistas",[18] dotou os militares de condições propícias à política e ao progressismo social, prendendo-os, não obstante, em sua ação e em suas orientações ao círculo de ferro das "revoluções dentro da ordem", na expressão cara a Florestan Fernandes, na medida em que também para eles a própria corporação militar – definida como parte do Estado – era o partido, e na medida em que o povo aparecia-lhes mais como um atributo inerente à nação do que como soberano cuja majestade devesse reluzir tanto mais quanto mais autônomo e educado fosse. Por certo, o Estado – sendo "puro" – deveria conter o povo como categoria tão indiferenciada dele quanto na monarquia o Poder Moderador fora indiferenciado do Poder Executivo, mas não seria realmente no povo e na democracia que poderiam inspirar-se os promotores da ordem política reformada.

O triunfo republicano de 1889 vai, de repente, tornar realidade o que os próprios protagonistas resistiam a crer. Deodoro, que se queria conservador e monarquista, transforma-se em presidente, e pouco apego vai conservar às formas constitucionais que ele próprio promulgara, ouvida a Assembleia. Floriano, que se pensava liberal, terá de usar a espada para purificar a República.

Não parece assentar em boa base, porém, a interpretação que resume à ação dos militares e à sua marginalização política anterior (que não fora tão grande no Império depois de 1869) e aos feitos da República. Nem é certo que esta mudou apenas a organização formal do poder.

POLÍTICA ECONÔMICA DA REPÚBLICA

A Constituição de 1891 deixa ver que seus artifícios tinham bom sentido de interesses de classes, e a política econômica dos governos militares revela também que essa terra tinha donos e que estes nem sempre foram os que ostensivamente apareciam como os donos do poder: os militares.

Não pretende este capítulo fazer a análise da política econômica dos governos de Deodoro e Floriano (basta a referência às linhas mais notórias para justificar a frase anterior), mas analisar um pouco mais como, no âmago de um regime quase militar, em vez do militarismo, fixou-se na constituição não escrita da República a forma específica de patronato que constituiu a oligarquia republicana.

Texto clássico para se entender a política econômica da transição do Império para a República e a política econômica do café continua sendo o de Celso Furtado.[19] Para fins de nossa análise, a referência às interpretações de Furtado, dados acrescentados por Anibal Villela e Wilson Suzigan, e ao capítulo de Nícia Vilela Luz sobre "As reivindicações industrialistas sob a Primeira República",[20] são suficientes para indicar que forças sociais moviam-se nos primeiros períodos republicanos.

A pedra angular do sistema econômico-financeiro herdado pela República consistia na exportação de produtos primários – geradora de divisas – e no controle dos instrumentos de câmbio como mecanismo básico para assegurar a continuidade da produção exportadora, apesar das flutuações do preço e da demanda externos, bem como para financiar o gasto público, pois o imposto principal que cobria as despesas do governo era o imposto sobre importações (em 1897, correspondeu a 73,5% da renda arrecadada pelo Tesouro, e, em 1898, a 67%). O funcionamento deste sistema, tal como o descreveu Furtado, que o batizou como um mecanismo de "socialização das perdas", era simples. À queda dos preços externos reagia o sistema monetário nacional por uma desvalorização do mil-réis (que, às vezes, decorria da própria expectativa de queda dos preços ou do volume das exportações, e, portanto, antecedia a crise no mercado internacional). Com isso, mesmo inexistindo reservas-ouro, a economia exportadora dependente lograva o reequilíbrio necessário: o aumento do preço das importações contraía seu volume em médio prazo e, o que era decisivo, não se propagava o efeito do ciclo descendente dos preços internacionais para o setor produtor do País. Com efeito, havendo oferta abundante de terra e mão de obra, o setor produtor (no caso, o cafeeiro) continuava a funcionar, pois os cafeicultores em moeda local podiam abrigar-se das crises graças às desvalorizações do mil-réis. Por certo, os demais setores sociais – especialmente as populações assalariadas urbanas – tinham seu nível de renda afetado pelo aumento do preço dos produtos importados e dos insumos industriais. E o governo via-se às voltas com déficits crescentes diante da perda que sofria com a diminuição das importações e com os efeitos das desvalorizações sobre um imposto de importação que se pagava em taxa fixa de câmbio. Daí, por outro lado, novos empréstimos externos e novamente, em especial, crescimento do serviço da dívida.

Quando a República foi proclamada em 1889, o primeiro governo teve de enfrentar os efeitos dessa tendência em uma conjuntura específica. O Império lutara para reduzir o saldo de papel-moeda desde 1878 até 1888. A substituição dos escravos por trabalhadores livres tornara patente a necessidade de expandir o meio circulante, mas só na República completou-se a aplicação da lei de 1888 de auxílio à agricultura, que consistiu **num empréstimo de 100 mil contos,**[21] financiado metade pelo Tesouro, metade pelos bancos. Embalados pela safra recorde de 1888/1889 (6,800 milhões de sacas) e pelos empréstimos externos (cerca de 6,3 milhões de libras em 1888 e quase 20 milhões em 1889), bem como munidos de um novo instrumento de defesa do Tesouro (a cobrança em ouro dos direitos aduaneiros em 1890), os ministros republicanos do Governo Provisório (pois Deodoro só seria eleito pela Assembleia em 25 de fevereiro de 1891) – especialmente o da Fazenda, Rui Barbosa – lançam-se em uma política inflacionista e favorável à criação de empresas.

Rui, não sem certa ingenuidade, acreditava estar impulsionando a base econômica indispensável ao florescimento da democracia: "A república se consolidará entre nós em bases seguras quando o seu funcionamento repousar sobre a democracia do trabalho industrial, peça necessária no mecanismo do sistema, que trará o equilíbrio conveniente para o seu regular funcionamento."[22]

Com ou sem êxito, entretanto, o fato é que a expansão dos bancos emissores e a enxurrada de papel-moeda e de emissões de ações por parte de companhias que se formavam confirmam que, entre as forças que se beneficiaram imediatamente com a proclamação da República, contavam-se setores industriais-financeiros urbanos. O período 1890/1891 – fase em que ocorreu o "encilhamento", isto é, as emissões de moeda e de ações que geraram enormes especulações – foi marcadamente inflacionário e "industrialista".

Vale a pena recordar que não apenas durante o Governo Provisório, como também nos governos seguintes, até a ascensão de Campos Sales, a chamada corrente industrialista manteve-se ativa. Sua força principal de luta consistiu na regulamentação de impostos de importação que pudessem garantir uma proteção à indústria nacional. Que a luta era renhida e frágeis as bases de sustentação do protecionismo (e, às vezes, a própria argumentação), atestam-no as modificações frequentes nas leis de tarifa.

Tarifas com orientação mais "fiscalista" do que protecionista
1890 – Lei nº 836 sobre nova tarifa na Alfândega;
1892 – Congresso aprova diminuição de 30% na tarifa sobre máquinas, instrumentos de lavoura, ferramentas, matérias-primas e insumos vários para a indústria. (Note-se que a redução se faz quando, por exemplo, as máquinas já estavam anteriormente isentas, o que indica a confusão da época).

Tarifas protecionistas
1895 – Nessa lei, a influência do líder nacionalista e industrialista Sezerdello Correia foi marcante. Corrigiram-se distorções fiscais, fazendo-se calcular o câmbio a US$12 e não mais a US$24. Houve aumento geral de 25% nas tarifas, e maior aumento para artigos já produzidos no Brasil.

Fim do protecionismo
1897 – Por decreto de 17 de fevereiro de 1897, o governo de Prudente de Morais aprova a proposta tarifária de comissão presidida por Leopoldo de Bulhões, pondo em xeque, na expressão de Nícia Vilela Luz, "o industrialismo inaugurado pelo novo regime" (*op. cit.*, p. 115). Em média, dá-se uma redução de 25% nos impostos, mas alguns artigos tiveram os gravames reduzidos de 75% a 85%.
1900 – O governo Campos Sales faz nova revisão tarifária, de inspiração fiscalista e tecnocrática, visando defender o Tesouro e, como consequência corrige, em parte, os excessos "liberais" do decreto de 1897.

Veem-se, pois, delineadas e confrontadas desde o início da República duas correntes distintas. À primeira, "industrializante" – e frequentemente especulativa, inflacionista e cavadora de negócios, embora, no fundamental, portadora de valores de progresso tão ao gosto da época e afim, até certo ponto, com o reformismo positivista –, contrapunha-se uma segunda corrente, mais sólida e conservadora. À crítica ao encilhamento, aos déficits crescentes, à "artificialidade" da indústria nacional que importava insumos e, diziam os opositores, estafava o consumidor nacional, opunham-se os bem-pensantes porta-vozes da "fonte da riqueza nacional": os cafeicultores. Homens como Rangel Pestana, Bernardino de Campos ou Morais Barros viam com suspeição o favoritismo à indústria e a repercussão de tudo isso no que havia de mais sagrado ao equilíbrio geral das consciências: o crédito externo e a taxa de câmbio.

Era-lhes fácil a crítica, pois, na verdade, em vez de bases para uma "democracia industrial", o encilhamento e as políticas subsequentes abrigaram o protecionismo a banqueiros, como os do Banco da República do

Brasil, sob o pretexto da defesa de indústrias a ele endividadas. Por outro lado, a política orçamentária que fora equilibrada em 1891 (podendo absorver os efeitos inflacionários do aumento aos militares concedido por Benjamin Constant, pois estes também haviam feito a República e, de fato, ganhavam mal no fim do Império) entrou em fase de descompasso depois de 1892 por causa dos gastos militares para conter as revoltas contra Floriano.

Quando em 1895-1896 se reequilibra o orçamento, vêm as dificuldades cambiais de fins de 1896 e, de fato, dá-se um corte na política econômica que vai prenunciar o quatriênio Campos Sales. O governo de Prudente concentra no Tesouro a capacidade emissora, visando unificar as moedas em circulação e, especialmente, assegurar-lhes conversibilidade total. Volta-se, assim, ao que fora a menina dos olhos do Império e... dos cafeicultores. Não tem êxito o intento porque o comércio exterior entrou em declínio, obrigando a reduzir as importações, com o corte de efeitos subsequentes: redução das receitas fiscais, queda do câmbio,[23] déficit orçamentário e novas emissões. Para contornar o impasse, abriu o governo discussões sobre a "consolidação da dívida externa".

Coube a Campos Sales "sanear" as finanças, executando as políticas a que o País se comprometeria com o *funding loan*: deflação, equilíbrio orçamentário, restauração do imposto pago em ouro nas alfândegas. À proporção que se emitiam os títulos da dívida, retirava-se dinheiro de meio circulante. Ao mesmo tempo, como foram proporcionados recursos externos ao governo, este dependia menos das flutuações cambiais, e por fim cortou-se drasticamente o gasto público, tanto o de consumo (que em 1902 estava 44% mais baixo do que em 1897-1898) quanto o destinado ao investimento público, que em 1902 reduzira-se à terça parte dos níveis já baixos de 1898.

O resultado de tal contenção foi, naturalmente, uma crise interna sem paralelos na história econômica do Brasil. Não apenas se "corrigira" a euforia industrial-financeira do período militar da República, como se procedera a uma quebra de quase metade do sistema bancário e à queda de 30% nos preços.

Os sucintos elementos de juízo apresentados mostram que, além dos militares, das revoltas de 1892 e seguintes e das marchas e contramarchas políticas, houve no primeiro decênio republicano uma profunda alteração no equilíbrio de forças no País. Imediatamente após a proclamação, rompeu-se o imobilismo da política econômica imperial em benefício dos agricultores que tinham que enfrentar os dispêndios de uma produção assalariada – este foi o sentido dos empréstimos agrários. Em seguida, com o bafejo ideológico do progressismo positivista e do democratismo modernizante, lançou-se uma diretriz "industrialista". Com esta se beneficiaram grupos plutocráticos e se evidenciou a estreita ligação, já naquela época, entre o patronato republicano (que afastara os senhores de escravos do Império) e os interesses econômicos urbanos.[25] O contra-ataque da burguesia agroexportadora não tardou. Nos governos paulistas de Prudente de Morais e Campos Sales põe-se um paradeiro a tudo isto, proclama-se a ortodoxia monetarista como norma, e prepara-se a ascensão gloriosa daquele em cujo período deu-se o apanágio econômico da burguesia agrária paulista: Rodrigues Alves. Este, que fora Conselheiro do Império e arredio às ideias republicanas, quando sobe à Presidência encontra os trilhos da economia endereçados para a prosperidade agroexportadora. Sem ter de fazer face a contendores de monta (o radicalismo dito "de classe média" continua a opor-se à "oligarquia", mas não tem forças para contestar o êxito econômico do governo), espalha pelo País, a partir do Rio, uma aura de modernidade e cientismo pragmático que daria inveja aos pruridos reformadores e progressistas dos republicanos positivistas. Só que agora, uma vez mais, a "revolução" se faz dentro da ordem, e esta já não se define pelo ardor cívico de militares esclarecidos, mas pela racionalidade empresária de agricultores aburguesados. Uma nova classe constituíra-se não apenas em bloco de sustentação do poder, mas em segmento dirigente da República.

A CONSTITUIÇÃO DE 1891 E O PODER DE FATO

Esta transição política foi, como se verá adiante, o que ocorreu entre 1889 e 1902, nos anos decisivos da constituição do sistema político republicano.

Já na Constituição de 1891, alguns traços do novo sistema começaram a se delinear com clareza. O princípio federativo, apontado desde o

A CONSTRUÇÃO DA DEMOCRACIA

primeiro decreto do Governo Provisório, de 15 de novembro de1889, consagra-se na Constituição. O regime instaurado é representativo, controlado por uma divisão de poderes entre o Legislativo (bicameral), o Executivo e o Judiciário. Os congressistas gozam de imunidades e, para corrigir as distorções imperiais das câmaras compostas por funcionários e apadrinhados da Coroa, "não poderão celebrar contratos com o Poder Executivo, nem dele receber empregos ou comissões remuneradas [...]" (art. 23). O presidente é eleito e os juízes do Supremo Tribunal são nomeados em forma vitalícia, perdendo o cargo apenas por sentença judicial.

Em suma, a Constituição instituía um sistema representativo, de divisão e independência entre os poderes, cabendo ao presidente designar livremente os ministros, e ao Congresso (bem como ao Supremo), controlar e inclusive julgar, sendo o caso, o presidente, bem como legislar sobre o orçamento, os impostos, o efetivo das Forças Armadas etc.[27]

Na prática, o arcabouço democrático-representativo da Constituição vai confrontar-se com uma situação bem diversa da que o mundo das normas abstratas supunha. Entretanto, havia um princípio, consagrado pela Constituição, que coincidia com os interesses e o perfil das realidades impostas pelos vencedores de 1889: o federalismo. A prática da autonomia dos estados não se faz esperar em matéria extremamente delicada: a contração de empréstimos externos. São Paulo, estado líder da economia, desembaraçou-se logo das peias centrais para contrair empréstimos e para assegurar a mão de obra indispensável à cafeicultura. A política de subsídios à imigração e, mais tarde, as manobras de valorização do café realizadas por São Paulo e Minas fizeram-se com as reticências do Estado federal. Apesar disso, tiveram êxito. A concessão da capacidade de emissão a bancos regionais complementou, durante os governos militares, a autonomia regional.

Vê-se assim que, mesmo sob a "ditadura" de Deodoro ou sob o férreo controle de Floriano, o jogo de interesses regionais foi mantido. Estes sempre se fizeram representar no governo central, detendo pastas importantes nos ministérios e, enquanto a energia republicana jacobina voltou-se contra setores (real ou supostamente) ligados à ordem imperial--escravocrata, o "democratismo agrário-regional" dos grandes estados não teve por que se opor à conduta militar.

Simultaneamente, no que diz respeito à organização política real, o desmantelamento das instituições imperiais deixava um vazio que, de imediato, só poderia ter sido preenchido, como foi, pela grande estrutura burocrática nacional que se descolara do Estado imperial: as Forças Armadas. Especialmente no governo do Generalíssimo Proclamador da República, foi patente o desencontro entre o espírito do regime representativo (portanto, ansioso por uma estrutura partidária inexistente) e a prática burocrático-política, imbricada diretamente no Exército e no zelo purgatório de que se imbuíram importantes setores seus.

Assim, no plano efetivo da Constituição não escrita, desde o Governo Provisório, a questão fundamental que se colocava era a de saber quem substituiria, de fato, como força organizada, o Poder Moderador, ou seja, como se definiriam as regras do novo *establishment*.

No Governo Provisório,[28] a única força capaz de exercer o poder político (e repressivo) era o Exército. Enquanto Deodoro simbolizava o Exército e, mais do que isso, a unidade das Forças Armadas, a oposição, tanto a imperial quanto a dos burgueses agrários republicanos, teve de restringir-se à retórica. Mesmo assim, chama a atenção que o núcleo dessa oposição – Prudente, Campos Sales, Bernardino etc. – manteve-se ativo o tempo todo. E também que a crítica na imprensa (especialmente a denúncia de abuso de poder e de generosidades clientelísticas) mostrava a existência de uma opinião que, se não era organizada, homogeneizava-se por dispor de um estado de espírito comum.

O Generalíssimo (que nunca fora republicano) não parecia apto a governar segundo "princípios abstratos". Antes, para se servir da qualificação de um diplomata estrangeiro citado por Huhner, atuava no contexto de um "governo militar, temperado pelo nepotismo".[29] Em muitas das antigas províncias (mas não assim em São Paulo ou Minas, naturalmente, onde o elemento civil republicano controlou as rédeas do governo), o chefe do Governo Provisório nomeou militares. Mesmo na condução dos negócios do Estado o Generalíssimo (e não apenas ele) queria continuar práticas de favoritismo, como o caso da concessão de uma "garantia de juros" à construção de um porto no Sul, que levou Rui à demissão.

Um misto de nepotismo, compadrio e, ao mesmo tempo, furor republicano (com focos definidos de cristalização, como o Clube Militar)

A CONSTRUÇÃO DA DEMOCRACIA

substituiu o antigo sistema do patronato imperial. Tampouco a tolerância – que fora cultivada com zelo pelo imperador – foi virtude do novo governo republicano. Se no Império a ordem patriarcal tradicional dispunha de elementos de controle suficientemente fortes para absorver a crítica da imprensa e a ironia, na primeira fase da República o ardor militar coibia, em certos casos com empastelamentos e mortes, a mordacidade crítica e as tentativas de volta atrás na política.

O confronto entre o doutrinarismo dos republicanos históricos civis e os "brios militares" foi contínuo. E tanto peso tinham os interesses reais representados pelos primeiros (sempre urgindo à necessidade da institucionalização e da legitimidade para os créditos externos e a boa ordem dos negócios), que Deodoro chamou eleições a 15 de setembro de 1890.

Estas, entretanto, como a República não mudara a situação da época do Império nem a ficção de que as eleições refletiam uma realidade inexistente (a de um povo educado e livre), referendavam, graças ao Regulamento Cesário Alvim, a "maioria" política existente. Como no Império, situação que chama eleição faz maioria. Entre os novos deputados à Assembleia Constituinte, 25% eram, inclusive, oficiais das Forças Armadas

Tão sério como obstáculo ao exercício de poder por parte do presidente quanto a existência de um núcleo civil coeso (o Partido Republicano Paulista, PRP) foi o fato de que dentro das Forças Armadas começaram as disputas pelo poder. As pugnas entre Armada e Exército e entre oficiais desta última corporação aumentaram progressivamente.

Nesse contexto, a eleição para a Assembleia Constituinte do primeiro presidente eleito mostrou as primeiras fissuras sérias no poder: Prudente foi candidato contra Deodoro, e seu vice, Floriano, logrou três vezes mais votos do que o vice do Generalíssimo. Por certo, a imposição militar impediria que outro, e não Deodoro, fosse o eleito. Mas o novo presidente assumiu o mandato diante de uma Câmara indócil. Esta constituíra-se, inclusive, como prolongamento da Assembleia Constituinte. Dessa forma, evitava-se o risco de novas eleições sob o controle do Executivo. Os civis, com discreto mas crescente apoio militar, especialmente de Floriano, vão jogar-se pelos "princípios". Assim, a votação da lei de responsabilidades, que o presidente evita a custo, quase devolve à Câmara a força de um regime parlamentarista. E os comandos políticos do Senado ficaram nas mãos da oposição: Prudente de Morais fora eleito seu vice-presidente e, como Floriano, que exercia constitucionalmente a presidência do Senado e a ele não comparecia, passou a controlar aquela casa. Campos Sales é eleito líder da oposição, e Bernardino de Campos, mais tarde (a 31 de outubro de 1891), depois da renúncia do presidente da Câmara, o substitui.

Praticamente todo o período de Deodoro – e é desnecessário seguir os zigue-zagues das conjunturas – vai caracterizar-se pelo impasse, até sua renúncia a 23 de novembro de 1891 (depois do "golpe de Lucena" do dia 3, quando o Generalíssimo dissolveu a Câmara e o contragolpe da resistência generalizada no Pará, no Rio Grande, em Santa Catarina, em Minas, em São Paulo, entre civis e militares).

Não se decantara qualquer fórmula política viável. No fundo, os interesses dos republicanos históricos civis e as desinteligências entre segmentos militares, embora contornados momentaneamente em algumas crises (reações monárquicas ou impossibilidade da eleição de um presidente civil, por exemplo), não permitiram reconstituir um sistema viável e legítimo. A história do Governo Provisório e do governo de Deodoro é a história dos desgastes sucessivos dos que estão no poder. Só não se desgastam as "forças vivas da nação": os núcleos ligados à expansão agroexportadora (mesmo quando marginalizados do poder estadual, como se deu no caso dos paulistas quando Deodoro nomeou Américo Brasiliense, que contava com o apoio de apenas uma parte do PRP), ou, então, aqueles núcleos que se encastelaram em "situações" estaduais, iniciando a "oligarquização" da República, como o exemplo mais conspícuo do Rio Grande do Sul. Em alguns casos, inclusive naquele, a inspiração doutrinária da nova chefia era distinta da que alimentara as "situações" monárquicas. Mas coincidiam ambas num ponto: na crença na necessidade da prática de um férreo princípio diretivo. Eram, assim, embora umas "cientificistas" e outras apenas "tradicionais", profundamente elitistas. E em nenhum momento no plano político estava em causa o que seria básico numa ordem política que formalmente era representativa: e o povo, como opina? Quem são os eleitores e qual sua independência real?

A CONSTRUÇÃO DA DEMOCRACIA

No plano social percebe-se, com a República, presença maior do "elemento popular". Nas crises políticas do período, houve referência a greves e forças populares, chegando a haver, em contados casos, a efetivação dessa presença popular.[30] Mas politicamente as articulações davam-se nos quartéis, nos palácios ou nas casas aburguesadas. E a luta política distinguia-se das travadas no Império pela ausência de canais institucionalizados para resolver os desacordos entre as elites e pela presença mais constante da espada como argumento. Frágil argumento, entretanto, para conter tanto os interesses quanto as aspirações do "elemento histórico", dos republicanos de partido (e de posses...).

É este aspecto que desconcerta muitos intérpretes: os setores socialmente novos, representados pelos militares, eram politicamente anti-institucionalizadores, enquanto os socialmente "estabelecidos", representados pelos fazendeiros de café e pelos letrados civis, eram politicamente "progressistas", na medida em que assim possa ser qualificada a preferência por uma ordem civil formalmente democrática.

FLORIANO E A CONSOLIDAÇÃO REPUBLICANA

Floriano, no período seguinte (de 23 de novembro de 1891 a 15 de novembro de 1894) vai representar, em contraposição ao impasse político de Deodoro, a verdadeira cesura no sistema e, ao mesmo tempo, a resolução do impasse. Só que os personagens vão atuar com o signo invertido – os mais ardorosos e jacobinos republicanos militares jogarão o peso de sua força contra a "Subversão Monárquica", ideológica ou real, que minava na Armada e em parte da tropa do Sul, enquanto os ortodoxos civis e republicanos articularão, graças ao apoio que vão prestar ao Marechal de Ferro em sua luta antirrevoltosos, a volta ao poder daqueles que na primeira fase republicana não gozavam as boas graças das Forças Armadas. A cisão entre estas, que se aprofundara, permitiu aos civis republicanos jogar com o republicanismo como um recurso para fazer com que os "sacerdotes do Estado", como os qualifiquei antes, se autoimolassem no altar da pátria, tornando-se *dupes* de sua própria ideologia jacobina e entregando o poder à moderação republicana.

É quase impossível, nos limites deste capítulo, traçar cada passo desse processo a partir do qual o que havia tradicionalmente no Exército de inconformismo antioligárquico e "antilegista" perdeu, com a sucessão do Marechal de Ferro, o controle da República que eles próprios construíram, em benefício dos novos donos do País.

Em síntese, Floriano sobe articulado com o PRP, e são suas figuras exponenciais que exercem a presidência da Câmara (Bernardino de Campos) e do Senado (Prudente de Morais), bem como é um homem estreitamente ligado à política de São Paulo que vai para a pasta de Finanças (o conselheiro Rodrigues Alves). Mais do que isso: o problema número um que terá de ser enfrentado por Floriano (recordemo-nos da citação anterior do liberal que via no Exército a medicina para os males da pátria) é o de proceder a uma ampla "derrubada". Restabelece o "império da lei" no governo federal, e, ato contínuo, pela lógica implacável da política, é levado a destituir – com apoio das "novas oligarquias" – os homens de Deodoro nas situações estaduais.

A gangorra do poder oligárquico começa a funcionar sem os "princípios" da monarquia. Não existe mais Poder Moderador a que apelar, nem se convocam de imediato eleições. Enrijece-se a pugna desvendando o que o farisaísmo imperial encobria com a ideologia política então prevalecente. Em certas circunstâncias, sob Floriano, a natureza última do poder – a força – reverbera majestática para o desespero das situações derrotadas. A "legitimidade" buscava-se na Constituição e nas instituições do Poder Central e, para ela, o apoio do "elemento histórico" – especialmente dos paulistas – era decisivo. Não se pode negar clarividência aos chefes militares da época. O almirante Custódio de Melo explica, enfaticamente, que uma coisa são os princípios, e outra, as correntes de opinião: "[...] fui e sou de opinião que o Governo Federal deve sustentar os governos eleitos pelos Estados. Este princípio, porém, não pode ser absoluto, admite exceções como todos aqueles que regulam os governos de opinião pública".[31]

Floriano, remetendo ao Congresso o julgamento político de suas derrubadas (as "salvações"), busca eximir-se apenas de não ter reintegrado os governadores depostos (e não de tê-los deposto). E em sua justificativa, vai fundo na análise, dizendo que:

[...] reintegrar ao peso das armas da União os governadores depostos poderia arrastar o País a uma conflagração geral, oriunda da luta entre os governadores partidários do ato de 3 de novembro e as classes sociais que concorreram para a reivindicação dos direitos da Nação.[32]

De fato, o marechal, naquele momento, tivera precisamente o apoio daquelas "classes sociais", e eram estas, mais do que qualquer princípio constitucional, que serviam de arrimo a um governo forte, mas popular; republicano jacobino, mas sustentado pela nova burguesia em ascensão.

Diante da ambiguidade – e, portanto, da riqueza – da situação político--social que assim se plasmava, os doutrinários – os "legistas da República", como Rui – lavam as mãos: se Deodoro ferira o Congresso, Floriano arranhava a autonomia dos estados.

Feitas as derrubadas, sucedem-se, naturalmente, eleições e, de novo, em plena "constitucionalidade", redefinem-se as posições das oligarquias no poder. Contudo, sem deixar as marcas das lutas: estão lançados os germes da prática comum na futura política republicana: as "dissidências".

O quadro político geral não se desanuviara, portanto, com a ascensão de Floriano. Persistia a ausência de um "sistema" estável para marcar os limites e as regras do jogo do poder. As Forças Armadas continuavam divididas, as dissidências brotavam, a Constituição era ainda apenas papel. Nela, os doutrinários buscavam logo motivos para derrubar Floriano: a sucessão pelo vice dera-se antes de dois anos de mandato do presidente titular. Em torno dessa questão articulou-se o eixo político da oposição, e o processo culminou quando, mais uma vez, os militares envolveram-se na conspiração. O manifesto dos 13 generais pedindo eleições e apontando a desordem reinante, bem como a recusa de Floriano em acatar o pedido, seguida da reforma dos militares, começaram a apontar o caminho escolhido pelo marechal para romper o impasse: o reforço do poder presidencial.

Quando os dados da política jogam-se nessa direção, não há fator estrutural que supra a necessidade imediata de uma vontade determinada de poder. Esta, que Deodoro poderia ter tido mas não teve, foi apanágio de Floriano. Determinação e senso de objetivos não lhe faltaram. A partir dos episódios das revoltas do Sul e da Armada, essas qualidades de Floriano só fizeram crescer. Com elas conseguiu inclusive o apoio do jacobinismo popular, em geral antigoverno, que passou a sustentar nas ruas a ação do presidente. Se a isso se soma o apoio invariável dos conspícuos republicanos paulistas, entende-se com que armas jogou o consolidador para se manter no poder.

A discussão sobre as intenções de Floriano de perpetuidade no governo não tem significação no contexto deste capítulo. Importa salientar apenas que ele rompeu o impasse que derrubara Deodoro reforçando ao mesmo tempo a autoridade presidencial e a aliança com os paulistas. Como toda solução política de tipo pessoal e autocrático, esta também tinha dificuldades para se rotinizar e para controlar a sucessão.

Não espanta, portanto, que os aliados de Floriano dotados de recursos políticos mais estáveis – os republicanos paulistas – tivessem sido os beneficiários com a sucessão. Bastavam-lhes duas condições: que o marechal ganhasse as lutas contra os revoltosos (para garantir a "situação" para ambos os lados da aliança), e que sua ascensão não se fizesse como um desafio ao César vitorioso. Floriano ganhou com empenho. Os paulistas construíram um partido – o Partido Republicano Federal (PRF) –, deram a presidência dele a um homem simpático ao marechal, Francisco Glicério, e não polemizaram, na fase sucessória, com o presidente. Aceitaram inclusive sucessivas postergações – justificáveis pelas circunstâncias – das eleições para deputados e para a presidência.

O nome indicado, Prudente de Morais, não gozava das preferências do marechal, que tentou indicar outro paulista, Rangel Pestana, ou o governador fiel do Pará, Lauro Sodré, mas não lhe era hostil. Fora vice-presidente do Senado sob Deodoro, exercera a presidência da casa sob o marechal e respaldara, como os demais paulistas, a sua política. Apesar da frieza da transmissão de mando – também compreensível da parte de quem, sendo senhor todo-poderoso da tropa, entregava o poder a um sucessor que não fora feito diretamente por si, e de quem temia perseguições a seus mais chegados amigos – o marechal deixou o poder sem tentativas sérias de retorno.

O ressentimento tradicional dos militares contra os "legistas" de antes e agora contra os "casacas", como chamavam aos civis endinheirados, não foi suficiente para armar Floriano da tentação, quase impossível de se satisfazer nas circunstâncias, de ainda uma vez exasperar o jacobinismo militar. O trato do poder deveria ter ensinado ao marechal que César necessita de um plebiscito para subir nos ombros do povo (um povo politicamente inexistente no Brasil de então), ou do apoio de uma classe, discreta mas objetiva, como aquela contra a qual se bateram os governadores do Generalíssimo. No momento em que esta chama a si o exercício direto do poder, não havendo ameaça disruptiva (e, por ironia, fora o próprio marechal que vencera as ameaças), os recursos políticos para permanência no poder mínguam nas mãos do príncipe. Nesses momentos, um exército vale menos do que um partido. E o partido, quem possuía – por precário que fosse – eram os paulistas e seus aliados de outros estados.

Seria talvez um tanto parcial pensar apenas em termos de *realpolitik* para entender o recolhimento de Floriano. Permeando a astúcia matreira do marechal havia também um lado de fervor republicano e, por estranho que pareça, de legalismo naquele que resumiu em suas múltiplas facetas a ambiguidade que mais do que dele era do período e da contradição das forças que o sustentavam. Assim, Floriano, ao mesmo tempo que foi arbitrário e despótico, foi o contrário de tudo isso: iniciador de uma mística de pureza e republicanismo. Nesta medida, encarnou também a Lei.

Sem que os *founding fathers* de um sistema substituam, na visão dos contemporâneos, a pura força como um valor, o cesarismo nepotista se torna larvar na ordem política. E não foi isto o que ocorreu no Brasil republicano. O marechal, com ou sem apoio nos fatos (para o caso pouco importa), mobilizou seus partidários contra a volta ao passado, a favor da República (confundida com a disciplina centralizadora e com a pureza das primeiras instituições que não existiram). Com isto, ao mesmo tempo que objetivamente criava as condições para os focos de agitação jacobina que às vezes mal encobria o militarismo, limitava também a generalização deste estado de indisciplina frente à Constituição. Ultrapassou, a cada momento, a realidade imediata das pressões de grupo, dos chamados interesses subalternos, da falta de normas políticas consensuais entre os próprios donos do poder, e redefiniu a posição dos jovens acadêmicos e militares do Clube Militar, dos batalhões patrióticos, do funcionalismo recém-nomeado pelo favoritismo político etc., em benefício de um "Partido", na realidade, utópico:

Consolidador [da República] são o Exército Nacional e uma parte da Armada, que à Lei e às instituições se conservam fiéis [...], é a Guarda Nacional, são os corpos de polícia da Capital e do Estado do Rio [...] e a mocidade das escolas civis e militares [...] e, finalmente, é o grande e glorioso Partido Republicano, que, tomando a forma de batalhões patrióticos [...].[33]

O marechal fundira o estado de espírito jacobino com um "Partido" que seria ao mesmo tempo o do Estado – o da fidelidade às leis, tal como o marechal as interpretava – e o dos batalhões cívicos.

Por certo, isto era a ideologia. Mas as ideologias têm força. Na prática, mesmo os comentadores que mais se opõem a Floriano são obrigados a reconhecer que, uma vez empossado Prudente, o marechal se recusou a aceitar as conspirações.

Meu argumento, portanto, é simples: a aliança entre os republicanos históricos de São Paulo e os jacobinos militares acabou por sedimentar, ao menos em parte da oficialidade, algo mais do que puro ressentimento antioligárquico na corporação militar: um contraditório respeito às instituições e à Lei. Moreira César, arbitrário e mesmo temerário, não concordará em infringir a Constituição para derrubar o presidente. Incontáveis "florianistas" mais, entre os quais o marechal Arthur Oscar de Andrade Guimarães, de igual modo, recusarão o uso da espada para derrubar o sucessor do Marechal de Ferro.

A OLIGARQUIA REPUBLICANA

Sem este elemento de crença republicana,[34] a transição de Prudente seria inconcebível. Também quanto ao período deste último (de 15 de novembro de 1894 a 15 de novembro de 1898), me limitarei ao essencial para a interpretação das instituições políticas. Nele, houve episódios da maior importância, como a negociação da paz com os revoltosos do Sul e o interregno, entre 10 de novembro de 1896 e 4 de janeiro de 1897, quando, por doença presidencial, assume o vice, Manuel Vitorino, florianista radical. Nos dois casos, apesar do jacobinismo, tanto se fez a paz mantendo-se o respeito à Presidência quanto Prudente retomou o poder.

Especialmente no episódio da interinidade de Manuel Vitorino e da volta de Prudente de Morais, a "união nacional" dos republicanos, ou seja, a capacidade de conter o jacobinismo nos limites (quase sempre arranhados) da Lei e a tolerância dos paulistas que conciliam o tempo todo salvou o início de rotinização do poder civil republicano.

Depois disso, o desgaste interno das Forças Armadas e a incapacidade de organização do Partido Republicano Federal como peça básica da estrutura republicana de poder começaram a desenhar os contornos que a Primeira República iria ter em forma permanente. O caso do PRF é especialmente significativo. Floriano deixou que Glicério organizasse o partido, mas não viu nele mais do que um instrumento de controle da Câmara. Não poderia interessar ao republicanismo militar uma estrutura concorrente ao Exército como forma de sustentação do poder. Prudente lhe segue os passos. De tal forma que o PRF na justa caracterização de Carone, é "mais uma frente comum do que um agrupamento político-ideológico" (*op. cit.*, p. 156).

Não obstante, e apesar de não ter sido esta a pretensão de Glicério, que, de fato, quando condestável da ordem político-parlamentar, parece ter aspirado à chefia de um partido real, as funções de *clearinghouse* das dissidências e oficialismos tinham que ser exercidas no Parlamento, e não nos partidos. Uma das peças angulares do "sistema" que Campos Sales vai montar, e que Pinheiro Machado vai corporificar, é a relação entre a Presidência e o regionalismo, com a multiplicação de interesses locais e de facções. Ou seja, é preciso resolver como as oligarquias podem articular-se para fazer o *semblant* do jogo dos partidos.

A linha dura de Glicério, florianista e centralizador, mas ao mesmo tempo chefe local do mais forte setor oligárquico reformado do País, terminaria por provocar um choque entre o presidente e o chefe do partido. Ao se aceitar a linha de Glicério ter-se-ia, com o tempo, que marchar para o sistema de partido único e de fusão entre o Estado e o partido, em condições tais que faltaria à base da sociedade força para tanto: ela era centrípeta, localista, clientelística e dispersa. Partido único possível era só o Exército, e teria de exercer o poder tirânico. Como poderiam os republicanos civis adotar uma forma política que nos limites tirar-lhes-ia o poder das mãos para concentrá-lo num só canal?

Prudente se opôs, com o tempo, à ação de Glicério, e pediu a Campos Sales – governador de São Paulo – que interviesse quando o primeiro quis impor em 1897 o nome do presidente da Câmara. A derrota de Glicério levou-o a perdas subsequentes, inclusive de sua posição em São Paulo, no PRP, e à fragmentação do PRF com a "dissidência" glicerista, dos chamados Republicanos, em oposição à Concentração, da maioria que passou a dar base de sustentação a Prudente.

Começavam, pois, a se gestar as bases para a institucionalização do "sistema oligárquico". Isso no meio das lutas entre "florianistas" e governistas em um contexto de sérios desafios colocados pela desmoralizante Campanha de Canudos, em um momento em que havia tentativas de militarização das polícias no Sul que inquietavam o Exército pela possível perda do monopólio da força. Contestando os gliceristas, o presidente eleito da Câmara, Artur Rios, defendeu a política de Prudente dizendo: "É preciso afirmarmos o direito que ele tem e que não podia prescrever à direção e à iniciativa entre os amigos políticos que o elegeram".[35]

Repudiava-se qualquer "tutela" parlamentar ao presidente. Afastada a ameaça militar direta de inspiração "florianista" depois do atentado fracassado ao presidente e da morte de seu ministro da Guerra no mesmo ato, a 5 de novembro 1897 (que ensejou forte repressão governamental, com posterior fechamento, inclusive, do Clube Militar), Prudente de Morais, o "Pacificador", restabeleceu o primado do poder civil e encaminhou a sucessão em termos que o tornaram, além de chefe do Estado, chefe da política nacional.

Daí por diante o presidente da República passa a ser, automaticamente, o chefe do partido, mas este não será mais a máquina sobranceira de Glicério. Antes será – um pouco como na concepção implícita da citação de Floriano que transcrevi, mas com outro sentido – movido por um estado de espírito que outra coisa não faz do que animar o Grande Clube Oligárquico. A tarefa de operacionalização desse sistema coube a Campos Sales, e por ele foi executada com perfeição.

A descrição da montagem desse sistema, bem como a análise de seu sentido explícito, encontraram na pena do próprio Campos Sales o melhor expositor.³⁶ "Política dos governadores" será chamado o sistema. "Política dos estados" será melhor designativo, pensa seu autor. Pouco importa como veio a ser designado o sistema. De fato, tratou-se de reconhecer que, depois de controlados os focos abertos de oposição aos quais me referi anteriormente, caberia organizar a política de um modo tal que as "chefias naturais" – ou seja, a expressão direta da dominação oligárquica local – tivessem mecanismos explícitos de funcionamento.

Até Campos Sales, as dissidências estaduais e a divisão entre Executivo e Legislativo ganhavam contornos ásperos graças às repercussões que encontravam na tropa e ao fato de que o florianismo e demais tendências militares mesclavam-se com as oposições civis. Sujeitadas estas ao poder presidencial, a grande querela política limitar-se-ia às alianças e diferenças entre governo federal e governos estaduais ou suas oposições. Noutros termos, voltava-se ao período em que as oposições locais só podiam transformar-se em governo com as "derrubadas" promovidas pelo Poder Moderador. Campos Sales, consciente de que na falta de partidos assim seria, e convicto de que a direção ou a orientação de um processo político "é uma função que pertence a poucos e não à coletividade",³⁷ propôs um "pacto oligárquico" capaz de dar cabida a um sistema baseado numa liderança que, mais do que pessoal (como no caso do Moderador), seria "institucional". À condição, entretanto, de que o acesso à "institucionalidade se restringisse àqueles capazes de exercer uma 'soberania diretora'". Este pacto consistia basicamente no seguinte:

1) Em matéria de organização do Estado, "independência entre os Poderes", mas preeminência presidencial. Sequer se aceitavam Conselhos de ministros como norma administrativa, para marcar que o presidente deliberava responsavelmente, como chefe, "cuja autoridade legal e moral jamais deveria desaparecer atrás dos seus ministros".
2) O Legislativo não governava nem administrava. "O poder, que, pela natureza de suas prerrogativas, se achava em condições de esclarecer e dirigir, era o Executivo", e o Congresso tinha necessidade de que sua maioria fosse esclarecida, e, sob certos assuntos, dirigida pelo Executivo.

3) Consequentemente, era preciso buscar uma fórmula que solidarizasse as maiorias com os Executivos. Esta, no plano formal e na expressão de Campos Sales, decorreria de que o mesmo sufrágio que elegia um deveria eleger o outro poder. Na prática, o presidente propôs que se reconhecesse automaticamente a "legitimidade" das maiorias estaduais.

4) Com isso, ou seja, com a promessa (que não foi cumprida em todos os casos por Campos Sales) de que o governo federal não apoiaria dissidências locais, as situações se obrigariam a apoiar a política do presidente.

5) O mecanismo prático para isto foi a alteração na maneira pela qual se fazia o reconhecimento da "lisura" das atas eleitorais. Até então, como era habitual a fraude e como as dissidências apresentavam resultados eleitorais diversos dos resultados oficiais locais, as oposições podiam, com apoio federal, fazer representantes seus. Daí por diante, por acordo aprovado na Câmara, a "Comissão de Verificação de Poderes", que deveria resolver as dúvidas sobre quem havia sido eleito, passaria a aceitar as atas assinadas pelas maiorias em cada Câmara Municipal (que eram as competentes para isto) e, para evitar surpresas, o sistema de controle parlamentar seria supervisionado pelo presidente da Câmara anterior, e não pelo mais idoso eleito, como mandava a praxe então vigente (nunca se sabia de que facção seria o mais idoso).

Apesar de que houve casos em que Campos Sales interveio para sustentar facções opositoras, no geral seguiu essa "doutrina". Afastou, por exemplo, no Rio Grande do Sul, o comandante militar que se opunha à oligarquia dominante local, mas em geral manteve as "situações" que estavam no poder.

Assim, sem criar um *Partido Único*, deixou que a multiplicidade das oligarquias locais consolidasse o poder em seu âmbito, e chamou à Presidência a condução das grandes questões, para as quais contava com apoio incondicional do localismo. Grande questão por excelência num sistema deste tipo, no âmbito federal, é a da sucessão. E o teste foi plenamente satisfatório: Campos Sales encaminhou o nome de um ilustre conterrâneo, que não era republicano "histórico", e conseguiu aceitação mais do que razoável para seu candidato graças à típica forma de política de Clube de Eleitos que adotou.[38]

À sombra desse "sistema" floresceu o "coronelismo" da Primeira República. Ou melhor – como chama a atenção Victor Nunes Leal[39] –, o coronelismo foi a base de uma possível política dos estados. Com efeito, o coronelismo não expressa o apogeu do privatismo local, como alguns pensam, mas manifesta um compromisso entre o poder estatal que necessita de votos e o poder econômico privado dos donos da terra, que já está em decadência na República. A eleição em nível municipal e estadual com inexistência de partidos reais levou à transação entre o Estado (que fornecia a polícia e os juízes) e os "coronéis", que forneciam os votos de cabresto. Não era isso suficiente, como aponta o mesmo Victor Nunes, a quem estou seguindo na interpretação, para impedir oposições locais, respondidas sempre pelas truculências oficiais, às vezes seguidas de vinganças. Daí, acrescento, a necessidade da fraude eleitoral aberta, feita em conluio entre os políticos e os coronéis governistas, e o rosário de oposições sufocadas e dissidências várias. As brigas nas cúpulas dos aparelhos estatais levavam os dissidentes a buscar apoios em coronéis momentaneamente não oficialistas.

A tão pobre esqueleto real reduzia-se, na verdade, a ossatura da "doutrina" Campos Sales. Com ela, entretanto, complementara-se a institucionalização do sistema oligárquico. Se este vinha do passado como uma característica local, ganhou foros de sistema nacional de dominação quando o próprio equilíbrio entre os poderes da República passou a depender, como na concepção de Campos Sales, de uma vontade diretora cujas "bases naturais" eram a violência local e a transação entre as máquinas político-administrativas dos estados e os interesses político--econômicos de donos de terra e de votos.

Como em toda ordem tradicional e elitista, a "Grande Política" dá-se fazendo abstração das bases reais de poder, como se a nódoa do pecado original das eleições fabricadas nada tivesse a ver com os verdadeiros problemas nacionais. Campos Sales lançou-se a eles de rijo: "saneou" as finanças pela forma que se viu no item correspondente, restabeleceu o crédito e a confiança do País no exterior, e entregou o governo a outro paulista que, mais do que ninguém, governaria como um "administrador progressista".

As oposições continuarão a existir, mas à margem do sistema real de mando sem forças para perturbá-la – pelo menos até que, em novos assédios, os militares, a turba urbana, as dissidências históricas etc. voltem, nos governos da década de 1920, a perturbar com mais êxito a *"Pax oligárquica"*. Até lá, a doutrina dos "chefes naturais", da predominância do Executivo e, nele, do presidente, bem como esse peculiar arranjo entre localismo, máquina estatal e clube de notáveis em vez de partidos, caracterizarão a República que, mais do que dos "coronéis", foi dos oligarcas que controlavam, além das fazendas, a máquina estatal.

NOTAS

1. Existem inúmeras descrições da articulação militar para o Quinze de Novembro. Uma coletânea de notícias de jornais e documentos publicada em 1890 reuniu testemunhos significativos: Porta, M. E. de C. *Apontamentos para a história da República*. Rio de Janeiro: Imprensa Nacional, 1890. Além disso, em manuais existem informações suficientes. Ver, por exemplo, Bello, J. M. *História da República (1889-1954)*. 4. ed. São Paulo: Companhia Editora Nacional, 1959.
2. Refiro-me ao livro de Raymundo Faoro, *Os donos do poder, formação do patronato brasileiro*. Porto Alegre: Editora Globo, 1958.
3. Para uma síntese, ver Prado Jr., C. *História econômica do Brasil*. São Paulo: Brasiliense, 1962, cap. XIX e XX.
4. Ver Lopes, J. B. *Desenvolvimento e mudança social*. São Paulo: Companhia Editora Nacional, 1972, p. 16.
5. Não obstante, convém ter presente que o conceito sociológico de cidade não se resume ao de população definida censualmente como urbana. Além disso, no caso brasileiro, as cidades às vezes cresciam sem supor a integração da população local ao mercado urbano regular, conforme salienta Vilmar Faria em: A pobreza urbana, sistema urbano e marginalidade. São Paulo: Cebrap, 1973, p. 19 e seguintes (mimeo.).
6. Note-se que a maioria dos analistas da evolução demográfica brasileira parece ressaltar antes a fragilidade de nossa rede urbana do que a tendência, inequívoca desde o começo do século XX, a uma forte concentração urbana. Os dados que apresentei aqui se referem às cidades-capital; por isso, para eles é de menor alcance a crítica metodológica sobre os dados relativos aos "municípios", que, em geral, têm grande parte da população em área rural. Para uma análise cuidadosa dos censos, ver San-

tos, M. J. *Política do governo e crescimento da economia brasileira*. Rio de Janeiro: Ipea, 1973 (Série monográfica nº 10), especialmente o item 8.6: "Urbanização". Não utilizei os mesmos critérios de classificação da autora porque visava a comparar com a evolução das cidades dos Estados Unidos, e porque, para meu argumento, as restrições e críticas aos dados censuais – justas – não são diretamente relevantes. Contudo, convém lembrar que o Censo de 1920, como mostrou Mortara, superestima a população, e o de 1900 a subestima.

7. Ver Furtado, Celso. *Formação econômica do Brasil*. Rio de Janeiro: Fundo de Cultura, 1959, p. 154.
8. A respeito das imigrações, ver artigo de Graham, D. H. Migração estrangeira e a oferta de mão de obra no crescimento econômico. 1980-1930. *Estudos econômicos*, IPE-USP, v. 3, n. 1, 1973. Neste importante artigo, Graham também ressalta a importância do crescimento urbano, especialmente por volta da mudança do século e no período anterior à Primeira Guerra, e o abandono do campo pelos imigrantes que se deslocavam para as cidades (especialmente p. 44). Florestan Fernandes já havia ressaltado, na análise de São Paulo baseada no relatório de Toledo Piza de 1854, e em dados censuais, tanto o rápido crescimento urbano quanto o papel dos estrangeiros nele.
9. Os dados sobre movimentos migratórios internos, bem como a descrição da técnica para obtê-los, encontram-se em Graham, D. e Holanda, S. B. de. *Migration, Regional and Urban Growth on Development in Brazil: A Selective Analysis of the Historical Record, 1972-1970*. São Paulo: IPE, 1971. Há sérias críticas à metodologia usada em: Santos, M. J., *op. cit.*, esp. p. 277-279. Não obstante, a tendência geral, resumida por mim, parece ser correta. Não reproduzi dados porque seria fastidioso para o leitor e porque, dadas a precariedade dos censos e as hipóteses a que a técnica de mensuração obriga, sua precisão numérica é discutível. Só para que o leitor tenha em mente a ordem de grandeza, reproduzo aqui os saldos migratórios de alguns estados:

Estados	Períodos intercensuários		
	1872-1890	1890-1900	1900-1920
Amazonas	35.536	57.769	17.784
Pará	-31.791	55.701	91.948
Rio de Janeiro (Capital Federal)	63.469	81.631	47.423
Minas Gerais	98.769	-93.185	-230.097
São Paulo	72.649	70.997	-18.924

Fonte: Graham e Holanda, *op. cit.*, p. 98.

10. Sobre a utilização de imigrantes estrangeiros e não migrantes nacionais como mão de obra para a expansão econômica, ver os já citados estudos de Graham e Holanda e de Douglas Graham que recalcam a importância do transporte marítimo intercontinental mais barato e as dificuldades de comunicação viária interna no Brasil. Além desses trabalhos, é especialmente importante o estudo de Balán, J. Migrações e desenvolvimento capitalista no Brasil: ensaio de interpretação histórica comparativa. *Estudos Cebrap*, n. 5, 1973. Balán aponta a necessidade econômica de uma mão de obra excessiva nas áreas brasileiras que tinham grandes contingentes populacionais como um fator estrutural que dificultou a mobilidade da mão de obra nacional. Os proprietários daquelas regiões sempre se opuseram ao "esvaziamento" de suas áreas, como recurso para manter o padrão de exploração econômica em que se baseava sua existência.
11. Dados extraídos de Santos, M. J., *op. cit.*, p. 265.
12. Especialmente entre 1850 e 1891, quando os gastos federais superavam os paulistas, a imigração de italianos passou de 31.275 para 132.326. Em geral, entretanto, houve maior relação entre os subsídios paulistas e a imigração. Aqueles foram grandes em 1887-1888, 1893-1897, e de 1901 em diante, com exceção dos anos de 1903 e 1904. Ver Graham, *op. cit.*, p. 32-45.
13. Holanda, S. B. de. *O Brasil monárquico*. São Paulo: Difel, 1971, tomo II, v. 5, cap. III do Livro Primeiro, e capítulos I e II do Livro Segundo, que constituem a melhor análise que conheço das instituições imperiais brasileiras.
14. *O Militar*, 25 abr. 1855, apud Schultz, J. O Exército e o Império. In: Holanda, S. B. de; Campos, P. M. (ed.) *O Brasil monárquico*. São Paulo: Difel, 1971, tomo II.
15. Ver em Schultz, *op. cit.*, os pormenores a respeito.
16. Carta de 10 de julho de 1887, inserida na biografia feita por Peixoto, A. V. *Floriano*. Rio de Janeiro: Ministério da Educação, 1939, v. 1, p. 26.
17. Ver o mesmo Schultz.
18. Embora o espírito bacharelesco e literário tenha penetrado profundamente nas academias militares.
19. Refiro-me a *Formação econômica do Brasil, op. cit.*
20. Luz, Nícia Vilela. *A luta pela industrialização do Brasil (1808-1930)*. São Paulo: Difel, 1961.
21. O saldo de papel-moeda emitido em fins de 1888 ascendia apenas a 205 mil contos; cf. Villela e Suzigan, *op. cit.*, p. 103.
22. Apud Luz, *op. cit.*, p. 106. Trata-se de trecho da exposição de motivos do decreto de 11 de outubro de 1890 sobre a nova tarifa aduaneira.
23. A taxa média do câmbio, segundo Furtado, *op. cit.*, p. 203, desceu de US$26 em 1890 para 13,15, 16 em 1893, e alcançou no fim do decênio 87/32.
24. Ver Villela e Suzigan, *op. cit.*, p. 106.
25. Ver no capítulo de Luz, *op. cit.*, os comentários sobre os favores, a advocacia administrativa, o prestígio social, e a influência política necessários para proteger

uma indústria nem sempre "nacional" no sentido de que utilizava matérias-primas importadas (especialmente p. 111).
26. Sobre o período de Rodrigues Alves – que não cabe discutir neste capítulo – ver a biografia feita por Afonso Arinos de Mello Franco: *Rodrigues Alves, apogeu e declínio do presidencialismo*. Rio de Janeiro: José Olympio, 1973, Coleção Documentos Brasileiros, v. 155.
27. Não cabe neste capítulo discutir a inspiração americana da Constituição e os eventuais debates entre positivistas ortodoxos e liberais democratas da época. Para um comentário parcial, mas nem por isso desinteressante, ver: Santos, J. M. *A política geral do Brasil*. São Paulo: J. Magalhães, 1930, cap. XIII: "A Constituição de 24 de fevereiro".
28. Como fiz nas partes anteriores deste capítulo, não citarei a cada passo as fontes. Refiro aqui as duas que utilizei extensamente e às quais devo muito das informações usadas, bem como pistas para a interpretação: Carone, E. *A República Velha*: a evolução política. São Paulo: Difel, 1971, que constitui hoje a melhor sistematização disponível para a história da República; e Huhner, June E. *Civilian-Military Relations in Brazil, 1888-1898*. Columbia: University of South Carolina Press, 1969, que é um belo ensaio interpretativo. Adicionalmente, ver ainda Bello, J. M., *op. cit.*, e, especialmente, embora não lide diretamente com o período, o já citado livro de Afonso Arinos.
29. Cf. Huhner, *op. cit.*, p. 35.
30. Ver os dois livros básicos que utilizei para verificar em que circunstância isto se deu.
31. *Apud* Carone, *op. cit.*, p. 55.
32. *Apud* Carone, *op. cit.*, p. 55.
33. Floriano Peixoto *apud* Carone, *op. cit.*, p. 147-148.
34. A maioria dos intérpretes da formação da República atém-se ao paradigma formal da análise das instituições democráticas. Perdem frequentemente este aspecto da institucionalização republicana. Ficam mais a lamentar que as teses de Rui Barbosa – o legitimador doutrinário por excelência – tenham sido quase derrotadas. Não veem com isso que a "democracia republicana", de democracia tinha muito pouco, mas nem por isso deixava de se institucionalizar e de ter força valorativa. Se não se entende isso, o florianismo vira uma farsa, torna-se mera máscara para o arbítrio. Sem que se entenda a articulação real (embora contraditória) entre o espírito oligárquico da burguesia agrária e o mandonismo ascético do jacobinismo florianista, não se entende a passagem do militarismo a um controle civil que jamais foi realmente "civilista".
35. *Apud* Carone, *op. cit.*, p. 161.
36. Ver os extratos de trabalho de Campos Sales em: Carone. E. *A Primeira República*. São Paulo: Difel, 1969, p. 99-114.
37. Transcrito em Carone, *A Primeira República, op. cit.*, p. 104. A mesma ideia se repete frequentemente no pensamento de Campos Sales. Para ele, por exemplo, os partidos

funcionavam quando sua organização e disciplina baseavam-se "na obediência à direção dos chefes" e as Assembleias políticas deveriam "homologar" a decisão dos que exercem a "soberania diretora".
38. Vale a pena ler a descrição feita pelo próprio Campos Sales, em carta pessoal, de como logrou apoios para Rodrigues Alves. Ver Carone, *A Primeira República, op. cit.*, p. 108-114.
39. Ver o estudo clássico de Leal, V.N. Coronelismo, enxada e voto, o município e o regime representativo no Brasil. Rio de Janeiro: Edição da *Revista Forense*, 1948, especialmente p. 182-185.

CAPÍTULO II   Alternativas políticas
na América Latina*

---

* Trabalho apresentado para iniciar debates em Seminário do Center for Inter-American Affairs, Nova York, maio de 1971.

A década de 1970 começou sob o vaticínio do fim da democracia representativa na América Latina. O relatório Rockefeller apareceu como epitáfio dessa forma de organização política. Pior do que isto, como noutros tempos e em outros regimes, constatou: o rei morreu, viva o rei. Só que, agora, o novo rei se inspira no autoritarismo. Ainda mais: quer ser conhecido como reformista e esclarecido. Finalmente, tem como base social um grupo funcional, mais do que uma classe: os militares. Será certo o diagnóstico? E se o for, que capacidade preditiva pode ter?

É difícil, naturalmente, pôr fim a um processo que não chegou a existir: a democracia, como organização política, teve uma vigência apenas ocasional e tendencial na América Latina. Não é necessário apresentar muita informação para comprovar que inexistiu na região o conjunto de condições políticas que costuma ser atribuído à democracia representativa: partidos capazes de expressar o ponto de vista de classes ou setores de classes; mecanismos institucionais que assegurem a contraposição de interesses, regulamentem a sucessão, facilitem a negociação e prevejam fórmulas para resolver os impasses; divisão e harmonia entre os Poderes; garantias individuais básicas; e, ainda por cima, legitimidade, ou seja, reconhecimento, pelas partes em jogo, do fundamento (legal e racional, no caso das sociedades modernas) que assenta o poder de coerção do Estado e de seus componentes.

Seria difícil imaginar um sistema político tão complexo como sendo a forma vigente de regulamentação do conflito e da imposição social nas sociedades elitistas da América Latina. Estas, em termos esquemáticos, se compõem, de um lado, por amplos setores de massa rural vivendo em níveis baixíssimos de existência, por populações urbanas ditas "marginais", quase sempre como uma expressão eufêmica para significar "miseráveis": por outro lado, estão formadas por uma classe média limitada e um setor dominante (seja ele urbano-capitalista ou rural-latifundiário) relativamente restrito e, o que é mais importante, distanciado, por sua renda e estilo de vida, do resto da sociedade.

Na prática, o modelo democrático de organização política não é tão coerente quanto a caracterização anterior sugere, pois envolve a dominação de classe. De qualquer modo, aspira, como meta ideológica, a aproximar-se dos objetivos mencionados anteriormente. Na América Latina, tal tipo de regime pode ser tentado apenas nas regiões em que houve uma classe média urbana significativa, e nas quais a massa trabalhadora conseguiu educar-se e organizar-se: Argentina, Uruguai e Chile, entre os exemplos mais expressivos. Mesmo nestes países, entretanto, especialmente na Argentina, a vigência democrática teve e tem suas vicissitudes.

Assim, a novidade da situação atual não está no "fim da liberal-democracia" (ou, como preferem alguns, do regime liberal-burguês) como forma efetiva de organização política, posto que esta teve existência apenas episódica em quase toda a região; antes, reside no fato – este sim novo – de que a ideologia democrática vem perdendo força. Mais ainda: documentos oficiosos dos Estados Unidos da América (EUA) passaram a aceitar como legítima a existência de valores distintos da liberal-democracia para nortear a vida política dos países de sua área de influência mais próxima.

É curioso notar que esta mudança ideológica se faz ainda em nome do pluralismo: é preciso reconhecer os "vários caminhos". Para onde? Para o desenvolvimento. Palavra mágica, que pode significar muito ou nada: maior acumulação sem distribuição de renda? Maior penetração local das corporações multinacionais? Capitalismo, pura e simplesmente? Segurança hemisférica? Ou quase o oposto de tudo isto?

De qualquer forma, a organização política é vista instrumentalmente. Sendo assim (como de fato) é variável de país para país, de fórmula para fórmula, e se justifica à condição que... produza o "desenvolvimento".

Na prática, esta pluralidade de "vias para o capitalismo" tem servido na América Latina e, especialmente, nas relações dos EUA com América

Latina, como a versão contemporânea da *realpolitik*, não mais aquela do *big stick*, que se tornou desnecessária porque atualmente se dispõe de bastões locais com controle remoto. Estes, se não funcionam quanto a alguns aspectos, importantes, é certo, da política econômica dos países, são eficazes para a questão essencial da segurança hemisférica, e são especialmente úteis para lidar com a versão OAS[1] dos problemas de segurança: o inimigo interno.

Assim, o primeiro problema que eu gostaria de ver analisado nesta reunião é este: que efeitos presumíveis terão no atual decênio o declínio da ideologia democrática e o reconhecimento quase cúmplice desta tendência declinante por círculos oficiais e oficiosos dos Estados Unidos? A que se deve essa inflexão? Ela é apresentada, naturalmente, como mais uma manifestação do espírito democrático americano que reconhece, de fato e de direito, outras formas políticas existentes na América latina. Entretanto, se, de fato, sempre houve governos não democráticos na região, por que justificá-los *agora*? Por que perdeu força a ideologia democrática na América Latina, ou por que essa tendência coincide com um processo em marcha também nos Estados Unidos?

Em outras palavras, o problema político básico no decênio será o da existência de países latino-americanos que estão se desenvolvendo apesar de não serem democráticos (processo antigo, que persiste), ou o de a ideologia da democracia política proposta como modelo universal estar perdendo força também nos Estados Unidos?

TOTALITARISMO E CRÍTICA AO LIBERALISMO

As consequências do declínio da ideologia democrática são, entretanto, desiguais. De qualquer forma, há países que têm uma tradição de liberdades públicas e individuais, e outros que não. Os países latino-americanos tendem para o segundo caso, o que agrava o problema.

Além disso, a perda de força da ideologia democrática pode dar-se em benefício de diferentes tipos de ideologia. A crítica socialista à democracia representativa (formal) sempre foi a de que ela encobre uma imposição de classe e que, portanto, seria necessário ampliá-la. Não é preciso ser nenhum gênio político para perceber que, no caso latino-americano, em quase todos os países, inexistem condições para o funcionamento regular de um regime de partidos, representativo e democrático, e que, no mais das vezes, liberal-democracia é a expressão ideológica da dominação oligárquico-burguesa. Em nome disso, alguns críticos de esquerda e os pensadores políticos conservadores ou direitistas se rejubilam com a inviabilidade do modelo democrático no Continente, e exultam quando mostram as contradições entre os ideais políticos exportados dos EUA e a prática de suas relações econômicas com a América Latina. Perfeito. Entretanto, hoje em dia substitui-se a obsoleta (porque ligada à "oligarquia") liberal-democracia por um autoritarismo que busca legitimar-se por meio da eficácia desenvolvimentista e que, em regra, sustenta estilos de desenvolvimento que concentram exponencialmente a renda e propugnam por uma "participação" simbólica, que nem chega a atingir a etapa da "participação expressiva" (*meetings*, partidos mobilizadores etc.) por temor a toda forma de mobilização e atuação das massas. Neste caso, a crítica da democracia se torna apenas uma justificação espúria para o surgimento de ideologias autoritárias, quando não totalitárias. No léxico e na sintaxe política do fascismo e do nazismo também se desqualificava a liberal-democracia e se dispunha que antes do povo vinha a Nação; que o interesse de classe deveria subordinar-se ao do Estado, porque este exprimia a Nação, e que o conflito político entre partidos (denotador da "perversão liberal-burguesa) minava a segurança da Nação, vista esta como estritamente ligada à intangibilidade do Estado.

O DESENVOLVIMENTO POLÍTICO DA AMÉRICA LATINA

É óbvio que nessa defesa do que a experiência política contemporânea conseguiu em termos de liberdade e garantias civis não se deve confundir problemas e níveis de análise. As grandes questões políticas da América Latina não se esgotam com o problema da liberdade e das garantias individuais. Subsiste o problema dos modelos viáveis de organização do Estado e de seu relacionamento com a sociedade e a vida econômica. E é neste contexto, mais concreto, que se deve colocar a questão anterior das liberdades fundamentais. Isto porque, em caso contrário, incorre-se efetivamente no erro que a crítica à liberal-democracia apanha corretamente: o de supor uma ordem política abstrata e absoluta, que não leva em consideração as condições reais da relação de forças prevalecente nas sociedades, nem suas contradições.

Neste sentido, o pensamento político sobre a América Latina parece ter ficado aquém da realidade. Com efeito, nos anos 1950 e mesmo 1960, o modelo proposto pelos observadores de fora da região, especialmente os americanos, era, em regra, o do regime de partidos, eleições, voto livre e secreto, garantias fundamentais aos direitos do homem etc. Isto é, o ideário da liberal-democracia. O suporte social para este programa via-se em termos da crescente "classe média", fruto do progresso econômico. Não citarei autores, por desnecessário. Cito apenas um exemplo conspícuo.[2] Em contraposição a esse quadro ideal, criticavam-se as práticas dos regimes políticos prevalecentes na região, as quais oscilavam entre três tendências básicas, combinadas muitas vezes em situações particulares:

1) A "democracia restrita", na qual os suportes do sistema de poder democrático operavam como uma contrafação: no plano formal – na Constituição – e no plano simbólico das declarações de princípio, o modelo se afirmava; na prática política, o controle oligárquico de grupos sociais restritos (as classes economicamente predominantes e círculos burocráticos ligados a elas) bloqueava qualquer aumento efetivo da participação política e impedia a organização autônoma dos grupos e classes sociais subordinados à dominação oligárquica.
2) O "caudilhismo", militar, mais frequentemente; civil, às vezes. Essa forma de dominação repousava sobre suportes tradicionais: o círculo de fâmulos e parentes e a elite burocrática, especialmente militar. Estes grupos compartiam uma visão política consensual advinda da experiência de um padrão comum de vida. Em conjunto podiam sustentar, num dado momento, um estilo de governo de cunho pessoal na aparência, mas que na realidade tinha base consensual no *establishment* tradicional de dominação (política, econômica e cultural).
3) O "populismo" – também este, militar ou civil – que, se na forma se assemelhava à chefia caudilhesca, de fato introduzia no jogo

político um elemento novo: surgiu, quase sempre, quando o círculo limitado da democracia restrita, ou da base consensual tradicional dos chefes organizados em tomo do caudilho, viu-se abalado por "pressões de base". Uma "classe média" emergente, um setor operário em expansão, ou mesmo (como em certos momentos na Bolívia e, em aliança com outras classes, no Peru) um setor rural mais atuante quase sempre estiveram por trás das formas populistas de dominação. O populismo fazia destarte a mediação entre um estilo tradicional de chefia e o aumento do número de participantes do jogo político. A liderança populista, embora raramente fosse a expressão direta da presença ativa e organizada da base popular, implementava políticas que rompiam o atendimento restrito dos interesses oligárquicos, sem propor, contudo, uma forma não tradicional (e não elitista) de participação no Poder e de controle das decisões.

Escapavam deste esquema as democracias chilena e uruguaia (mencionava-se, também, Costa Rica) e o "modelo mexicano". Este último confundia amiúde os observadores: derivara de uma revolução social, mas se tornara institucional; funcionava quase em moldes de partido único e, não obstante, repousava numa base social ampliada: tornara-se civil e era "dinâmico", isto é, mobilizava a massa e acelerava o desenvolvimento econômico, embora fosse politicamente rígido.

Diante deste quadro, até a década de 1960 o esquema de análise mais completo do que hoje se chama "desenvolvimento político" talvez tenha sido o de Gino Germani: viam-se as diferentes situações políticas da América Latina como *etapas* numa *transição*, que iria da democracia restrita à democracia ampliada, com participação total.

O curso dos acontecimentos tornou desnecessária a crítica analítica ao esquema: quando "amadureceram" algumas situações para se dar a passagem para formas de democracia ampliada, novamente surgiram regimes restritivos. Isto ocorreu até mesmo em países como a Argentina (onde a "democracia social" avançara tanto sob o peronismo) ou o México (no qual a face repressiva da esfinge política mexicana passou a primar sobre seu lado mobilizador de massas).

A CONSTRUÇÃO DA DEMOCRACIA

Está claro que, tanto na apresentação dos modelos políticos da região quanto na crítica simplista a que fiz referência anteriormente, podem existir enganos: até que ponto as "formas políticas" expressam ou encobrem processos sociais reais? Noutros termos, uma *ditadura militar* ou uma *democracia parlamentar* implicam, por si mesmo, maior ou menor "participação"? Representam, necessariamente, interesses de grupos sociais distintos? De que grupos? O mesmo Germani distingue estes níveis de análise e, mais do que ele, Hélio Jaguaribe propõe modelos descritivos do desenvolvimento político latino-americano nos quais estão vinculadas as formas políticas de organização dos regimes e as políticas ("policies") que eles processam e, *ipso facto*, os grupos sociais que com eles se beneficiam. Jaguaribe distingue três modelos básicos de desenvolvimento político, usando como critérios de classificação o grupo social sobre o qual assenta o regime e sua orientação com respeito às metas e modos de desenvolvimento:

1) O "Nacional-Capitalismo", quando existe uma "aliança entre os setores progressistas da burguesia nacional, da classe média e do proletariado, sob a liderança neobismarckiana do chefe do governo, a formação de um partido nacional do desenvolvimento, apto a conquistar a maioria eleitoral e a empreender, por forma mais consensual do que coercitiva, um grande esforço de desenvolvimento nacional".[3]
2) O "Capitalismo de Estado", quando se tem a conquista do poder pelos setores progressistas das Forças Armadas e da tecnocracia ao Estado, por meio de um golpe de Estado, do qual resulta a formação de um partido da revolução nacional que remodela o aparelho do Estado para a promoção do desenvolvimento nacional.
3) O "Socialismo Desenvolvimentista", que supõe a conquista do poder por uma contraelite revolucionária e desenvolvimentista, que utilizará formas socialistas de acumulação e de gestão para promover o desenvolvimento, mobilizando as massas por meio de um partido revolucionário.

Entretanto, mesmo no caso de Jaguaribe, embora seu pensamento seja arguto e sensível às contradições sobre as quais assenta a dinâmica política,[4] existe, às vezes, uma espécie de dialética racionalizadora que obedece mais aos desdobramentos da ideia do autor do que às vicissitudes e meandros do processo político concreto. Assim, Jaguaribe assume como inviável a liberal-democracia nas condições latino-americanas (no que terá provavelmente razão) e passa a valorizar o desenvolvimento econômico como se este fosse, por um lado, condição de sobrevivência política das elites de poder e, por outro, como se ele fosse efetivamente assumido por elas como substituto dos valores democráticos de participação e liberdade. Corresponderá isto a uma prática efetiva dos grupos de poder? Se o for (o que duvido), justificará tal presunção uma imagem do processo político em termos da predominância quase absoluta da elite sobre a massa? Será possível, noutras palavras, caracterizar o processo político latino-americano apenas ou predominantemente pela história das elites (quem são, como assumiram o poder, que pretendem fazer)?

ELITES, NACIONALISMO E PADRÕES DE DESENVOLVIMENTO

Sem presumir que se possa analisar todos os ângulos de tão importantes questões, gostaria de indicar que, contrariamente ao que afirmam os que partem da perspectiva de que existem na América Latina elites de poder nacionalistas e desenvolvimentistas em ascensão, especialmente as elites militares, parece-me que a tendência predominante nos países-chave da região (Argentina, Brasil e México) é antes de mais nada "internacionalista", embora desenvolvimentista.

Entendamo-nos. O crescimento econômico e, especialmente, a forma que ele adota nos países periféricos – onde o Estado interfere crescentemente na regulamentação da economia – dotam os Poderes Públicos de meios crescentes de intervenção. Por outro lado, apesar das doutrinas da Guerra Fria e da divisão do mundo em Blocos, a unidade de cada Bloco é posta em causa frequentemente pelas Nações que os compõem. Especialmente no caso do Bloco Ocidental (mas isto é verdade mesmo para o Bloco Soviético) a supradeterminação da Potência Hegemônica só é aceita sem discussões em hipóteses extremas: debilidade econômica, política e militar do país associado-dominado, ou quando se produzem conjunturas de alta tensão ou de choque entre os grandes blocos rivais. Caso contrário, as veleidades autonomistas no interior de cada Bloco falam forte nas razões de Estado e, em especial, quando o Estado está sob controle ou sob influência dos militares locais. Os analistas que veem uma nova vaga de nacionalismo na América Latina valorizam este aspecto das relações entre os países dominados e a Potência Hegemônica.

Entretanto, a forma adotada pelo desenvolvimento econômico na América Latina é, basicamente, a da associação crescente entre três setores: o setor econômico controlado diretamente pelo Estado, os capitalistas locais, e as empresas multinacionais ou os trustes. É sobre este tripé que assenta o desenvolvimento dos países industrial e economicamente mais avançados da região. Nele, há dois parceiros privilegiados: o capitalismo internacional, porque aperta a tecnologia relativamente avançada, as formas modernas de organização, o apoio financeiro internacional e as ligações mercantis em escala mundial; e, por outro lado, o Estado, na medida em que tem capacidade de realizar e regulamentar a poupança, e na proporção em que atua como estabilizador e regulamentador do sistema político e econômico local. Por certo, este Estado não é uma entidade abstrata: responde a interesses das classes dominantes locais e busca estabelecer, para a manutenção da ordem social e dos objetivos nacionais (tais como são percebidos num dado momento pelas elites que estão no Poder), formas de equilíbrio entre aquelas, as imposições objetivas do setor externo e o "resto da sociedade". Pode, portanto, incentivar uma ideologia de tipo nacionalista.

No período "nacional-populista", parte da massa, além de setores da elite, pôde ser sensibilizada por ideais nacionalistas induzidos do Estado. A aceitação ampla destes ideais baseou-se, entretanto, em duas condições primordiais: a existência de regimes mobilizadores (que romperam, portanto, pelo menos em parte, a apatia das massas) e a possibilidade de fazer crer que, de alguma forma, pertencer à Nação é uma categoria objetiva: quem a ela pertence se beneficia com o progresso econômico geral. No caso do nacional-populismo, a parte do setor "resto da sociedade" que sustentou o nacionalismo e a política de distribuição de renda foi a camada trabalhadora urbana e a classe média ligada à industrialização e vinculada à própria expansão da burocracia estatal, civil e militar.

Os regimes atualmente predominantes nos países mais desenvolvidos da América Latina nem se sustentam por intermédio de políticas de redistribuição de renda (mesmo que simbólicas), nem necessitam mobilizar as massas para se manter no Poder. Ao contrário, são regimes desmobilizadores. A exceção será, quiçá, outra vez o México. Neste país, entretanto, a participação simbólica da massa, organizada a partir do Estado, é contrabalançada por mecanismos que contêm os possíveis impulsos de ativação da sociedade que uma ideologia "nacional-participante" provocaria. Por exemplo, assim como o regime mobiliza a massa quase ritualmente para as eleições, elimina com determinação quaisquer pruridos de autonomia, ainda que parcial, dos grupos de baixo.

Dessa forma, o nacionalismo como instrumento de participação termina por limitar-se a círculos restritos das elites. Essas, às vezes, fazem apelos a símbolos nacionais, mas quase nunca populares. Este nacionalismo encontra apoio principalmente em setores tecnocráticos e empresariais, ou em setores das novas classes médias ligadas aos serviços modernos e à indústria. É o nacionalismo da Pátria Grande, fruto tardio na América Latina da ideologia política direitista, mas que não encontra expressão concreta em termos de uma política econômica conflitante com os interesses do tripé do desenvolvimento-associado a que antes fiz referência.

Parece, portanto, que carece de consistência a interpretação do desenvolvimento político da América Latina em função da forma como as elites locais assumem os objetivos do desenvolvimento nacional, sem antes fazer-se a análise de como o desenvolvimento se dá estruturalmente.

Será, entretanto, que a forma política e a base social e econômica que o desenvolvimento adota nos países mais avançados da região pode se generalizar? E, por outro lado, não conterá ela contradições que terminarão por tornar possível um desenvolvimento *nacional* ou *popular* em oposição ao padrão internacionalista e elitista de desenvolvimento associado?

AS VIAS DISTINTAS PARA O DESENVOLVIMENTO

Vejamos primeiro se o modelo político e o estilo de desenvolvimento prevalecente nos países-chave da região podem se generalizar.

A CONSTRUÇÃO DA DEMOCRACIA

Tomarei como critério de distinção não a "generalização da participação política e suas formas" (Germani), ou a "mobilização política para o desenvolvimento implementado por uma elite de poder" (Jaguaribe), mas questões simples, embora básicas, relativas ao padrão de desenvolvimento econômico, à base social sobre a qual assenta o regime político e aos objetivos das *policies*, vistos pelo ângulo concreto de verificar quem são os beneficiários com os *outputs* econômicos e políticos dos sistemas vigentes. Só depois introduzirei considerações relativas à ideologia, isto é, aos princípios de legitimação de que os regimes lançam mão, e relativas aos regimes políticos propriamente ditos.

Qualquer sistema econômico que queira crescer depende, como é óbvio, da capacidade de acumulação de que disponha. A redistribuição da renda, em si mesmo, não constitui o polo de um gradiente que distingue padrões de desenvolvimento, e que teria no outro polo políticas econômicas concentradoras de renda. Não. Em qualquer situação concreta que se tome, só pode haver crescimento e desenvolvimento se houver acumulação. Entretanto, esta acumulação pode se fazer seja por meio da empresa privada ou por meio da empresa pública (ou, então, por intermédio de combinações entre ambas). O decisivo para distinguir formas de acumulação é perguntar *quem* controla o processo de acumulação. Na América Latina, tem-se tanto um controle público praticamente total do processo de acumulação (Cuba) quanto economias nas quais a acumulação repousa crescentemente (real ou programaticamente) em empresas públicas (Chile, Peru), assim como economias "de livre empresa". Nesta última hipótese, tanto existem casos em que realmente as tarefas básicas do crescimento econômico são deixadas às empresas (por exemplo, no caso de países economicamente importantes, a Argentina ou a Colômbia) quanto casos nos quais existe uma espécie de divisão de área entre as empresas privadas (normalmente bastante vinculadas às corporações internacionais) e as empresas públicas (por exemplo, México, Brasil e, até certo ponto, Venezuela).

Entretanto, as formas adotadas em cada uma destas situações para permitir a acumulação não são aleatórias com respeito ao conflito entre as classes sociais e aos grupos de poder, nem, muito menos, com respeito ao perfil possível e desejável (do ponto de vista dos grupos dominantes) de repartição da renda. É óbvio que uma política de crescimento econômico numa economia de livre empresa tenderá a salvaguardar a "capacidade de poupança" da camada empresarial e das classes de rendas altas e médias altas. Noutro extremo, a mesma política, numa economia socialista baseada em empresas públicas, ou numa economia parcialmente estatizada, baseada em grande medida na acumulação e reinvestimento de empresas estatais, tratará de taxar mais ampla e equanimemente as várias classes sociais.

Tudo isto é quase um truísmo. Mas as implicações de raciocínios tão simples quanto estes são consideráveis na avaliação dos regimes políticos e de sua adequação às "tarefas do desenvolvimento". Com efeito, um mesmo grupo funcional, como os militares, ao controlar o Estado em situações sociopolíticas e econômicas distintas, como, a da Argentina, do Brasil e do Peru, não terá o mesmo tipo de atuação. "Nacionalismo" ou "militarismo" são características abstratas quando não tomam em conta essas diferenças. Assim, retomando a indagação anterior, é difícil generalizar para a América Latina tanto o "padrão de desenvolvimento associado", a que fiz referência, quanto a tendência a um "nacionalismo militar" para conduzir o desenvolvimento. E, o que é mais importante, do ângulo das classes sociais que "sustentam estruturalmente" o processo de desenvolvimento e dele são "beneficiárias virtuais", a questão do militarismo, em si mesma, é menos relevante.[5] O que importa, deste ângulo, é verificar a quem beneficiam as políticas postas em prática. Que seja um civil no Chile, um general no Peru, ou, quem sabe, na Bolívia, ou outro civil em Cuba, não faz tanta diferença quanto verificar se, de fato, em qualquer destes casos existe uma tendência a um mesmo "padrão de desenvolvimento", nos termos anteriormente indicados e, portanto, uma tendência comum no que respeita à forma de taxação, poupança e distribuição de renda. Da mesma maneira, a comparação entre um militar no Peru, e outro no Paraguai ou na Argentina, só é significativa quando se faz a distinção entre os respectivos "padrões de desenvolvimento".

O *appeal* que o peronismo ou o varguismo tiveram para as massas residiu precisamente em que ambas as formas de populismo, embora fossem "não democráticas", "integraram socialmente" (às vezes, é certo, de modo mais simbólico do que efetivo) camadas sociais que não se beneficiavam com o anterior regime oligárquico baseado nas economias de exportação. O mesmo pode vir a ocorrer com o "militarismo" peruano ou o "socialismo-distributivista" (será isso mesmo?) chileno. Neste caso, por trás do qualificativo "militarismo" (ou "capitalismo de Estado", na linguagem de Jaguaribe) ou "socialismo" (terá ou não, o caso chileno, tendências às características do "socialismo desenvolvimentista"? é cedo para saber), existe uma qualificação básica: são regimes que se apresentam como "populares", isto é, que não querem favorecer primordialmente a acumulação por intermédio da empresa privada, e querem guardar uma imagem (real ou ideológica) de "justiça social".

Talvez seja este o núcleo da diferenciação política dos regimes atuais da América Latina: existem regimes que se apresentam como favoráveis a um "desenvolvimento para a maioria" (e que, para isso, favorecem estratégias de acumulação por intermédio de empresas públicas, embora não implementem necessariamente formas socialistas de organização econômica e política, e sustentam a possibilidade de um desenvolvimento compatível com um perfil de distribuição de renda mais equitativo). Existem também regimes que insistem em que a aceleração do crescimento deverá dar-se por intermédio da utilização racional dos mecanismos de acumulação da empresa privada (especialmente estrangeira) e até mesmo de empresas públicas, funcionando todas, porém, num contexto político econômico-financeiro que vê na poupança das camadas empresariais (e das classes possuidoras em geral) o meio básico para a acumulação, e aceitam como inevitável, portanto, a exploração de classe e a desigualdade. Por isso tendem a desenvolver políticas que resultam num perfil de distribuição de renda razoavelmente concentrador.

É óbvio que a base estrutural de uns e outros sistemas é diferente, da mesma forma que são distintos os beneficiários (imediatos, pelo menos) das políticas postas em prática. Nuns existe uma burguesia ativa (criada pela própria expansão anterior da economia exportadora, ou então, "revolucionariamente", como no México, a partir do próprio Estado). Noutros, a debilidade das burguesias locais e a incapacidade das empresas estrangeiras, que operavam como enclaves na economia nacional, para criar núcleos empresariais atuantes facilitaram a emergência de outras fórmulas políticas para enfrentar os problemas nacionais.

Voltando à questão proposta: não se pode generalizar, portanto, para a América Latina a tendência ao padrão de "desenvolvimento associado", baseado no tripé grande empresa estrangeira, empresa nacional e Estado, nem, muito menos, a visão oposta, de que existe um "nacionalismo emergente", especialmente na versão militarista.

Existe, isso sim, talvez, pela primeira vez na história latino-americana, um confronto entre dois estilos de organização econômica, com implicações políticas claras: o modelo do "desenvolvimento associado", nos termos antes ditos, e o modelo do "desenvolvimento popular". A imprecisão de ambos os qualificativos não é gratuita. Talvez o primeiro tipo de desenvolvimento seja mais claro no seu contexto e mais conhecido: é a forma possível para a aceleração do crescimento econômico em "situações de dependência", quando as economias industriais locais se integram cada vez mais ao modo capitalista de produção. Quanto ao "desenvolvimento popular", o epíteto denota, em sua contradição e vagueza, qualidades do próprio processo social no qual se dá este estilo de governo e de política econômica. Com a exceção de Cuba (onde o qualificativo de *socialista* seria claro e simples, embora não isento de problemas quanto ao êxito político e econômico da experiência), os outros regimes que tentam essa via, apesar de terem em comum a intenção política de beneficiar "a maioria", não moldaram ainda um tipo de organização econômica definida (veja-se o caso peruano, por exemplo) para se saber no que vai assentar a política de desenvolvimento, e menos ainda uma fórmula institucional para dar conteúdo à aspiração "popular" das políticas que sustentam. Nem se sabe mesmo, no caso do Chile, se a qualificação de governo favorável ao *desenvolvimento* – popular – é justa, posto que talvez as ideias-forças da experiência chilena sejam antes distributivistas (e populares, é claro) do que desenvolvimentistas, pelo menos na primeira etapa da experiência de governo da "unidade popular".

Se tudo isto é certo, o que se impõe no que respeita às "vias para o desenvolvimento" é deslocar o ângulo de análise da preocupação predominante com as "elites de poder" ("governos militares", "elites nacional-desenvolvimentistas" etc., ou não), ou com as formas de acesso ao Poder (eleições, golpes de Estado, revoluções etc.) e os mecanismos do seu exercício (Partido Único, aberto ou camuflado; pluripartidarismo; democracia plebiscitária; as Forças Armadas como "partido burocrático" etc.), para questões de base, endereçadas a saber que grupos ou classes sociais se beneficiam com as decisões que estão sendo postas em marcha (ou, ao contrário, com as não decisões que sufragam o *status* anterior de dominação), que perfil de distribuição de renda é compatível (independentemente das declarações dos governos) com o padrão do desenvolvimento que está sendo implementado, e assim por diante.

LIBERDADE E DESENVOLVIMENTO

Do ponto de vista das relações entre os EUA e a América Latina, uma política baseada em valores pluralistas implicaria não endeusar os novos grupos de poder independentemente do estilo de política que estão pondo em execução, mas definir as pautas de compatibilidade entre as distintas vias para o desenvolvimento (e, por consequência, também a via não capitalista) e os interesses dos Estados Unidos, incluindo os limites em que se colocam as questões da segurança.

Mas isso não deveria implicar a atitude simplista e oposta de afastar pura e simplesmente do horizonte de preocupações a questão das liberdades democráticas. A experiência histórica recente mostra dois processos que só na aparência são contraditórios: que a democratização substantiva não depende da organização formal de um regime liberal-burguês, mas que, por outro lado, nem o padrão capitalista de desenvolvimento, nem o socialista, ou suas fórmulas intermediárias, são suficientes, por eles mesmos, para garantir a referida democratização substantiva.

Carece de sentido político democrático, entretanto, aceitar um "pluralismo" esdrúxulo, que se apressa em reconhecer "situações de fato" quando elas parecem garantir a ordem e o desenvolvimento capitalista, mas que se põe numa posição rigidamente defensiva e estreita para avaliar situações nas quais, embora possam estar sendo preservados valores fundamentais de liberdade, a ordem social se vê alterada em benefício das camadas menos poderosas, e o desenvolvimento assume formas não capitalistas, ou pelo menos, não ortodoxas.

A experiência histórica já demonstrou que, dentro de limites, a democracia e o totalitarismo se adaptam tanto ao capitalismo quanto ao socialismo, e que, nesta matéria, as crenças ingênuas que faziam coincidir socialismo com liberdade e capitalismo com opressão política não se sustêm. Mas demonstrou também que as formas mais cruéis de totalitarismo moderno desenvolveram-se em consonância com a expansão capitalista, como na Alemanha nazista.

A questão política das liberdades, quando não colocada de maneira relativamente autônoma (embora condicionada, naturalmente, em suas formas concretas de manifestação pelas peculiaridades de cada tipo de organização social e econômica) frente à "lógica do desenvolvimento" e às suas diferentes vias, pode levar, seja em nome do "desenvolvimento mais rápido", seja para evitar ameaças do "inimigo" interno, seja em benefício da previsão de um "cerco externo", à implantação de regimes inspirados em ideologias totalitárias.

Parece-me que esta é uma questão crucial para a década de 1970: como vincular os objetivos econômicos do desenvolvimento a práticas políticas não autoritárias nem totalitárias? É óbvio que o encaminhamento dessa questão depende das soluções dadas à interrogação anterior: podem conviver vias distintas para o desenvolvimento (capitalistas e não capitalistas) na América Latina? E essa questão, por sua vez, desdobra-se em duas vertentes. Na primeira, talvez decisiva, está o problema de saber que papel os EUA desempenharão na definição de possíveis padrões de convivência entre as vias capitalistas e não capitalistas nas Américas: manterão o clima de guerra fria e definirão o problema do ângulo estrito da "segurança hemisférica"? Definirão as condições de convivência em termos do não alinhamento militar dos países latino-americanos no bloco soviético, embora aceitando experiências políticas socializantes? Terão força política (especialmente dentro dos próprios EUA) para impor uma "linha dura" intervencionista?

Na segunda vertente da mesma questão está o problema dos limites de tolerância possíveis para os regimes políticos latino-americanos alinhados ideologicamente como "ocidentais": terão condições para suportar os efeitos da convivência com países socialistas na América Latina (excluindo-se, obviamente, a política cubana anterior, de apoio aberto às guerrilhas, cuja aceitação por parte dos governos latino-americanos estava excluída de antemão)? Serão capazes de reelaborar formas democráticas de controle frente às repercussões internas das políticas populares e anticapitalistas adotadas pelos países que escolherem esta última via? Ou tenderão ao "fechamento crescente" do sistema político para evitar dissensões que firam os "interesses da segurança nacional", isto é, dos regimes vigentes? O impulso de crescimento econômico que o padrão de desenvolvimento dependente-associado parece ter gerado nesta década permitirá que os sistemas políticos "absorvam" o inconformismo e o mimetismo internos?

Em termos mais gerais: será que os valores democráticos fundamentais (direitos do homem, liberdade de informação, de expressão do pensamento, de organização etc.) são compatíveis com os objetivos do crescimento econômico acelerado (justificado ideologicamente em termos de assegurar "melhores condições de vida e de trabalho", ou seja, de "democracia social") e com a convivência entre regimes distintos em países subdesenvolvidos nos quais os canais de regulamentação de conflitos são escassos e, geralmente, violentos?

Darei apenas algumas indicações sobre a questão. Em primeiro lugar, pelo próprio encadeamento das perguntas, vê-se que atribuo importância decisiva ao problema das relações internacionais para avaliar as possibilidades de maior liberdade em cada país. Por dois motivos. Primeiro, porque quando uma nação define seus objetivos nacionais partindo de uma conjuntura percebida como sendo de "cerco externo", dificilmente abrirá mão de exercer controles sobre o comportamento e a vida de seus cidadãos. A lealdade nacional, entendida como adesão ao regime, passa a ser vista como requisito básico para a participação na vida política, social e econômica do país. O elenco de opções entre soluções possíveis e as questões politicamente "abertas" diminui na proporção do sentimento de isolamento nacional. Ora, as tendências à não admissão de experiências alternativas de organização social no Continente tenderão a acentuar (como, no passado, em relação a Cuba) tanto os impulsos defensivos no país, ou nos países discriminados, quanto poderão gerar, mesmo entre países latino-americanos de desenvolvimento capitalista (posto que aumenta o número dos que se afastam dessa ortodoxia), a sensação de que "existe perigo nas fronteiras". O renascimento de um espírito cruzado de intolerância aumenta nestas circunstâncias, e tende a definir uma ótica de adesões totais. Daí a formas fascistas de autoritarismo a distância é relativamente curta.

Em segundo lugar, porque, na vida política atual, o "inimigo externo" tem sua concretização imediata no "inimigo interno": à medida que se definem regras de intolerância internacional, o enrijecimento interno torna-se o complemento necessário.

Entretanto, nem só da política externa – e, em certas circunstâncias, nem principalmente – dependem as possibilidades de convivência entre liberdade e desenvolvimento. Para avaliar essas possibilidades, são decisivas as condições de funcionamento de cada regime político em particular, e estas são, naturalmente, variáveis de país para país, bem como variam em cada um dos "padrões de desenvolvimento" considerados neste trabalho.

Comecemos por este último problema. Felizmente para a América Latina, as duas experiências novas mais significativas de desenvolvimento por vias não estritamente capitalistas, a peruana e a chilena, não dependem, no momento, para funcionar e ter êxito, de um enrijecimento político: o Chile faz uma experiência quase única na história ao seguir a via eleitoral para o socialismo em condições tais que mesmo as chamadas "liberdades burguesas" têm sido mantidas. Como deixei expresso neste trabalho, não desejo confundir os problemas da organização social e econômica com os da liberdade. Ao contrário, a esperança sustentada é a de que a década de 1970 talvez demonstre que, no plano político mais geral, a convivência entre liberdade e sistemas econômicos venha a depender mais das ideologias que sustentam a liberdade, e da existência de forças sociais com disposição de luta para permiti-la, do que foi possível imaginar até hoje. Assim, apesar das expropriações que virão, talvez seja possível evitar que o Chile marche para formas autoritárias e, até mesmo, totalitárias de poder. Noutro extremo, no Peru, onde formalmente existe uma ditadura militar, também há um clima político suficientemente aberto para permitir que os *civil rights* mantenham-se, apesar do enrijecimento da estrutura política. Até mesmo porque o regime, embora tenha eliminado momentaneamente os partidos, não coibiu as correntes de opinião, e mantém uma intenção indefinida de mobilização social.

Talvez seja tanto ou mais crucial para os países que se lançam às vias não ortodoxas de desenvolvimento do que para os demais discutir *em termos de seus próprios objetivos nacionais* (econômicos, sociais e políticos) o lugar que darão à criatividade, à crítica, à dignidade humana. Estes países podem tirar lições de experiências recentes bastante perturbadoras: a crítica dos cientistas soviéticos à falta de liberdade de criação e seus efeitos sobre a produção intelectual e científica; a invasão da Tchecoslováquia, o burocratismo desvitalizante de algumas economias centralmente planificadas etc. Nada induz a que, no extremo sul das Américas – sem o peso de circunstâncias geográficas que às vezes são decisivas para fazer aceitar certos tipos de imposição –, tenham que ser repetidas experiências liberticidas frustrantes, sejam as inspiradas pelo modelo soviético, sejam as inspiradas pelo modelo nasserista. À condição, naturalmente, de que aqueles países não se vejam obrigados a definir uma política nacional orientada pelo temor do "cerco externo".

Quanto aos países que seguem os padrões capitalistas de desenvolvimento, é preciso, antes de mais nada, distinguir. Há pelo menos três formas tendenciais de regimes políticos:[6]

1) As ditaduras tradicionais caudilhescas (militares ou civis), como a paraguaia ou a haitiana, já antigas, ou outras recentes, às vezes consagradas eleitoralmente, como a guatemalteca, que parecem repetir a história daquelas. É pouco provável que se possa esperar mudanças significativas geradas pela dinâmica interna deste tipo de regime e que favoreçam seja o desenvolvimento, seja a liberdade. As elites locais de poder não são desenvolvimentistas nem substituem um credo liberal por outro "moderno" de justiça social. São regimes repressivos e pouco dinâmicos. Neste caso, sequer se coloca a indagação que se fez nesta parte do trabalho: simplesmente não há o que conciliar, nem liberdade, nem desenvolvimento.

2) As "democracias representativas" nas quais, bem ou mal, funciona o regime de partidos e se definem políticas de desenvolvimento capitalista, com êxito maior ou menor: Uruguai, Colômbia, Venezuela, Costa Rica, marcadamente.

3) Os regimes de "autocracia-burocrática" civis ou militares, como os da Argentina, Brasil, e até mesmo do México, onde, em graus e sob formas variáveis, existe uma política repressiva e liberticida,

mas, ao mesmo tempo, são feitos esforços ingentes para garantir o atendimento de metas econômicas de crescimento, e, às vezes, se sustentam até políticas socialmente integradoras. A forma política de controle do Poder e as regras de sucessão, nestes casos, podem adequar-se, como no México, a um jogo formal de partidos ou podem, sendo de fato independentes deste jogo, coexistir com ele, como no Brasil. Porém, o decisivo para sua caracterização é que as questões políticas fundamentais (e às vezes até mesmo as secundárias) dependem de um mecanismo burocrático e autocrático. As classes economicamente dominantes, quando opinam, fazem-no quase corporativamente por seu entrosamento direto com o aparelho do Estado, o qual está controlado por um sistema burocrático (de predominância civil, no caso do México, ou militar, nos outros casos) baseado em conhecimentos técnicos, movido por objetivos desenvolvimentistas, organizado hierarquicamente e controlado autocraticamente não por um líder, mas por setores funcionais da sociedade. No interior deste sistema burocrático (que lembra formalmente o modelo estalinista) digladiam-se, por certo, cliques e definem-se formas oligárquicas de mando; porém, a imagem externa do aparelho dominante tende a ser a de um grupo consensual unido em prol da Pátria. O sistema se apresentará tanto mais coeso, técnico e hierárquico quanto maior for nele o peso da instituição armada. Sobra dizer que o aparato de Estado assim constituído não é independente da correlação de forças sociais e, portanto, das classes e setores de classes que dominam. Mas a forma que esta dominação adota robustece os referidos grupos funcionais deixando-lhes amplos limites de liberdade de decisão, sempre e quando não ultrapassem os marcos subjacentes impostos pelo "padrão de desenvolvimento adotado" e, principalmente, pela forma consagrada de acumulação.

É óbvio que os regimes que se reclamam como democracias partidárias (embora também neles, como é quiçá ainda mais óbvio, se conheçam momentos repressivos) permitem maior grau de coalescência entre as metas econômicas e a preservação de áreas de crítica política e liberdade. Nos regimes burocrático-repressivos, o acento é nitidamente "economicista", em detrimento da liberdade.

O fundamento invocado para a ênfase desenvolvimentista com diminuição da liberdade é duplo: por um lado, a disciplina requerida pelo desenvolvimento econômico (isto é, políticas de contenção salarial, mecanismos de concentração de renda, eficácia na implementação das decisões, quase "militarização" da sociedade para alcançar altos níveis de crescimento do produto nacional etc.). Por outro lado, se invoca, novamente, o "inimigo interno" que, em clima de liberdade, impediria ou dificultaria os esforços de construção nacional.

A materialização da ideia do "inimigo interno" – que, na versão oficial, expressa a ação política do "comunismo internacional", se dá mediante as guerrilhas e o terrorismo.

Entretanto, os países que enfrentaram com maior êxito movimentos deste tipo (como a Venezuela, a Colômbia, e até mesmo a Bolívia) fizeram-no – dentro de limites, é certo – mantendo a tendência do regime para se situar como relativamente imune ao totalitarismo. De qualquer forma, mesmo quando se afastaram das formas democráticas, não desencadearam políticas repressivas indiscriminadas contra distintos níveis da sociedade, como fazem (em certos momentos, pelo menos), quase todos os regimes burocráticos repressivos. E existe o caso do Uruguai, onde visivelmente o movimento contestador parece ter amplo apoio de classe média, pelo menos, e apesar disso (e, portanto, de sua força), as instituições resistem às pressões de tipo autocrático, oriundas, às vezes, do próprio Estado.

Não parece, portanto, ser condição necessária para enfrentar as ameaças políticas a transformação automática do regime em um mecanismo integralmente repressivo. É provável que o caráter repressivo dos regimes burocráticos latino-americanos derive da própria natureza de seu funcionamento, e não de "ameaças externas", corporificadas na esquerda. Como ideologia, entretanto, eles sustentam, contraditoriamente, tanto um "ideal democrático" quanto a crença de que o inimigo interno, vinculado internacionalmente, é forte e só pode ser vencido por meio de uma guerra sem quartel, que imobilize todo o sistema político, retire da discussão pública temas básicos para a vida dos cidadãos, e transforme uma série de decisões que regulamentam as relações e os conflitos entre as classes em "problemas de segurança nacional". Claro está que, em cada regime em particular, o grau e a intensidade em que isto ocorre são variáveis. Como a ideologia desses regimes é contraditória, eles não querem afirmar sua filiação totalitária. Esta tática, aliada à capacidade de propaganda que eles têm, convence boa parte da sociedade, que passa a crer no perigo real do inimigo interno (que, no mais das vezes, para o caso destes países, é superavaliado) e na necessidade de enrijecer os controles sociais e políticos de toda a sociedade. Sub-repticiamente, a burguesia "liberal" e parte ponderável da classe média e até mesmo do povo passam a aceitar, "transitoriamente", a necessidade da repressão. E esta, pouco a pouco, deixa de ser localizada, para se transformar em peça básica e geral na sustentação do regime.

Vê-se, portanto, uma vez mais, que as possibilidades (escassas) de se obter um "abrandamento" desses regimes no decênio em curso dependerá da definição dos já referidos padrões de "convivência internacional", de modo a diminuir a credibilidade na "teoria do cerco externo" e o peso que sua expressão doméstica, o "inimigo interno", tem na ideologia de Estado.

Isso não basta, entretanto, nem é possível pensar que a dinâmica política dos regimes burocrático-autocráticos dependerá de pressões externas. A persistência dos efeitos negativos desse tipo de regime dependerá, principalmente, do conflito interno entre as classes e os grupos de poder. Neste sentido, a própria origem histórica dos regimes, tão distinta, por exemplo, no México e no Brasil, dota-os de graus diferentes de flexibilidade e de capacidade de persistência diante da pressão de novos grupos sociais. A via mexicana, resultou num sistema burocratizado, foi mobilizadora em sua origem, e encontra apoios amplos na base social. Dispõe de alta capacidade de assimilação de pressões, e é capaz de elaborar políticas compatíveis com a base social. No caso brasileiro, existe efetivamente um regime de "elite de poder" que, mesmo quando se propõe metas sociais (o que faz com frequência), não mobiliza a base social, nem se abre institucionalmente para formas de decisão política menos limitadas pelo círculo burocrático-autoritário do Poder. Às pressões de baixo responde violentamente porque não dispõe de mecanismos de integração política e regulamentação de conflitos, como a experiência do ano de 1968 mostrou. Quando a sociedade começa a mover-se, o regime dela se afasta temeroso de sua ruptura e, apesar da disposição da cúpula para aceitar o "diálogo", não encontra fórmulas adequadas para fazê-lo. Vê-se "contestado", e reage intensificando as características autoritárias e burocráticas, ao mesmo tempo que (para atender aos reclamos da base social do país, que não é, porém, a base do regime) trata de definir cada vez mais símbolos e objetivos nacionalmente integradores, à condição de que não quebrem a apatia política da massa. Eficiência técnica e apatia política parecem ser os requisitos e talvez mesmo os ideais do regime. Este pensa poder, em longo prazo, construir "objetivamente" a unidade nacional pelo desenvolvimento. Está claro que um regime com características semelhantes, mas agindo numa sociedade na qual as classes são mais organizadas e onde o conflito entre elas criou um nível alto de participação e compreensão política, como na Argentina, tem chances mais escassas de persistência.

Vê-se, uma vez mais, portanto, que, além dos regimes e das elites dirigentes, é preciso considerar as forças sociais e a história de sua atuação política. As possibilidades de formas mais democráticas de vida vão depender, em última análise, dessas forças e da capacidade política que tiveram seus líderes para defender com intransigência (seja capitalista ou socialista o regime econômico) ideais básicos de liberdade. Esta, entretanto, não poderá ultrapassar os limites da ideologia se não houver por parte dos grupos sociais capacidade de organização própria e de definição de seus interesses.

A visão elitista e vinculada ao Estado, tanto dos intelectuais quanto dos políticos latino-americanos, tem dificultado o equacionamento adequado dos problemas políticos da sociedade. Pensa-se mais facilmente em soluções de cúpula do que nas tarefas árduas, pacientes e demoradas de organização e preparação das camadas populares, dos grupos profissionais, da massa, enfim, para a construção de sociedades mais equânimes e mais livres.

Com isso, tanto as elites de poder quanto as oposições terminam por minimizar problemas básicos para um estilo de desenvolvimento realmente criador. Eu temo que neste momento esteja ocorrendo um processo deste tipo em alguns dos países mais dinâmicos da América Latina. A estreiteza de visão das elites (tanto as opositoras quanto as de governo, mas a responsabilidade decisiva cabe a estas últimas) está levando alguns países a um beco que, se não é sem saída, tem um custo de escape muito alto. Está se difundindo a crença de que não é possível haver crescimento econômico acelerado com participação popular no processo político e com liberdade. Contra o bom senso elementar que obriga cautela neste tipo de generalização entre desenvolvimento econômico e autoritarismo (como se o exemplo dos próprios EUA fosse irrelevante, para não falar da Escandinávia ou de países subdesenvolvidos que conseguem altas taxas de desenvolvimento sem repressão), as elites locais, menosprezando uma vez mais o significado que a massa tem no desenvolvimento de um país, passam a definir "tecnicamente" as possibilidades e estratégias de desenvolvimento. Enrijecem o conjunto das estruturas de decisão, baixam o nível de informação das camadas populares e da sociedade em geral, para que o modelo de desenvolvimento escolhido apareça como incontestado. Reprimem correntes discordantes de opinião, e garantem uma dose razoável de desinteresse nacional diante de tudo o que não seja propaganda e consumo.

Quando este modelo político de desenvolvimento ultrapassa certos níveis (nos momentos em que se sente ameaçado), toca limites altamente perigosos para o próprio estilo de desenvolvimento, para não mencionar seus efeitos propriamente políticos. E o certo é que já os tem tocado. Se as tendências autocráticas inerentes aos regimes burocrático-desenvolvimentistas conseguem, em função das lutas internas entre cliques, do temor do inimigo interno, em nome da "teoria do cerco", ou por qualquer dessas razões (reais ou imaginárias), implantar o terror de Estado "para acelerar o desenvolvimento", as consequências disso, não só para o regime ou para seu êxito econômico, como para o conjunto da vida nacional e para a sociedade, poderão ser altamente negativas e duradouras.

A repressão indiscriminada termina por diminuir a capacidade criadora nacional e por alentar o divórcio entre a elite política e a elite cultural e entre ambas e as camadas populares. Nenhuma sociedade moderna pode se desenvolver, em longo prazo, em condições de apatia generalizada e de divórcio entre suas elites. As modernas sociedades de massa têm que ser ativadas para alcançar o tão almejado desenvolvimento, seja ele de estilo capitalista ou socialista, e para funcionar de modo que os conflitos sejam historicamente construtivos. A força de uma sociedade como a americana, por exemplo, não derivou somente de seu índice do crescimento econômico ou de sua qualidade de sociedade controlada pelos *mass media*. Ao contrário, derivou do fato de ser uma sociedade que, *apesar disso*, continuou sendo ativa e criadora e foi capaz de ir aceitando desafios novos com flexibilidade. Seus problemas começam a ser propostos de forma preocupante quando diante da Guerra do Vietnã ou do protesto negro, as elites de poder parecem incapazes de dar respostas distintas da escalada. Por sorte, entretanto, apesar de tudo, a sociedade americana não estagnou nessa "saída" arrasadora. Continua discutindo, tendo conflitos e, quem sabe, conseguirá encaminhar saídas menos contristadoras do que a pura violência destruidora.

Os regimes burocráticos em sociedades de massa resolvem os conflitos controlando e diminuindo o nível de informação para aumentar a apatia do conjunto da população e reprimindo as elites políticas e intelectuais. Ao mesmo tempo, substituem a flexibilidade institucional, capaz de integrar as massas, por mecanismos manipuladores que reduzem a mobilização social a uma "participação simbólica". Com isso, esses regimes podem alcançar – se não houver consciência por parte das elites intelectuais e políticas nacionais e disposição de resistência por parte das massas, especialmente dos trabalhadores e das classes médias – persistência e eficácia técnica.

Será este, talvez ao lado do problema da convivência entre vias distintas para o desenvolvimento, e em relação com ele, o desafio maior do decênio atual: como evitar que, em nome do desenvolvimento, se termine por construir em alguns dos países-chave da América Latina uma sociedade apática controlada por regimes burocratizados e repressivos. Os acontecimentos em países como a Argentina alentam a esperança de que, por mais sólida que pareça a dominação burocrática, a pressão das forças sociais de base e a persistência de certos ideais de liberdade podem talvez superar o impasse. Somente as experiências dos países latino-americanos, onde, apesar de circunstâncias adversas reais foi possível manter regimes "relativamente abertos" e as tênues tentativas latino-americanas para uma experiência de socialismo com liberdade, que não estão excluídas do horizonte das possibilidades, contrabalançam as tendências a conclusões marcadas por um compreensível ceticismo por parte dos que em sua experiência mais imediata não encontram motivos para entusiasmo.

NOTAS

1. Refiro-me à *Organisation de l'Armée Secrète* e à ideologia de direita desenvolvida pelos oficiais colonialistas do Exército francês.
2. Lipset, S. M. Alguns requisitos sociais da democracia: desenvolvimento econômico e legitimidade política. *Revista Brasileira de Estudos Políticos*, Belo Horizonte, n. 13, p. 7-68, jan. 1962 (escrito originalmente em 1958).
3. Jaguaribe, Hélio Enfoques sobre a América Latina. Análise crítica de recentes relatórios apresentados à reunião do Consejo Latinoamericano de Ciencias Sociales, Bariloche, novembro de 1970, p. 39.
4. Jaguaribe se preocupa, por exemplo, com o problema da autonomia ou dependência das elites locais de poder; com a relação elite-massa e suas conexões com o tema anterior; com a funcionalidade e a congruência necessárias entre as várias elites, a econômica, a política e a cultural.
5. Faço aqui referência às classes que "estruturalmente sustentam" ou "virtualmente" se beneficiam com uma política ou um regime, porque me parece simplista analisar um processo histórico em termos dos protagonistas imediatos da ação. Assim, por exemplo, foi um caudilho militar populista, Perón, quem implementou a política e foi porta-voz dos trabalhadores argentinos em certa fase. Por certo, estes, por meio dos sindicatos, o apoiaram. Mas no caso brasileiro, foi Vargas, um "latifundiário" e político tradicional, quem desempenhou papel semelhante, e sequer se beneficiou, na mesma medida, com o apoio ativo dos trabalhadores. De igual modo, no Peru, são os militares, quase corporativamente, que implementam políticas que visam a beneficiar a "massa", em detrimento da "oligarquia".
6. A classificação que se segue não é exaustiva nem rigorosa, é meramente ilustrativa. Convém notar que há certos países, como o Panamá, que talvez pudessem ser classificados no terceiro item; e outros, como o Equador, onde, por trás de caudilhismo tradicional parecem mover-se forças sociais capazes de dar outro sentido à ditadura, seja aproximando-a do terceiro tipo de regime aqui mencionado, seja fazendo o país mudar de "padrão de desenvolvimento". O mesmo se dirá da Bolívia, que talvez devesse ser considerada um regime "não ortodoxamente organizado em moldes empresariais privados". E quanto aos países da América Central não mencionados especificamente aqui, com eleições ou sem eleições, estariam mais comodamente classificados no segundo grupo.

CAPÍTULO III Industrialização, dependência
e poder na América Latina*

---

* Trabalho preparado para ser publicado nos *Annali della Fondatione Luigi Einaudi*, Turim, v. IV, 1970, 1971.

As transformações por que passou a América Latina na década de 1960 colocaram em evidência certos erros de interpretação sobre a natureza e a estrutura do poder nas sociedades nacionais; por outro lado, elas revelaram certas tendências, que antes podiam ser apenas vislumbradas. Com efeito, as duas grandes linhas de interpretação do processo político latino-americano – de um lado, a que conferia papel decisivo aos grupos oligárquicos no controle do Estado e do processo político, e, de outro, a que via na "burguesia nacional" o ator estratégico do sistema de decisões políticas – não puderam subsistir ao confronto com os fatos nem com o gênero de desenvolvimento econômico verificado.

A teoria que afirma a predominância dos grupos oligárquicos nas estruturas nacionais de poder põe ênfase no atraso da América Latina no que se refere ao crescimento econômico, e sublinha o caráter tradicional das formas de dominação. Paradoxalmente, este ponto de vista foi sustentado, nos anos 1950, tanto pelos *experts* americanos e europeus – que realçaram o contraste entre a situação latino-americana e a do mundo desenvolvido – quanto por setores da esquerda latino--americana. Entre estes últimos, alguns grupos, à falta de dinamismo do poder oligárquico, opunham as possibilidades de uma recuperação nacional enérgica a ser obtida graças a políticas de desenvolvimento propostas pelo Estado e por setores capitalistas locais; posteriormente, na década de 1960-1970, grupos de inspiração "castrista" (para dar um nome à esquerda revolucionária), desacreditando na missão regeneradora das burguesias locais, criticaram esta possibilidade de desenvolvimento, reafirmando o caráter oligárquico, e, portanto, imobilista dos grupos que controlavam o Estado.

São bem conhecidos os traços pelos quais os autores favoráveis a este gênero de interpretação caracterizaram a base econômica e social da política oligárquica. Do ponto de vista econômico: predominância da economia agroexportadora; concentração dos capitais e da renda; baixa capacidade de poupança. Do ponto de vista social: estratificação social rígida, com possibilidades restritas de mobilidade ascendente; apatia das massas diante do processo político; "marginalização" da maioria da população frente ao processo de decisão política; limitações no consumo dos bens produzidos pela sociedade. Este quadro supõe, naturalmente, a predominância da economia rural sobre a economia industrial urbana, do campo sobre a cidade. Do ponto de vista da estrutura de classes, a base das sociedades atrasadas e tradicionais, às quais este esquema de interpretação se refere, é constituída por uma burguesia rural com traços "feudais" e pela massa de trabalhadores. Estes últimos, na medida em que a situação global é concebida como estando marcada por traços "feudais", dificilmente podem ser definidos como uma classe, pois as relações capitalistas de produção aí se apresentam contidas em formas "pré-capitalistas" de trabalho.

Por trás desta trama social, o suporte real da estrutura produtiva e dos processos de decisão política, segundo a maioria dos analistas de esquerda, seria o imperialismo. Imperialismo significa neste contexto a exploração das riquezas naturais e do trabalho local, segundo modelos a que, popularmente, faz-se alusão falando de *banana republics* ou de *oil republics*. Nesta perspectiva, o imperialismo é encarado como a forma pela qual as economias industriais avançadas garantem a posse de matérias-primas e a continuação da acumulação capitalista. Sob o aspecto político, ele aparece como a opressão externa que encontra cumplicidade interna nos latifundiários e, às vezes, nos militares, que são vistos frequentemente como se fossem o braço armado da oligarquia. A política local seria principalmente "patrimonialista" e repressiva. O Estado tenderia a se organizar como se tivesse de contentar uma clientela, de modo a satisfazer as pressões dos grupos de poder. Estes últimos pertenceriam a sistemas de parentela, que constituiriam os liames sociais entre a economia latifundiário-exportadora de um lado, e a política, de outro. A outra face do Estado seria dada pela opressão exercida sobre a maioria da população.

A simplicidade de um esquema deste gênero não pôde subsistir, evidentemente, ao confronto com as análises concretas. Mesmo que as interpretações que caracterizam nestes termos o atraso da América Latina não sejam tão simplificadas quanto as apresentamos, fundam--se, em última instância, numa perspectiva semelhante. O crescimento econômico de alguns países, a industrialização de outros, a urbanização crescente da região, a presença da classe operária e de setores de uma classe média "moderna", nascida como consequência da urbanização e da industrialização, mostraram a fragilidade e a simplicidade de tal esquema, que passou a ser criticado tanto pela esquerda quanto pela direita e pelo pensamento acadêmico.

Com efeito, o pensamento conservador procurou mostrar que existem mais fatores que intervêm na realidade, além dos apontados pela esquerda em sua caracterização do atraso e da falta de dinamismo da região. Contra a síntese vibrante da crítica que se dirigia contra a oligarquia, o imperialismo e o imobilismo, os conservadores propuseram uma imagem nuançada da realidade, sempre acreditando que existem mais coisas entre o céu e a terra do que a vã filosofia pode imaginar... O pensamento acadêmico elaborou de um modo mais sutil o mesmo ponto de vista. Ele começou a fazer alusão à existência de, pelo menos, dois setores nas sociedades latino-americanas, um tradicional, ligado à economia rural, e o outro moderno, ligado à economia urbana.

Deste modo, a interpretação unitária da América Latina, concebida como uma região subdesenvolvida, dependente do exterior e socialmente atrasada, foi progressivamente substituída por outras interpretações mais nuançadas. Os economistas, os sociólogos e os especialistas em ciências políticas fizeram então apelo à ideologia do dualismo: o aspecto arcaico encontraria seu complemento no aspecto moderno. Alguns chegaram a atribuir às sociedades latino-americanas não somente dois (moderno e arcaico, urbano e rural etc.), como inúmeros aspectos, cada um deles tendo sua origem num ciclo histórico da expansão econômica.

Diante das transformações inegáveis por que passou a economia latino-americana do pós-guerra, essa visão da sociedade como um *puzzle* encontrou um princípio reunificador: a industrialização e a expansão da urbanização recomporiam o quadro um tanto caótico da sociedade dual e até mesmo plural (embora não pluralista), formando uma nova sociedade "moderna", com setores "marginais". A sociedade moderna assim concebida baseava-se na existência de duas grandes classes, um empresariado dinâmico e uma classe trabalhadora. Tal concepção supunha também a transformação das classes médias tradicionais em grupos ajustados à dinâmica da urbanização e da industrialização: *white collars*, técnicos, funcionários de empresas, profissionais liberais etc. Convivendo com estes setores modernos, e um tanto à margem, estariam os grupos enraizados nas formas pré-urbanas e pré-industriais de vida: trabalhadores do campo, latifundiários, rentistas de todo o tipo etc.

Variando de época para época em cada país conforme o grau de complexidade do sistema econômico e conforme a intensidade do processo de diferenciação social – acreditava-se que a nova sociedade dava lugar a formas novas de controle político. Assim, a oligarquia e o clientelismo tradicionais deveriam ceder lugar a regimes populistas ou a regimes representativos e partidários (em casos limitados) que dariam uma feição mais secularizada e moderna à vida política; ao mesmo tempo, o peso das pressões políticas deslocar-se-ia lentamente do campo para as cidades.

A crítica aos que interpretaram as sociedades latino-americanas a partir da ideia do dualismo foi feita principalmente por autores marxistas. Esta crítica, correta sob todos os pontos de vista, não minimizou o fato de que era impossível continuar descrevendo as sociedades latino-americanas como atrasadas, se o qualificativo é tomado como sinônimo de estáticas. A crítica mostrou, entretanto, que o dinamismo do setor moderno da sociedade não pode ser explicado independentemente dos processos que afetam o setor tradicional. Em vez de suporem que o setor moderno se justapõe ao setor tradicional da sociedade, como o óleo na água, sem levar a uma redefinição intrínseca de cada um deles, os críticos do dualismo procuram mostrar que existe uma subordinação dos interesses dos setores tradicionais aos modernos e que estes, se não surgem daqueles, existem em estreita relação com eles. Assim, não haveria industrialização, acumulação de capital, relativa redistribuição da renda urbana etc., se não existisse exploração "semifeudal" no campo; não existiriam áreas dinâmicas e modernas, na forma atual de quase todas as sociedades capitalistas da América Latina (que não fizeram revoluções agrárias antes da industrialização, e que mantiveram em grande parte os padrões prevalecentes de exploração entre as classes do período anterior ao desenvolvimento industrial), se não houvesse "colonialismo interno" etc.

A partir da crítica ao dualismo, surgiu uma divergência acentuada na interpretação das transformações em curso nas sociedades latino-americanas: por um lado, situam-se os que apostam na possibilidade de o setor moderno crescer, diversificar-se e expandir-se, por si ou com apoios externos, a tal ponto que se torne capaz de modernizar os setores tradicionais; por outro lado, os que creem que a modernização (isto é, a expansão capitalista urbano-industrial) implica necessariamente formas de "colonialismo interno". Este último conceito, emprestado da teoria política da expansão nacional das burguesias europeias, é aplicado comumente em sentido próximo à situação da qual provêm: a colônia interna é uma área geograficamente definida dentro da Nação. O Nordeste brasileiro, o Sul do México, o Norte da Argentina etc., etc.

Assim, embora discrepando fundamentalmente quanto às condições necessárias para a modernização, praticamente todos os analistas reconhecem que as sociedades latino-americanas, ao contrário do que fazia crer a ideologia predominante nos anos 1940 e mesmo 1950, estão em processo de mudança, às vezes acelerada.

Mudança em que direção?

Antes de responder, é conveniente retomar algumas indicações precedentes. O reconhecimento da existência, em certos países, de uma urbanização acelerada e de um importante processo de industrialização reduziu a dimensão da imagem anterior que via a América Latina como uma região atrasada e rural. A revisão conceitual empreendida levou à segunda polarização ideológica: de um lado, alinharam-se os que sustentam o "fim do imperialismo", e que, consequentemente, não se deveria insistir neste fator como elemento explicativo do processo político e do gênero de desenvolvimento econômico da região; de outro lado, agruparam-se os que insistem na persistência dos condicionamentos clássicos do atraso da região, e realçam o caráter superficial das mudanças verificadas.

O primeiro tipo de ideologia, que minimiza a pressão imperialista e acentua os êxitos do capitalismo, dissimula o processo já mencionado do colonialismo interno e da "marginalização"; geralmente, os autores que se orientam por esta ideologia exemplificam em suas análises com as situações nacionais da América Latina que se caracterizam por um grau de industrialização mais dinâmico. Entretanto, as interpretações favoráveis às possibilidades do capitalismo seriam pouco legítimas se a análise se ocupasse dos países onde a economia de exportação do tipo "enclave" prevalece, sob o controle de empresas internacionais, ou se concentrasse a atenção nas regiões agrárias mais pobres.

O segundo tipo de ideologia, que acentua o atraso relativo da região, não leva em consideração, por sua vez, que há de fato um importante processo de industrialização em certos países (Argentina, Brasil, México, e, numa escala mais limitada, Chile, Colômbia, Venezuela e Peru), e que neles as relações imperialistas assumem formas novas. Nos países da região que se industrializam, a relação entre as potências imperialistas industrializadas e os países produtores de matérias-primas e detentores de reservas de mão de obra se subordina a relações mais complexas. Com efeito, o investimento de capitais no setor industrial e nos setores de serviços, embora possam persistir as formas anteriores de exploração econômica, aumentou a importância dos mercados internos locais para as empresas internacionais. Em consequência, há toda uma série de novas políticas que as empresas estrangeiras podem adotar em suas relações com a burguesia local, e até mesmo com o Estado local (como, por exemplo, no caso dos acordos sobre a indústria petroquímica no Brasil, e em inúmeros casos no México). A partir da etapa de abertura dos mercados internos às empresas industriais internacionais, novas possibilidades de negociação se abriram entre o Estado e as corporações internacionais, até mesmo nos países onde os enclaves de exportação ainda predominam e, por consequência, onde o papel das burguesias locais é economicamente limitado. Estas negociações têm habitualmente por objetivo o acesso a uma participação mais importante nos lucros das empresas; mas, às vezes, elas objetivam também obter maior controle das decisões econômicas (como se viu nas negociações a propósito do cobre chileno durante o governo de Frei, nas transações entre o governo da Venezuela e o grupo petrolífero internacional, e, atualmente, entre o Peru e os investidores estrangeiros).

A partir desta nova forma de relações imperialistas, a dependência dos Estados nacionais, e das classes sociais, frente aos países industrializados e às corporações internacionais assume um caráter particular que incide, como veremos mais tarde, tanto sobre o gênero de desenvolvimento verificado quanto em suas limitações. Este processo é mais claro nos países onde se formou uma base industrial moderna. Por esta razão, a seguir, somente nos referiremos a eles.

Tendo em vista esta limitação, procuraremos caracterizar o sentido das mudanças verificadas na América Latina.

Neste ponto surgem outra vez discrepâncias. Por um lado, alinham-se os que creem numa espécie de filosofia do progresso e veem no desenvolvimento o fio condutor da visão edênica moderna: igualitarismo, participação, mobilidade são os valores que se encontram na miragem do futuro deste tipo de "progressista". Noutro lado estão os que insistem em que a mudança que ocorre nos países subdesenvolvidos que se industrializam acarreta ao mesmo tempo o fortalecimento das desigualdades, a concentração crescente do poder nas mãos de poucos, e a ilusão da mobilidade social mantida mais por intermédio do apelo constante ao "consumo de massas" do que por uma real ascensão na escala social.

Diante dessas duas ideologias, uma do progressismo eufórico, outra do catastrofismo crônico, é preciso dizer que, vistos os fenômenos do ângulo de sua expressão mais imediata e mensurável, houve mudanças sociais importantes. Em que consistiram?

Os dados são claros a respeito: a urbanização acelerada das cidades latino-americanas indica aparentemente uma melhoria na qualidade da vida. Junto com a urbanização, ocorrem processos como a ampliação das oportunidades de educação, a diminuição da taxa de mortalidade infantil, o aumento da esperança de vida etc., que indicam uma tendência de melhoria das condições de vida. É óbvio, por outro lado, que a urbanização latino-americana é a expressão, no nível ecológico, da intensificação da industrialização e do crescimento dos serviços urbanos em economias de mercado e capitalistas. Consequentemente, a urbanização acarreta ao mesmo tempo uma série de problemas sociais e culturais característicos do desenvolvimento capitalista.

É bem conhecido o fato de que a urbanização foi acompanhada por um outro processo, habitualmente denominado, sem muito rigor, de "processo de marginalização da população urbana". Quando desvendamos sua máscara ideológica, esta expressão significa que há amplas camadas da população urbana que vivem em condições precárias e que são exploradas, de uma forma ou de outra, pelas classes dominantes. À primeira vista, esta população marginal é caracterizada a partir da discriminação ecológica e do baixo nível habitacional das favelas. Entretanto, estes aspectos são apenas reflexos do processo já mencionado de exploração do trabalho e resultado da incapacidade do sistema produtivo de oferecer empregos regulares à população em idade de trabalhar, ou, pelo menos, de oferecer empregos com níveis razoáveis de salários.

Os indicadores de marginalidade que não se limitam à habitação e à ecologia, mostram que, entre as populações urbanas – apesar da frequência de rádios e talvez até mesmo de televisões nas zonas mais prósperas da América Latina –, a participação social (para não mencionar a política) é reduzida: continuam sendo pouco numerosas as associações civis e profissionais e, mesmo quando existem, são pouco frequentadas. A família e o círculo próximo de vizinhança, com a precariedade de experiência cultural e associativa que o caracteriza, exercem papel preponderante na socialização e no desenvolvimento da experiência urbana de vida de parte considerável da população latino-americana (com exceção, naturalmente, de cidades como Buenos Aires e Montevidéu, que, mesmo antes do atual surto industrial, eram mais urbanizadas e homogêneas).

O resultado imediato desta situação pode ser resumido numa frase curta: cidades sem cidadãos.

Com efeito, a cidadania envolve aspectos mais amplos e profundos do que simplesmente viver em aglomerados: ela supõe um estilo de vida e a consciência do valor deste estilo de vida. Na Europa, a cidade era o foro da liberdade, e o cidadão (burguês ou membro da plebe) teve um aprendizado secular para se tornar reivindicativo. Mesmo antes do predomínio burguês-industrial, em plena cidade dominada pela realeza ou pelo senhorio local, a "turba" urbana era a expressão plebeia de um embrião de comportamento político. Mais tarde, no século XIX, como Hobsbawm mostrou, a turba, geralmente legitimista e favorável ao príncipe, embora reivindicativa, foi substituída pelo operariado urbano que começava a se organizar. Suas lutas tomavam a forma, às vezes, de uma comunidade de interesses da massa urbana contra os grupos que as exploravam.

A CONSTRUÇÃO DA DEMOCRACIA

Na América Latina, o comportamento urbano de massas apresenta apenas em limitados casos as características requeridas pelo processo de cidadania: no voto urbano de protesto ou no movimento operário, sendo que este último, às vezes, atua por intermédio de formas turbulentas de ação que, na Europa, ocorreram mais no comportamento das turbas pré-industriais do que no movimento operário.

Quando se mencionam a urbanização com marginalização e a cidade sem cidadania, tem-se implicitamente uma situação em que, se existem massas na cidade, estas não passam pelo aprendizado das organizações profissionais e de classe e, ainda menos, pela disciplina de partidos políticos. Tornam-se, portanto, presas fáceis do comportamento chamado de "consumo de massas", mas não se beneficiam com o fato de que a produção em massa também forma produtores com direitos específicos. Assim, o nível reivindicatório urbano é baixo. O apregoado consumo de massas é, por seu lado, limitado. As populações urbanas pobres antes estão sujeitas às limitações próprias do "consumo de massas" do que às vantagens da "sociedade industrial de massas". Com efeito, nesta, pelo menos em seu modelo ocidental, existe maior bem-estar, e o acesso aos meios de informação e cultura é mais generalizado; ao mesmo tempo, existem canais informais e formais (como os sindicatos, o voto, e os partidos) para que a "pressão de baixo" se exerça. Nas sociedades de massa da América Latina não só o bem-estar material é limitado (pois os países são pobres), como os aspectos não materiais da sociedade industrial têm menos vigência: o controle das informações, por exemplo, costuma ser mais estrito do que nas sociedades de massa altamente industrializadas.

As vantagens culturais das sociedades de massa apresentam-se mitigadas e deformadas na vida urbana da maioria das cidades latino-americanas. Como resultado deste processo, os indicadores que medem a expansão urbana e a posse de instrumentos de comunicação de massas escondem, no mais das vezes, uma baixa qualidade de vida, se este termo quiser significar uma efetiva participação na sociedade industrial moderna, com o corolário da participação em uma "cultura urbana".

Quando se passa da análise dos efeitos da industrialização e da urbanização sobre a cultura urbana para a discussão sobre o padrão de desenvolvimento que está sendo seguido na América Latina, o quadro que se obtém, sem ser catastrófico, não deixa de ser sombrio. Com efeito, já vem se tornando um lugar-comum dizer que o modelo de desenvolvimento socioeconômico vigente é *excludente*. O que quer dizer isto?

Quer dizer que o desenvolvimento capitalista de países subdesenvolvidos permite altos níveis de concentração de renda e cria um mercado de rendas médias e altas, que, se é reduzido em comparação com o montante global da população, é, entretanto, suficiente para assegurar o dinamismo econômico, isto é, a acumulação de capitais e a expansão das empresas. Consequentemente, formam-se ilhas de desenvolvimento num contexto de pobreza.

Por certo, pode-se duvidar, outra vez, da visão pessimista que nega o efeito multiplicador deste dinamismo além das fronteiras apertadas dos polos de desenvolvimento. Com efeito, em quase todos os países existe consciência das consequências negativas do modelo atual. De forma variada, propõem-se programas e planos de integração nacional, de diminuição das desigualdades regionais, de constituição de fundos sociais, de participação na renda nacional etc., para corrigir as distorções que ele propicia. Tudo isto não invalida, entretanto, a lei tendencial: o modelo de desenvolvimento adotado é concentrador de rendas e excludente.

Sobre esta questão, colocam-se pelo menos duas indagações: até que ponto um modelo de desenvolvimento deste tipo pode ser autossustentado? Que grupos sociais o sustentam, e por quê?

A imagem que representava a sociedade latino-americana como se fosse composta de dois setores, um atrasado e rural e outro moderno e urbano-industrial, completava-se, nas ideologias do desenvolvimento, pela crença de que, em longo prazo, o crescimento industrial autossustentado dependia de dois requisitos interligados: a liquidação dos interesses latifundiários-exportadores e a formação de um mercado interno amplo que incorporasse as camadas que estavam à margem do consumo. O curso histórico, entretanto, mostrou que, em muitos países, os interesses urbano-industriais se impuseram sem provocar mudanças drásticas no campo: alteraram, quase sempre, o predomínio político dos grupos tradicionais, mas sem produzir a incorporação maciça das populações rurais ao mercado. Assim, o Brasil, por exemplo, não fez qualquer reforma agrária, o México manteve em ritmo lento, se não reduziu, seu processo de reforma agrária, a Colômbia segue o padrão brasileiro etc. Viu-se que, nas duras leis da economia, o bem-estar social aparece como um subproduto derivado do campo político, e não como uma condição necessária para o desenvolvimento. Redescobriu-se a verdade elementar de que o mercado se compõe de consumidores (isto é, dos que têm capacidade de compra), e não de "pessoas". População e mercado não são sinônimos no vocabulário da realidade econômica.

Com isto, no plano social e político, a aliança, que muitos supunham natural e necessária, entre os grupos empresariais e a política de incorporação de massas deixou de ter sentido estrutural: o desenvolvimento capitalista pode se dar sem que a igualdade social se acentue. Todo o problema passa a ser o da formação de um mercado sólido, e não o da incorporação ao sistema econômico das massas rurais e das camadas "marginalizadas". O que é, do ponto de vista capitalista, um mercado sólido, e quem o compõe? Um mercado sólido é aquele que é capaz de sustentar a expansão da produção nas condições em que ela se dá. Ora, a produção, no caso latino-americano, dá-se em termos da tecnologia que foi de vanguarda, digamos, há 10 ou 20 anos nos centros industrialmente mais avançados da Europa e dos EUA. Essa tecnologia permite a produção de equipamentos de infraestrutura, de máquinas, e a produção de bens duráveis de consumo. Os consumidores são óbvios: a alta e média classe média urbana e as "classes produtoras", para os bens duráveis de consumo; as próprias empresas privadas e, principalmente, as empresas públicas, para os equipamentos de base; e os produtores em geral, para as máquinas e insumos industriais. Está claro que os setores de alimentação, vestuário, utensílios domésticos básicos etc., continuam a existir e a se expandir, mas, em termos econômicos, têm uma posição de caudatários no sistema produtivo.

Este sistema pode continuar expandindo-se dentro do círculo de giz do chamado modelo de crescimento concentrador de rendas, que requer um mercado restrito. Mais ainda, ele é capaz de gerar um excedente para sustentar "políticas de integração", sempre que não se tome ao pé da letra a expressão. As sobras limitadas do sistema podem manter as ilusões da incorporação do conjunto da população à economia de bem-estar. A expressão dramática desta tendência ressalta quando se compara emprego com população. O modelo de desenvolvimento restritivo, utilizando tecnologia relativamente desenvolvida, cria riqueza sem expandir na mesma proporção o número de empregos. O crescimento da população dá-se em descompasso com o aumento das fontes de trabalho.

Ainda uma vez, para evitar conclusões apressadas, deve-se tomar estas reflexões *cum grano salis*. O crescimento relativamente pequeno do emprego no setor secundário é compensado, em parte, pelo crescimento da faixa moderna de emprego no setor terciário. Esta compensação será suficiente, possivelmente, para, nos polos de crescimento como a região metropolitana de São Paulo, minorar os efeitos negativos do atual padrão de desenvolvimento sobre o emprego. As informações disponíveis sobre as taxas de fertilidade, mortalidade, bem como sobre as tendências quanto ao número de filhos por família em regiões mais industrializadas, como São Paulo, mostram que diminuiu a taxa de crescimento da população mesmo sem a aplicação de programas de controle da natalidade. Se a tendência for confirmada, mais uma vez se verificará um relativo equilíbrio entre população e emprego nos polos de crescimento, apesar das migrações internas. Dificilmente, entretanto, contrabalançará os efeitos negativos da tendência nas áreas de menor desenvolvimento relativo ou de estagnação.

Naturalmente, essas cautelas na interpretação não alteram o quadro social sombrio que prevalece quando se pensa no conjunto da população, especialmente a população rural.

Diante disso, por que e que grupos sociais sustentam um modelo de desenvolvimento que não beneficia à maioria?

Deixando de lado a ingenuidade da pergunta quando entendida a partir dos interesses particulares das classes e grupos sociais (por que, com efeito, em termos de seus interesses imediatos, preocupar-se-iam os beneficiários do desenvolvimento com o conjunto da Nação?), existem razões alicerçadas objetivamente na estrutura social e na infraestrutura econômica para se entender as causas desse processo. Quanto às últimas, já se fez menção a um fator que a muitos parece ser decisivo: o tipo de tecnologia utilizada. Entretanto, a tecnologia não opera no sistema econômico como variável independente. A escolha da tecnologia faz--se sempre levando em consideração pelo menos dois outros fatores: o custo da produção e o controle social do processo produtivo. Na análise dos clássicos e especialmente na de Marx, havia uma separação nítida entre o desenvolvimento tecnológico como invenção e a utilização das novas técnicas como uma decisão econômica. Nada indica que hoje ocorra diferentemente. O problema, portanto, não deriva do dinamismo da tecnologia de vanguarda, mas do fato de que se aplicam nos países subdesenvolvidos técnicas que, se não são as mais avançadas, pelo menos são suficientemente elaboradas para poupar mão de obra. Ora, no desenvolvimento dos países hoje altamente industrializados, como a Inglaterra e os EUA, a disponibilidade técnica de um novo processo guardava certa relação com a economicidade do sistema produtivo, considerando-se neste a existência de mão de obra disponível. Na Europa não foi desprezível, por outro lado, o efeito das migrações para aliviar a tensão social interna.

É outra vez o caráter de economias dependentes[1] que explica, em boa parte, a autonomia relativa dos fatores técnicos na dinâmica do crescimento industrial latino-americano. Comumente, as inversões estrangeiras dirigem-se para o setor industrial sob a forma de financiamento para a compra de equipamentos produzidos nos países altamente industrializados. Além disso, deixando um pouco à margem argumentos de tipo puramente econômico, é preciso considerar que as sociedades latino-americanas que se industrializam são "abertas". O mesmo adjetivo, nos países centrais, quer dizer "democráticas e com forte mobilidade social". Na América Latina tem um sentido prático diferente. Normalmente quer dizer: poucas restrições alfandegárias, consumo alto para camadas restritas, e liberdades de escolha por parte do consumidor. Estas características criam um consumidor exigente que requer padrões de qualidade dos produtos (isto é, tecnologia avançada) independentemente das considerações sociais sobre a possibilidade de uso de alternativas tecnológicas que empreguem mais mão de obra. Criam-se estímulos de consumo que obedecem aos padrões do mercado internacional, reforçando-se a tendência prevalecente para que a industrialização adote cada vez mais a forma de um processo internacionalizado: só empresas capazes de produzir segundo os padrões de consumo da sociedade industrial atendem às pressões do consumo local, dado o tipo de consumidores existente.

O efeito disso (ou sua causa, pois os processos não são mecanicamente condicionados) é duplo: a industrialização latino-americana cria e serve o seu mercado (isto é, um mercado composto da classe média alta e das classes de altas rendas) e adota crescentemente a forma de uma industrialização baseada na indústria estrangeira, ou na indústria nacional a ela ligada: o processo de acumulação, para se completar, passa necessariamente por centros externos à sociedade nacional.

Este processo, por outro lado, é concentrador de capital, e leva à adoção do "conglomerado" ou do "sistema integrado de empresas" como seu fator básico. No passado recente, os "grupos econômicos" formavam-se na América Latina porque as empresas tradicionais perdiam eficiência ou não suportavam mais a concorrência de novas empresas, especialmente estrangeiras. Assim, mudavam a faixa do mercado em que operavam buscando setores ainda com pouca concorrência. Cada grupo econômico mantinha empresas ultrapassadas (agrícolas, têxteis, de alimentação ou o que fosse) ao lado de empresas que operavam em setores mais rentáveis, como cimento. Em regra, os grupos econômicos não só se despreocuparam com a lucratividade de cada empresa que compunha o conjunto, preocupando-se apenas com os resultados globais que se mantinham graças às empresas que operavam nos setores oligopólicos, como, com o tempo – e em parte por isto mesmo –, descapitalizaram-se. Atualmente, a estrutura do conglomerado das economias dependentes é diferente: baseia-se na aliança das indústrias locais com empresas capazes de produzir a renovação tecnológica e de facilitar os meios financeiros necessários à expansão. São essas as razões, especialmente a última, que tornam o padrão de associação com grupos internacionais a forma por excelência da expansão dos "sistemas integrados de empresas".

Fecha-se, portanto, o círculo da indagação que fizemos sobre por que se adota o padrão de crescimento prevalecente e sobre quem se beneficia com ele.

Convém esclarecer, entretanto, que o quadro esboçado está incompleto. Com efeito, a ação empresarial do Estado e o papel da burocracia pública, bem como da tecnocracia, não podem ser minimizados na análise da "nova sociedade industrial". O crescimento da empresa capitalista de Estado se dá, como é sabido, principalmente nos setores de infraestrutura (petróleo, energia, transportes, melhoramentos urbanos). Mas ocorre também, em alguns países como o Brasil e México, no setor creditício e nos ramos considerados vitais para a segurança nacional, como o setor de comunicações.

Os efeitos sociais desse processo estão longe de se reduzirem à criação de uma base propícia para a economia da livre empresa. Eles alcançaram aspectos bem mais complexos. Assim, as sociedades latino-americanas, que tradicionalmente têm sido concebidas como socialmente rarefeitas, isto é, dotadas de poucos recursos organizatórios, parecem ter respondido a alguns dos desafios da forma atual de desenvolvimento do capitalismo das grandes corporações estrangeiras (basicamente, americanas) criando corporações estatais. Como o Estado exerce normalmente funções regulativas além das produtoras, cria-se um *countervailing power* à internacionalização do mercado.

É um fato social, e politicamente revelador desse processo, que a burocracia estatal e especialmente a tecnocracia passam a ser os pontos estratégicos de que podem dispor as classes médias para fazer sentir sua presença e participar das decisões de desenvolvimento.

Dessa forma, em "cidades sem cidadãos" e num meio social pobre de organizações civis (partidos, sindicatos, associações voluntárias etc.), as organizações públicas tornam-se, ao lado das empresas modernas, formas fundamentais de organização social e centros privilegiados para o controle das decisões que afetam toda a sociedade.

Está claro que os riscos do predomínio de uma concepção corporativista de sociedade aumentam tremendamente neste tipo de desenvolvimento. Especialmente quando se considera, dentro do setor público, o comportamento cada vez mais atuante das Forças Armadas. É, entretanto, um corporativismo *sui generis*, pois em seus desdobramentos recentes tem dispensado a mobilização de massas e, portanto, a formação de partidos. Assim, parece que as elites se organizam corporativamente, mas não alentam uma legitimação popular, não desenvolvendo, por isso, formas propriamente totalitárias de organização da sociedade. Antes, se contentam com um autoritarismo imbuído do "sentido de missão", que quer coexistir com a apatia das massas. Sob a égide de uma tecnoburocracia pública e privada (das corporações internacionais), o Estado e a sociedade mobilizam-se para objetivos econômicos dados, ganham certa eficiência, mas até agora se têm despreocupado com a arregimentação de massa. Controlam a informação sem deixar, contudo, de permitir que se transmitam notícias e valores que, sem afetar a apatia da massa, contribuam para manter certo dinamismo nas elites culturais e técnicas, necessárias para o desenvolvimento.

Os limites entre este tipo de autoritarismo desenvolvimentista e um regime completamente totalitário são fluidos na América Latina. Nos países que mais avançaram industrialmente, as características da primeira forma de controle estiveram presentes sempre, embora nem sempre tenham sido persistentes. Isto leva a crer que o processo tem raízes estruturais, algumas das quais esboçamos anteriormente. Que exista necessidade de que o ciclo se complete, chegando ao totalitarismo, é mais duvidoso. Não resta dúvida, entretanto, de que o padrão de desenvolvimento concentrador de rendas e socialmente restritivo tenderá a alentar tendências nesta direção.

A forma de dominação constituída nos países mais industrializados implica, portanto, uma simbiose entre os interesses da grande empresa e os do Estado, ele mesmo um "empresário".

Não se trata, portanto, nem de uma espécie de aversão da burguesia ao poder, nem do fortalecimento do Estado Nacional, como havia sido previsto nas análises inspiradas pela ideologia da esquerda não revolucionária e pelas ideologias do populismo latino-americano. Ao contrário, as linhas de redefinição do sistema de poder são dadas pela corporação internacional e pelo Estado, que passa a estimular nos grupos sociais um estilo de participação política corporativo-profissional. Estes traços são mais evidentes nos países onde a modernização do aparelho do Estado se efetivou permitindo o controle da burocracia civil pela burocracia militar, num contexto de desenvolvimento dependente estimulado pelas empresas internacionais, como no Brasil e na Argentina. Neste caso, a política de tipo democrático-representativa, pela qual se manifestava a ação da burguesia e das classes médias (e também, em curtos períodos, do próprio povo), cedeu lugar a um estilo de política autoritária e de tipo burocrático, que muitas vezes é falsamente interpretada como se o Estado, fortalecido, passasse a se opor à burguesia. "Falsamente" porque a opção autoritário-burocrática, se bem que contrarie frequentemente interesses privados, assegura as condições da acumulação do capital e da apropriação privada dos meios de produção. É bem conhecido o fato de que o capitalismo europeu, em sua etapa mercantilista, se desenvolveu no contexto de um Estado forte e intervencionista que chegou a contrariar interesses privados mas que, em termos globais, favoreceu e estimulou o capitalismo industrial.

Em outros países, como o México, a corporativização da política deu-se no contexto de um regime civil e de partido único. A participação dos grupos privados na execução da política de desenvolvimento por meio da internacionalização do mercado – e, portanto, da subordinação dos interesses coletivos à lógica da expansão do sistema de empresas "multinacionais"[2] – pôde se efetuar sem que o Exército assumisse o controle político da nova ordem industrial-dependente.

É evidente que um sistema deste gênero provoca dissensões e contradições internas importantes. Sem as analisarmos, mencionaremos duas tendências que resultam das condições estruturais da política nestes países. Essas tendências podem alterar sensivelmente a natureza das reações e dos protestos na América Latina. De um lado, o sistema político destes países é restritivo. Consequentemente, existe um potencial de reações nos grupos que estão em vias de ser marginalizados politicamente. Note-se que serão politicamente marginalizados não somente os que se encontram "sem emprego estável", como também aqueles que não mais encontram meios de expressão política e que antes tinham tido uma experiência de participação: a classe média urbana não ligada às empresas modernas (do Estado ou internacionalizadas), a intelectualidade (em particular os setores estudantis), e os setores tanto burgueses quanto assalariados que não estão inseridos na dinâmica do desenvolvimento fundado sobre as grandes corporações.

A outra tendência a que queremos nos referir é que o novo estilo de desenvolvimento e de participação fragmenta as classes sociais. Uma parte delas solidariza-se com o setor moderno e internacionalizado da sociedade (convém relembrar que este processo pode incluir desde os operários até os empresários, passando pela intelectualidade, e principalmente pela tecnocracia). Outra parte, não conseguindo incorporar-se ao "setor moderno" da sociedade, engrossa as fileiras dos que ressentirão mais vivamente a falta de acesso à política.

Estas tendências poderão (e aqui entramos no terreno da pura especulação) suscitar momentos de crise nos quais os objetivos "técnicos" e "racionalmente" definidos dos novos grupos de poder poderão ser contestados violentamente pelos *outsiders*. Reações como uma espécie de *wild-cat protest* poderão advir, a exemplo do movimento de Córdoba, na Argentina, em 1968, onde a reação espontânea das massas colocou momentaneamente em xeque o sistema estabelecido. A criatividade ativa e relativamente pouco organizada das violentas "turbas" modernas poderá se transformar numa ameaça imprevista ao sistema de dominação, mais difícil de controlar do que o "foco guerrilheiro" da política debreysta que constitui uma resposta também "técnica" ao desafio da dominação tecnocrático-imperialista.

Evidentemente, movimentos desta natureza não destroem a dominação tecnocrática, ao menos enquanto não se acumulam movimentos sociais originários de outros tipos de contradição, como esta espécie de "revolução das expectativas diferidas" que às vezes se manifesta no interior do próprio setor tecnocrático-moderno (como se viu em maio de 1968 em Paris, quando "quadros" técnicos apoiaram o protesto estudantil) e o confronto "clássico" entre as classes sociais. Este último continua a existir, apesar de "despolitizado", nos próprios setores de trabalho dominados pelas corporações internacionais e pelas empresas do Estado. Cada uma dessas contradições, isoladamente, encontra resposta mais ou menos eficaz por parte do sistema de poder. Quando se apresentam conjunturas em que se estabelecem correntes de comunicação entre elas – e esta é a tarefa política por excelência –, podem surgir situações favoráveis à mudança política para as quais o *establishment* não encontre respostas adequadas.

Desejamos deixar claro, portanto, que, se bem exista atualmente, nos países que se industrializam graças à integração crescente ao sistema de corporações internacionais,[3] uma conjuntura (que chega a englobar setores das próprias classes populares) extremamente favorável à expressão imperialista-tecnocrática do poder, isto não significa a impossibilidade histórica de uma alternativa política. Existe uma base social para a reação

A CONSTRUÇÃO DA DEMOCRACIA

à forma atual de dominação. Mostramos, sumariamente, qual o *outsider* potencialmente mais capaz de reagir; deveriam ter sido mencionados outros grupos como os trabalhadores agrícolas, que apresentam uma certa virtualidade de ação. A passagem desta base social à ação não é uma questão teórica: ela é política, e depende de estratégias concretas e particulares concernentes ao que deve ser feito. Entre os *insiders* há também uma potencialidade de reação. Ela é crucial porque a ação puramente espontânea e, até certo ponto, "antirracionalizadora", daqueles que não se encontram numa situação de trabalho e de experiência cultural de vanguarda, dificilmente poderia ser bem-sucedida em países industrializados sem contar com pontos de apoio estratégicos em grupos social e culturalmente mais avançados, integrados de uma forma ou de outra ao "setor moderno" da sociedade.

As conjunturas de poder são historicamente fluidas. Não há razão para pensar que a forma de dominação corporativa tecnocrática dependente e os regimes que ela suscita nos países mais industrializados da América Latina escapem à regra segundo a qual a história é, essencialmente, movimento. Na fase de formação e ascensão de um novo tipo de controle econômico e político, os regimes e as conjunturas de poder aspiram a dar a impressão de perpetuidade. A análise objetiva, escapando da ideologia dominante, mostra, entretanto, que a dinâmica do sistema social produz forças discordantes e cria problemas novos que fazem reaparecer, em outro nível, formas de conflito e alternativas políticas que tornam inviável o valor maior de toda ideologia dominante: a perpetuidade do presente.

NOTAS

1. Note-se que economia dependente, neste contexto, significa uma economia em que o processo de acumulação não se desenvolve integralmente: a inexistência de um setor de produção de bens de capital – sua debilidade – tem como consequência um esquema de reprodução ampliada do capital que só se completa nas economias centrais.
2. Uso a expressão empresas multinacionais entre aspas porque o fenômeno, apesar do muito que se escreve a respeito, não é claro. Trata-se de empresas controladas por capitais originários de vários países, ou de empresas controladas predominantemente

por acionistas de um mesmo país – e sob a proteção do Estado em sua ação internacional – que opera economicamente em vários países? Em qualquer dos casos, o fenômeno é importante, mas seu alcance será diverso. No segundo caso, "empresa multinacional" significará a continuidade do processo de monopolização, que terá ganho novos contornos graças à formação de "conglomerados". No primeiro caso, entretanto, a importância das formas atuais da burocracia empresarial internacional – como que "enfeudando" num nível complexo as organizações econômicas – poderá ser um freio à ação das burocracias estatais nacionais.

3. Excluímos deliberadamente da análise os países em via de industrialização a partir de uma poderosa economia de enclave, como o Chile, o Peru e a Venezuela. Nesses países, o processo político parte de conjunturas bem diversas das examinadas neste artigo.

CAPÍTULO IV Hegemonia burguesa e independência econômica: raízes estruturais da crise do populismo e do nacionalismo*

---

* Este ensaio foi publicado no número especial de *Les Temps Modernes* sobre o Brasil em 1967 e, no Brasil, em: Furtado, C. (coord.). *O Brasil nos tempos modernos*. Rio de Janeiro: Paz e Terra, 1968.

Entre os múltiplos caminhos políticos que nas últimas décadas se apresentaram aos países chamados, em certos casos não sem ironia, "em vias de desenvolvimento", aquele que poderia ser qualificado como de bastante superficialidade de "modelo latino-americano" implicou um jogo de relações de oposição, conflitos e acomodações entre um número limitado de "agentes sociais": as massas urbanas, o Estado, os setores exportadores-mercantis (agrários e mineiros), as "classes médias" urbanas, os setores financeiros, e os grupos industriais. A peculiaridade deste jogo – tomando-se a América Latina como se ela fosse uma unidade – foi percebida comumente em termos da existência de uma polarização dicotômica entre os setores exportadores-mercantis e as massas urbanas e os grupos industrializantes, cabendo ao Estado, às "classes médias" e, inclusive, aos setores financeiros, uma posição intermediária. Essa posição intermediária era concebida como importante na transição do predomínio de cada um dos dois polos. Até certo ponto, porém, seria reflexa: seu sentido se redefiniria à medida que a hegemonia política de cada um dos parceiros polares mais importantes como agentes históricos fosse afirmada. Em linguagem sociológica vulgar, se chamavam aos grupos exportadores-mercantis de *setores tradicionais* da sociedade – dada sua base agromineradora considerada latifundista, ou de estilo enclave, e sua atividade exportadora-importadora, orientada pelos centros hegemônicos mundiais que lhe carregavam de cores colonialistas ou imperialistas. Aos grupos urbanos, tanto às massas quanto aos setores industriais, atribuía-se a qualidade de constituírem os *setores modernos*.

A partir dessa visão simplificada e deformada – aqui apresentada ainda mais esquematicamente do que na forma habitual –, não é difícil conceber que a política nacional no período de "transição" da situação de subdesenvolvimento para a situação de desenvolvimento estaria constituída medularmente pelo enfrentamento dos interesses e das visões distintas do processo histórico destes dois polos. O pensamento político e econômico latino-americano, na verdade, elaborou mais a análise das condições de êxito, dos objetivos e da ideologia de um dos polos: o setor moderno. Por exclusão e por oposição, se "deduzia" a posição oposta. Basicamente, às "massas" se atribuía a função de dinamizar e pôr em xeque a ordem tradicional, no seu aspecto institucional, na sua dimensão social, e inclusive nos seus fundamentos econômicos. As aspirações, a política e as formas de mobilização correspondentes a essas massas passaram a se designar como movimento nacional-popular ou "populismo". Correspondentemente, os objetivos e a política econômica dos setores produtivos urbano-industriais se qualificaram genericamente de nacional-desenvolvimentismo. Do encontro entre as políticas populistas, que implicam necessariamente aumento de participação social e política e algum grau de redistribuição da renda em favor das massas urbanas, com o nacionalismo econômico, cuja base social assenta-se nos grupos interessados no aumento da poupança e na reorientação das inversões para os setores produtivos industriais voltados para o mercado interno, resultaria o desenvolvimento nacional.

Mesmo nessa visão esquemática da situação, e sem que se considere a validade histórica dos supostos da análise, resulta claro que o modelo latino-americano de desenvolvimento passa pelo fio da navalha: as classes supostas em coalizão – que, em sentido técnico, teriam sido concebidas neste modelo mais como "setores" ou "grupos" no que respeita às classes produtoras, e mais como "massa" do que classe operária no que respeita às classes populares – tinham, frente ao resto da sociedade, um interesse comum a ser consubstanciado por políticas de fortalecimento da economia urbana industrial. Entretanto, ao mesmo tempo, se opunham entre si pela orientação que cada uma delas tratava de impor ao processo de formação e distribuição da renda: mais salários ou mais acumulação. Esta oposição poderia ser mais latente enquanto existisse a possibilidade de transferir o ônus da acumulação para outros grupos sociais, seja pela exclusão da massa rural na participação do incremento da renda interna, seja pela taxação e transferência da renda dos demais grupos econômicos em benefício do setor urbano industrial. Essas seriam as condições sociais de validez da chamada "aliança desenvolvimentista", baseada no populismo e no nacionalismo.

Com base nessas suposições, a "aliança desenvolvimentista" lograria êxito num duplo sentido: criaria uma economia urbano-industrial e ampliaria a margem de autonomia nacional do sistema de decisões econômicas e políticas. Esta última expectativa tinha dois supostos: 1) a "aliança desenvolvimentista" teria suficiente consistência para impor sua hegemonia política, podendo em consequência controlar o Estado, e 2) o setor urbano-industrial, ao qual se ligaria o setor financeiro à medida que se desvinculasse do esquema importador-exportador, estaria controlado por uma "burguesia nacional". Esta estaria desvinculada, em medida significativa, da burguesia rural – que era considerada oligárquica e pré-capitalista –, e aceitaria a participação crescente do Estado na atividade produtiva. Este último ponto constituía condição necessária para acelerar a capitalização nos setores de infraestrutura, e para dar uma base real de participação econômica e política às "classes médias" e a setores operários da massa urbana, que se beneficiariam com a existência de um forte setor estatal na economia.

Neste capítulo, não discutiremos a superficialidade que um esquema desse tipo implica como modelo para o conjunto da América Latina, onde existem países que se inseriram no mercado mundial e se organizaram econômica, social e politicamente em condições muito diversas. Restringiremos o alcance explicativo do esquema proposto ao caso do Brasil. Nem tampouco faremos referência à imprecisão dos chamados "agentes sociais", do tipo "classes médias", setor agroexportador etc. cuja imprecisão não resiste sequer à análise de sentido comum. Basta dizer que o significado das "classes médias" burocráticas nos países onde o Estado se constitui como arrecadador de impostos das grandes companhias estrangeiras, produtoras diretas de mercadorias agrícolas ou minerais, tem pouco a ver com aquele das "classes médias" constituídas pelos setores tecnocráticos e *white-collars* gerados pela industrialização; o mesmo poder-se-ia dizer quanto aos chamados setores agrários, sob cujo rótulo escondem-se desde produtores capitalistas – uma burguesia rural – até latifundistas que exploram as terras em condições de muito baixa produtividade, inclusive, como em certas regiões da América Latina, mais em função de sua qualidade de senhores políticos que cobram rendas do que de empresários.

Limitar-nos-emos a considerar um dos componentes da "aliança desenvolvimentista" num país determinado – a burguesia industrial brasileira – para mostrar as inconsistências do esquema explicativo geral e sugerir, quando possível, formas alternativas de análise. Limitaremos ainda mais nosso enfoque para discutir apenas os dois supostos básicos para que a burguesia industrial possa desempenhar o papel que lhe é atribuído na trama nacional-desenvolvimentista: as bases político-sociais de sua "vocação de domínio'" como classe social ascendente – e sua autonomia econômica – no plano interno e no plano externo como fundamento objetivo para uma política própria.

Noutras palavras, será discutida a possibilidade político-econômica da ideia de "desenvolvimento nacional" com base nos setores industriais dinâmicos da burguesia nacional.

AS BASES POLÍTICAS DO PROJETO "BURGUÊS" DE DESENVOLVIMENTO NACIONAL

Boa parte da literatura política brasileira relacionada com o problema do desenvolvimento se dedicou a discutir a viabilidade do "projeto nacional de desenvolvimento", tendo como suposto que a formação de um parque industrial criaria um setor empresarial dinâmico, capaz de impor ao conjunto do processo político-econômico nacional um sistema de poder e uma orientação político-econômica que corresponderiam à assunção, na prática, de um papel equivalente àquele que se atribui às burguesias nacionais dos países europeus do século XIX ou à burguesia industrial-financeira americana na fase de acumulação e expansão inicial da economia dos EUA. Dessa forma, à parte a questão das condições e da orientação inicial do processo de industrialização – na qual, obviamente, se aceitava que grupos sociais distintos do setor empresarial privado deveriam desempenhar um papel importante –, a consolidação da sociedade industrial levaria as camadas empresariais urbano-industriais não só a se politizarem, como a assumirem sua "missão histórica" de compartir com os outros grupos urbanos em ascensão a condução de uma política capaz de expandir o mercado interno e de opor barreiras aos concorrentes externos. Noutros termos: atribuir-se-ia como "tarefa histórica" à burguesia nacional (urbano-industrial) a condução de uma política que levaria a uma "revolução agrária" e conteria a "penetração imperialista". A "lógica da situação" levaria os segmentos mais conscientes da burguesia nacional a fortalecer a "aliança desenvolvimentista" entre povo, classes médias e empresários para estabelecer um novo sistema de dominação que fortaleceria a burguesia urbano-industrial.

Quando se analisam a política econômica e o jogo interno de poder a partir do governo Dutra e principalmente do segundo governo de Vargas, culminando com a política do governo Goulart, há bons elementos de juízo para sustentar, *in abstrato*, essa formulação. Entretanto, no fundamental, as situações políticas mais críticas nas quais se decidiu o curso de desenvolvimento econômico levam o observador menos desavisado a opor reservas a essa interpretação. Assim, no período Kubitschek, a política econômica, que teve franco apoio da "aliança desenvolvimentista" – com exceção de setores minoritários que se opuseram a alguns aspectos da política creditícia e cambiária que favoreciam exclusivamente grupos internacionais –, implicou uma abertura crescente de mercados aos capitais estrangeiros. De outro lado, no que se refere à política agrária, foi grande o rechaço dos grupos empresários às tentativas de reforma agrária.

Diante dessas evidências, muitas explicações são possíveis. Pode-se supor que: 1) ou bem o projeto de desenvolvimento nacional com base em uma burguesia empresarial não passa de uma visão ideológica que atribui à "burguesia nacional" uma situação de interesses e uma consciência política que não lhe são próprias; 2) ou então existem obstáculos reais – estruturais, conjunturais ou culturais, em sentido genérico – para que se cristalize um ponto de vista na burguesia nacional capaz de lhe dar consciência de seus "interesses verdadeiros", definidos como coincidentes com aqueles que se expressam no ideário da política da "aliança desenvolvimentista.

Entre as interpretações correntes, mesmo quando se trata de autores mais inclinados a aceitar a primeira hipótese, esta última alternativa encontra uma série de argumentos ponderáveis. Examinemo-los antes de passar a considerar explicações alternativas.

Origens sociais da burguesia industrial brasileira, suas consequências políticas

Durante muito tempo, mais por inferência lógica, baseada no senso comum, do que por análise sistemática, sustentou-se que a burguesia industrial brasileira era originária de dois setores distintos: os agricultores capitalistas, principalmente os produtores de café, e os imigrantes que se estabeleceram nas cidades, no setor artesanal, no setor comercial e que, lentamente, prosperaram e transformaram-se em "industriais" quando as condições de mercado favoreceram tal progresso. Como a acumulação nos países subdesenvolvidos de base agrária se faz – obviamente – no setor agroexportador, a suposição de que condições favoráveis de mercado para a criação de um setor interno levariam à transformação de alguns setores da burguesia agrária em empresários industriais parece plausível. Tanto mais quando se sabe que em certos setores agroexportadores não só a economia já era efetivamente capitalista (em oposição à ideia de setores oligárquico-latifundistas), e quando se conhece o processo pelo qual certos insumos agrários passaram a ser produzidos internamente.

De outro lado, a história de muitas empresas industriais mostra a importância dos imigrantes na constituição do parque industrial brasileiro: o crescimento paulatino do *atelier* levou à formação de fábricas modernas e à emergência do "capitão de indústria" como tipo social que seguiu o curso "histórico ideal" do *self-made-man*.[1]

Justamente em função das origens sociais da burguesia industrial brasileira concebida nestes termos, muitos autores, inclusive o autor deste capítulo, insistiram na inconsistência da tese sobre a "burguesia industrial nacional" como mola para uma política nacional de desenvolvimento. Os reflexos de suas origens far-se-iam sentir em sua atuação política, em sua visão do processo histórico, e, em consequência, levariam-na a uma situação de ambiguidade para definir seus interesses peculiares de classe diante dos interesses do conjunto das "classes proprietárias". A origem "agrária" recente ou as marcas "plebeias" evidentes da burguesia industrial não permitiriam que ela purgasse o pecado original de sua criação, transformando-se em classe reitora do processo histórico. Diante das opções concretas para o favorecimento de uma política desenvolvimentista – que implicariam, como se assinalou, o fortalecimento do Estado e a aliança com as classes populares –, a burguesia industrial vacilaria e optaria por uma política de retraimento. Temeria, frente à maré montante do populismo, a perda de controle da situação política que, no conjunto, favorecia os setores mais ligados à burguesia agrária tradicional, apesar e talvez em consequência mesmo dos traços patrimoniais que o capitalismo agrário e o burocratismo estatal davam ao País. E, por outro lado, frente à necessidade de impor ao País uma orientação político-econômica industrialista e independente que atendesse aos interesses do "conjunto da sociedade", os setores industriais oriundos dos grupos imigrantes, como segmentos marginais no sistema nacional de dominação política, sentir-se-iam e objetivamente seriam incapazes de propor e conduzir uma política que os levasse a obter seus fins – a expansão da empresa e do sistema industrial. Vacilariam uma vez mais e desenvolveriam situações de acomodação com parte dos setores tradicionais politicamente dominantes, preferindo perder a chance histórica de controlar a orientação global do processo de desenvolvimento para manter, realística e timidamente, uma participação limitada no jogo político vigente.

No conjunto, a burguesia industrial cederia, no que diz respeito à intocabilidade da estrutura agrária, por exemplo, para contar com o apoio do "setor tradicional" do qual faziam parte alguns de seus segmentos, e sem o qual o setor urbano-industrial seria incapaz de se opor eficazmente às pressões de massa. Ao mesmo tempo, ameaçaria, em situações particulares, o *establishment* tradicional, aceitando dentro de condições restritas – em última análise, por sua própria incapacidade de acumulação de capitais – que o Estado, pressionado pelos setores populares, se lançasse à constituição de uma infraestrutura industrial, com base em empresas públicas.

Ora, os resultados, embora preliminares, de investigações sistemáticas sobre as origens sociais do empresariado industrial brasileiro obrigam a uma ampliação das ideias anteriormente expostas. O diagnóstico relativo às condições em que o empresariado industrial definiu sua estratégia e sua política parece ser verdadeiro. A análise da situação política brasileira nos anos de 1963, 1964 e 1965 é esclarecedora neste sentido, evidenciando alguns dos supostos da interpretação proposta: a política populista durante o governo Goulart se tornou insustentável quando ultrapassou os limites tácitos da "aliança desenvolvimentista" ao tratar de mobilizar setores populares rurais (sindicalização de camponeses, ligas camponesas etc...) e de favorecer, no setor urbano, a tendência a uma política salarial expansionista, num momento de baixas inversões externas. Desfez-se rapidamente a "frente desenvolvimentista" em benefício do fortalecimento do partido da "ordem-propriedade-prosperidade" ao qual se juntou célere a burguesia industrial. Alguns de seus setores, como se verá adiante, se propuseram mesmo a alcançar uma posição hegemônica no novo sistema de alianças.

Entretanto, as marcas de origem do empresariado brasileiro e sua história social não são suficientes para explicar as possibilidades objetivas e as perspectivas de atuação da burguesia industrial. Os primeiros resultados de análises sistemáticas sobre o tema levam a uma correção dos supostos concretos da interpretação, e sugerem novas pistas de explicação.

De fato, quando se levam em consideração os dados de estudos recentes,[2] chama a atenção o fato de que o recrutamento empresarial brasileiro se caracteriza pela importância insuspeitada de empresários oriundos de *atividades urbanas* não industriais e pela alta taxa de mobilidade não só entre os vários setores econômicos, como quando se consideram os *ingressos* e as saídas no conjunto da atividade empresarial. Assim, com base em análises relativas a dois períodos distintos, respectivamente 1914--1938 (tomados em conta 1.259 empresários dos dois principais estados do País – São Paulo e Guanabara) e 1938-1962, quando se tomaram em conta 2.814 empresários, encontrou-se que apenas 8% dos empresários conseguiram manter essa qualidade no fim do primeiro período, e 22%, ao cabo do segundo período, o que levou o autor da investigação citada a demonstrar que se trata "de um empresariado que passa por um processo de substituição interna de grandes proporções num período aproximado de apenas duas gerações",[3] e a reafirmar as possíveis consequências deste processo sobre o comportamento político da camada empresarial, dada a escassa sedimentação no tempo de uma "consciência de classe".

Este resultado pareceria, pois, confirmar em parte que faltam condições de sedimentação histórica para que as camadas empresariais (industriais ou não) se deem conta de sua "tarefa histórica" nos países subdesenvolvidos. Poder-se-iam agregar, em abono dessa hipótese, outras conclusões da mesma investigação que ressaltassem a versatilidade dos empresários brasileiros, os quais passam do setor de "serviços", do setor financeiro, do setor imobiliário ao setor industrial e vice-versa. Entretanto, essa mobilidade intersetorial, já por si significativa para o tema em discussão, assume maior importância ainda no contexto, pois a pesquisa em tela sublinha que setores de atividades *especificamente urbanas* tiveram um papel mais importante do que a eles se costuma atribuir na formação do empresariado. Além disso, como lucidamente indica Martins, seria enganoso explicar a alta taxa de mobilidade intersetorial do empresariado nacional em termos de um "comportamento inadequado" ou da incapacidade sistemática de êxito. A explicação da versatilidade empresarial e da complementaridade de atividades de um mesmo empresário em setores distintos de atividades econômicas (industriais, financeiras, de serviços, imobiliárias, agrárias etc.) não decorre do *décalage* entre o padrão universal do comportamento racional dos empresários e os desvios concretos do empresário brasileiro, vítima de obstáculos institucionais e culturais que o tornam "tradicional" – como suporia a explicação vulgar. Ao contrário, ela advém da estrutura histórica que condiciona as formas de comportamento empresário. É a compreensão desta estrutura que permite explicar tanto a atuação dos empresários quanto a "consciência burguesa" nos países subdesenvolvidos.[4] A explicação proposta por Martins para o processo de rápida eliminação de empresários se apoia na ideia de que, dadas as condições peculiares da industrialização dos países subdesenvolvidos e dependentes, existe, paralelamente ao processo que os economistas chamam de "substituição de importações", uma substituição tanto de empreendedores quanto de setores de atividade econômica, pois a incorporação de novas indústrias substitutivas, de mais alta produtividade média, leva à marginalização constante de setores produtivos. Assim, é como se a cada etapa mais importante do processo de substituição de importações pudesse corresponder um efeito de rarefação (por eliminação ou incorporação) das camadas empresariais voltadas para a indústria, dotando sua composição de um grau de heterogeneidade e transitoriedade extremamente significativo.[5]

Situação objetiva e consciência burguesa

Aparentemente, ter-se-ia chegado a uma conclusão que reforça as interpretações anteriores, de que a burguesia nacional encontra obstáculos para sedimentar um comportamento político que expresse seus "verdadeiros interesses". Entretanto, as implicações dessa interpretação ultrapassam a colocação anterior do problema, que insistia na falta de sedimentação de uma situação de classe. E a ultrapassam em sentido preciso: sem desfazer o que de verídico existe nas afirmações anteriores. De fato, deste prisma, a "consciência da situação" (dos interesses de classe) que pode alcançar a burguesia empresarial nacional não é um problema que se solucione apenas em função da variável tempo; é também o reflexo de uma situação estrutural particular.

Nesta, agregue-se, a "transitoriedade" passa a ser um dado da situação em consequência de limitações "estrutural-conjunturais", e a versatilidade do comportamento empresário passa a ser uma resposta adaptativa a essa situação. Além disso, objetivamente, a diferenciação interna das organizações produtivas nacionais levaria à formação de grupos econômicos que incluem setores industriais, setores de serviços, setores financeiros e setores agrários, como um recurso adaptativo normal para o desenvolvimento capitalista num país que sofre os impactos de um processo de rápida "substituição de importações". Empiricamente há bons argumentos para sustentar a hipótese, como se verá adiante.

Evidentemente, na medida em que essa interpretação for válida, às possíveis distorções impostas à consciência empresarial por suas origens rurais e plebeias recentes somam-se outras que deixam de ser "transitórias" para se inserirem num quadro mais complexo em que os interesses da burguesia urbano-empresarial se inter-relacionam funcionalmente, sem substituí-los, com os interesses da burguesia agrária e da burguesia mercantil e financeira.

A CONSTRUÇÃO DA DEMOCRACIA

Não existiria propriamente uma sucessão de camadas sociais distintas que representariam diversas etapas do desenvolvimento capitalista, mas uma simbiose não só de base histórica, como também funcional.[6]

Ora, a rigor, a partir desta perspectiva seria incorreto apelar para a falsa consciência da situação de classe da burguesia urbano-industrial quando ela desenvolve uma "política de acomodação", nos momentos críticos em que aumenta a pressão popular e diminuem as chances de acumulação de capitais. Essa acomodação com os chamados setores tradicionais refletiria apenas os limites objetivos que têm os grupos urbano-industriais no jogo político-econômico. Em sua perna esquerda, o calcanhar de aquiles da burguesia urbano-industrial se torna visível no momento em que o ataque dos setores populares aos interesses chamados oligárquico-latifundistas começa a cortá-la na própria carne. Pouco importa que o peso maior da pressão se faça nominalmente contra os grupos oligárquico-latifundistas na esperança de que estes se distingam da burguesia urbano-industrial como o Sol da Lua num espaço teoricamente sem sombras. Politicamente, nos momentos de crise, são justamente as "zonas de sombra" as mais importantes, pois delas advém a ambivalência do comportamento empresarial, não como um processo subjetivo da falsa consciência burguesa, mas, ao contrário, como um modo objetivo de expressar o relacionamento específico entre distintos setores capitalistas que têm na política de zigue-zagues uma possibilidade mais segura de sobrevivência.

Em última instância, essa perspectiva leva a duvidar das possibilidades objetivas da "vocação hegemônica" de condução autônoma do desenvolvimento nacional por meio do setor urbano-industrial, e mesmo mediante uma aliança policlassista que una os setores industriais aos de massa, visto o problema, por enquanto, do ângulo puramente interno, isto é, sem considerar os grupos estrangeiros e suas relações com a economia interna. Com efeito, a ser verdadeiro, como parece, o entrelaçamento não só genético como estrutural-funcional do setor urbano-industrial com os chamados setores tradicionais, um dos suportes da "aliança desenvolvimentista", tem seu alcance limitado. Isto porque, no jogo de cartas marcadas da política de desenvolvimento, a "burguesia nacional", assim concebida, não alça voos de largo curso, em que pese a velocidade crítica que possam imprimir ao processo histórico os setores estatal-populistas.

AS BASES ECONÔMICAS DA POLÍTICA NACIONAL-BURGUESA

Grupos econômicos nacionais e estrangeiros

Apesar dos zigue-zagues políticos da tática de compromissos e dos liames estruturais que unem os setores burgueses modernizantes aos "setores tradicionais" (estes, no seu duplo aspecto de setores capitalistas agromercantil--financeiros e de setores propriamente oligárquico-latifundistas), ninguém discute mais a presença da burguesia industrial-financeira nacional na vida política e na vida econômica do País. As transformações do sistema produtivo, sempre repisadas, demonstram que o Brasil chegou a um grau considerável de integração industrial[7] que torna o setor empresarial um agente político potencialmente importante. O que se discute, naturalmente, é o sentido que esta presença política possa ter e os limites da participação da burguesia industrial na já referida política de aliança desenvolvimentista.

Para melhor aquilatar essa questão, convém examinar a forma como se dá o desenvolvimento industrial em duas dimensões: as características da estrutura produtiva dos grupos econômicos que operam no Brasil e as formas de controle – internas ou externas – neles predominantes.

O mais completo estudo disponível sobre os grupos econômicos no Brasil[8] fornece informações suficientes para caracterizar a estrutura das organizações econômicas quanto aos itens que interessem a este capítulo.

Naquele estudo faz-se uma diferença entre dois tipos de "grupos econômicos":[9] os chamados multibilionários com capital e reserva de mais de 4 bilhões de cruzeiros em 1962, e os bilionários, que englobam conjuntos de empresas com capitais e reservas oscilantes numa faixa de 1 a 4 bilhões de cruzeiros em 1962. Os primeiros, isto é, os mais poderosos grupos econômicos, ascendiam na época da investigação a um total de 55 conjuntos empresariais que controlavam parte substancial da produção e da circulação de bens. Embora a investigação, na forma preliminar em que foi publicada, não permita avaliar a participação desses grupos em termos percentuais nos ramos respectivos da produção a que se dedicam, fornece elementos qualitativos de juízo para apoiar a afirmação de que, somados aos "grupos bilionários", os grupos multibilionários não só exercem uma indiscutível liderança nos setores em que atuam como participam de mercados em que a tendência à monopolização ou ao oligopólio é indiscutível.

A CONSTRUÇÃO DA DEMOCRACIA

Para confirmar esta tendência, os dados apresentados na análise dos grupos bilionários estrangeiros permitem concluir que "58,6% dos grupos (84,6% dos americanos e 37,5% dos não americanos) participam do *núcleo predominante* do mercado de seu principal produto. Dez grupos ocupam uma posição destacada de liderança (oito americanos e dois não americanos), sendo os maiores produtores nos mercados respectivos".[10]

Em outras palavras, se no período inicial da formação do mercado interno a empresa isolada pode ter sido a unidade básica do sistema produtivo, hoje, a tendência à formação de "grupos econômicos" e a tendência a que estes grupos atuem em mercados de concorrência imperfeita parecem condicionar o desenvolvimento da economia brasileira.[11] Torna-se decisivo, portanto, analisar a estrutura produtiva dessas grandes unidades e determinar os mecanismos políticos e sociais pelos quais são controladas. Ressalta da análise que há alguns pontos de clivagem importantes para compreender o funcionamento da economia brasileira e, posteriormente, o das camadas sociais que a controlam. Em primeiro lugar, no universo composto dos 55 grupos multibilionários, 29 são estrangeiros (havendo 24 nacionais e 2 mistos), enquanto, entre os 83 que formaram a amostra dos bilionários, 29 são estrangeiros contra 54 (ou seja, 65%) nacionais.

Em termos globais parece possível afirmar, portanto, que, apesar da predominância de controle estrangeiro[12] entre os grandes grupos econômicos, existe realmente no Brasil um importante setor da produção controlado nacionalmente. O alcance dessa afirmação, entretanto, se restringe quando se levam em consideração elementos adicionais de juízo. Com efeito, existem diferenças significativas entre os grupos estrangeiros e os nacionais quando se analisam as preferências pelos distintos ramos de atividade econômica e quando se nota a diversificação interna dos grupos econômicos. Verifica-se, deste ângulo, ao se observar a *atividade principal* dos grupos econômicos multibilionários, que 79,1% deles dedicam-se à indústria. Porém, a distribuição entre estrangeiros e nacionais é distinta.

Além da franca propensão à maior participação dos grupos estrangeiros em atividades industriais e principalmente na indústria pesada (mecânica pesada e indústria de base) e nas indústrias de consumo durável, a pesquisa em causa permite determinar diferenças expressivas entre os grupos nacionais e estrangeiros quando se consideram suas atividades *secundárias* (embora não exista correlação entre as atividades secundárias e as principais). Assim, numa apreciação qualitativa, veem-se numerosos casos entre os grupos multibilionários nacionais em que há relações entre atividades dos setores exportadores, importadores, bancários e comerciais, *com ausência de atividades industriais*, enquanto chama a atenção, no caso dos grupos multibilionários estrangeiros, não só a maior concentração em atividades industriais, como sua maior especialização. A tal ponto que Vinhas de Queiroz conclui que se se estabelecesse "um *gradient* [...] dos estritamente especializados aos muito diversificados [...] naquele primeiro extremo só existiriam grupos estrangeiros enquanto, neste último, só grupos nacionais".[13]

Tabela 1 – Distribuição dos grupos multibilionários
por setor de atividade e por tipo de controle

	Setores de Atividade	Nacionais		Estrangeiros		Mistos
Não industriais	Exportação, importação, bancos, seguros, serviços industriais e investimento	8	(33,4%)	6	(20,8%)	1 (50%)
	Consumo não durável	8	(33,2%)	5	(17,2%)	
Industriais	Consumo durável	1	4,2%	7	(24,1%)	
	Mecânica pesada	1	4,2%	4	(13,8%)	
	Indústria de base	6	25,0%	7	(24,1%)	1 (50%)
	Subtotal	16	66,6%	23	(79,2%)	1 (50%)
	Total	24	(100%)	29	(100%)	2 (100%)

Essas tendências apresentam-se reforçadas quando se considera a amostra dos grupos bilionários. Nesta, a distribuição por setores de atividade é a seguinte:

A CONSTRUÇÃO DA DEMOCRACIA

Tabela 2 – Distribuição dos grupos bilionários
por setor de atividade e por tipo de controle

Setores de Atividade			Nacionais		Estrangeiros	
Não industriais	Exportação, importação, bancos, seguros, serviços industriais e investimento		19	35,2%	4	(13,8%)
	Consumo não durável		20	(37,0%)	9	(31,1%)
Industriais	Consumo durável		7	(13,0%)	5	(17,2%)
	Mecânica pesada		3	(5,5%)	5	(17,2%)
	Indústria de base		5	(9,3%)	6	(20,7%)
	Subtotal		35	(64,8%)	25	(86,2%)
	Total		54	(100%)	29	(100%)

Acresce que os grupos multibilionários nacionais são, em geral, anteriores a 1914, enquanto os estrangeiros são posteriores a 1919, sendo que o período posterior à crise de 1929 e o posterior a 1945 foram particularmente propícios aos grandes grupos estrangeiros. Noutros termos, enquanto o crescimento dos grandes grupos econômicos nacionais foi lento e progressivo, os grupos estrangeiros apresentaram uma tendência a surgir por meio de fortes inversões iniciais de capitais. E entre os grandes grupos nacionais dedicados à indústria existe maior proporção daqueles que são de origem não local (italiana, israelita, alemã, francesa e sueca), o que vem a confirmar as informações apresentadas sobre a participação dos imigrantes no processo brasileiro de industrialização. Ademais, o número médio de empresas por cada grupo econômico diminui quando se trata de grupos mais recentes, que são justamente aqueles compostos de empresas dedicadas à indústria de consumo durável, mecânica pesada ou indústria de base. Como, por outro lado, há correlação entre essas e o controle estrangeiro, fica evidente um padrão novo de investimento de estilo monopólico controlado por grupos internacionais nos setores industriais dinâmicos.

Por fim, é de ressaltar, quando se consideram as associações entre os grupos que na pesquisa em discussão foram considerados nacionais com grupos estrangeiros, que se estabelece uma nítida tendência à associação entre capitais, pois, no caso dos multibilionários, 62,8% dos grupos nacionais apresentam ligações (variáveis) com grupos ou empresas estrangeiras, enquanto no caso dos grupos bilionários, 46% mantêm algum tipo de associação acionária com grupos ou empresas estrangeiras em alguma de suas empresas.[14]

Os setores estatais

Para complementar as informações pertinentes ao dimensionamento das bases econômicas do setor industrial privado, seria necessário apresentar elementos de avaliação quanto à participação do setor público na economia brasileira. A pesquisa do Instituto de Ciências Sociais da Universidade do Brasil (ICS/UB) não teve por objeto analisar este setor da economia e, portanto, não fornece os dados que completariam a análise anterior. Em termos de critérios semelhantes aos anteriormente utilizados, o que se poderia agregar são dados contidos em outro levantamento, publicado em 1961 pela revista *Desenvolvimento & Conjuntura*. É de assinalar, entretanto, que enquanto nesta revista se havia identificado para a época apenas 66 grupos com capital superior a um bilhão de cruzeiros,[15] incluindo as empresas estatais, na investigação posterior, do ICS, se identificaram 276 grupos. Como a diferença é expressiva e não pode ser atribuída, como assinalou Vinhas de Queiroz, apenas à inflação, é forçoso reconhecer que o grau de confiança que se atribui aos resultados do levantamento da *Desenvolvimento & Conjuntura* é limitado.

Com esta reserva, ao se incluir as informações pertinentes à participação do setor público no conjunto dos grupos econômicos verifica-se que dos 66 grupos que se supunha constituírem o universo dos grupos bilionários de 1960, 19 eram estatais e 2 deles ocupavam os primeiros lugares. No total, esses 19 grupos de empresas reuniam 81% do capital do conjunto dos 34 grupos de empresas (os 19 estatais mais 15 privados) que eram controlados nacionalmente. Ao se considerar o total dos 66 grupos obtidos pela adição aos 34 nacionais dos 32 estrangeiros, as empresas estatais controlavam ainda 55% do total dos capitais dos grandes grupos. Esta percentagem equivalia a 25% do capital das 6.818 sociedades anônimas do País.[16]

Tabela 3 – Participação dos setores público e privado na formação de capital fixo[17]

Ano	Setor público	Empresas mistas	Setor privado*	Total
1947	15,8%	–	84,2%	100,0
1948	23,3	–	76,7	100,0
1949	29,4	–	70,6	100,0
1950	35,1	–	64,9	100,0
1951	25,0	–	75,0	100,0
1952	26,8	–	73,2	100,0
1953	29,4	–	70,6	100,0
1954	24,3	–	75,7	100,0
1955	24,0	–	76,0	100,0
1956	24,8	3,1%	72,1	100,0
1957	37,0	4,7	58,3	100,0
1958	40,8	5,5	53,7	100,0
1959	32,3	6,0	61,7	100,0
1960	38,3	8,0	53,7	100,0

Fonte: Fundação Getulio Vargas, estimativas baseadas em dados da *Revista Brasileira de Economia*, março de 1962.

* Até 1956 o setor privado inclui as empresas mistas.

Indiretamente, e com maior fidedignidade, é possível avaliar com propriedade o papel do setor público na economia brasileira. Assim, por meio de informações sobre a formação do capital fixo, se vê claramente a participação crescente do setor público e das "empresas mistas", isto é, sociedades anônimas cuja maioria (frequentemente mais de 90%) é controlada pelo setor público federal, estadual ou municipal.

Em análise minuciosa das fontes de financiamento da industrialização brasileira, Werner Baer demonstra, por outro lado, que, apesar da significação evidente dos dados contidos no quadro transcrito a seguir, nos últimos anos "o setor privado foi e continua a ser principalmente fonte de fundos, e, ainda, que durante a maior parte do período, a parcela do governo tem superado a sua participação na poupança global. Isto significa que, de uma maneira ou de outra, as poupanças não governamentais têm desempenhado importante papel no financiamento da formação de capital fixo pelo governo".[18] As poupanças não governamentais invertidas pelo governo e as parcelas da inversão privada que superam a poupança das empresas são de duas origens principais: recursos externos e transferência de recursos "tomados dos consumidores" pela inflação. Entretanto, enquanto o setor público investiu mais do que poupou, com o setor privado ocorreu o contrário. É quando se analisa a composição da poupança do setor privado que se verifica que na realidade boa parte dela está constituída pela transferência de "recursos dos consumidores".[19]

Quadro 1 – Poupança e formação de capital nos setores públicos e privados em relação à renda interna bruta (percentagem)[20]

Ano	Setor privado		Setor Público			
	Poupança	Formação de capital	Poupança	Formação de capital	Déficit do balanço	Pagamentos em conta corrente
1947	12	14	4	3	2	
1948	14	14	4	4	0	
1949	10	10	4	5	1	
1950	12	08	2	5	-1	
1951	13	17	5	5	3	
1952	16	17	4	6	4	
1953	15	11	1	4	0	
1954	19	19	4	5	1	
1955	17	14	2	5	0	
1956	17	13	1	4	0	
1957	16	12	1	7	2	
1958	12	10	5	9	2	
1959	16	14	6	10	2	
1960	14	12	5	10	3	

Fonte: Calculado por I. Kertenetsky, com base nas contas nacionais levantadas pela Fundação Getulio Vargas.

Noutras palavras, o ritmo de investimentos públicos e privados foi intenso, embora mais acentuado no caso do setor público, e ambos os setores em medida desigual beneficiaram-se da inflação, transferindo rendas dos setores consumidores para a formação de capital fixo. Este, ademais, segundo dados apresentados por Baer, pôde formar-se no setor privado, principalmente mediante inversões realizadas com recursos internos,[21] sendo que na década de 1950 os "lucros retidos" contribuíram com 55 a 60% da formação de capital, contra 40% no período imediatamente posterior à guerra, e a proporção correspondente para alcançar 100% foi obtida por meio da já referida transferência de rendas de consumidores, mediante empréstimos e o processo inflacionário.[22]

Os setores populares como força de trabalho

Os dados relativos ao incremento da formação de capital fixo pelos setores produtivos e as percentagens elevadas de lucros retidos indicam que houve um processo acentuado de acumulação capitalista. Esta se faz principalmente às expensas do setor assalariado na medida em que as fontes externas de formação de capital desempenharam uma função quantitativamente limitada, apesar de estratégica, e na medida em que as transferências de renda do setor produtivo agrícola para o industrial não foram de monta. Neste sentido, e embora as informações disponíveis sobre a remuneração da força de trabalho sejam de caráter muito geral, convém expô-las, pois ajudam a compreender o comportamento do outro condicionante da "aliança desenvolvimentista": os setores populares.

Algumas tendências parecem claras no processo de industrialização quanto à formação das classes populares. Em primeiro lugar, em termos globais, a industrialização no Brasil se deu num contexto, como no resto da América Latina, em que se verifica diminuição relativa do setor primário da economia, considerando-se o conjunto da população economicamente ativa, aumento acentuado do terciário, e *estabilidade* do secundário, isto é, dos empregos propriamente industriais. Estes totalizavam 12% da população economicamente ativa em 1965, 13% em 1950, e a mesma proporção em 1960, enquanto o setor de "serviços" crescia respectivamente 20%, 26% e 35%, em detrimento das ocupações agrícolas e extrativas.[23] Em outras palavras, as camadas diretamente urbano-industriais das classes populares formam-se num contexto em que existem amplos setores de ocupações urbanas não industriais. Porém, como é sabido, nestes há uma proporção considerável, apesar de indeterminada, de subempregados, desempregados e desempregados disfarçados. Este quadro leva a supor que as taxas salariais encontram obstáculos objetivos para aumentar – dado o excedente de mão de obra –, salvo nos setores que requerem mão de obra especializada, ou quando os setores popular-industriais pressionam fortemente. Essa situação daria base real, do ângulo empresarial, a uma possível aliança desenvolvimentista: a pura expansão do emprego industrial, necessário ao desenvolvimento – sem aumento acentuado de participação dos trabalhadores no incremento real do produto –, satisfaria objetivamente a ambas as partes da "aliança". A condição teórica de persistência da coalizão estaria assegurada pela manutenção do nível de vida dos trabalhadores e pela extensão de seu número.

Efetivamente, parece ter sido esta a tendência, pois os dados sobre a evolução do salário real mostram que mesmo que ele "tenha aumentado, seu crescimento foi frequentemente menor do que o do produto real"[24] e, por outro lado, houve atraso no reajustamento dos salários mínimos na década de 1950 com relação à taxa de inflação. Com algumas informações adicionais, resulta mais claro o quadro das tensões internas dentro da coalizão possível entre os setores empresariais e os setores massivos. Assim, se bem é certo que houve aumento do número de trabalhadores industriais e, entre estes, dos trabalhadores das grandes indústrias,[25] e se também é certo, como acentua Baer, que o salário real se manteve mas não acompanhou o incremento do produto real, é significativo que o salário real tenha crescido entre 1949 e 1960 "em razão direta do tamanho da empresa: do mesmo modo, o salário cresceu na razão direta do emprego da força motriz".[26] Essa verificação levou Weffort a dar ênfase em hipóteses anteriores suas de que "o setor operário industrial, reconhecidamente mais bem organizado que os demais grupos populares na defesa de seu nível de consumo, conseguiu somente manter seu nível de salário real".[27]

Entretanto, no contexto da situação das classes populares brasileiras, parece que houve possibilidades estruturais para que setores mais bem organizados das classes trabalhadoras aceitassem os termos da aliança desenvolvimentista, nos momentos em que conseguiram pelo menos manter o padrão de consumo. Essa possibilidade se revela pela existência de taxas diferenciais de salário entre as distintas categorias de trabalhadores, beneficiando os que se dedicam aos ramos de maior produtividade (de base tecnológica moderna), e que dispõem de maiores facilidades organizativas no nível sindical.[28] Estes obviamente agrupam-se nas grandes empresas, controladas, como se viu, pelos grupos econômicos estrangeiros e pelo setor estatal da economia. Porém, como este setor de trabalhadores é numérica e proporcionalmente pequeno, mesmo ao se considerar apenas as populações urbanas, e como, por outro lado, a dinâmica política do desenvolvimentismo alcança, pelo populismo, os setores populares urbanos no seu conjunto, existem intermitentes pressões redistributivistas que transcendem os limites estreitos e diretos dos setores populares inseridos no contexto da grande empresa moderna.

Essas pressões fizeram-se sentir como "explosões salariais", que se manifestaram por meio das correções dos salários mínimos – com repercussões em toda a escala salarial – nos momentos imediatamente anteriores ou posteriores a algumas mudanças políticas significativas. Assim, se no conjunto do período posterior à Segunda Guerra Mundial não houve aumentos gradativos reais dos salários industriais, a recuperação parcial do terreno perdido se fez por saltos.

Nesses momentos, houve uma aproximação dos limites de viabilidade da aliança desenvolvimentista, pois, quando a pressão populista aumenta e obtém vantagens políticas e salariais, soa para a burguesia o sinal da necessidade de uma correção na política salarial para permitir a continuidade da taxa de acumulação. Enquanto foi possível, pelo já referido mecanismo de transferências de rendas, lograr simultaneamente o crescimento mínimo indispensável dos salários urbanos industriais sem afetar a acumulação das empresas públicas e privadas, a viabilidade do esquema populismo-desenvolvimentismo se manteve, com os tropeços normais. À medida que a pressão popular tendeu a se generalizar, atingindo as áreas assalariadas agrícolas e os setores não industriais, a burguesia passou a assumir posições claramente antipopulistas.

Por fim, sem que se possam aduzir maiores informações, os analistas são coincidentes em que a redistribuição de renda não alterou substancialmente o nível de vida tradicionalmente baixo das populações rurais, apesar de que no processo de transferência de renda a relação de troca do setor agrário com o setor industrial foi favorável à agricultura, isto é, aos produtores agrícolas e ao setor comercializador.

Em palavras mais diretas, a acumulação de capitais para a industrialização brasileira se deu em termos tais que o conjunto das classes proprietárias beneficiou-se de uma taxa acentuada de exploração do conjunto das classes populares. Neste último os setores vinculados à economia mais moderna apenas puderam manter seu padrão de consumo, sem beneficiar-se em proporção correspondente ao aumento do produto real, enquanto os demais setores apenas esporadicamente – nos momentos de maior pressão – lograram algum avanço para recuperar a perda relativa dos padrões de consumo, sendo de destacar que há "indícios de que a redistribuição se processou em detrimento de setor agrícola, especialmente dos trabalhadores do campo".[29]

IDEOLOGIA E REALIDADE: A BURGUESIA NUM PAÍS DEPENDENTE

Retomamos, por fim, as perguntas de âmbito geral que haviam sido expostas no começo deste trabalho. Diante das informações apresentadas, parece claro que os setores industriais nacionais estão se constituindo num contexto estrutural que baliza de forma relativamente acanhada as possibilidades de uma ação autônoma e de definição de objetivos que tenham como base a ideia de um desenvolvimento controlado pelo setor privado nacional. As pressões decorrentes da existência de capitais estrangeiros importantes em áreas industrialmente estratégicas somadas às pressões dos grupos sociais que, direta ou indiretamente, influenciam as decisões do setor estatal da economia (compreendidos entre estes grupos não somente as classes médias e populares, como também o setor industrial estrangeiro e segmentos do próprio setor empresarial nacional), além das reações das classes populares, nos momentos críticos, levam a "burguesia nacional" a depender e a participar de algum sistema de alianças para atingir os objetivos a que se proponha.

Entretanto, nada assegura de antemão que estes objetivos devam definir-se em função de uma ideologia nacional-desenvolvimentista, nem, em consequência, que a política de frente popular-desenvolvimentista seja o caminho exclusivo que una a ação nacional-burguesa a seus "interesses verdadeiros".

Teoricamente, um sistema de alianças, ao estabelecer-se, não implica a inexistência de tensões entre os grupos que o constituem, nem muito menos estabilidade. Como em qualquer processo social, mormente nos que se relacionam com a esfera do poder, os grupos coligados se reagrupam permanentemente segundo os objetivos e as forças disponíveis para alcançá-los. Além disso, a relação de aliança não implica que os parceiros disponham de força equivalente para a definição autônoma de objetivos táticos ou dos meios para obtê-los. Ao contrário, a seleção dos objetivos, o encadeamento das etapas e a seleção dos meios para atingi-los dependem da capacidade real de cada conjunto de forças dentro de um mesmo "campo de alianças" para impô-los na pugna interna. Por outro lado, a mudança de seleção de objetivos pode implicar normalmente uma redefinição do sistema de alianças, pela exclusão de alguns dos seus componentes e inclusão de novos. Os limites para a reformulação dos alinhamentos estão dados pela estrutura da situação e pela gama de objetivos compatíveis com a posição dos diversos grupos em uma situação social concreta. Só em situações-limite existe uma clara relação entre situações e objetivos. Com efeito, como a situação social em última análise é constituída por conjuntos sociais em aliança e em oposição, e como as relações que formam a trama das alianças não são claramente excludentes, não é possível minimizar na análise dos processos sociais a ambiguidade estruturalmente possível; dela decorre não só a vacilação política como expressão da falta de capacidade de imposição dos objetivos de uns conjuntos sociais sobre outros, como a versatilidade na definição de objetivos. Esta pode significar não uma capitulação ou o predomínio de uma "falsa consciência da situação", mas um realinhamento que expresse a presença de novos conjuntos sociais no campo de alianças, com ou sem a exclusão dos antigos. Em última instância, é o fluxo social assim concebido que, por sua vez, redefine os limites estruturais e cria novas possibilidades de ação.

Ora, a análise estrutural indica consistentemente que, se a "aliança desenvolvimentista" implicou uma política de compromissos entre os setores industrial-financeiros nacionais e os setores urbano-populares, não excluiu a vinculação do primeiro destes dois conjuntos de forças com o que, muitas vezes com impropriedade, chamou-se o "setor tradicional latifundista exportador", nem impediu a pressão urbano-popular. Em geral, a partir do fim da Segunda Guerra Mundial, a relação assimétrica evidente entre os dois principais componentes deste sistema de forças implicou também a obtenção de vantagens desiguais. Em conjunto, graças à exclusão da massa rural do sistema de forças e, em menor e menos conhecida medida, graças também à exclusão das populações urbanas chamadas marginais,[30] foi possível manter o "campo de alianças" enquanto houve expansão do sistema produtivo. Para resguardar a continuidade dessa expansão, cada um dos parceiros principais cedeu, momentaneamente, parte de seus objetivos estratégicos: os grupos empresariais privados aceitaram parte da política popular nacionalista com a ampliação do setor estatal da economia, e os setores populares aceitaram tacitamente a ampliação da base industrial da economia por meio de fortes inversões estrangeiras e da contenção salarial. Neste sentido, a política da aliança PSD-PTB-grupos nacional-populistas do período de Kubitschek, apesar da oposição da esquerda nacionalista, logrou consolidar o seu campo inicial de força e expandi-lo pela inclusão de capitais externos. A partir desse momento, a política da "frente desenvolvimentista", que, anteriormente, sob Vargas, fora conduzida com ênfase nacionalista e redistributivista, embora sem ênfase nas mudanças sociais no campo, passou a ser mais "desenvolvimentista", isto é, mais favorável a uma rápida acumulação de capitais sem redistributismo. Em consequência, a participação urbano-popular no produto nacional, como se viu, não foi além da manutenção do salário real num momento de expansão acentuada da produtividade do sistema econômico. É certo, entretanto, que houve um crescimento em números absolutos na massa da população que passou a participar da economia urbano-industrial.

A CONSTRUÇÃO DA DEMOCRACIA

Essas novas condições de funcionamento da frente desenvolvimentista, entretanto, alteraram substancialmente os componentes da aliança. Seria difícil sustentar, pelo menos a partir do período de consolidação da economia industrial, que conceitos como "burguesia nacional" ou setores "urbano-industriais" sejam realmente explicativos.

Com efeito, os dados apresentados, por parciais que sejam, mostram claramente que a estrutura social de um país como o Brasil se corta em dois sentidos, por linhas horizontais e verticais. Não só o "setor empresarial" se diferencia economicamente em termos dos tipos de controle a que está sujeito, como as classes populares se diferenciam e se tornam mais heterogêneas. Além da divisão vertical do tipo burguesia/classes populares, há cortes horizontais do tipo "grande empresa monopólica moderna" (estatal, privada, com controle externo ou interno) e "empresa tradicional", isto é, não monopólica nem integrada em grupos econômicos.[31] Estes cortes incidirão tanto sobre o comportamento das classes empresariais quanto das classes populares, distinguindo, neste último caso, não só o setor operário dos demais setores como, dentro do setor operário, os grupos vinculados com diversos tipos de empresas.

Levando-se em consideração apenas as classes produtoras, torna-se claro que o campo de alianças da frente desenvolvimentista se fragmentou, e que o problema da hegemonia desse sistema de forças nas novas condições, assim como o de seus novos componentes, não encontra resposta adequada nos termos em que é normalmente colocado quando se pergunta pelas possibilidades políticas da "burguesia nacional" e por sua capacidade de definir os "próprios interesses". Esses se diversificaram dentro da "burguesia nacional", e os desdobramentos da política econômica indicam não só a presença ativa de novos conjuntos de forças, como uma reorganização interna no campo dos aliados.

Assim, com a constituição dos setores industriais de infraestrutura e com a formação dos setores industrialmente decisivos, como os de mecânica pesada, automotriz etc. sob controle estatal e sob controle externo, a variável genérica "burguesia nacional" perdeu sentido explicativo. Parte do que pode ter sido o conjunto real de forças que se expressava por este conceito se realinhou para enfrentar as novas condições estruturais, buscando se apoiar em sistemas de alianças compostos de novos parceiros.

Consolidada a aliança por meio da associação com os capitais externos e da divisão do mercado interno, lançou-se o novo sistema à conquista do Estado – excluindo dele as forças populares –, e definiram-se objetivos que propugnavam medidas que facilitassem a concentração econômica, o desenvolvimento com base na tecnologia ultramoderna etc.

Seria incorreto supor que a orientação imposta ao desenvolvimento a partir dessa perspectiva não coincida com os interesses da "burguesia nacional". Ao contrário, na reconstituição do sistema de alianças, desde a derrubada do governo Goulart, viu-se claramente que importantes setores industrial-financeiros articularam o golpe e se propuseram à busca de uma posição hegemônica. Atuaram tendo por objetivo uma política de desenvolvimento que permitisse inversões externas e marginasse as forças populares do sistema de decisões, como condição básica para acelerar a formação interna de capitais e assegurar seu controle por meio de grandes unidades produtivas monopólicas: estrangeiras, nacionais e, eventualmente, estatais. Obviamente, para estes grupos, o que perde sentido é o enfrentamento antagônico entre burguesia nacional e grupos estrangeiros. A ideia de grande empresa internacional, eventualmente quando não preferencialmente associada a grupos internos, substitui, na ideologia desenvolvimentista-entreguista, a ideia do monopólio estatal como base de desenvolvimento, predominante na ideologia nacional-populista. Por outro lado, a ideia de "independência econômica" foi substituída pela de "interdependência", que expressa as novas relações interempresariais e dissimula o conteúdo político e economicamente dependente dessas relações.

Os grupos nacionais que – por condições objetivas ou não, pouco importa para os fins presentes – não participem do novo sistema de alianças em termos hegemônicos, ou dele não possam beneficiar-se, tratam de defender-se. Quiçá apelem para as antigas ideologias nacional-desenvolvimentistas, talvez busquem refazer parcialmente a aliança populismo-
-desenvolvimentismo, mas não necessariamente romperão a nova frente orientada pelo objetivo do "desenvolvimento interdependente".

Os rumos futuros de cada setor em que se fragmentou a "burguesia nacional" não podem, obviamente, ser "deduzidos" da situação estrutural. Serão constituídos historicamente pelas opções concretas que a façam pela reação dos demais setores da sociedade. Os limites da versatilidade de cada um dos principais conjuntos concretos constituem a nova situação e estarão dados, porém, por condições objetivas que não importa discutir aqui: o desenvolvimento industrial requer grandes unidades produtivas e acarreta, nos países que se desenvolvem na periferia do sistema capitalista, contradições acentuadas pela multiplicação dos já referidos setores marginais, pela dependência crescente da tecnologia externa e de capitais internacionais etc. Seria apressado, entretanto, concluir de forma taxativa, a partir dessas considerações, que só uma frente populista desenvolvimentista permitiria o desenvolvimento capitalista, mesmo porque a fragilidade desta aliança ficou evidenciada neste trabalho. Em consequência, é necessário admitir que a "política de entrega" do capitalismo nacional, na medida em que, como em toda aliança, implica também uma pugna interna, não pode ser explicada como insensatez das burguesias nacionais dos países subdesenvolvidos, *visto o problema da perspectiva do interesse de classes*, que é a única legítima na orientação prática do comportamento empresarial, e considerando-se objetivamente a situação de classe em um sistema nacional dependente. Mas seria igualmente equivocado generalizar essa posição ao conjunto da burguesia nacional. Este, como tal, praticamente deixa de existir, sem que com isso deixem de estar presentes setores – principalmente os ligados à produção de bens de consumo imediato – que continuarão a reivindicar, em nome do "capitalismo nacional", um tratamento que não seja o de "cachorro morto".

Politicamente é evidente, entretanto, que são escassas as chances estruturais de ação hegemônica do setor "nacionalista" dentro do novo sistema de alianças orientado pela ideia de desenvolvimento solidário com os monopólios externos. E, por outro lado, na eventual reconstituição de um outro sistema de alianças, oposto ao anterior, que busque a rearticulação do eixo estatismo-populismo-desenvolvimentismo, é difícil presumir que o setor industrial nacional possa reivindicar qualquer posição hegemônica.

É forçoso concluir, portanto, que a política de desenvolvimento baseada no impulso dinâmico do setor industrial financeiro da burguesia nacional chegou a seu termo, sem que isto signifique necessariamente que a burguesia industrial venha a estar excluída dos novos sistemas de aliança. Em qualquer hipótese, contudo, cumprirá um papel subordinado na condução do processo de desenvolvimento: como caudatária dos grandes grupos monopólicos, ou como dependente do setor público, no caso de uma eventual alternativa que leve a uma política econômica independente. No primeiro caso, talvez seja logrado o desenvolvimento industrial, mas a hegemonia burguesa, em termos nacionais, terá passado para o museu das ideologias, e, com ela, a ideia de economia independente. No segundo caso, quiçá se alcance o desenvolvimento nacional, mas a burguesia como força político-social pertencerá à história do desenvolvimento social.

NOTAS

1. Ver Cardoso, F. H. *Empresário industrial e desenvolvimento econômico no Brasil.* São Paulo: Difel, 1964; e também idem. Tradition et innovation: la mentalité des entrepreneurs de São Paulo. *Sociologie du Travail*, v. V, n. 3, p. 209-224, jul./set. 1963.
2. Martins, L. *Formulação do empresariado industrial no Brasil.* Rio de Janeiro: Instituto de Ciências Sociais/Universidade Federal do Rio de Janeiro, 1966 (mimeo.).
3. Martins, *op. cit.*, p. 18.
4. Sobre este assunto ver trabalhos anteriores nos quais procuramos desenvolver este ponto de vista a partir de análises concretas de situações, como o livro já citado *Empresário industrial e desenvolvimento econômico no Brasil*, e também *Las elites empresariales en América Latina.* Santiago: ILPES, 1966 (mimeo.).
5. Martins, *op. cit.*, p. 31.
6. Para fundamento dessas conclusões, ver Martins, *op. cit.*, p. 26, e Cardoso, F.H. *Las elites empresariales en América Latina.* Neste último trabalho se mostram as coincidências de interesse entre setores agrofinanceiro-exportadores e os setores vinculados ao mercado interno, no período inicial do processo da industrialização.
7. Os estudos da Comissão Econômica para a América Latina e o Caribe (Cepal) indicam que, cumpridos certos requisitos no setor de equipamentos básicos, a indústria brasileira poderia atender a 86% do equipamento elétrico necessário para o período 1961-1971; 90% da celulose e papel; 64% no ramo petrolífero e petroquímico; 77% no do aço entre 1966-1970; 62% no do cimento; e 70% de todas as máquinas--ferramentas necessárias para o ano de 1970.
8. Referimos à investigação dirigida por Mauricio Vinhas de Queiroz sobre os grandes grupos econômicos, cujos resultados preliminares foram publicados na *Revista do*

A CONSTRUÇÃO DA DEMOCRACIA

Instituto de Ciências Sociais, v. II, n. 1, 1965. Neste número da revista encontram-se os seguintes trabalhos que analisam resultados dessa investigação: Vinhas de Queiroz, M. "Os grupos multibilionários", p.47-78; Martins, L. "Os grupos bilionários nacionais", p.79-116; e Pessoa de Queiroz, J. "Os grupos bilionários estrangeiros", p.117-186.

9. Por "grupo econômico" os autores consideram "todo conjunto estável e relativamente poderoso de firmas, interligado pelo capital e poder de decisão de dirigentes comuns". Vinhas de Queiroz, M. *op. cit.*, p. 44.
10. Pessoa de Queiroz, J.A. *op.cit.*, p. 184. O estudo dos grupos bilionários estrangeiros foi feito com base em 19 grupos estrangeiros extraídos da amostra dos grupos bilionários; esta englobou 83 grupos escolhidos aleatoriamente de um universo de 227 unidades.
11. Sobre este problema, *ver* Dos Santos, T. *Gran empresa y capital extranjero*. Santiago: Universidad de Chile, Facultad de Ciencias Económicas, Centro de Estudos Socioeconômicos, 1966 (mimeo.).
12. Por estrangeiros, os autores da pesquisa consideraram os grupos controlados por interesses situados fora do País, ou seja, cujo centro de decisões se situa no exterior.
13. Vinhas de Queiroz, *op. cit.*, p. 62. Por "especialização", o autor entende a existência de forte integração tecnológica ou funcional entre as várias empresas do grupo e no interior das mesmas.
14. Não apresentamos aqui, por não ser diretamente relevante no contexto deste capítulo, os dados contidos na pesquisa que nos serviu de fonte sobre a origem do capital estrangeiro (entre os multibilionários estrangeiros, mais da metade ou são americanos ou possuem larga participação do capital americano, perfazendo 30% do total dos grupos multibilionários; de igual modo, quase metade dos grupos bilionários eram americanos) e sobre as preferências setoriais das empresas estrangeiras. Quanto a este ponto, somando-se os grupos multibilionários, verifica-se que os americanos preferem os bens de consumo durável, os ingleses, os de consumo não durável, e os alemães, a mecânica pesada.
15. O estudo em questão se intitula "Concentração do poder econômico", *Desenvolvimento & Conjuntura*, v. V, n. 5, p. 7-23, maio 1961. Em 1960, ano tomado em conta por *Desenvolvimento & Conjuntura*, a taxa média oficial do dólar correspondia a 100 cruzeiros, e a cotação no mercado livre alcançava 199,26 cruzeiros. No primeiro semestre de 1962, época em que se avaliou o capital dos grupos considerados na pesquisa do ICS, o dólar valia no mercado livre 475 cruzeiros.
16. Cf. também Dos Santos, T. *op. cit.* Neste estudo se salienta que nos sete primeiros lugares as empresas ou eram estatais ou grupos privados nacionais, com exceção de uma. Provavelmente a classificação atual indicaria uma mudança, porque as empresas alinhadas imediatamente abaixo eram estrangeiras e ligadas ao setor automotor, que cresceu muito nos últimos anos.

17. Tabela extraída de Baer, W. *A industrialização e o desenvolvimento econômico do Brasil*. Rio de Janeiro: Fundação Getulio Vargas, 1966.
18. Baer, W., *op. cit.*, p. 101.
19. Sobre este ponto, ver o quadro reproduzido por Baer, *op. cit.*, p. 104, pela qual se evidencia que os lucros retidos variaram entre um mínimo de 29% de poupança líquida em 1950 a uma máxima de 60% em 1960. Evidentemente, a expressão "transferência de recursos dos consumidores" é um eufemismo, pois o saldo esteve representado por "poupanças do público" – ao reter maior volume de papel-moeda – e por depósitos a prazo nos bancos comerciais e caixas econômicas, bem como pelas reservas das companhias de seguros e capitalização (p. 106). Por meio de empréstimos e da inflação, este saldo foi apropriado pelos setores público e privado.
20. Quadro extraído de Baer, W., *op. cit.*, p. 103.
21. A afirmação de que a acumulação se deu por meio de recursos internos deve ser explicitada para alcançar sua delimitação adequada. Assim, "nos fins da década de 1950, nos primeiros anos da de 1960, foi cada vez maior a influência da poupança externa no financiamento das inversões" (p. 106). Porém, apesar de que entre 1947 e 1960 apenas uma vez as poupanças de origem externa ultrapassaram 15% do total do capital formado anualmente, e elas se dirigiram (como os dados qualitativos sobre a composição dos grupos econômicos a que fizemos referência anteriormente indicam) para "áreas estratégicas" para o crescimento econômico. Por outro lado, a taxa relativamente pequena de capital novo de origem externa não significa que os grupos estrangeiros tenham deixado de acumular. Ao contrário, quando se analisam estes dados com as informações anteriores sobre a expansão dos grupos econômicos estrangeiros, se evidencia que estes *canalizaram* renda alheia.
22. Ver Baer, W., *op. cit.*, p. 104-106.
23. Ver análise de Cardoso, F.H. e Reyna, J.L. *Industrialización, estrutura ocupacional y estratificación social em América Latina*. Santiago: ILPES, 1966.
24. Baer, W., *op. cit.*, p. 121.
25. Conforme Cardoso, F.H. e Reyna, J.L., *op. cit.*, pp. 20-1. Este aumento, apesar da estabilidade proporcional do setor secundário, se explica pela diminuição das atividades artesanais, em benefício das indústrias, pela expansão em termos absolutos da população economicamente ativa.
26. Weffort, F. *Participación económica y participación social (datos para un análisis)*. Santiago: ILPES, 1967.
27. Weffort, F., *idem*, p. 24.
28. O suprarreferido estudo de Weffort comprova a afirmação em sua primeira parte. Ver p. 25.
29. Baer, W., *op. cit.*, p. 125. Convém tomar em consideração que as peculiaridades do sindicalismo brasileiro e do movimento operário no contexto político-social do País tornam viável o relacionamento *sui generis* de "participação" e "repulsão" na aliança

desenvolvimentista. Neste sentido, é esclarecedora a análise contida em Martins Rodrigues, L. *Conflitos industriais e sindicalismo no Brasil*. São Paulo: Difel, 1966, especialmente p. 175-202.

30. Essas poderiam ser definidas, provisoriamente e por exclusão, como a parte da população urbana que não encontra regularmente inserção no sistema urbano de ocupações estáveis.

31. Obviamente, na linguagem "desenvolvimentista-entreguista" será chamada de empresa tradicional, amiúde, a empresa não monopolística controlada nacionalmente, pois os grupos empresariais nacionais são deslocados no processo de acumulação rápida para os setores de mais baixa produtividade média, embora tecnicamente nem sempre essas empresas possam ser consideradas "tradicionais".

32. Obviamente, na linguagem "desenvolvimentista-entreguista" será chamada de empresa tradicional, amiúde, a empresa não monopolística controlada nacionalmente, pois os grupos empresariais nacionais são deslocados no processo de acumulação rápida para os setores de mais baixa produtividade média, embora tecnicamente nem sempre essas empresas possam ser consideradas "tradicionais".

CAPÍTULO V   O modelo político brasileiro*

---

* Texto originalmente apresentado em seminário na Universidade de Yale em 21 de abril de 1971.

Quase todos, vencidos ou vencedores, se surpreenderam com a forma como se deu a ruptura do sistema político brasileiro em 1964 e com o tipo de regime que se implantou subsequentemente. Não me refiro apenas à falta de resistência do nacional-populismo e à rapidez de sua desagregação, mas à natureza e expansão tanto da intervenção militar quanto de suas consequências políticas.

Inicialmente, a discussão sobre o caráter do movimento de 1964 limitou-se à disputa retórica em torno da questão "golpe ou revolução"? Os que desfecharam o golpe alegavam a qualidade revolucionária da instauração do novo governo (embora não se referissem de início a um novo regime) dizendo que a base social do movimento militar fora ampla, como as passeatas que antecederam a revolta militar demonstraram. Nelas se vira uma impressionante mobilização da classe média acomodada e dos setores politicamente ativos do empresariado e da oligarquia agrária. Os perdedores não acreditavam na argumentação, alegando que apesar da mobilização urbana em favor do golpe, ele fora desfechado quando o apoio das massas ao presidente Goulart estava aumentando. Portanto, as passeatas e a mobilização política contra o governo tinham mais o caráter de uma contraofensiva política do que de um movimento revolucionário.

Em termos objetivos, pareceria especioso indagar se houve um "golpe de Estado" ou uma "revolução". Formalmente, não cabe dúvidas, houve uma intervenção dos militares que interrompeu a vigência de um governo constitucionalmente estabelecido. Substantivamente, essa intervenção se deu no momento em que eram postas em prática pelo governo medidas políticas de "mobilização de massas"; demagógicas ou não – pouco importa no momento –, em torno de alguns dos objetivos do regime nacional-populista: reforma agrária, ampliação da sindicalização, redistributivismo, regulamentação do capital estrangeiro, crescente estatização etc. A intervenção militar teve, neste sentido, o caráter de um movimento de contenção. Economicamente, parecia claro que o governo caminhava progressivamente para um impasse, com a inflação galopando, a taxa de crescimento econômico diminuindo, dificuldades crescentes com a balança de pagamento, e assim por diante. Por esses motivos, o movimento de 1964 procurou legitimar-se como restaurador da economia e como um movimento favorável à definição de um padrão de desenvolvimento baseado na livre empresa, contra o estatismo econômico que se atribuía ao governo deposto.[1]

Essa caracterização do movimento de 1964 não abrange, entretanto, suas consequências políticas e sociais, nem permite compreender a natureza do regime que com ele se implantou.

Um dos mais argutos observadores estrangeiros da história política recente, Phillipe Schmitter, qualificou o golpe de 1964 como um "movimento restaurador". Indubitavelmente, no plano social e no plano econômico ele teve inicialmente este caráter. Terá sido assim também no plano político? Está claro que a ninguém (e menos ainda àqueles que deram o golpe) ocorria pensar que 1964 significou uma revolução, na acepção corrente da palavra, isto é, uma modificação nas bases do poder de tal modo que camadas sociais e economicamente antes dominadas tivessem passado, depois de 1964, a dispor de maior poder de decisão. Entretanto, essa ressalva não desqualifica a indagação sobre a natureza política do movimento de 1964. Quem teve seu poder aumentado? A oligarquia agrária? A burguesia? Que setor dela? Os militares na condição de "grupo funcional"? O conjunto das Forças Armadas ou algum setor em particular? Os representantes do "capital estrangeiro"? Quais? Os americanos, especialmente, dado o papel comparativamente importante das companhias e do governo americano nos dias decisivos de março e abril de 1964?

Por outro lado, é preciso indagar, quaisquer que tenham sido os grupos que prevaleceram depois do golpe, sobre a natureza e o alcance do regime que se instaurou: a intervenção das Forças Armadas terá sido (ou será) uma ação simplesmente corretora do processo político? Os militares voltarão aos quartéis depois de "restaurada a democracia", deixando em funcionamento o jogo dos partidos, ou a intervenção militar acabará por se constituir numa etapa de transição para formar um regime autoritário estável que, embora venha a ser presidido por um civil e exiba partidos em funcionamento, não se apoiará neles?

Há quem veja na continuidade dos sete anos de controle militar, na existência embrionária de uma doutrina política de Estado e na prática da violência, bem como em outros traços do mesmo tipo que ocorrem no regime atual, o renascimento do fascismo. Outros acreditam que todos são episódios passageiros, e que a intenção democrática dos "revolucionários históricos" de 1964 prevalecerá. Neste caso, o ressurgimento da democracia será uma questão de tempo.

A variabilidade das respostas comumente dadas a essas questões deriva, de um lado, de interesses muito concretos: uns defendem o regime, outros o criticam, seja porque fazem opções políticas definidas, seja porque têm interesses em jogo. Mas, por outro, essa variabilidade deriva também da dificuldade em conceituar processos sociais de tipo novo.

Ao dizer isso, adianto algumas conclusões deste trabalho: creio que o regime que terminou por se instaurar não teve o caráter de uma volta ao passado, como pensam alguns analistas que insistem na continuidade da história contemporânea brasileira desde 1930, com o interregno de 1945-1964. Pelo contrário, ele expressa uma rearticulação política que se baseia em alterações no modelo social e econômico de desenvolvimento que prevalecia anteriormente. Neste sentido, não fosse para evitar a confusão semântica e a manipulação política óbvia que ela permite, seria mais correto dizer que o golpe de 1964 acabou por ter consequências "revolucionárias" no plano econômico.

Antes de mostrar que tipo de transformação foi essa, convém esclarecer que, apesar dos traços comuns que o movimento de 1964 e o regime militar atual têm com respeito a formas anteriores de autoritarismo havidas no Brasil (para não mencionar as relações com outros tipos de regime forte da América Latina e de outras regiões), não me parece que se possa explicar a situação atual em termos de uma continuidade histórica. Por certo, o regime e sua ideologia, na medida em que são autoritários e que veem no Estado centralizador e na burocracia os instrumentos básicos da "formação da nacionalidade", aproximam-se da organização política e das ideias que prevaleceram durante o Estado Novo. Nisto têm razão historiadores, como Skidmore, que veem no período 1945-1964 o desvio de uma tendência contínua. Entretanto, é mais importante sublinhar que, além dos elementos básicos da cultura política brasileira e do tipo de autoritarismo que lhe corresponde, existem diferenças importantes na caracterização atual do regime autoritário do Brasil.[2]

Que mudanças foram essas?

Em termos gerais, houve uma alteração no próprio padrão de desenvolvimento econômico e na correlação de forças que o sustentavam. Por certo, essa alteração deu-se antes de 1964 no que diz respeito ao estilo de desenvolvimento econômico: desde o governo Kubitschek perdera força o modelo de desenvolvimento que, nascido no final dos anos 1930 – com a siderurgia de Volta Redonda, caso se queira um marco –, ganhara forças durante a guerra e se transformara em orientação política relativamente clara durante o segundo governo de Vargas (1950-1954). Com efeito, naquela época o papel do Estado nos investimentos para a construção da indústria de base e em setores pioneiros da produção de bens de consumo durável era decisivo. Mesmo que esse tipo de política econômica tenha sido antes a consequência de contingências práticas do que de uma ideologia nacionalista, seus efeitos sobre o estilo do desenvolvimento econômico eram acentuados: Estado, capital nacional e investimento externo (principalmente por meio do financiamento às obras públicas), nesta ordem, constituíram as molas para o desenvolvimento. Com a política econômica de Kubitschek, de rápida industrialização e de ampliação do consumo industrial de massas (isto é, da classe média urbana), começou a haver uma inflexão no que diz respeito aos grupos que atuavam nas decisões sobre a política econômica, na forma como se dava o investimento, e no seu controle. As bases sociais e políticas sobre as quais assentava o regime populista (seja em sua etapa autoritária, sob o Estado Novo, seja nos períodos democráticos, de Kubitschek, Goulart ou mesmo Jânio Quadros) começavam a deixar de corresponder, em forma variável, aos setores de classe que controlavam as forças produtivas. Acresce a isso que a organização econômica capitalista sofrera também, no plano internacional, modificações acentuadas na última década. Para resumir, as corporações internacionais passaram a diversificar não só os ramos de atividade econômica sob seu controle como a localização das fábricas, deslocando algumas delas para áreas periféricas. Disso derivou maior interdependência na esfera produtiva internacional – visto o sistema econômico mundial do ângulo dos centros de decisão – e uma modificação nas formas de dependência que condicionam os estilos de desenvolvimento dos países que se integram, na periferia, ao capitalismo internacional.

Por certo, a empresa pública, o Estado e os capitalistas locais continuam a existir e a atuar. Mas o eixo hegemônico do sistema de poder e a base dinâmica do sistema produtivo modificaram-se. Neste novo contexto, ganharam importância os grupos sociais que expressam o capitalismo internacional, sejam eles compostos por brasileiros ou por estrangeiros, por empresas brasileiras que se associaram às estrangeiras, ou por estas diretamente. Entretanto, também ganharam influência os setores das Forças Armadas e da tecnocracia que – por serem antipopulistas – estavam excluídos do sistema anterior, mas que, em função de suas afinidades ideológicas e programáticas com o novo eixo de ordenação política e econômica, constituíram-se em peça importante do regime atual: assumiram tanto funções repressivas no plano social quanto modernizadoras no administrativo. Simultaneamente alterou-se a posição relativa na estrutura de poder dos antigos setores dominantes. Perderam prestígio e poder os setores agrários tradicionais que não se redefiniram em função da forma como se dá a nova expansão do mercado e a reorientação da política econômico-financeira. Paralelamente, perderam prestígio e poder os setores da classe média burocrática tradicional e os representantes políticos das classes que sustentavam o antigo regime. Assim, foram marginalizados os líderes sindicais que faziam a mediação entre os trabalhadores e o Estado, bem como os "políticos profissionais" que expressaram no passado, no nível político, as alianças de classe que, depois de terem servido de sustentação à República Velha (1889-1930), refizeram-se para dar viabilidade ao "nacional-populismo".

A hipótese imediata para explicar esta mudança, de força relativa, na posição dos atores políticos principais, e para mostrar a articulação entre as distintas forças sociais, é a de que o processo de acumulação necessitava da prévia desarticulação dos instrumentos de pressão e defesa das classes populares, tarefa que o golpe de 1964, no seu aspecto repressivo, cumpriu imediatamente. A aceitação pela burguesia, no primeiro momento, do aumento de interferência militar para lograr aquele objetivo custou, nos momentos seguintes, a impossibilidade de retomada do controle civil no processo político. Para conter a "pressão de baixo", foram tomadas medidas que implicaram não apenas a liquidação do regime populista, como também da própria expressão política direta da burguesia: o sistema de partidos ficou à margem do sistema de decisões, e as formas de organização e pressão política da classe média e da burguesia, que nunca foram sólidas, passaram a depender de contatos e alianças com os grupos militares e tecnocráticos que ocupavam o Estado. A burguesia perdeu, por isso, pontos de apoio e massa de manobra para fazer valer seus interesses políticos imediatos.

Para caracterizar o modelo político instaurado depois de 1964 é preciso apontar, entretanto, não só as bases sociais e econômicas de sua sustentação, como o mecanismo de poder que o tornou viável. Para isso é de pouca valia saber se os militares eram "de classe média" ou se a burguesia estava "à margem do mecanismo de decisões" porque este estava nas mãos de um grupo funcional composto por militares, tecnocratas etc.[3] Bem como constitui um falso problema insistir em que os protagonistas do golpe de 1964 pertenciam à classe média, e que o aparelho do Estado era controlado por grupos e indivíduos de classe média. Em que sociedade capitalista não é assim? Só por exceção os cargos do Estado, mesmo os de cúpula, são preenchidos diretamente por empresários. A questão não está em saber *quem* ocupa funções no Estado, mas que tipos de políticas podem ser implementados dentro de um quadro estrutural que reflete a relação de forças das classes sociais. Esta relação de forças se expressa, no plano mais geral, pelo que hoje se chama de um "modelo de desenvolvimento".

Entretanto, não há motivos para crer que o modelo de desenvolvimento econômico adotado subordine, de forma imediata, o regime político, tampouco para acreditar, recíproca e simetricamente, que, dado um regime político, seja possível inferir de suas características as políticas econômicas que serão postas em prática. É óbvio que existe uma relação entre economia e sociedade, mas não é menos evidente que houve caminhos políticos variáveis para se chegar ao desenvolvimento capitalista, e para controlar politicamente sociedades baseadas em economias capitalistas, desde a instauração do Parlamento liberal britânico ou a República federativa, burguesa e democrática, americana, até o centralismo autocrático bismarckiano, ou, em outra etapa, o fascismo em distintos países, passando por múltiplas formas de democracia burguesa, de absolutismo monárquico, de ditadura militar etc. Nem é diferente, por outro lado, a história recente do socialismo e de suas múltiplas vias políticas: as tentativas de democracia plebiscitária unidas à autocracia carismática do modelo chinês, os intentos de democratização do regime burocrático (quase todos frustrados) em algumas repúblicas socialistas, a autocracia burocrática stalinista, as tentativas de colegiado burocrático no regime soviético etc.

Não obstante, em algumas explicações do modelo político brasileiro existe um resquício de visão linear nas relações entre a economia e a política, na dupla forma em que essa relação pode ser estabelecida. Por vezes o Estado é concebido quase como o "comitê executivo" da burguesia; daí a suposição de que, uma vez estabelecido por esta um estilo de desenvolvimento dependente e associado, caiba ao Estado definir políticas que supõem a passividade econômica do poder público e que, por isso mesmo, correm o risco de levar o País à estagnação; ao mesmo tempo, a cumplicidade dos interesses com o capitalismo internacional levaria, segundo alguns autores, à implementação de formas de controle político cada vez mais autoritário para manter um estilo de desenvolvimento excludente no que diz respeito à forma de organização econômica.

No polo inverso da linearidade entre economia e política, isto é, quando se privilegia o plano político, existem interpretações que também mecanicamente tomam os "projetos políticos" dos grupos no poder como condicionantes absolutos do processo social, tanto no seu aspecto político quanto no seu aspecto econômico.

Nas duas vertentes desta modalidade de interpretação, a explicação das mudanças ocorridas se faz por intermédio de uma espécie de falácia metodológica que trata intenções subjetivas como se fossem forças sociais reais.

No primeiro caso, diante do "peso das estruturas" explica-se a mudança fazendo intervir forças sociais que não são parte integrante do modelo estrutural proposto. Este é caracterizado como se nele não existissem contradições internas capazes de constituir fontes de atrito e focos de mudança. Assim, suposta a continuidade da ação da burguesia industrial, por exemplo, depois que ela inaugura um estilo de desenvolvimento, ter--se-ia a homogeneidade de seu comportamento e a conformidade quase automática dos subsistemas políticos e institucionais aos desígnios dos setores hegemônicos das classes dominantes. Para que ocorram mudanças, apela-se à intervenção de grupos sociais distintos da burguesia, os quais, sem que o modelo proposto diga por quê, passariam a atuar em direção diversa dos interesses dos empresários. É dessa forma que aparecem no horizonte das possibilidades os grupos "de classe média" aos quais se passa a atribuir a capacidade, não prevista na análise estrutural, de mudar a orientação dos grupos de poder.

É por este caminho que algumas análises políticas de fundamento estruturalista se tornam normativas. Passam a fazer proposições com o intuito de reeducar os "donos do poder" para que eles percebam os "verdadeiros interesses da nação". Uma vez percebidos estes, seria possível, independentemente do que a análise estrutural sugerira, encaminhar a ação política para objetivos diferentes dos que estão sendo cumpridos pelas forças social e economicamente dominantes. Daí também que se procure, neste estilo de análise, mostrar que existe uma oposição real entre os interesses particulares dos "cidadãos armados" na condição de patriotas e de membros da classe média, e os resultados das políticas que sob sua égide estão consolidando os interesses do capitalismo internacionalizado. A consciência desta contradição levaria os detentores do poder a limitar os interesses da base econômica do regime em benefício dos interesses da maioria.

No segundo caso, quando a interpretação do modelo político já parte de uma concepção na qual os projetos de ação política pairam indeterminados sobre a sociedade e a economia, não existe diferença entre a análise e a ideologia proposta para motivar o desenvolvimento político: a própria análise é voluntarista e ideológica.

Vejamos alguns estudos que, a despeito de sua inegável contribuição para a compreensão do processo político brasileiro, padecem de algumas das limitações apontadas anteriormente.

A CONSTRUÇÃO DA DEMOCRACIA

ECONOMIA E POLÍTICA

Celso Furtado,[4] analisando o modelo político brasileiro, viu com discernimento que havia uma peculiaridade naquilo que chamou de Estado Militar: o caráter burocrático que essa forma de dominação assumia no Brasil. Entretanto, pressupunha em sua análise inicial que o Estado Militar buscaria a estabilização social e que a preservação do *status quo* pagaria o preço de um desenvolvimento mais ou menos lento. O modelo econômico adequado a este seria o da diminuição do ritmo de investimento urbano-industrial em benefício da produção agrária. Com este tipo de "expansão horizontal da economia" seria possível absorver mão de obra sem alterar as funções de produção, isto é, sem recurso à tecnologia moderna, e seria possível *ipso facto* conter as pressões sociais.

Furtado tomava em consideração uma tendência ideológica existente: depois do golpe de 1964, o liberalismo tradicional – ao qual se costuma atribuir o caráter de ideologia do setor agrário e da classe média tradicional – parece ter aspirado a este tipo de política econômica. Entretanto, ainda segundo Celso Furtado, não só o controle burocrático do Estado exercido pelo Exército seria pouco apto para atender às pressões de uma sociedade que já atingira um estágio avançado de diferenciação social e de mobilidade entre as classes, como, por esta razão, as classes médias – atores privilegiados da cena política – desenvolveriam três tipos possíveis de reação:

1) luta pela retomada da democracia formal;
2) tentativas, a partir principalmente da juventude, de mobilização das massas, especialmente das rurais, para se contrapor ao Estado Militar;
3) infiltração do estamento militar por ideologias favoráveis ao desenvolvimento "autenticamente nacional", ideologias estas que também encontram base em setores de classe média.

A alternativa de restabelecer um desenvolvimento autenticamente nacional foi elaborada no livro *Um projeto para o Brasil*, sem, entretanto, ganhar apoio entre os setores mais próximos do Estado.

A expectativa de um modelo de "pastorização" parece estar baseada implicitamente no estilo de raciocínio linear a que aludi anteriormente: o Estado Militar executaria uma política em função da base social sobre a qual assenta. No caso brasileiro, Furtado considera implicitamente que esta base é oligárquica por um lado e dependente por outro, pois os setores da burguesia que prevaleceram com o golpe de 1964 são favoráveis a um padrão de desenvolvimento associado ao capitalismo internacional e a ele subordinado. Por isso, a estabilidade social é valorizada e encontra na ruralização seu ponto de equilíbrio. Assim, entre as pressões do setor latifundiário, do capitalismo internacional, dos empresários locais etc., o Estado Militar escolhe a linha de menos resistência, aquela capaz de favorecer ao mesmo tempo as pressões destes setores e a dinâmica estamental militar que necessita preservar a ordem e, dentro dela, a posição hegemônica das Forças Armadas.

Furtado viu com realismo as limitações deste tipo de prognóstico, pois percebeu que o grau de diferenciação econômica e social do País daria maior probabilidade de êxito a modelos mais dinâmicos economicamente e mais flexíveis politicamente. Passou a cogitar, então, das chances da via de desenvolvimento autônomo e menos excludente politicamente. Daí a formulação do seu projeto de desenvolvimento baseado, outra vez, na capacidade que teria o Estado para, sob o impulso da classe média, conter os excessos do capitalismo internacional e apoiar a via nacional de desenvolvimento. Voltava-se assim a um modelo anterior de desenvolvimento – o nacionalista –, com algumas modificações políticas: a nova correlação de forças havia quebrado o outro termo da aliança antiga: o populismo. A política proposta seria, dessa forma, nacionalista e racional, porém não mais populista. Sendo racional (tecnocrática), buscaria algum esquema de redistribuição de renda que fortalecesse e ampliasse o consumo sem acarretar prejuízos à acumulação.

O projeto parece ter se dissipado no horizonte das possibilidades pela falta de combatentes: setores da classe média inseridos no Estado e os empresários nacionais trilharam outros caminhos, como logo veremos, deixando à margem este tipo de política. Este modelo continha mais uma proposição para a ação do que uma análise da situação (embora, como indiquei, estivesse baseado numa caracterização da estrutura social e econômica). Sua ineficácia política indica talvez o anacronismo da versão da ideologia nacional-desenvolvimentista baseada na suposição da existência de uma classe média politicamente capaz de sustentá-la. Nem por isso a análise de Furtado deixa de apontar para uma temática que, noutro contexto, continua presente. O que significa, entretanto, o nacionalismo na presente situação brasileira?

Antes de tentar responder a essa indagação, convém apresentar as ideias de outro analista político que tem uma contribuição importante neste campo e que, como Furtado, explorou as possibilidades da via "autenticamente nacional" do desenvolvimento. Refiro-me a Hélio Jaguaribe.[5] Para este autor, existem três alternativas políticas fundamentais para permitir um processo de desenvolvimento em condições ótimas, e cada uma delas será aplicável operacionalmente segundo as condições específicas de cada país:

1) o "nacional-capitalismo", que supõe uma aliança entre setores progressistas da burguesia nacional, da classe média e do proletariado, sob a liderança neobismarckista do chefe do governo, para a formação de um partido nacional do desenvolvimento;
2) o "capitalismo de Estado", que se efetiva no governo por intermédio de um golpe que dá o controle do poder a setores progressistas das Forças Armadas e da tecnocracia, os quais formam uma espécie de "partido da revolução nacional", utilizando como base o próprio aparelho do Estado;
3) o "socialismo desenvolvimentista", que supõe a conquista do poder por uma elite revolucionária que mobilizará as massas e utilizará formas socialistas de gestão e acumulação.

Programaticamente, parece que Jaguaribe postulava para o Brasil de antes de 1964, em face das condições sociais e políticas aí prevalecentes, o modelo de desenvolvimento "nacional-capitalista". Depois desta data, parece haver se inclinado para o modelo de "capitalismo de Estado" em razão das modificações havidas.

Entretanto, na prática, o modelo político que Jaguaribe vê fortalecer-se é o do "colonial-fascismo". Como Jaguaribe está mais interessado em tornar inviável esta tendência do que em fazer sua exegese, não elaborou analiticamente as probabilidades e requerimentos a ela associados. Ainda assim descreveu algumas de suas características no caso brasileiro.[6] Entre elas, assinala que o colonial-fascismo requer:

1) o fortalecimento do Estado, não mais para garantir maiores condições de interferência na vida econômica, mas para preservar a estabilidade por intermédio da utilização da máxima capacidade de coerção;
2) estreita integração política e econômica do Brasil no sistema ocidental, assim como os Estados Unidos o estão estruturando (satelitização);
3) restabelecimento, sob supervisão estatal, do livre mecanismo de mercado, para assegurar às empresas privadas o controle e a direção integrais da economia.

Com um modelo deste tipo ter-se-ia o desenvolvimento econômico sem modificação da ordem social, assim como teria ocorrido com o fascismo na Itália e na Alemanha. Entretanto, dada a situação de dependência da economia brasileira, a burguesia local, diferentemente da alemã ou da italiana, não teria condições para imprimir o dinamismo requerido pela economia, nem haveria uma relação entre o empresariado e um partido de classe média para assegurar o modelo tipicamente fascista. Daí o designativo de colonial para esta modalidade de fascismo.

No governo Castello Branco, especialmente em função de sua política econômica e da concentração do poder coercitivo do Estado, Jaguaribe via tendências acentuadas na direção da instauração de um modelo colonial-fascista. As condições básicas de seu funcionamento estavam sendo expressamente preparadas pela política do governo. Entretanto, Jaguaribe não pensa que o modelo colonial-fascista possa prevalecer no Brasil. Primeiro porque "o modelo colonial-fascista, após alguns anos, agravaria de tal modo o desequilíbrio entre o crescimento da população e a criação de novos empregos, em todos os níveis de ocupação, que a nova classe dominante cedo seria obrigada a adotar uma espécie de política de *apartheid* para impedir os camponeses de migrar para as cidades e lá formar explosivas massas marginais".[7] Em segundo lugar, porque a "economia dominante" precisa de matérias-primas da economia dependente e não pode dar a esta, em troca, qualquer assistência ou provocar qualquer efeito dinâmico de crescimento se a economia dependente, além do seu setor de exportação, não se desenvolve com um mercado doméstico, uma economia autoconcentrada. O modelo colonial-fascista, entretanto, visa "precisamente a impedir as mudanças sociais que seriam exigidas para o desenvolvimento de uma economia autônoma e endógena".[8]

Como conclusão, Jaguaribe não acredita que o regime militar brasileiro tenha probabilidade de se manter enquanto prevalecer a orientação colonial-fascista que o incapacita para resolver os impasses estruturais referidos anteriormente. Assim, como em longo prazo o regime militar é incompatível com a complexidade do setor urbano-industrial, uma vez diluídos os temores que levaram a burguesia e a classe média a aceitar a política colonial-fascista, haverá provavelmente alterações políticas e socioeconômicas. Neste caso, duas podem ser as alterações: ou bem os militares restituem o poder às forças sociais marginalizadas politicamente e aos partidos políticos, embora alguns militares a eles se afiliem, ou então deverão modificar de maneira essencial o significado do regime.

Inicialmente, em 1967, Jaguaribe acreditava que a primeira hipótese teria mais chance. Atualmente parece inclinar-se para a segunda como a mais provável.[9]

Examinemos mais detidamente os dois esquemas propostos até aqui. Ambos supõem que o modelo de desenvolvimento econômico que está sendo implementado é pouco dinâmico. É o que se pode inferir da tendência à "pastorização" e à estagnação referidas por Celso Furtado e às qualidades que Jaguaribe atribui ao lado colonial do modelo fascista brasileiro, pois para ele as relações atualmente existentes entre colônia e metrópole seguem o padrão de uma economia exportadora de matérias-primas, sendo vistas, portanto, como impeditivas ao desenvolvimento.

Essa avaliação da falta de dinamismo econômico permite deduzir duas consequências. Primeira, que os fiadores do regime, os militares, adotam uma política de estabilização social que pressupõe a estagnação econômica. A correspondência entre a base social do regime – a oligarquia agrária – e sua política econômica levaria a isso, sendo os militares o instrumento desse *fiat*, independentemente da sua política própria de grupo. Segunda, que a alternativa para resolver o impasse é a volta a um padrão de desenvolvimento autenticamente nacional, posto que a falta de dinamismo do sistema deriva de seu caráter dependente. Como a burguesia brasileira, ou seus setores hegemônicos, mostraram-se mais inclinados a um tipo de desenvolvimento dependente-associado, a base social para o projeto de desenvolvimento autônomo teria de ser buscada em outras forças sociais. Entre estas, a classe média é o ator estratégico, e nela alguns grupos funcionais, como setores das próprias Forças Armadas ou a tecnocracia pública, pareceriam ser decisivos. Nas condições brasileiras, seriam estes os atores adequados para levar adiante um processo de desenvolvimento autenticamente nacional.

Neste passo, pergunto: um esquema deste tipo está assentado na análise de tendências efetivamente existentes, ou se inspira (ao mesmo tempo, ou principalmente) num modelo normativo?

Com efeito, a análise mostraria outra tendência como de resto os próprios autores citados anteriormente reconhecem: o padrão de desenvolvimento dependente-associado não é desprovido de dinamismo, não está baseado na ruralização com prejuízo da industrialização, nem leva à intensificação de uma simples relação entre países exportadores de matérias-primas e importadores de produtos manufaturados.

Ao contrário, a característica da relação de dependência que está sendo implantada em países como o Brasil, a Argentina ou o México é a de que ela se baseia numa *nova divisão internacional do trabalho*, pela qual parte do sistema industrial dos países hegemônicos é transferida, sob controle das corporações internacionais, para as economias periféricas que lograram alcançar previamente certo avanço no desenvolvimento industrial. Em outros trabalhos tenho me referido a este processo como sendo de "internacionalização do mercado",[10] em contraposição à etapa anterior de uma industrialização substitutiva de importações controlada em parte pela burguesia nacional e pelo Estado. Está claro que tanto Celso Furtado quanto Jaguaribe têm presente este processo e o analisam. Não tiraram, todavia, todas as consequências desse padrão de desenvolvimento quando definiram os atores privilegiados pela cena política e as políticas alternativas que poderiam implementar.

O modelo de desenvolvimento dependente que está sendo posto em prática permite dinamismo, crescimento econômico e mesmo mobilidade social, pelo menos no setor urbano-industrial da sociedade. É certo que ele provoca atrito entre as classes, é provavelmente "marginalizador", e seus efeitos não impedem as desigualdades: concentra rendas e aumenta a miséria relativa. Tudo isto leva água à crítica do sistema. Mas esta crítica será específica a este sistema particular, que tem uma expressão política burocrático-repressiva, como adiante se verá, ou à forma capitalista de acumulação e desenvolvimento? Por certo, haveria outras vias, capitalistas, para o desenvolvimento (e é neste sentido que se fundamentam as políticas propostas pelos autores a que fizemos referência). Elas provocariam, em graus distintos, e atingindo grupos sociais diversos, efeitos conflitivos. Tecnicamente seria possível imaginar vias mais igualitárias para o desenvolvimento, e quiçá menos "marginalizadoras". Mas, politicamente, nas condições atuais, que forças sociais implementariam o modelo alternativo? A análise dos autores aqui indicados mostra que suas esperanças para implantar um modelo de desenvolvimento autenticamente nacional deslocaram-se da burguesia para a classe média, e em especial para a ação dos militares. Como se implementaria um modelo capitalista sem os capitalistas, ou tendo-os a reboque de forças nacionalistas que sabem, de antemão, que não podem contar com a burguesia? Pela via de uma revolução da classe média?

Essas reflexões não visam responder mecanicamente às dúvidas que o processo histórico coloca à intelectualidade brasileira. Não penso que 1964 estivesse inscrito inexoravelmente na lógica econômica da História. Antes penso que o processo político joga um papel ativo na definição do curso dos acontecimentos. Ou seja: se é certo que a inflação, o acerbamento da luta de classes, a dificuldade de manter o ritmo de expansão capitalista nas condições socioeconômicas prevalecentes durante o governo Goulart radicalizaram as forças políticas e moveram as bases institucionais do regime, o movimento insurrecional foi uma das saídas possíveis e não a única, como se interpretaria a partir de uma visão economicista da história. Entretanto, depois que, politicamente, as alianças de classe se deslocaram para implementar um dado modelo de desenvolvimento, as alternativas para ele têm que ser buscadas no nível das forças sociais existentes, as que defendem e as que real ou potencialmente negam o *status quo*.

Neste sentido, e deixando de lado perguntas demasiadamente gerais, parece claro que, a partir da situação política criada em 1964, as pressões dos grupos de classe média anteriormente referidos, antes de se dirigirem para a implantação de um "capitalismo sem capitalistas", têm ido noutro sentido. Suas questões práticas endereçam-se a saber se é possível um desenvolvimento associado baseado no dinamismo da empresa privada, tanto estrangeira quanto nacional, que divida áreas de atuação com o Estado e permita a inserção dos setores mais qualificados da classe média no sistema de decisões.

É evidente que não foi este o ponto de partida de 1964. O "projeto" do governo Castello Branco era, com reservas, política e economicamente "liberal", dentro das condições em que o liberalismo opera nos países subdesenvolvidos: Executivo forte, representação partidária expurgada (para evitar riscos de pressões da esquerda), economia de mercado com forte regulamentação estatal, fortalecimento da empresa privada, abertura da economia nacional ao capitalismo internacional. Não estavam previstos no modelo nem a modernização burocrática do Estado, nem o crescimento acentuado que teve o setor público da economia. Antes, esperava-se um aporte maciço de capitais estrangeiros, que não ocorreu durante o governo Castello Branco, e politicamente tanto havia apego às formas democráticas restauradas, isto é, sem populismo (a famosa questão do respeito ao calendário eleitoral, ainda que com riscos limitados para o regime, exemplifica isso), quanto se previa menor peso corporativo do Exército nas decisões políticas, em benefício dos partidos, e, portanto, dos setores da burguesia que a eles estavam acoplados.

Não foi um modelo deste tipo, entretanto, que as Forças Armadas implementaram: assumiram, como objetivo político, é certo, o reforçamento do Executivo, previsto pelo projeto político governamental, mas puseram-no sob seu controle direto: modificaram, por exemplo, o modo de funcionamento da casa militar e da casa civil da Presidência da República, aumentaram o controle do Conselho de Segurança Nacional e, dentro dele, da Secretaria Geral, criando o Serviço Nacional de Informações, estabeleceram setores de segurança nacional nos ministérios e autarquias, em suma, ligaram mais e mais os órgãos de planejamento e controle do Executivo aos das Forças Armadas e especialmente ao Estado-Maior. Passaram também a sustentar políticas com objetivo de controlar certas áreas econômicas e de manter o crescimento econômico. Com isto, tornaram possível a dinamização do modelo de desenvolvimento industrial-dependente, definindo como suas – porque justificadas pela política de segurança nacional – as metas de intensificar a centralização administrativa e de paralisar o protesto social; ajudaram a tornar o aparelho estatal mais eficaz administrativamente e, ao mesmo tempo, mais repressor. O desmantelamento das organizações de classe dos assalariados e a "tranquilidade política" obtida com a repressão facilitaram, naturalmente, a retomada do desenvolvimento, isto é, a acumulação capitalista em escala ampliada.

Estabilidade social com dinamismo econômico seria a expressão para resumir o estilo de política adotado. Ainda assim é preciso qualificar melhor o que se entende, neste contexto, por estabilidade: trata-se da manutenção de um padrão de organização social (a sociedade de classes) dentro do qual, entretanto, a mobilidade não somente é possível como ideologicamente estimulada, à condição de que não exista um processo político de mobilização que ponha em risco o sistema. Trata-se, pois, de um conservantismo moderno, que, no plano ideológico, quer manter socialmente aberta uma sociedade politicamente fechada que se baseia no dinamismo da empresa capitalista, pública ou privada.[11]

É isto que explica, possivelmente, a relação entre os atores políticos principais (os militares e, em grau de subordinação, a burocracia tecnocrática), investidos de tanto poder para implementar, no fundo, uma política econômica que atenda aos interesses da burguesia internacionalizada, mas deixando-a à margem do sistema político formal. Explica, ao mesmo tempo, a apatia complacente das classes médias urbanas, para não mencionar a quase euforia adesista dos setores desta que veem uma chance de se incorporar, pela empresa privada, pela empresa pública ou por intermédio do próprio Estado, ao carro desenvolvimentista. Houve uma base de acordo possível entre o Estado e a burguesia. Esta abriu mão momentaneamente de parte dos controles políticos tradicionais (o sistema de partidos, as eleições etc.) e dos instrumentos de definição de símbolos e de difusão ideológica (a liberdade de imprensa, o *habeas corpus*, o pluralismo doutrinário, a educação liberal) que passaram a responder mais diretamente às pressões do Estado e ao controle militar. Além disso, a sociedade civil cedeu terreno ao Estado na regulamentação da vida econômica.

Por outro lado, os militares assumiram implicitamente os interesses econômicos do empresariado como se eles fossem os da nação, e definiram áreas, de maior ou menor influência, que passaram a ser preferenciais para a ação da empresa privada. O dinamismo econômico do sistema assim estruturado abriu perspectivas favoráveis à absorção dos grupos e camadas mais modernas das classes médias que, por seus interesses ou propósitos, estivessem ligados à burguesia.

Não fosse assim, de fato o Estado seria, sem rebuços, o "comitê executivo da burguesia" (neste caso, do capitalismo internacional), e os militares seriam o braço armado da oligarquia. Se isso fosse verdadeiro, tornaria simples as análises políticas e transformaria o processo social num contínuo não contraditório ou, pelo menos, no qual as contradições existentes reduzir-se-iam apenas àquela que inclui, de um lado, as classes dominantes, alinhadas harmonicamente sob a égide do Estado, e, de outro, as classes dominadas, excluídas do Estado e quase expulsas da sociedade civil. Entretanto, o que permitiu a estabilidade relativa na aliança entre militares, burguesia e classes médias foi a formulação de um modelo de desenvolvimento e um regime político que, sem eliminar as contradições entre estas diversas facções que, claro está, não eram antagônicas, tornaram-nas compatíveis frente à ameaça de uma política favorável às classes populares.

Até que ponto se justifica, nestas condições, falar em processo revolucionário ou em consequências revolucionárias do golpe de 1964? Não seria mais aplicável a expressão "contrarrevolução" vitoriosa?

A resposta foge à simplicidade quando não se trata de pura questão semântica. Efetivamente, o movimento de 1964, em si mesmo e nos seus desdobramentos, buscou e conseguiu consolidar a ordem social por intermédio da repressão. Neste sentido, teve consequências claramente reacionárias. Terá sido integralmente contrarrevolucionário? Alguns dos seus protagonistas creem que sim, na medida em que consideram o regime anterior como tendo conotações revolucionárias. De fato, havia, especialmente entre 1963 e março de 1964, uma conjuntura que poderia ser qualificada de pré-revolucionária: o Estado se decompunha parcialmente, e a mobilização social e política talvez superasse os mecanismos de integração de que a ordem política dispunha. Dificilmente, entretanto, essa conjuntura poderia ter resultado numa revolução pela falta dos instrumentos adequados para isso: metas claras, uma política não oportunista por parte dos grupos de esquerda que predominavam na situação, em suma, organizações capazes de aproveitar para seus objetivos a decomposição do Estado. E, principalmente, a "aliança populista", para vincular as massas, os grupos de classe média e a burguesia, baseava-se em setores do próprio Estado que se ligavam, pela teia de relações políticas que mantinham e pelos interesses que sustentavam, a uma base econômica não só intrinsecamente não revolucionária, posto que proprietária, como atrasada. Tinha como um de seus suportes estruturais, além disso, a não incorporação política e a superexploração econômica da população rural, processo que permitia a sustentação do regime por intermédio de alianças com os partidos conservadores clientelísticos, como o PSD.

O golpe de 1964 deslocou o setor nacional-burguês e o grupo estatista-desenvolvimentista da posição hegemônica que mantinham em proveito do setor mais internacionalizado da burguesia, mais dinâmico e mais "moderno", porque partes integrantes do sistema produtivo do capitalismo internacional. A política econômica e, tanto quanto ela, a reforma da administração e do aparelho do Estado potenciaram as forças produtivas do "capitalismo contemporâneo". A economia integrou-se mais profundamente ao sistema capitalista internacional de produção, ou seja, a relação entre os centros hegemônicos e a economia dependente passou a dar-se dentro do contexto atual da economia capitalista mundial que não exclui a possibilidade do desenvolvimento industrial e financeiro nas economias periféricas. A acumulação urbano-industrial, que vinha crescendo desde o período de Kubitschek, passou a preponderar no desenvolvimento do capitalismo no Brasil.

Por certo, a exploração de matérias-primas ou de produtos agrícolas continua desempenhando um papel economicamente importante. Mesmo neste caso, entretanto, ocorrem modificações: passam a se articular formas de exploração associada entre os monopólios internacionais e as empresas locais. Neste esquema de associação não estão excluídas as empresas públicas, como exemplificam os consórcios mineradores de ferro e manganês. De igual modo, persistem outras características de subordinação, como o endividamento externo e a dependência tecnológica, além de intensificar-se o controle do setor industrial privado por empresas estrangeiras. Não obstante, o papel do mercado interno será importante *para as próprias empresas estrangeiras*. Por outro lado, a política de exportações visando a diversificar a pauta de intercâmbio diminui o peso relativo dos produtos primários tradicionais (produzidos quase exclusivamente por empresários locais) em benefício da produção industrial ou de minérios semi-industrializados que expressam o novo tipo de associação.

Quanto às empresas públicas, passaram a funcionar crescentemente no novo modelo como sociedades anônimas, nos mesmos moldes, com a mesma liberdade – por fim, com os mesmos resultados – das empresas privadas. O papel da Petrobras na constituição da indústria petroquímica é indicativo deste processo: funciona em associação com empresas internacionais e locais atuando como empresa líder no consórcio. Com isso, diminuiu a oposição entre empresas públicas e privadas e deu-se, politicamente, a aliança entre grupos funcionais, "de classe média" – os militares, a tecnocracia, os burocratas –, ainda que de tendências nacionalistas, e os grupos que representam ou constituem a burguesia internacional e a burguesia nacional-internacionalizada.

Que sentido há, diante deste quadro, em reviver o ideal da nação baseado no pressuposto econômico de um setor empresarial local ativo e de um Estado a ele ligado, que faça uma ponte com a massa popular? Não terão ruído as bases econômicas (a empresa estatal autônoma e a empresa privada nacional independente) de tal projeto? Não será um anacronismo continuar pensando a empresa pública como germe daquele modelo? Como poderão atuar os referidos setores nacionalistas da classe média? Se não quiserem limitar-se a sustentar uma ideologia que não aponta caminhos práticos para sua implementação, eles serão obrigados a redefinir radicalmente o conteúdo do nacionalismo, ao ponto de não ser possível compreender, à luz do vocabulário político anterior a 1964, o que se entende hoje por nacionalismo.

A CONSTRUÇÃO DA DEMOCRACIA

É neste sentido limitado de uma "revolução econômica burguesa" que se pode pensar nas consequências revolucionárias do movimento politicamente reacionário de 1964. Ele pôs a burguesia nacional em compasso com o desenvolvimento do capitalismo internacional e subordinou a economia nacional a formas mais modernas de dominação econômica. Nesse sentido, modernizou a máquina estatal e lançou as bases para a implementação de um setor público da economia, que passou a se integrar no contexto do capitalismo internacional.

Por certo, os que acreditam que a burguesia nacional dos países dependentes pode realizar uma revolução burguesa nos mesmos moldes da Revolução Francesa ou da Revolução Americana mostrarão os "entraves estruturais" que permanecem e que limitam o alcance das transformações econômicas havidas no Brasil. Eu não penso, entretanto, que a burguesia local, fruto de um capitalismo dependente, possa realizar uma revolução econômica no sentido forte do conceito, a sua "revolução" consiste em integrar-se no capitalismo internacional como associada e dependente. Lutando, naturalmente, para obter o máximo de proveito possível. Mas limitada por um processo objetivo: a acumulação capitalista nas economias dependentes não se completa. Ou seja, a "carência de tecnologia própria" – tal como este processo é percebido vulgarmente – e a utilização de uma tecnologia importada (*capital-intensive*, com todas as suas consequências) indicam apenas que o capitalismo dependente é capenga: não desenvolveu um setor avançado de produção de bens de capital. A acumulação, expansão e realização do capital do setor produtivo requerem seu complemento dinâmico, e delas depende a inserção no capitalismo internacional. Este desenvolve efetivamente o setor de produção de bens de produção que permite a expansão do setor de produção de bens de consumo (ainda que duráveis) dos países dependentes.

Foi essa revolução limitada de uma economia capitalista dependente que o golpe de 1964 veio a facilitar, na medida em que reprimiu as classes trabalhadoras, conteve os salários, ampliou os canais de acumulação e, ao mesmo tempo, pôs de lado – mesmo que o processo não seja definitivo – os empecilhos ideológicos e organizacionais que dificultavam a definição da política de associação entre o Estado, as empresas nacionais e os trustes internacionais.

REVOLUÇÃO E INSTITUCIONALIZAÇÃO: AS QUESTÕES POLÍTICAS

A existência de uma base econômica para um novo acordo político entre as classes não elimina, contudo, o atrito político entre os grupos no poder, muito menos a existência de forças de oposição.

Ainda uma vez, entretanto, as análises políticas mais ambiciosas do regime vigente no Brasil pecaram por uma visão linear dos acontecimentos. Quando não, os modelos políticos construídos parecem estar tão rentes aos acontecimentos que se desmancham com a mesma rapidez com que os zigue-zagues da política vão destruindo os projetos que os grupos de poder elaboram. Estes zigue-zagues, não obstante, dão margem à formação de estruturas de poder que, se não foram previstas nem desejadas pelos atores políticos, alguma relação devem guardar com as forças políticas existentes.

Sendo assim, mais do que perguntar quais foram as estratégias e os projetos dos governos, é necessário identificar as forças políticas existentes, delimitar o marco em que operam, e avaliar o resultado de sua atuação. Antes de tentar indicar estas tendências, farei, como na seção anterior, um sumário crítico das interpretações teóricas de Cândido Mendes de Almeida e Roberto Campos, autores cuja contribuição sobressai na análise política recente.

Cândido Mendes, sendo possivelmente quem mais elaborou a respeito dos modelos de desenvolvimento político vigentes no Brasil, viu-se na contingência de quase refazer seu esquema explicativo a cada mudança de governo por ter tentado captar, mediante interpretações *ad hoc*, a variedade das manifestações políticas do regime.

Assim, sob o governo de Castello Branco, Cândido Mendes viu o nascimento de um "modelo paradigmático" de elite de poder.[12] Esta elite, formada pela Escola Superior de Guerra (que prepara tanto militares quanto civis), era homogênea, cônscia de sua responsabilidade histórica, e dispunha de uma ideologia política eficaz, baseada na "Doutrina de Segurança Nacional". Elaborou e começou a implementar um projeto de desenvolvimento nacional que, nas condições de um regime autocrático, mas modernizante, implicava reformas sociais e econômicas consistentes. O modelo de elite de poder, na versão castelista, teria sido capaz, ainda, de evitar o desbordamento de poder pessoal, na medida em que o presidente preservou a margem máxima de poder coercitivo, mas utilizou-se dele mais como um fator de ameaça potencial do que de ação efetiva. Com isso foi possível evitar a formalização de uma ditadura.

Entre as características do regime de elite de poder no governo Castello Branco, segundo Cândido Mendes, é preciso destacar tanto sua negativa à aplicação do compromisso político pela incorporação de novos grupos na aliança de poder, com o propósito de evitar que se desfigurasse o caráter exemplar do círculo restrito dos que tinham acesso ao mando, quanto a recusa da busca de uma legitimação consensual, que poderia ser tentada pela utilização de símbolos dotados de forte poder mobilizador.

Dessa forma, o governo Castello Branco foi uma variante do regime de elite de poder que pretendeu instituir um governo democrático e tecnicamente reformado por meio de uma estratégia de implantação de reformas econômicas e políticas. Para isso, a elite militar se aliou à elite tecnocrática, o que, no dizer de Cândido Mendes, "permitiu ao castelismo situar o grupo dirigente [...] à margem de qualquer determinação objetiva, de classe ou outro denominador social, para seu acesso ao nível de decisão nacional".[13] Em trabalho anterior, Cândido Mendes havia caracterizado mais realisticamente o governo Castello Branco, chamando a atenção para o fato de que, além da existência dessa elite de poder tecnocrático-militar, o regime tinha como uma de suas características a de que o Exército, principalmente depois da candidatura Costa e Silva, passara a atuar ostensivamente nas decisões nacionais e que, por outro lado, o modelo político poderia ser "caracterizado como uma 'tecnocracia' na forma de um novo Estado autoritário, que forneceria as condições institucionais para a realização do planejamento econômico do País, estabelecido em bases de um centralismo externo".[14]

O modelo de "elite de poder" sofreu percalços com a subida do governo Costa e Silva. Cândido Mendes reinterpretou-o. Por certo, a eleição de Costa e Silva estava inscrita como "inevitável, na lógica do sistema estabelecido no País",[15] e legitimava a dinâmica natural do regime, na medida em que a candidatura Costa e Silva "se identificava com a conquista e a consolidação do estrato militar da vida nacional como um estamento restaurador e fortalecido, disposto a assumir uma função competitiva e polar no exercício das competências de poder em que se constituiu o atual Estado brasileiro".[16] Isto porque "independentemente de colocação programática e assumindo, mesmo do ponto de vista técnico, o feitio populista pela representatividade rigorosamente objetiva de um estrato dado da vida nacional, isto é, o Exército, esta candidatura não terá dificuldade alguma em se colocar, formalmente, na sequência anterior, neste elemento formal abrangendo, inclusive, o compromisso com a continuação dos modelos econômicos do governo Castello Branco".[17]

Apesar das óbvias dificuldades para conciliar o governo Costa e Silva com as características do modelo "elite de poder" – evidenciadas pelas ambiguidades dos textos citados –, o autor insiste em que o controle da política pelo Exército, atuando como um "grupo de *status*" (estamento), garantiria as qualidades necessárias para manter incólume a tipologia. Mesmo partindo de um modelo de elite de poder, o governo Costa e Silva teria condições, segundo Cândido Mendes, para permitir a transição para uma chefia bonapartista. De dentro da dominação estamental militar surgiria um caudilho. Esta transformação suporia, naturalmente, uma política de redistribuição de renda e uma ampliação do pacto do poder (entrevista pela presença ativa, na época, da Frente Ampla). E ela teria como condição o cuidado de evitar a volta a um estilo de intervenção tutelar dos militares na política, tal como a tendência "dutrista"[18] poderia inspirar. Ao contrário, a saída bonapartista teria de implicar um maior comprometimento das Forças Armadas que, aproveitando-se da inclinação "managerial" de setores militares (por exemplo, a atuação do general Albuquerque Lima à frente do Ministério do Interior), bem poderia pôr em prática um estilo político nasserista.[19]

Ao que parece, deparamos outra vez com um tipo de análise que vai do modelo à racionalização de situações ocorridas e se aproxima de uma visão normativa. Nesta, o nacionalismo militar ressurge como alternativa para o modelo de desenvolvimento adotado. Entretanto, o autor chamara expressamente a atenção para o caráter privativista da política econômica que estava sendo posta em prática (talvez mesmo exagerando a tendência antiestatista do governo Castello Branco), assim como mostrara as condições de "vácuo de poder"[20] que levaram à emergência dos regimes militares. Em que forças sociais, pois, estaria apoiada essa tendência nacionalista?

O engano na caracterização do processo político se deveu, neste caso, a que foram tomados muito a sério os projetos e a ideologia dos atores políticos e, ao contrário do que ocorre com os autores analisados na seção anterior deste artigo, que exageram o condicionamento estrutural, chegou-se a pensar que os governos de "elite de poder" funcionavam num vazio social, no qual a tecnocracia, o poder presidencial e os grupos castrenses chegados à elite de mando operavam tecnicamente. Os analistas mencionados na seção anterior atribuíam um peso exagerado às bases socioeconômicas da política (avaliando-as, às vezes, equivocadamente). Na interpretação de Cândido Mendes, ao contrário, os atores políticos são personagens de um enredo que é quase puramente ideológico, e obedecem a uma lógica política alheia à base social e econômica.

O problema inicial na análise do governo "paradigmático" de Castello Branco não deveria ser o da coerência típico-ideal do seu projeto, mas o de perguntar-se por que, na verdade, tal projeto não pôde implantar-se inteiramente. É por todos sabido que o AI-2 (outubro de 1965) seguiu-se às eleições estaduais, nas quais o governo saiu parcialmente derrotado. Houve um condicionamento externo ao "núcleo de poder" que levou ao AI-2. A tropa, contrária ao cumprimento do calendário eleitoral, impôs um ucasse ao presidente. Este capitulou e ampliou o "pacto de poder". Ampliou-o tanto que teve que aceitar a imposição militar da candidatura Costa e Silva. Por quê? Por que o sistema castelista se aferrava às eleições, à legalidade? Que forças impeliam-no a isso, e quais se revelaram contra essas diretivas? A partir de questões deste tipo, simples e diretas, talvez fosse possível recuperar o nervo da política, isto é, o conflito.

Ao contrário da visão racionalizadora que considera no processo político a realização do projeto de uma elite, um enfoque objetivo veria, antes, oposições entre grupos dentro do sistema de poder e entre estes e os que estão fora dele, tentando impor suas diferentes normas.

Retenhamos por agora apenas uma contradição interna e outra externa ao sistema de poder: no governo Castello Branco, a tendência política inspirada pelo próprio chefe de Estado e apoiada em setores ponderáveis dos partidos se propunha à "institucionalização" da revolução. Isto é, buscava alguma forma de legitimidade que terminaria por estar consagrada num Estado de Direito. Dentro do Exército, entretanto, havia grupos – a "linha dura" – que queriam "radicalizar mais o processo", ou seja, levar mais longe a luta anticomunista e anticorrupção, para o que se fazia necessário o controle militar estrito do sistema de decisões. Estes grupos tinham, possivelmente, duas vertentes, uma nacionalista e outra moralista, que podiam coincidir ou não nas mesmas pessoas. Ambas as correntes eram anticomunistas. Colocavam-se, em conjunto, à direita do governo, e desencadeavam ações suficientemente vigorosas para, em circunstâncias de crise, pôr em xeque o governo. Fora do núcleo de poder, atuava a "oposição". No fim do mandato de Castello Branco, esta se compunha dos remanescentes do antigo regime, além do MDB, recém-criado (que funcionava no jogo de partidos como oposição).

Com a eleição de Costa e Silva, manifesta-se mais claramente a tendência apontada anteriormente: o Exército começava a atuar corporativamente e ocupava um Estado que fora modernizado pela administração anterior. O regime, sob Costa e Silva, vai abrir-se para segmentos da outrora desafiante burguesia nacional por meio do prestígio que certos setores nacionalistas (responsáveis em parte pelo movimento do qual resultou a candidatura Costa e Silva) lograram obter no governo.

O significativo do período, entretanto, não será o paternalismo do marechal-presidente ou seus impulsos populistas. A política econômica continuará sendo, apesar da declaração oficial em contrário, de "arrocho salarial"; não será significativo também o tão ambicioso nasserismo, pois o representante dessa corrente, o ministro do Interior, perderá a posição num confronto claro e direto com o ministro da Fazenda sobre a política econômica. Este representava a tendência oposta, de desenvolvimento pelo fortalecimento da empresa (nacional, estrangeira e pública associadas). Antes, o que chama a atenção é que novamente o presidente desencadeará uma estratégia de "abertura democrática".

Tratará de reativar o jogo partidário, ampliará as liberdades políticas, fará apelos à união nacional. Quando cresce a oposição (Passeata dos Cem Mil, primeiros atos guerrilheiros, oposição franca do MDB ao

A CONSTRUÇÃO DA DEMOCRACIA

regime, Frente Ampla etc.), novamente, uma oposição interna põe em xeque o governo.

Essa oposição partia da "jovem oficialidade", dos setores nacionalistas do Exército e dos *ultra*. Como consequência, edita-se o AI-5, que praticamente transforma o presidente num ditador, sob fiança das Forças Armadas, por pressão de grupos de fora e de dentro do governo. Era o Exército, como instituição, que assumia as pressões dos *ultra*.

A cena repete-se, ainda sob o governo Costa e Silva – sem as manifestações públicas e populares de oposição –, com as tentativas de reconstitucionalização, que partem de setores da *cúpula palaciana* (supõe-se que apoiados pela "classe política", pelos remanescentes dos partidos). A reconstitucionalização não tem êxito, aparentemente por causa da doença e subsequente afastamento do presidente. De qualquer maneira, a oposição à nova tentativa de institucionalização já havia crescido, e mesmo sem a doença de Costa e Silva seria provável uma crise política.

Nesse meio tempo, há dois fatores, um econômico, outro político, que devem ser considerados. O primeiro diz respeito à retomada do crescimento econômico. O segundo se relaciona com a emergência, especialmente a partir de fins de 1968 e 1969, da oposição armada.

O quadro, entretanto, é o mesmo até o fim do período Costa e Silva: o governo, apoiado em parte no Exército, em parte nos partidos, tentando "institucionalizar" a revolução. À esquerda e à direita desencadeiam-se ações que passam a condicionar-se reciprocamente, e que *vetam*, em circunstâncias extremas, as estratégias desencadeadas pelas lideranças governamentais. Por trás desse jogo, as decisões de política econômica seguem um curso relativamente autônomo, e os grupos de interesse unem-se em torno dos favores e da política governamental, dando um apoio equilibrador, se não ao presidente ou à liderança, ao *Regime*.

Que *Regime* é esse? A eleição do presidente Médici deixou claro o modelo em jogo. Apesar das pressões nacionalistas e do prestígio castrense atribuído ao líder dessa corrente, a decisão fundamental, que afastou a candidatura Albuquerque Lima à Presidência, teve as seguintes características:

1) foi fornada pelo estrato superior da burocracia militar (os generais de quatro estrelas);

2) obedeceu a critérios burocráticos de hierarquia e representação corporativa;
3) impediu o risco maior para o Exército como burocracia dominante: sua desagregação pela proliferação de tendências e facções, que o predomínio da tendência nacionalista e a cristalização de uma oposição acarretariam;
4) implicou, portanto, uma conciliação entre correntes de dentro do Exército.

E o que é mais significativo: em nome da hierarquia, da disciplina e da coesão, a decisão foi acatada pelos que perderam, apesar de possivelmente serem majoritários dentro da tropa.

Com a Instituição Armada, como corporação, assumindo em forma crescente o controle do Estado (isto é, de outra burocracia, também esta modernizada pelas administrações anteriores), implantava-se um modelo relativamente estável de dominação burocrática.

Dentro deste modelo, os riscos de rigidez burocrática são compensados pelo fato, já apontado, de que a economia (inclusive pública) tomou forma nitidamente empresarial, e porque o conteúdo tecnocrático da administração é acentuado. O regime baseado neste modelo de dominação burocrático-militar não deixa de implementar, naturalmente, políticas que interessam à sua base social: com elas se beneficia a burguesia internacionalizada, o próprio grupo militar, as classes médias ascendentes, especialmente os segmentos profissionais e tecnocráticos e, enquanto houver crescimento econômico, alguns setores das camadas populares, sempre que o governo sustentar políticas redistributivas.

O objetivo primordial das Forças Armadas fora definido como sendo o de fortalecer o Estado e garantir a segurança nacional: não existe choque direto entre essa concepção e o estilo de desenvolvimento econômico adotado. Dentro deste esquema cabem, inclusive, pressões nacionalistas – à condição de que se mantenha o caráter "associado" do desenvolvimento e que dentro dele caiba um Estado forte.

O modelo é, portanto, de dominação autocrática sob controle burocrático-militar, e está assentado em bases economicamente dinâmicas.

AUTORITARISMO E DEMOCRACIA

A partir deste quadro começou a difundir-se a crença de que existe uma relação estreita entre desenvolvimento econômico e autoritarismo, e de que este é condição para aquele. Não importa, neste momento, discutir os fundamentos da suposição (mesmo no caso atual, a retomada desenvolvimentista é anterior ao AI-5 e sofreu percalços em 1969, depois dele). Esta crença encontrou adeptos entusiastas, como era de prever, dentro do próprio estamento militar, de setores empresariais, de segmentos das classes médias tecnocráticas e das classes médias ascendentes. Por seu turno, dada a orientação nacionalista de alguns grupos *ultra*, pretende-se, às vezes, validar o autoritarismo com argumentos pseudonasseristas. A essa ideologia se opõem, *grosso modo*, os remanescentes do castelismo e a oposição de fora do regime (parte da esquerda e da intelectualidade, a Igreja etc.).

A defesa mais candente da compatibilidade entre a democracia e o modelo de desenvolvimento associado que está sendo posto em prática – e, portanto, de crítica ao nacional-autoritarismo – veio de um antigo ministro de Castelo. Roberto Campos[21] alinhou os argumentos centrais da tese, tomando de empréstimo aos cientistas políticos americanos (Apter, Almond e Verba) a linguagem, o modelo e a intenção: "A opção política que nos convém – e que é na realidade a opção consagrada pela Revolução de 1964 – é a de democracia participante com um Executivo forte. O modelo apropriado é o da reconciliação, pois que nossa sociedade, pelo menos em algumas regiões, já transitou da fase de modernização para a de industrialização".[22]

Para isso se requer um Executivo forte, o funcionamento do sistema partidário e um mecanismo de "reconciliação popular" baseado na informação e na comunicação entre elite e massa. Este modelo evitaria os riscos dos sistemas mobilizadores e autocráticos e permitiria a substituição da *coação* pela *informação*, sem incorrer nos equívocos e riscos do "populismo distributivista" e da "excitação nacionalista". A base do regime consensual estaria dada pelo pluralismo econômico como condição para o pluralismo político e pela manutenção de uma sociedade aberta, graças ao aperfeiçoamento de canais de mobilidade social, como a educação.

Novamente, está-se diante de uma análise que condicionou estritamente o político ao econômico (dado um sistema econômico pluralista ter-se-á provavelmente pluralismo político), bem como de uma visão normativa. Os fatos estão indicando mais coação e menos informação, apesar do pluralismo econômico.

Isto quer dizer que o regime militar, sobre ser burocrático, é totalitário? Existem tendências nesse sentido, mas ainda não são hegemônicas no Estado. Faltam uma doutrina racionalizadora (a doutrina do Estado ainda é "democrática") e um partido mobilizador. Por enquanto existe uma autocracia militar-burocrática economicamente desenvolvimentista. O regime dará o salto?

A resposta não pode, outra vez, ser buscada no nível ideológico. A atual correlação de forças políticas mostra que ao redor do eixo estabilizador da burocracia estatal-militar reagrupam-se, em torno dos partidos consentidos, os antigos interesses políticos. Estão, naturalmente, submetidos ao crivo centralizador e estabilizador do regime, como a escolha prévia dos governadores pelo presidente demonstrou. As assembleias estaduais repetiram a função ritual do Congresso Nacional que elege presidentes previamente indicados. Por outro lado, as decisões de política econômica parecem manter-se numa esfera relativamente autônoma do círculo político, delas participando os grupos empresariais quase corporativamente.

Este sistema, simultaneamente centralizado, burocrático e empresarial, tem sido capaz de gerar políticas, propor objetivos, e de mobilizar simbolicamente a população por intermédio de ideais de fortalecimento da pátria. Ele procura legitimar-se (melhor diria, como Cândido Mendes, autenticar-se) graças aos êxitos econômicos. As críticas à repressão são respondidas com cifras sobre o desenvolvimento, na mesma perspectiva dos analistas que creem que economia e política têm uma correspondência direta.

Entretanto, o sistema tem dois desestabilizadores, um no seu interior, outro alheio e oposto a ele: a repressão incontrolada e a ação armada de esquerda. Além disso, por não conseguir institucionalizar-se, encontra em cada período de sucessão um momento de crise.

Ao poder de veto pelos grupos *ultra*, que condicionam o processo político brasileiro desde o governo Castello Branco, veio somar-se o do aparelho repressivo e dos grupos armados de esquerda. Nenhum dos dois extremos parece, neste momento, estar em condições de gerar objetivos políticos e implementá-los.

Mas ambos, reciprocamente, condicionaram o regime e podem frear políticas oriundas dele. Além disso, na medida em que impedem maior permissividade política, diminui a capacidade de o regime absorver grupos opositores e de gerar políticas capazes de passar pelo crivo da "participação crítica" dos que a ele se opõem mas não querem perder influência política no Estado.

As probabilidades de que se agravem as condições de coação em detrimento da informação (para dizê-lo de maneira eufêmica) dependerão da capacidade que tenham os setores governamentais do regime ou as forças que se opõem a seus aspectos mais repressivos (como a Igreja) para frear a corrida da violência política. Não creio, novamente, que exista uma inevitabilidade favorável ao totalitarismo.[23] Mas não acredito que sem uma reação vigorosa de dentro e de fora do regime se possa evitar o fortalecimento dessa tendência. O curso atual do processo político levou o regime a um impasse. Apesar do êxito econômico e da disposição de parte de setores que o apoiam para criar um "sistema de reconciliação", as forças contrárias a isso estão estrategicamente colocadas dentro e fora do sistema. A oposição armada ou verbal não tem forças, por outro lado, para provocar uma derrocada do regime.

Ao contrário, este está se beneficiando dos efeitos favoráveis do desenvolvimento, e a conjuntura é antes "de consolidação burguesa", dentro de um regime de estilo burocrático-desenvolvimentista. O paradoxo político reside precisamente nisso: a escalada repressiva e a ação terrorista desenvolvem-se num contexto que, abstratamente, pareceria torná-las, neste momento, não necessárias ou inúteis. Com isso se cria a possibilidade da degenerescência "tchequista" da dominação burocrática, sem que a ação armada da esquerda chegue a constituir um elemento mobilizador. É possível que a sociedade assista, paralisada, ao confronto "técnico" entre dois contendores violentos.

Por trás dessa situação está, naturalmente, o fato de que as "elites de poder", e, com elas, a "intelectualidade", foram incapazes de propor alternativas para resolver a questão de base: o desenvolvimento econômico mobilizou socialmente a "massa", mas não preencheu o vazio histórico de uma sociedade e uma cultura que jamais lograram organizar esta massa, educá-la, torná-la capaz, enfim, de reivindicar tanto pão quanto liberdades.

NOTAS

1. Faço aqui apenas alusões às raízes estruturais da crise política de 1964. Por trás da crise institucional está o fenômeno muitas vezes designado como auge do processo de substituição de importações. De fato, tratava-se da necessidade de recompor os mecanismos de acumulação e de recolocar esta última num patamar mais alto, capaz de atender ao avanço verificado no desenvolvimento das forças produtivas. Esse processo requereu, entre outras políticas, a de contenção salarial e desmantelamento das organizações sindicais e políticas que, no período populista, haviam permitido que os assalariados lutassem e conseguissem diminuir os efeitos negativos que a acumulação inicial exerce sobre os salários.
2. Este trabalho já estava redigido quando tomei conhecimento do livro de Alfred Stepan sobre as mudanças no padrão das intervenções militares no Brasil. Stepan mostra os efeitos das mudanças gerais a que aludo sobre as instituições militares e sobre o tipo de intervenção política que exercem atualmente. Existem pontos de coincidência, neste aspecto, entre este artigo e os trabalhos de Stepan, Schmitter e Malori Pompermayer, na medida em que também estes analistas apontam a emergência de novos estilos de atuação política no Brasil.
3. Veja-se a crítica de Florestan Fernandes a essas concepções em: The meaning of military dictatorship in present day in Latin America. *In*: idem. *The Latin American in Residence Lectures*. Toronto: University of Toronto, 1970.
4. Furtado, C. Brésil: De la République oligarchique à l'État militaire. *Les Temps Modernes*, n. 257, p. 278-601, out. 1967. Edição brasileira: *O Brasil nos tempos modernos*. Rio de Janeiro: Paz e Terra, 1968. p. 1-24.
5. Conforme Jaguaribe. H. Brésil: Stabilité sociale par le colonial-fascisme? *Les Temps Modernes*, n. 257, p. 602-623, out. 1967. As citações a seguir são feitas com base na edição brasileira: "Brasil: estabilidade social pelo colonial-fascismo?" *O Brasil nos tempos modernos*. Rio de Janeiro: Paz e Terra, 1968.
6. Jaguaribe, H., *op. cit.*, p. 25-47.
7. Jaguaribe, H., *op. cit.*, p. 43.
8. Jaguaribe, H., *op. cit.*, p. 44.
9. Conforme Jaguaribe, H. Enfoques sobre a América Latina: análise crítica de recentes relatórios. Artigo apresentado na reunião do Conselho Latinoamericano de Ciencias Sociales (Clacso), realizado em Bariloche em novembro de 1970.

10. Veja-se Cardoso, F.H. e Faletto, E. *Dependencia y desarrollo en América Latina.* México DF: Siglo XXI, 1969. Cap. V.
11. As dificuldades objetivas para que essa estratégia se mantenha com êxito não devem, naturalmente, ser minimizadas, a começar pelos limites existentes para a mobilidade social no contexto de um padrão de desenvolvimento econômico que é marginalizador. Além disso, se mesmo os regimes populistas mantinham seu equilíbrio instável e garantiam o processo de acumulação econômica graças à exploração ilimitada dos trabalhadores do campo e à sua marginalização política, o regime burocrático-autoritário atual encontra limites ainda maiores, neste aspecto, para implementar a estratégia mencionada anteriormente.
12. Veja-se Mendes, C. Sistema político e modelos de poder no Brasil. *Dados*, v. I, n. 1, p. 7-41, 1966; e, ainda, o artigo citado na nota 14.
13. Mendes, C. O governo Castello Branco: paradigma e prognose. *Dados*, n. 2/3, p. 98-167, 1967. Note-se que em trabalho mais recente (Elite de poder, democracia e desenvolvimento. *Dados*, n. 6, p. 57-90, 1969, Cândido Mendes volta a insistir que o governo Castello Branco, não tendo recorrido à técnica de "autenticação" – ou seja, à forma que a legitimação assume nos governos de elite de poder –, tornou-se vítima de uma tentativa de validação política baseada quase exclusivamente num projeto de desenvolvimento econômico dependente do exterior.
14. Mendes, C. Sistema político e modelos de poder no Brasil, *op. cit.*, p. 9.
15. *Ibidem*, p.17.
16. *Ibidem*, p. 17.
17. *Ibidem*, p. 17.
18. Refere-se aqui ao estilo de tutela militar exercido pelo Exército sob inspiração do marechal Eurico Gaspar Dutra, ex-ministro da Guerra de Vargas durante o Estado Novo e, posteriormente (1946-1950), presidente da República.
19. Veja-se, a esse respeito, Mendes, C. O governo Castello Branco: paradigma e prognose, *op. cit.*, especialmente p. 110.
20. Conforme Mendes, C. "Sistema político e modelos de poder no Brasil, *op. cit.*, especialmente p. 14 e 15.
21. Veja-se a série de artigos publicados em *O Estado de S. Paulo* sobre o "Modelo brasileiro de desenvolvimento", nos dias 7 a 24 de julho e 1º e 8 de agosto de 1970.
22. Citação extraída do artigo publicado em 17 de maio de 1970, *O Estado de S. Paulo*, p. 5.
23. Essa afirmação não significa que a alternativa do totalitarismo seja uma "abertura democrática". Refiro-me apenas à estabilização de um regime, nos moldes que o caracterizei. Por outro lado, mesmo os que propugnam pela transformação na direção de uma "abertura democrática" concebem-na em termos da ampliação da participação da burguesia e das classes médias, e não da reconstituição das organizações representativas das classes populares. Este último processo, em curto prazo, parece estar excluído do horizonte de possibilidades.

CAPÍTULO VI   As contradições do
desenvolvimento associado*

* Trabalho apresentado na conferência internacional sobre "Sociología del Desarrollo: Dependencia y Estruturas del Poder", organizada pela Fundação Alemã para o Desenvolvimento Internacional, de 4 a 11 de novembro de 1973, em Berlim. Tabelas elaboradas pelos assistentes de pesquisa Teresa Marta Smith de Vasconcellos e Carlos Eduardo Silveira.

A capacidade preditiva e a força criadora dos modelos de interpretação propostos nas ciências estão intimamente ligadas à sensibilidade que têm para detectar os processos sociais novos. Se, como se sabe, a dificuldade metodológica fundamental nas ciências do homem consiste na elaboração de instrumentos de análise que expliquem tanto os mecanismos de reprodução das sociedades quanto os modos de sua transformação, é por aí também que se devem medir a adequação analítica e o alcance interpretativo dos esquemas explicativos novos.

Será que as análises baseadas na perspectiva da dependência, tão em voga nos últimos anos, foram capazes de cumprir estes requisitos no estudo das formas de crescimento econômico e de dominação política na América Latina?

Eu temo que muitos dos estudos etiquetados como partes integrantes de uma "teoria da dependência" tenham pouco a pouco deixado de lado tanto a preocupação com a caracterização das formas de reprodução social quanto com os modos de transformação que existem em cada uma das modalidades básicas de dependência. Numa espécie de marcha batida na direção da volta à ideologia, parte da literatura socioeconômica sobre o tema acabou por restabelecer o império da repetição. Com o afã correto de denunciar a exploração, voltaram-se a conceber as relações imperialistas e o processo de acumulação capitalista nas economias periféricas de uma forma que, como no provérbio inglês, jogou fora a criança com a água do banho. Os esforços teóricos e analíticos feitos para mostrar o que há de específico e novo na formas atuais de dependência como que se foram esboroando em benefício de imagens cheias de atrativos fáceis, mas enganosas: "desenvolvimento do subdesenvolvimento", "subimperialismo", "lúmpenburguesias", "revolução dos marginais" etc. são ideias que, embora apontem às vezes para aspectos importantes da especificidade do processo de industrialização da periferia e das formas de dominação que lhe são correlatas, induzem também a análises distorcidas.

O pior é que a distorção analítica pode ter consequências práticas muito graves. Leva, às vezes, à proposição de políticas desastradas para os que desejam transformar a realidade em benefício das classes e grupos sociais dominados. O exemplo mais dramático de uma interpretação equivocada – e que pouco teve a ver com as análises sobre a dependência – pode ser dado com o caso de Régis Debray, que se precipitou numa interpretação apressada sobre a América Latina (que foi vista como homogeneamente pobre) e equivocada quanto à natureza dos processos contemporâneos de exploração imperialistas (que foram concebidos como se estivessem baseados exclusiva ou principalmente na exploração colonialista de matérias-primas e produtos primários). A análise política resultante não poderia ser outra: a ação redentora de grupos organizados, que, diante da indigência das maiorias marginalizadas e exploradas, dever-se-ia opor à exploração de uns poucos, sustentados pelo braço armado estrangeiro de uma pátria ocupada por seu próprio exército. A capacidade de reação dos grupos dominantes locais contra o que, no jargão político do continente, a direita batizou de "terrorismo" e "subversão" foi subestimada, assim como ficou na penumbra a possibilidade (que se efetivou) de que setores sociais das classes médias e inclusive de trabalhadores se dissociassem das forças revolucionárias e passassem a dar sustentação, pela apatia ou pelo consentimento aberto frente à ação repressora, ao que se supunha ser, na análise debrayista, os braços de um "exército de ocupação". Em vez da luta popular pela libertação nacional e contra a exploração social, instalou-se uma espécie de reação termidoriana no continente, por trás de cujo escudo ativaram-se as forças econômicas e com elas começaram a se beneficiar grupos que "teoricamente" deveriam opor-se ferozmente a essa forma de dominação.

Por quê? Será que só os estudantes e intelectuais radicalizados, com o apoio de um ou outro núcleo de trabalhadores ou de militares, têm a consciência real da situação, e todos os demais são ilusos e oportunistas? Será que as revoluções são um problema de consciência? Ou haverá que inquirir mais a fundo sobre o processo social e buscar formas de análise capazes de propor políticas que, em vez de arderem nos círculos candentes da imaginação generosa do romantismo, redescubram as contradições e oposições no sítio em que elas podem, pela força da realidade, transformar o impulso generoso da denúncia em força organizada que expresse o ponto de vista dos que são social e politicamente oprimidos?

Mas como é possível redescobrir uma prática política que se abra para o futuro e, portanto, que induza a negação da reprodução das formas prevalecentes de dependência, sem uma análise correta das formas atuais de dependência e imperialismo? E, neste particular, eu creio que é preciso indicar, como há tempos o fez Stavenhagen com seu penetrante ensaio, as novas teses equivocadas sobre a dependência e o imperialismo na América Latina.

Sem o afã de esgotar o tema, eu diria que se devem reconhecer e alinhar pelo menos algumas dessas teses errôneas.

AS TESES EQUIVOCADAS

Primeira tese: o desenvolvimento capitalista na periferia é inviável

Não são poucos os textos que sustentam, por motivos diversos, a inviabilidade do crescimento capitalista na periferia. Mesmo economistas experientes e competentes tiveram momentos de tentação para ficar ao lado dos que defendiam a fatalidade da estagnação na América Latina. Na esquerda latino-americana, esta tese, que é uma espécie de reminiscência da ideologia *narodnik* (dos populistas russos), tem muitos adeptos. Por que não pode haver desenvolvimento capitalista?

As razões alegadas são várias; as principais são as seguintes:

1) Pela falta de mercado interno, o qual, por sua vez, é concebido como reduzido em função de obstáculos estruturais que não foram superados. O primeiro e principal deles seria a estrutura da proprie-

dade fundiária que, sem uma reforma agrária profunda, prenderia a população rural a formas tradicionais de trabalho e impediria a expansão do mercado. Ao lado disso, a concentração crescente de rendas colabora para o estreitamento do mercado.

O segundo obstáculo estaria na industrialização *capital-intensive*, baseada na poupança da mão de obra, que se juntaria às anteriores causas estruturais para conspirar contra a possibilidade da expansão *real* do capitalismo.

E ainda é preciso contar com a marginalização crescente da população urbana (e também rural), que estaria carecendo de meios regulares de trabalho, inchando as cidades, mas não contribuindo para ampliar o mercado.

2) Pela insuficiência dinâmica do capital, ou seja, porque a capacidade de poupança interna é pequena. Às vezes se atribui ao comportamento "consumístico" da burguesia um papel de relevo na baixa taxa de acumulação.

Como em toda justificativa ideológica, também neste caso há grãos de verdade nos motivos alegados pela visão *narodnik* contemporânea. De fato, a forma que o capitalismo periférico adota mostra contradições sociais importantes que se aguçam com o desenvolvimento capitalista. Mas daí a elevar à categoria de *lei* inevitável a de que só pode haver desenvolvimento se houver harmonia e solução de conflitos, há um passo ilegítimo que faz com que o pensamento científico tropece e caia na ideologia. Já os clássicos que analisaram o capitalismo, e os comentadores do início do século que se opuseram às interpretações *narodnik*, mostraram que a existência de contradições não indica um empecilho ao capitalismo, mas uma condição de seu desenvolvimento. E nem sequer é justo pensar que a miséria das populações marginais, por si mesma, impeça a expansão capitalista. É possível que em alguns países latino-americanos ocorra a *destruição* social e política destes grupos sem que desse processo derive o fim da expansão capitalista.

Toda economia capitalista e não só a periférica cresce contraditoriamente, criando problemas sociais, políticos e econômicos. Por exemplo, *stricto sensu*, a marginalidade urbana é consequência de certa fase do desenvolvimento capitalista, em condições sociais dadas. Mas, a partir dos efeitos negativos do capitalismo dependente sobre a oferta de empregos, a visão catastrofista não pode ser generalizada para todos os países, nem para todas as fases dos ciclos de expansão capitalista.

Deixe-me ilustrar com um caso extremo e favorável a meu argumento: a Argentina *importa* mão de obra. Por outro lado, as desigualdades regionais, por certo existentes, não são tão grandes a ponto de se poder pensar que inexiste a unificação do mercado nacional naquele país, sob égide capitalista. Tomemos agora outro caso de condições contrárias ao argumento: no Brasil – país de grandes desigualdades regionais e populações pobres –, na década de 1960, houve uma expansão real no setor de empregos industriais, e hoje existe (por razões tópicas) falta de mão de obra mesmo *desqualificada* no setor de construção civil, por exemplo, nos grandes centros urbanos.

Quer isto dizer que o capitalismo dependente terá condições para resolver os problemas de emprego da maioria da população? Claramente, não. Nem o dependente, nem o capitalismo nos países centrais oferece condições estáveis de pleno emprego. Por sua natureza, trata-se de um sistema cíclico que absorve e libera mão de obra. E também por sua natureza este processo não se dá homogeneamente no emprego: ao mesmo tempo em que pode haver escassez de mão de obra em São Paulo, haverá excesso de oferta em São Luís do Maranhão, por exemplo.

Entretanto, dado o caráter *progressivo* e *cumulativo* do sistema capitalista, pagando-se o preço do esmagamento de gerações e de segmentos importantes das classes exploradas, o que é próprio desse sistema é sua capacidade de crescer em espiral, transformando as relações sociais de produção como consequência do aumento do patamar de acumulação e do desenvolvimento das forças produtivas. Esse processo não ocorre homogeneamente em toda a periferia. Ele começa a se realizar (de forma incompleta, como adiante exporei) nos países onde a internacionalização do mercado interno avançou mais.

Mas é inegável que o avanço do capitalismo destrói, por exemplo, a economia camponesa de subsistência, e tende a diminuir o peso das formas tradicionais de exploração do trabalho e a criar uma classe de assalariados agrícolas (os boias-frias). De igual modo, cria um operariado mais numeroso, como adiante se verá, provoca uma diferenciação nos setores médios, expandindo o número de ocupações do terciário moderno etc.

Assim como não é correto generalizar para todos os países da periferia a estagnação eventual de alguns deles e a forma *distinta* de dependência a que podem estar submetidos, segundo o grau de avanço da industrialização baseada na internacionalização do mercado, ou, ao contrário, a preservação da relação de produtores e exportadores de mercadorias primárias, seria equivocado não ter presente que aos ciclos de auge também segue-se a recessão. Só que esta recessão não deve ser transformada de fenômeno conjuntural em aspecto permanente que caracteriza o capitalismo "na periferia dependente". Permanente é o caráter cíclico da acumulação capitalista e a tendência à concentração da renda, cujos efeitos se acentuam quando o Estado não promove políticas compensatórias.

*Segunda tese: o capitalismo dependente está baseado
na exploração extensiva da mão de obra e preso
à necessidade de sub-remunerar o trabalho.*

Este é o engano correlato com o anterior. Faz-se uma ligação indevida entre *fases* distintas e processos sociais que, embora concomitantes num dado momento, não guardam mais, como poderiam ter guardado no momento anterior, uma relação de necessidade. Geralmente esta tese está por trás das ideias, defendidas por André Gunder Frank, da acumulação do atraso, do desenvolvimento do subdesenvolvimento. A versão mais sofisticada dela pode ser encontrada em Rui Mauro Marini, em seu estudo sobre "Dialéctica de la dependencia".[1]

No fundamental, sustenta-se que é próprio do capitalismo dependente explorar a mão de obra abundante; isto teria como consequência positiva para a acumulação nos países centrais o fato de que se exportam produtos alimentares baratos (os quais barateiam, por sua vez, o custo de reprodução da mão de obra no centro, e permitem intensificar a acumulação nas mãos dos capitalistas). A mesma dialética explicaria a funcionalidade do colonialismo interno e da marginalidade[2] social para a acumulação capitalista. Para os que se extremam nesta tese, as consequências limitantes desse estilo de desenvolvimento estariam em que o consumo individual dos trabalhadores é restrito, dado que a contradição essencial da dependência latino-americana repousaria na acumulação baseada na superexploração do trabalhador. Sendo assim, a circulação do capital e a realização da mais-valia seriam freadas pela forma que a superexploração adota.

Correlata a esta tese está a ideia de que o *controle salarial* e a distribuição regressiva da renda são condições essenciais e permanentes à acumulação capitalista, o que levaria a explicar o desenvolvimento do subdesenvolvimento, a miséria crescente etc. Estas teses complementam as anteriores, falsas em sua formulação indeterminada, de que haveria uma tendência à estagnação pela falta de mercado consumidor. A saída capitalista para essa situação seria a expansão das exportações e o subimperialismo.

Por trás da aparente racionalidade e didática da explicação escondem-se equívocos quanto à natureza do processo capitalista de produção. Marx já havia mostrado, ao criticar Ricardo, que o essencial para a acumulação capitalista não é a concorrência entre trabalhadores, que leva à baixa relativa crescente do custo da força de trabalho, mas sim que este regime produtivo está baseado no que ele caracterizava como a "tendência à elevação da taxa de composição orgânica do capital". Ou seja, a introdução crescente de tecnologias potenciando as forças produtivas aumenta a parte do capital chamado constante, em contraposição à parte chamada variável (destinada ao pagamento de salários), à medida que avança o processo de acumulação. A concorrência entre os capitalistas e a introdução de novas tecnologias, juntamente com a ampliação crescente da escala de acumulação, garantem o dinamismo do sistema.

É verdade que em certas etapas (nos períodos de acumulação inicial) a extensão da jornada de trabalho desempenha um papel importante na acumulação. Por isso pode ter razão Francisco de Oliveira quando chama a atenção para o fato de que a baixa produtividade do trabalhador do setor terciário ou a manutenção de formas de trabalho baseadas em relações de produção não tipicamente capitalista-industriais podem ser funcionais para a acumulação. Mas generalizar este raciocínio, *para outras fases*, quando a dinâmica da acumulação do setor mais avançado repousa na exploração clara da mais-valia relativa e no aumento da taxa de composição orgânica do capital, constitui um anacronismo. Depois de implantado um setor capitalista avançado, sua dinâmica (que pode ter se beneficiado na fase inicial com as reservas de mão de obra e os bolsões de pobreza) não depende mais do desenvolvimento do subdesenvolvimento, mas, ao contrário, da criação real de um mercado de consumo capitalista. Este não se forma apenas pelos gastos dos trabalhadores, mas pelo consumo dos capitalistas e, especialmente, das empresas, do Estado e das classes ligadas ao setor terciário.

Assim, não se dialetizando a análise, transforma-se uma fase do ciclo expansivo ou uma etapa da acumulação em condição "necessária" da etapa ou fase seguinte, e perde-se a especificidade do que é novo no processo social. Criam-se dessa forma "leis" que se fixam no arsenal ideológico, dificultando a caracterização adequada da realidade e, por consequência, impedindo-se a proposição de políticas realmente adequadas à sua transformação.

Para evitar leituras equivocadas do argumento que estou sustentando, convém frisar alguns pontos básicos. O erro nas interpretações que estou criticando não está em apontar a existência de um mercado estreito ou as distorções que a estrutura da propriedade agrária ocasiona na capacidade produtiva: está em listar essas características como fatores que tornam inviável o desenvolvimento do capitalismo dependente. Eu sustento que eles constituem *condições* que dão forma à especificidade dessa modalidade de capitalismo e que acentuam as contradições da economia capitalista no seu desenvolvimento na periferia.

Por outro lado, não estou advogando a tese apologética de que "com o tempo" será possível promover uma redistribuição adequada da renda, posto que a exploração da mais-valia relativa permitiria a quebra da relação entre custo de reprodução da mão de obra e acumulação. Continua a existir uma relação entre o setor industrial-monopólico e o competitivo da economia, pela qual os salários mínimos pesam fortemente, e, para a determinação destes, as formas pré-capitalistas de exploração contam de modo significativo, para não mencionar que pesam neles também a oferta excedente de mão de obra. Porém, a especificidade da etapa de "internacionalização do mercado interno" está justamente na emergência dos setores monopólicos, e não na generalização da exploração baseada na mais-valia absoluta. Esta foi importante (como de resto no capitalismo central também) numa fase *inicial* da acumulação capitalista, mas suas características se redefinem e passam a ser submetidas às peculiaridades da etapa posterior da acumulação. Continua a existir a exploração da mais-valia absoluta, mas é simplista explicar o avanço da acumulação como se as formas mais complexas de exploração não existissem.

Por fim, convém repetir que a utilização do argumento que estou sustentando também pode ser incorreta e pode levar a equívoco simétrico e oposto àquele que estou criticando: pode-se perder a especificidade da forma dependente do capitalismo periférico. De fato, é preciso voltar constantemente ao argumento conhecido que realça as diferenças entre a acumulação nas economias centrais e nas periféricas: a concorrência entre os capitalistas (que explica o crescimento da taxa de composição orgânica de capital) leva – no caso das economias dependentes – a ampliar a demanda de produção de bens de produção *nas economias centrais*. E como a industrialização da periferia deu-se concomitantemente com a internacionalização do sistema produtivo capitalista, o barateamento do custo de reprodução da força de trabalho foi consequência dos investimentos estrangeiros e seu avanço tecnológico, muito mais do que da pressão local de falta de mão de obra. Tudo isto acentua o caráter contraditório (porém, insisto, dinâmico) do desenvolvimento associado.

Terceira tese: as burguesias locais
deixaram de existir como força social ativa.

Com a mesma ligeireza com que se inviabiliza a expansão do capitalismo nas economias dependentes ou se articula uma argumentação aparentemente racional para demonstrar que o avanço do capitalismo depende do atraso crescente, em nome de elaborações discutíveis sobre a forma que adota o capitalismo periférico, descarta-se qualquer papel na cena histórica para as burguesias locais. Elas passam a ser lúmpen, incapazes de acumular racionalmente, dilapidadoras no consumismo, cegas a seu "real interesse".

Aqui o engano é quanto à distinção entre um processo real e um processo ideológico. O que deixou de ter qualquer função foi a "ideologia do desenvolvimento nacional burguês", não as burguesias locais. Eu próprio fiz o que esteve a meu alcance, em trabalhos escritos desde 1962, para demonstrar o infundado das teses que viam na política das burguesias nacionais a mola para o processo econômico e social. Os fatos demonstraram, em toda a América Latina, que o comportamento real da liderança e do grosso do empresariado local não sustentou as teses reformistas quanto às modificações agrárias que se julgavam necessárias para ampliar o mercado; nem sustentou a política de fortalecimento dos centros locais de decisão e de transformação do Estado em instrumento de oposição à penetração econômica estrangeira.

Mas estas políticas não correspondiam aos interesses das burguesias locais, tal como elas os definiam, mas ao ideário político do nacional-populismo. Os itens anteriores já indicaram as limitações que estas políticas implicam quando são pensadas como se fossem condição necessária ao avanço do capitalismo. Elas podem ser até muito importantes (como é a igualdade social), mas por outras razões e para outras classes que não as burguesias industriais locais.

Entretanto, reconhecer que as burguesias nacionais não se comportam como o ideário nacional-populista prescreve não deve implicar desconhecer que a forma adotada pelo desenvolvimento dependente beneficia as burguesias locais e promove sua expansão, à condição de que elas se associem ou fiquem "enfeudadas" aos monopólios multinacionais e ao Estado. Com estas limitações, as burguesias nacionais continuam a desempenhar um papel ativo na dominação política e no controle social das classes submetidas.

A análise das políticas do que eu chamo de "burguesias internacionalizadas", incluindo neste conceito tanto os setores locais dos monopólios multinacionais quanto os empresários nacionais a eles associados ou "enfeudados", continua a ser um tema importante. Mormente quando a forma política de dominação, que emerge com maior força nos países em fase de desenvolvimento dependente implica tanto um burocratismo-autoritário quanto o remanejamento dos aparatos ideológicos e políticos das burguesias internacionalizadas para buscar um lugar ao sol no solo do Estado.

Afirmar que existe acumulação capitalista e negar importância às burguesias é uma contradição formal. Isto só seria possível se fosse verdade que a forma predominante de acumulação estaria assegurada exclusivamente pelo imperialismo (o que não é certo) ou por um capitalismo de Estado. Esta última hipótese, que merece um item à parte, precisa ser mais bem discutida.

Quarta tese: a penetração das empresas multinacionais leva os Estados locais a uma política expansionista.

À medida que o processo de desenvolvimento dependente prossegue, ele implica a reordenação da economia e da política de forma nova e complexa. O eixo dinâmico do capitalismo periférico se constitui ao redor da "internacionalização do mercado interno". Como este processo não ocorre num só país, mas em vários, e como essa internacionalização se faz para atender aos reclamos da forma produtiva gerada pelo capitalismo avançado, que repousa nas chamadas empresas multinacionais, a redefinição do espaço econômico e político torna-se peça necessária à expansão capitalista dependente.

Sofreram drásticas redefinições de sentido os mecanismos de integração regional, como a Associação Latino-Americana de Livre Comércio (Alalc) ou mesmo como o Mercado Comum Centro-Americano, que foram inicialmente o resultado de políticas alimentadas pelas ilusões nacional-desenvolvimentistas. Por causa do tamanho reduzido dos mercados nacionais, procurava-se estabelecer uma espécie de "pátria latino-americana" (ideia que subsiste no caso do Mercado Andino). Depois de anos de hibernação e desinteresse por parte do empresariado, os mecanismos de integração econômica e seus bancos passaram a reativar-se. Só que agora obedecem diretamente às políticas de reorganização do espaço econômico e à divisão internacional do trabalho que interessam às empresas multinacionais. Bem antes que a consciência crítica da região percebesse o que estava ocorrendo, as empresas estrangeiras começaram a instalar fábricas cujo tamanho visava parcialmente a uma produção internacionalizada de partes complementares de produtos finais.

Esta tendência, real e inequívoca, foi comprovada no caso do Brasil por um cuidadoso estudo no qual se mostra que existe, por um lado, uma relação entre o volume das exportações e o tamanho das empresas e, por outro, entre o tamanho das empresas e o controle delas pelas multinacionais. Tudo isso mostra que a exportação de manufaturados do Brasil serve, em parte, aos setores internacionalizados. As filiais estrangeiras (que, se bem sejam maiores do que as concorrentes brasileiras, representam algo como apenas 1% do capital global do conjunto de cada multinacional) levam óbvias vantagens na concorrência com as nacionais porque recorrem à tecnologia das matrizes, têm acesso rápido a recursos financeiros importantes, e sua ampliação corresponde a um risco menor para os acionistas do que no caso das empresas controladas localmente.[3]

Contudo, no conjunto, a dinamização das exportações nos anos recentes não se fez apenas em benefício dos produtos controlados por empresas multinacionais. Estas, como se disse, controlam especialmente os setores de alta tecnologia nos quais existe grande concentração industrial, mas "a maior parte das exportações industriais do Brasil provém dos setores menos concentrados".[4] Portanto, se a exportação serviu às multinacionais, não deixou de beneficiar, e mesmo de forma preponderante (pelo menos em certo período), a burguesia local. Este último caso ocorreu, por exemplo, quanto à exportação de têxteis e calçados, que permitiu a utilização da capacidade ociosa destes setores industriais.

Por outro lado, o governo tem promovido ativamente as exportações, como se verá na parte subsequente deste capítulo. Neste caso, a quem serve o Estado?[5] Estará ele constituindo um patamar para, em termos tipicamente subimperialistas, servir às empresas multinacionais? Terá como propósito (ou como resultado) o fortalecimento dos setores, da burguesia local, de menor produtividade relativa que as multinacionais, e que estariam sofrendo as consequências de um "estrangulamento" do mercado interno? Ou, quem sabe, estará servindo a interesses políticos e ideais nacional-estatistas de formação de potências que utilizam uns e outros setores (nacionais ou externos) para atingir seus objetivos?

A essas indagações (algumas das quais discutirei adiante) se tem respondido em forma mecânica afirmando-se que apesar das diferenças notórias entre a situação de dependência e a dos países centrais, alguns estados latino-americanos (Brasil e México especialmente), ao mesmo tempo que servem *objetivamente* à necessidade de expansão das multinacionais, repetem processos (como a alegada intensificação da produção bélica)[6] que só teriam sentido se houvesse uma classe social local – uma burguesia ou uma burocracia – capaz de agir *realmente* como sustentáculo de algum tipo de expansionismo econômico-político. Isso para não mencionar que jamais se discute, neste contexto (dada a inverossimilhança da hipótese), se existe investimento externo de monta de capital público, ou nacional, feito pelos países chamados subimperialistas.

Em suma, antes de adjetivar, convém avaliar com mais informações os processos em marcha para explicar o sentido das exportações de manufaturados, seus alcances e as políticas estatais que estão sendo implementadas na América Latina. Na parte seguinte desta comunicação apresentarei dados a respeito.

Quinta tese: o caminho político do continente está frente a uma encruzilhada: "socialismo ou fascismo".

A interpretação de que o capitalismo é inviável na periferia e, portanto, de que não existe um *desenvolvimento dependente*[7] está estreitamente ligada à visão política baseada em que ou bem uma revolução vitoriosa constrói o socialismo para possibilitar a potenciação das forças produtivas e o desenvolvimento social, ou se marchará para o fascismo.

A primeira parte do raciocínio é correta, mas em geral. Ou seja, também nos países centrais, para alcançar metas sociais igualitárias, o capitalismo é um obstáculo. Mas nas duas situações, com as contradições que lhe são próprias e com a exploração capitalista típica, o processo histórico tem mostrado que o sistema capitalista de produção se diversifica e se amplia. Seria mais fácil a implantação de uma ordem igualitária se houvesse freios puramente econômicos para a expansão capitalista. Por certo, esta, como já disse e é sabido, avança com crises. O crescimento capitalista é desigual. Em várias etapas e ciclos, implica uma exploração brutal dos trabalhadores, mormente nos países da periferia, que tentam percorrer de um modo diverso caminhos já trilhados pelos países centrais em outras épocas. Pode-se também especular sobre os limites ao crescimento, como até mesmo correntes conservadoras o fazem. Duvida-se hoje da existência de um progresso sem limites, do tipo do que era sustentado pelo pensamento sobre o capitalismo produzido no século XIX. Mas até hoje a experiência histórica mantém válida a verificação de que essas *condições negativas* por si só são insuficientes para assegurar uma transformação básica no regime produtivo e no sistema social. Os caminhos para alcançar uma transformação deste tipo são políticos e não se desligam das forças sociais ativadas pelo próprio processo de expansão capitalista.

Ao voluntarismo que esteve (e ainda está) em voga na consciência socialista latino-americana (e europeia, sempre que se refere ao Terceiro Mundo...) somou-se a interpretação catastrofista ligada à ideia da estreiteza do mercado, da incapacidade de absorção social, da falta de crescimento do emprego etc., que levariam as classes dominantes locais (com apoio externo) a adotar políticas e formas organizatórias fascistas.

O processo histórico recente (dos últimos dez anos, incluindo o que ocorre depois da recente tragédia de uma das mais promissoras tentativas latino-americanas de transformação social: o Chile de Allende) mostra que as classes dominantes locais têm militarizado cada vez mais o estilo de dominação. Mas é um equívoco pensar que os regimes autoritários e burocráticos, que constituem a resposta política reacionária das classes dominantes locais frente ao desafio do movimento político urbano de massas e às disputas entre grupos dominantes, se orientarão na direção do *apartheid* social, ou que estão decantando formas fascistas de organização política.

O equívoco não é meramente nominal. Não se trata do nome que se dará ao regime, mas de quais são suas características e sua capacidade de buscar apoios. E isso é decisivo para analisar quais são as formas eficazes de oposição. Alguns espíritos simplistas pensam que ao caracterizar como autoritário um regime e não como totalitário, como militar burocrático e não como fascista, está se buscando eufemismo. A ninguém versado em ciências políticas pode ocorrer a ideia de que não se trata, em qualquer hipótese, de tipos de ditadura. Mas, que tipo? É a questão a ser respondida.

Convém repetir que os regimes autoritários que caracterizam a fase atual do desenvolvimento dependente (e com ele guardam ao menos afinidades eletivas...) não são mobilizadores, não organizam partidos, e limitam as tendências existentes para transformar em doutrinas abertamente totalitárias as bases ideológicas sobre as quais se assentam. Em geral, nos primeiros momentos de crise de Estado, as tendências fascistas apresentam-se com energia (como no Chile de hoje), mas com o tempo a apatia é preferida à mobilização, a ordem estatal-militar à ordem político-partidária, o sopro de uma mentalidade autoritária frouxamente articulada às ideologias vigorosas de estatismo antidemocrático.

Eu penso que os regimes deste tipo, nas sociedades dependentes, encontram sua *raison d'être* menos nos interesses políticos das corporações multinacionais (que preferem formas de controle estatal mais permeáveis a seus interesses privatistas) do que nos interesses sociais e políticos dos estamentos burocráticos que controlam o Estado (civis e militares), e se organizam cada vez mais no sentido de controlar o setor estatal do aparelho produtivo. A esse eixo se aliam alguns setores empresariais locais, mas de forma caudatária.

Convém deixar claro também que, frente ao inimigo principal – as pressões democratizantes de massa e os grupos revolucionários de vários tipos –, as discrepâncias entre interesses políticos do bloco de poder dão lugar à unidade de ação. Tanto os setores monopólicos públicos quanto os privados almejam, antes de mais nada, garantir a ordem interna para permitir o crescimento econômico. Essa ressalva (que politicamente é fundamental) não deve obscurecer, entretanto, que o problema do poder nos regimes burocrático-repressivos não se resolve com afirmações fáceis sobre o interesse "necessário" do grande capital em fascistizar o Estado para garantir o *apartheid* social que a "estreiteza do mercado" impõe e para permitir associação direta do setor público com o setor privado, pela via da criação de uma indústria pesada e bélica.[8]

Penso que a caracterização das forças sociais que estão por trás dos regimes autoritário-burocráticos requer análises mais profundas. À guisa de hipótese, eu perguntaria se não cabe, em alguns países latino-americanos, como o Brasil e o México, especialmente – mas até que ponto não ocorrerá algo semelhante no Peru? –, a formação de uma nova categoria social que pode ser designada como uma "burguesia de Estado". Esta expressão, que é formalmente contraditória, ganha relevo quando se vê que a expansão do setor público das economias latino-americanas que enveredaram para o caminho da internacionalização do mercado (que se constitui quase como uma resposta nacional ao desafio imperialista) dá-se de tal maneira que a forma da propriedade das empresas estatais é pública, mas o controle delas se faz por um grupo que tenho chamado de burocrático, mas que começa a ter características que o fenômeno da burocracia não explica. Não me refiro ao crescimento da burocracia que também ocorre no setor empresarial privado, nem à importância dos técnicos no *decision-making process*. Este tem sido o ângulo pelo qual se tem tentado caracterizar os regimes autoritários latino-americanos, mas ele me parece insuficiente para dar conta do fenômeno. Refiro-me especificamente à formação de uma camada social que controla politicamente os aparatos estatizados de produção, apesar de não deter a propriedade privada dos meios de produção. Esta camada está sendo recrutada nos escalões da burocracia civil e militar, entre os técnicos e profissionais liberais e algumas vezes entre empresários locais que perderam chances no setor privado. O reconhecimento da existência de agentes sociais distintos do empresariado privado e que servem de suporte para a acumulação capitalista não altera necessariamente os mecanismos econômicos de seu funcionamento, mas incide sobre os aspectos políticos de forma marcante.

Se esta hipótese for comprovada, com as implicações teóricas que envolverá, a problemática política das "classes médias", já tão desacreditada, não pode ser apenas substituída pela da grande burguesia ou pela da tecnocracia ou burocracia no sentido estrito. Por acaso esta "burguesia de Estado" não seria uma camada social capaz de alentar esperanças, agora sim, de um estatismo expansionista? Que oportunidades reais (dada a dependência estrutural básica da economia) terá um grupo deste tipo para ganhar hegemonia no bloco de poder e, a despeito da forma de reorganização dos mercados e da ordem política que poderia interessar à burguesia internacionalizada, impor uma visão de Estado capaz de levar à expansão das esferas de influência política e econômica? Será que a base social real do autoritarismo vigente repousa nessa "burguesia de Estado" e nos eixos de poder (militar e civil) que formam a seu lado?

A visão do processo político em termos de um fascismo clássico e da mobilização da classe média em favor do grande capital mais obscurece do que amplia o conhecimento e a caracterização do processo social latino-americano.

Eu sugeri em outros ensaios que a análise sobre os processos políticos contemporâneos precisa reavaliar as relações entre sociedade civil e Estado e discutir mais a fundo os limites da visão herdada da tradição europeia de que a relação classe-partido-Estado se dá nesta ordem e com um nível de autonomia institucional que supõe uma sociedade civil ativa e autônoma. Não vou repisar argumentos,[9] mas parece-me que a originalidade da caracterização da forma contemporânea de industrialização da periferia que leva ao "desenvolvimento dependente" requer uma análise específica do processo político. Em alguns países (e a herança da sociedade ibérica do período mercantilista favoreceu este processo) as classes dominantes privadas fundiram-se com o aparelho de Estado, apropriando-se dos cargos, que de públicos mantiveram apenas o nome, e utilizam a organização estatal como arena política direta. Minimizaram, portanto, as organizações partidárias independentes do Estado e limitaram, quanto possível, a mobilização política das classes subalternas. As cliques burocrático-privatistas, articuladas mais frouxamente do que os partidos em torno de anéis de interesse político-econômico, desempenham um papel crescente e decisivo no jogo de poder.

Tudo isso requer uma teoria política que não pode limitar-se a enquadrar a multiplicidade do real em analogias com processos que ocorrem ou ocorreram na Europa ou nos Estados Unidos. E nesta matéria o pensamento latino-americano caminhou muito pouco.

Por certo, a interpretação de que a existência de uma camada social nova (a "burguesia de Estado"), articulada com a burocracia e a tecnocracia bem como com parte da burguesia local, assegura a possibilidade de um novo tipo de expansionismo,[10] corre o risco de ser também ideológica. Não basta mostrar que existe uma camada social ou uma facção de classe, e que esta dispõe de uma ideologia para prever que o curso histórico objetivo vai conformar-se aos interesses e desígnios deles. A análise deverá deslindar as contradições entre estes setores e os outros que formam o bloco de poder (especificamente, os organizados em torno dos interesses e ideologias das empresas multinacionais), bem como as contradições fundamentais que geram as lutas entre o conjunto das classes dominantes e as classes exploradas.

Mas em qualquer hipótese é preciso afastar a tese simplista de que existe uma relação linear entre o interesse direto do grande capital monopolista internacional, a estreiteza do mercado interno, a exportação de manufaturados e o expansionismo político dos estados nacionais. As peças do quebra-cabeça são as mesmas, mas a maneira de montá-las – como se verá na parte subsequente deste trabalho – é outra.

O modo pelo qual a economia e o regime político brasileiro vêm configurar um modelo de desenvolvimento dependente-associado ilustra as possibilidades e os condicionamentos fundamentais do desenvolvimento dependente.

Não é necessário repisar o que já tem sido escrito sobre o assunto.[11] Vou apenas aprofundar a caracterização conhecida no sentido de avaliar quais são as tendências de expansão prevalecentes com a preocupação básica de avaliar as estruturas de controle da economia, em termos do tipo de empresas nela atuantes e das forças sociais que lhe dão sustentação, e de analisar o alcance das tendências da exportação de manufaturados. Neste último aspecto, interessa discutira relação entre "estreitamento do mercado" e exportação, por um lado, e, por outro, as teses propostas sobre o subimperialismo.

Começo pelo que tem de mais geral o modelo de crescimento associado: ele se caracteriza por uma expansão simultânea e diferenciada dos três setores da economia: o privado nacional, o estrangeiro e o público. Os dados gerais que ilustram a forma pela qual se organiza o controle da produção industrial brasileira estão na Tabela 1.

Tabela 1 – Classificação das 10 maiores empresas, por setores, segundo capital + reservas, Brasil – 1967 e 1972

	1967				1972			
	Esta.	Nac.	Estr.	Clas.	Esta.	Nac.	Estr.	Clas.
Bens de capital	–	3	7	–	–	4	6	–
Bens de consumo duráveis	–	4	6	–	–	2	8	–
Bens de consumo não duráveis	–	5	5	–	1	5	4	–
Bens intermediários	6	1	3	–	7	1	2	–
Serviços públicos	9	–	1	–	9	–	1	–
Construção civil	–	7	1	2	2	8	–	–
Comércio	–	8	2	–	–	8	1	1
Comunicação	–	10	–	–	–	10	–	–

Fonte: *QUEM É Quem na Economia Brasileira*, São Paulo, Visão, v. 33, n. 5, 30 ago. 1968; e v. 43, n. 6, ago. 1973.

Tendência semelhante já se encontrava em dados anteriores, pois, em 1962, utilizando outra classificação e baseando-me em pesquisa sobre os grupos econômicos,[12] fora possível estabelecer o resultado apresentado na Tabela 2.

Tabela 2 – Distribuição dos grupos multibilionários
por setor de atividade e por tipo de controle, Brasil – 1962

Setores de atividade		Nacionais	Estrangeiros	Mistos
Não industriais	(exportação-importação, setor financeiro e serviços indust.)	8	6	1
Industriais	Consumo não durável	8	5	–
	Consumo durável	1	7	–
	Mecânica pesada	1	4	–
	Indústria de base	6	7	1
TOTAL		24	29	2

De igual modo, a participação do setor público na formação do capital fixo era, em 1960, de 38,2%, o das empresas estatais, de 8%, e o do setor privado, de 53,6%, sendo de destacar que as empresas estatais haviam passado de 3,1% em 1956 para 8% em 1960.

Os dados apresentados, apesar de simples, confirmam que houve expansão no setor público da economia e mostram, ao mesmo tempo, que o capital nacional continuou a manter posições e mesmo a expandir-se em alguns setores econômicos. Garantiu para si o setor de construções (que aumentou de importância com o ímpeto das obras públicas) e o comércio varejista, sem mencionar que outros dados confirmam que também no setor financeiro o controle nacional (e estatal) continua a exercer-se. Mas, ao mesmo tempo, houve uma clara divisão de áreas de atuação entre as três formas de controle econômico aqui consideradas. Nesta divisão, o filé-mignon da economia coube às empresas estrangeiras. Essa tendência se manifesta na Tabela 3, que mostra que, se é verdade que cresceu o patrimônio do setor estatal, o *lucro líquido* é maior nas maiores empresas estrangeiras.

Tabela 3 – Propriedade das 100 maiores empresas do País por patrimônio líquido, faturamento e lucro líquido

Classificação	Patrimônio Das empresas 1971	1972	Faturamento Líquido 1971	1972	Lucro Líquido 1971
Estatais	41	46	20	21	22
Nacionais	30	21	44	41	38
Mistas1	2	5	2	2	3
Estrangeiras	27	28	34	36	37

Fonte: *QUEM É Quem na Economia Brasileira*, São Paulo, Visão, ago. 1972 e ago. 1973.

Tabela 4 – Patrimônio líquido dos quatro maiores conglomerados no Brasil (Cr$ preços correntes)

	1967	1972
S/A Ind. Reunidas Francisco Matarazzo	564.284	1.219.019
S/A Ind. Votorantim	202.127	809.053
Rhodia Ind. Químicas e Têxteis S/A	266.293	754.616
Pirelli S/A – Companhia Ind. Brasileira	229.085	647.784

Fonte: *quem é Quem na Economia Brasileira*, São Paulo, Visão, v. 33, n. 5, 30 ago. 1968; e v. 43, n. 6, ago. 1973.

* Mistas – Empresas predominantemente nacionais ou estatais que contam com uma participação do capital estrangeiro acima de 30%.

Obs.: As Indústrias Francisco Matarazzo pertencem totalmente a um grupo nacional; as Indústrias Votorantim são controladas por um grupo nacional; a Rhodia S/A é totalmente propriedade de Rhône-Poulene (França); e a Pirelli S/A é controlada pelo grupo Pirelli (Itália).

Estes dados, por mais grosseiros que sejam, revelam o segredo da forma de desenvolvimento dependente-associado: faz-se uma divisão de áreas de atuação que, sem *eliminar a expansão dos setores controlados pela burguesia local*, desloca-os dos setores-chave da economia, e, quando a burguesia local consegue manter-se neles, é de forma associada e subordinada. Ao mesmo tempo, cresce a base econômica do setor estatal, que se endereça aos setores de infraestrutura, e assegura-se às empresas multinacionais especialmente o controle dos bens de consumo duráveis (automóveis, eletrodomésticos etc.), assim como parte importante no controle da produção e exportação de produtos primários, brutos ou semi-industrializados.

Entretanto, este corte morfológico também pode induzir a enganos. Ele fornece apenas um quadro estático das condições estruturais que permitem compreender como, *numa fase de expansão da economia*, pode haver uma acomodação entre os conflitos de interesses dos três referidos setores. É preciso indagar pelo sentido e pelas tendências desse processo. Em primeiro lugar, como já indiquei, o setor nacional não só se associa a capitais estrangeiros, como funciona de modo "enfeudado", tendo ora o Estado, ora as multinacionais, como clientes ou como fornecedores quase exclusivos. Esta tendência é nítida, por exemplo, no caso das empreiteiras que dependem do Estado, ou das fábricas de autopeças que dependem das multinacionais. Mesmo os bancos guardam relações especiais com os grandes clientes estrangeiros. Essa forma de relacionamento dificulta a articulação interna da burguesia nacional, tornando escassos os momentos e os setores capazes de permitir a definição de propósitos comuns aos membros deste setor de classe.

Por outro lado, o padrão indicado acima talvez já não seja o mais dinâmico. Está se ultrapassando a etapa em que a produção de bens de consumo durável, simbolizada pela produção automotriz, representava a vanguarda do desenvolvimento industrial. E o novo patamar de crescimento econômico tem dois eixos e está provocando um deslocamento quanto à forma preferencial de associação. Baseia-se na produção de insumos industriais (tipo produtos petroquímicos ou laminados de aço, por exemplo) e de produtos minerais industrializados (manganês e ferro, especialmente). Para conseguir a massa de capitais necessária à produção destes produtos e para assegurar mercados consumidores (bem como para alcançar vantagens tecnológicas), a associação privilegiada passou a ser a relação direta entre empresas estatais e consórcios internacionais.

Esta nova fase da economia brasileira – sem prejuízo do prosseguimento da expansão industrial orientada para o mercado interno – acarreta a redefinição do antigo modelo exportador que passa a se basear na produção associada a capitais estrangeiros e na exportação de produtos industrializados. Por outro lado, como são empresas estatais as que ganham posições estratégicas no novo modelo, em associação, como disse, com capitais estrangeiros, busca-se uma política de "autonomia relativa". Esta se baseia na pressuposição de que a capacidade reguladora de um Estado cada vez mais forte limitará a ingerência interna das multinacionais, na diversificação da origem nacional dos capitais externos (japoneses, alemães, suecos etc., ao lado dos americanos) e na crença de que, apesar da vantagem que as empresas estrangeiras têm no controle dos mercados externos, na introdução de novas tecnologias e na disposição de recursos financeiros, a firme decisão de criação de uma grande potência sob a égide do Estado nacional garantirá os riscos do futuro. É esta a ideologia fundamental tanto do que eu chamei de "burguesia de Estado" quanto dos militares, técnicos e funcionários; em vez do nacional-populismo anti-imperialista, um nacional-estatismo que deve purgar os pecados do padrão objetivo da associação crescente com os capitais forâneos, da dependência do mercado externo e do financiamento externo crescente, como indica o aumento acelerado da dívida externa.

O jogo político básico, em termos de desenvolvimento, dá-se em função das contradições entre as pressões para acentuar o nacional-estatismo ou para, deixando-o um pouco à margem, concentrar as esperanças no dinamismo da "racionalidade" da empresa internacional e de sua associação com o setor estatal ou privado local. Trata-se, entretanto, de contradições secundárias, enquadradas no amplo leito das acomodações permitidas por uma economia que se expande com força e que dá um lugar ao sol (enquanto estiver crescendo e enquanto houver demanda externa sustentada) para todos, como as tabelas anteriores indicam.

Neste contexto, convém indagar sobre as fontes da demanda para o consumo da produção gerada pelo desenvolvimento industrial-dependente.[13] Sobre esta matéria existem confusões de base que convém esclarecer. Em determinado período (1967-1968), houve políticas de intensificação de exportações de manufaturados para garantir a demanda industrial porque a economia interna estava em fase de recesso desde 1962, e os anos de contenção salarial violenta, de 1964 a 1968, haviam deteriorado a capacidade interna de consumo. A partir deste fato, não foram poucos os estudos críticos que viram na exportação a saída para industrializar com falta de mercado. Parecia que mesmo o padrão de "industrialização restritiva", baseada no consumo das camadas de renda elevada, perdera seu mercado interno. Este foi um dos argumentos apresentados para mostrar a tendência à expansão político-econômica do Brasil na direção do exterior (subimperialismo).

Entretanto, o argumento desconhece que, em primeiro lugar, a relação alegada entre exportação de manufaturados e crise de consumo interno foi *conjuntural*. E, em segundo, que numa economia capitalista o mercado constitui-se também pelo próprio consumo capitalístico (das empresas, do setor público e dos grupos sociais que controlam a ambos), e não apenas pelo consumo de todos e cada um dos trabalhadores, do campo e da cidade, subempregados, pobres em geral etc. Havendo reativação da economia, mesmo quando induzida pelas exportações, renasce a espiral consumista interna que não depende (salvo no caso de indústrias de consumo maciço individual, como tecido, ou calçados populares e alimentação básica) do consumo da maioria, mas de um consumo capitalístico.

Como este processo não é regulamentado, nem automático, mas é desordenado e depende de políticas que o induzam, a expansão capitalista dá-se permeada por crises, conflitos e contradições, mas não se paralisa quando existe uma tendência à baixa dos salários reais dos trabalhadores, como existiu no período considerado no Brasil. Viu-se, pelo contrário, altos índices de crescimento industrial e queda do salário mínimo real (cerca de 35% entre 1964 e 1970,[16] bem como uma queda dos salários médios entre 1964 e 1966, acompanhada de um ganho de cerca de 2% ao ano, depois de 1966, nos salários médios industriais, que incluem operários e empregados).[15] A expansão do emprego urbano industrial entre 1960 e 1970, que passa de 2.790.789 pessoas a 5.263.805, ocupando respectivamente uma porcentagem da PEA de 12,3 e 17,8%, e a própria concentração de renda nos estratos médios altos e altos garantiram o crescimento do mercado interno mesmo para os produtos cuja demanda não se satisfaz diretamente pelo consumo das empresas.

Alguns pretenderam explicar a expansão industrial, como disse, pelas exportações de manufaturados. Os dados dificilmente poderiam servir para confirmar a hipótese. As exportações cresceram enormemente nos anos recentes, especialmente nos setores "não tradicionais". Eis os principais resultados na Tabela 5.

Tabela 5** – Exportação de produtos primários manufaturados, por milhares de dólares
free on board (FOB) – Brasil

Ano	Total de primários	Total de manufaturados	Total de exportações
1965	1.471.955	123.484	1.595.479
1969	2.088.530	222.639	2.311.169
1970	2.318.351	420.571	2.738.922
1971	2.320.323	5.827.622	2.903.585

Fonte: *El desarrollo de las exportaciones no tradicionales de América Latina*. Cepal, *op. cit.*, p. 42.

Nota: Os dados sobre o valor das exportações e especialmente dos produtos manufaturados variam segundo as fontes consideradas e a nomenclatura de produtos usados. Para o ano de 1970, por exemplo, Doellinger, citando dados de "Exportações dinâmicas brasileiras", fala em 2.700.000.000 de dólares exportados e apenas 302 milhões de manufaturados. Em 1965 apresenta, respectivamente, 1.559.500.000 e 109.500.000 de dólares.

** Utilizo aqui dados da Cepal porque permitem maior compatibilidade com outros países da América Latina. Além disso, a definição do que seja "produto industrializado" nas estatísticas nacionais é muito variável. Assim, por exemplo, tomando-se os cálculos de exportação FOB do Banco Central do Brasil, tem-se os seguintes:

Ano	Produtos primários	Industrializados	Totais	Industrializados totais
1965	594,4	282,9	887,3	32,1
1969	983,2	462,3	1.445,5	32,0
1970	1.110,0	622,4	1.732,4	35,9
1971	1216,0	772,1	1.988,1	38,8
1972	1.735,4	1.153,8	2.889,2	39,9
1973	2.852,3	1.841,4	4.693,7	39,2

Fonte: Até 1971: Boletim do Banco Central do Brasil, n. 102, p. 52-154, fev. de 1974. Para 1972 e 1973: Relatório Anual do Banco Central do Brasil, v. 10, n. 3, p. 207, mar. 1974. Obs.: Excluir café solúvel e em grão. Dados para 1973 a serem confirmados.
* Cifras da Cacex, do Banco do Brasil.

Mas a proporção das exportações com respeito ao produto industrial global não ultrapassa em nenhum dos rubros de manufaturados os 3% em cada ano. Como o crescimento global seguiu uma taxa maior do que essa, é difícil sustentar que houve "estreiteza" do mercado interno e que, por isso, seguiu-se uma política exportadora. Com efeito, os analistas mais competentes têm reafirmado que, do ponto de vista da porcentagem das exportações de manufaturados no produto industrial global, a significação da tendência exportadora é reduzida.[16] Por outro lado, ela é geral nos países que estão se industrializando na América Latina. Isto quer dizer que independe de uma relação mecânica com o regime político prevalecente. A exportação de manufaturas cresceu muito mais rapidamente na região do que a exportação de produtos primários, passando de 5,7% da exportação total em 1965 para 12,7% em 1971. Esse esforço para exportar deveu-se à necessidade de equilibrar a balança de pagamentos pressionada pelo aumento do serviço da dívida e pelas importações. A forma que assumiu, com o crescimento da exportação de produtos industriais, prendeu-se, por sua vez, à já referida industrialização da periferia e à reorganização, sob comando das empresas multinacionais, da divisão internacional do trabalho.[17] Não pode ser imputada à "ideologia expansionista" de um país ou de uma classe no poder local. Embora em posição de liderança na exportação de manufaturados na América Latina, o Brasil não é o único país a trilhar este caminho (Tabela 6).

Tabela 6 – Participação das exportações de
manufaturados no produto industrial (Brasil)

Anos	%
1967	3,11
1968	2,59
1969	3,00
1970*	5,00

Fonte: Relatório Parcial do Setor Externo, Ipea, 1970

* Estimativa

Segundo os dados que pude encontrar, apenas num rubro (o de máquinas não elétricas) a participação da exportação foi maior com relação à produção industrial, alcançando 5,9% em 1970. Em máquinas elétricas, foi de 2,2%; material de transporte, 0,8%; calçados e vestuário, 2,4%.
Fonte: *El sector industrial Latinoamericano y la estrategia de desarrollo.* Santiago: ECLA/DI/Draft 85, p. 100, mar. 1973.

Tabela 7 – Exportação de manufaturados
(classificação própria dos países)

(US$ 1.000-FOB)

País	1969	1970	1971	Variação % 1969-70	Variação % 1970-71
Argentina	596.500	644.100	653.000	17,2	11,6
Brasil	495.000	644.986	822.048	34,3	23,6
Colômbia	208.504	221.057	254.030	6,0	14,9
México	198.500	204.900	246.900	3,2	20,5

Fonte: Cepal, *op. cit.*

Como os dados da tabela 7 respeitam as classificações que os próprios países fazem quanto ao que sejam produtos manufaturados, é preciso analisar com mais cuidado a pauta de exportação. Para o caso do Brasil, impõem-se, não obstante, conclusões nítidas. A participação dos manufaturados cresce no conjunto das exportações de 1% ou menos até 1959, para 11,2% em 1970.[18] E, sem dúvida, o salto maior verificou-se depois de 1964. Entre o que se consideram manufaturados, entretanto, as "manufaturas segundo a matéria-prima", que de fato compreendem produtos extrativos algo transformados, mantêm-se estavelmente desde 1964 em torno de 44% do total das exportações de manufaturados; os produtos químicos baixaram de 25% para 17%, e as máquinas e veículos subiram de 26% para 33%.[19]

Em comparação com os outros países industrializados da região, a exportação em US$ de alguns produtos realmente manufaturados não coloca o Brasil como "tipicamente subimperialista" (Tabela 8).

Tabela 8 – Exportação de algumas classes de produtos por país (1970, em milhões de dólares)

Produtos	Argentina	Brasil	México
Vidro e manufaturas de vidro	–	7	9
Produtos químicos	55	39	81
Maquinaria elétrica	8	21	54
Aparelhos e máquinas não elétricos	48	35	40
Material de transporte	10	15	36
Ferramentas manuais	2	5	–

Fonte: Relatório já citado da Cepal sobre *Desarrollo de las exportaciones no tradicionales*, p. 57-58. Convém indicar que são dados preliminares, às vezes distorcidos, como no caso do México, pelas "indústrias fronteiriças".

Houve avanços importantes nas exportações de semimanufaturados de ferro e aço (laminados, perfis, tubos etc.), em que o Brasil exportou, em 1970, 98 milhões de dólares, tendo duplicado a cifra de 1965. Mas, embora em nível absoluto menor, também a Argentina quintuplicou suas exportações para alcançar 28 milhões de dólares em 1970, e o México, vendendo 30 milhões, aumentou em 40% a exportação em comparação com 1965. Trata-se, pois, outra vez, de uma tendência que tem a ver com a forma atual do modelo de dependência industrial-exportadora na América Latina. Igualmente, houve avanços consideráveis, nos países em questão, na exportação de produtos semielaborados da indústria extrativa de madeira e de couros. E nas manufaturas "tradicionais", como vestuário e calçados, também houve progressos que, se medidos pelas cifras relativas, parecem impressionantes porque se parte de um patamar muito baixo; mas em termos do valor em dólares são modestos (Tabela 8.1).

Tabela 8.1 – Exportações – 1970
(em milhões de dólares)

Manufaturas	Argentina	Brasil	México
Vestuário	16	3	1.1
Calçados	–	8	3

Fonte para o Brasil: Relatório do Banco Central, 1973, p. 220.

* Dados mais recentes para o Brasil indicam, contudo, um salto importante na exportação de calçados. Em 1972, foram exportados 54,6 milhões de dólares, e em 1973 (dados provisórios), 93,5 milhões; infelizmente não disponho de dados mais recentes para Argentina e México.

Se não bastassem as informações sobre a percentagem das exportações dos manufaturados sobre o produto industrial para comprovar que não se pode pensar que a expansão econômica atual se deva, *do ponto de vista da sustentação do consumo*, às exportações, mas que a demanda interna continua sendo dinâmica, a Tabela 9 confirma a interpretação.

Tabela 9 – Produção, exportação e consumo aparente de alguns produtos eletrônicos e eletrodomésticos – Brasil 1968-1971 (por unidades)

Produtos	Produção				Exportação				Consumo Aparente			
	1968	1969	1970	1971	1968	1969	1970	1971	1968	1969	1970	1971
Autorrádios	252.000	431.000	543.000	592.000	–	6	2.508	12.035	252.000	430.994	540.492	579.965
Televisores	678.000	746.000	816.000	958.000	3	171	625	4.677	677.997	745.829	815.375	953.323
Aspiradores de pó	71.000	57.000	54.000	74.000	213	9	89	238	70.787	56.911	53.911	73.762
Enceradeiras	244.000	221.000	240.000	297.000	580	350	362	5.111	243.420	220.650	239.638	291.889
Liquidificadores	381.000	424.000	443.000	554.000	4.510	8.246	9.195	20.780	376.490	415.754	433.805	533.220
Refrigeradores	503.00	539.000	525.000	680.000	1.053	1.799	2.615	5.789	501.947	537.201	522.385	674.211
Ventiladores domésticos	100.000	171.000	157.000	220.000	47	85	401	484	99.953	170.915	156.599	219.516
Automóveis	–	–	–	342.214	–	–	–	634	–	–	–	341.580
Ônibus e caminhões	–	–	–	43.258	–	–	–	379	–	–	–	42.879
Camionetas e utilitários	–	–	–	130.566	–	–	–	652	–	–	–	129.914

Fonte: *Indústria e Desenvolvimento*, jun. 1973, p. 112 e 115.

Obs.: O consumo aparente foi calculado como produção menos exportação; como os dados de produção e de exportação provêm de tabelas diferentes, os dados referentes ao consumo devem ser considerados como meramente indicativos. Não disponho de dados sobre a exportação por unidades produzidas para o período posterior a 1971.

A CONSTRUÇÃO DA DEMOCRACIA

Por certo, *para setores específicos*, a exportação de manufaturados, em certa conjuntura, representou uma tábua de salvação ou permitiu, apesar do dinamismo do consumo interno, ampliar a produção. No primeiro caso estão as indústrias têxteis, de vestuários e de calçados. Os têxteis exportaram 13 milhões de dólares em 1968, 57,4 milhões em 1971, e cerca de 100 milhões em 1972.[20] A indústria de vestuário aumentou as exportações em 310% entre 1971 e 1972, e é sabido que a indústria têxtil "ainda luta com o problema da distorção entre produção e consumo interno: este não acompanha aquela".[21] No segundo caso está a indústria de autopeças, que, apesar da expansão do consumo interno, teve um incremento na participação das exportações em seu faturamento de 2% em 1970 para 20% em 1972.

Nada disso desmente o fato de que a indústria de cimento, os laminados de aço, a produção de insumos industriais básicos, a indústria de papel e celulose etc., tenham, como têm, dificuldades para atender ao consumo interno na atual fase do ciclo expansivo da economia (1973) e que, ao mesmo tempo, a indústria de bens de capital proteste contra a Lei do Similar Nacional, que não a protege adequadamente das importações para atender ao consumo interno,[22] e se esteja montando um plano siderúrgico para atender à expansão do consumo interno e ainda exportar insumos industriais de aço. É dessa forma desordenada, e nem sempre combinada, que se verifica o crescimento industrial capitalista.

Quando se pergunta especificamente pelos setores (estatais, nacionais ou estrangeiros) que controlam as exportações, os dados disponíveis mostram que a exportação do setor nacional cresceu entre 1967 e 1969 no item relativo aos "produtos manufaturados sobre matérias-primas", de mais baixo teor tecnológico, diminuindo sua participação em todos os demais itens, enquanto a porcentagem de exportação de manufaturados crescia em todos os itens (produtos químicos, maquinaria e veículos, manufaturados sobre matéria-prima e manufaturados diversos). Mesmo no item que acusa aumento da participação das empresas nacionais, houve crescimento das estrangeiras, porque nele havia também uma forte participação governamental, que caiu de 56,5% para 33,1%.[23]

Com os dados apresentados, que conclusões se podem tirar? Em primeiro lugar, é difícil sustentar a hipótese de que a exportação de manufaturados fez-se para compensar a estreiteza do mercado interno. Este continua se expandindo. O crescimento das empresas e o aumento do emprego urbano-industrial têm dinamismo próprio.

É certo que em 1967-1968 a política de exportação teve o propósito (e o resultado) de contornar um período de crise. Mas em 1968-1969 tanto crescem as exportações quanto o produto industrial e o consumo interno aparente. Houve, portanto, crescimento indiscutível do mercado interno. É por isso que existe um dinamismo social que obriga a cautela nas comparações entre a sociedade brasileira e outras sociedades, de regime político autoritário ou fascista, marcadas pelo imobilismo social.

Sendo assim, como explicar a política favorável às exportações[24] que o governo vem sustentando com tanto afinco?

Em primeiro lugar, é irrecusável que em 1967-1968 a política de exportações visou reativar a economia, que completava um ciclo de baixa iniciado em 1961-1962, depois do que se chama de "esgotamento da industrialização substitutiva de importações". A partir de 1968, em parte devido ao próprio fluxo monetário gerado pelas exportações, mas especialmente depois de 1969-1970, os benefícios fiscais tornaram lucrativa a atividade exportadora regular, independentemente da existência de crises de mercado interno. Simultaneamente, o governo adotou uma política de busca de financiamentos externos para expandir o investimento e para garantir a expansão do crédito ao consumidor.[25] Essa política reforça as relações de dependência financeira entre centro e periferia, permitindo, por um lado, o desenvolvimento industrial e a expansão do consumo baseado nas camadas de rendas elevadas e média (que obtêm hoje créditos fáceis para o consumo) e, por outro, a dependência financeira.

As exportações tornam-se vitais, mesmo depois de ativado o mercado interno, para obter recursos em moedas fortes com os quais se financia a importação de insumos e bens de capital e se amortiza, ao mesmo tempo, o serviço da dívida.

Assim, em vez de expressar uma tendência de subimperialismo econômico, na acepção corrente na América Latina, a expansão das exportações é um indicador do grau e do tipo de relações entre desenvolvimento e dependência que caracteriza o estilo de crescimento econômico baseado na internacionalização do mercado.

De fato, é preciso distinguir no conjunto das políticas favoráveis à industrialização, à exportação e à constituição de áreas externas de influência, os diferentes setores sociais interessados e os objetivos pelos quais propugnam. Os dados que apresentei mostram que uma parte da política industrial-exportadora orientou-se para sustentar setores de baixa produtividade que enfrentaram problemas circunstanciais de mercado interno (calçados, têxteis, vestuários). Quando a generalização sobre a economia foi feita baseando-se nestes setores, o *boom* exportador foi interpretado como se fosse o resultado de uma pressão derivada da estreiteza do mercado. Mostrei, contudo, que no total do crescimento das exportações, o papel deste conjunto de atividades industriais foi pequeno. Em geral as exportações deste tipo se orientaram para a Europa e os Estados Unidos.

Por outro lado, existem pressões inequívocas que se localizam no setor de produção de infraestrutura e de insumos industriais básicos (energia elétrica, petróleo, carvão, gás natural etc.) que parecem requerer algum grau de complementaridade com economias de outros países. Embora os resultados deste tipo de expansão econômica ainda não possam ser medidos pelas estatísticas disponíveis, pois os projetos encontram-se em fase de negociação, parece certo que terão um peso significativo no futuro. Estes projetos parecem atender mais aos reclamos do ímpeto de crescimento do setor estatal da economia do que às empresas multinacionais e às controladas pela burguesia local. Como o modelo adotado *é associado*, é difícil separar os efeitos do avanço de um dos sócios das vantagens que os outros irão auferir. Mas o impulso de expansão externa, neste caso, parece originar-se do setor estatal da economia, e nada tem a ver com a "estreiteza" do mercado interno.

Por enquanto os resultados econômicos desta política são modestos, embora seja compreensível que, avaliados a partir da ótica dos países vizinhos com relação aos quais existem agora negociações de investimentos (Bolívia, Paraguai, Colômbia, especialmente), possam ser vistos como de forte impacto sobre as economias locais. Tampouco neste caso a noção de "subimperialismo" ajuda: não se trata da ação das multinacionais com a mão de gato do Brasil, mas sim diretamente dos interesses das empresas estatais brasileiras na expansão da economia nacional (embora, como disse tantas vezes, aceitando formas de associação com os capitais privados).

A continuidade da expansão dos setores realmente não tradicionais de exportação depende, por sua vez, de outro mecanismo: da divisão de mercado entre as multinacionais. É neste caso (despido das grandezas ideológicas nacional-estatistas) que o mercado latino-americano é importante, tanto para o Brasil quanto para a Argentina, o México ou a Colômbia.

Convém, portanto, deslindar os interesses em jogo, não atribuir a alguns dos participantes as intenções e os interesses de outros, e não esquecer, sobretudo, que, no conjunto a política de exportações, o endividamento externo crescente e o tipo de mercado interno que se forma estão estruturados num todo que assenta no sistema produtivo controlado, em forma associada, mas com especialização de funções, pelas multinacionais, pelo Estado e pelo capital local. É na perspectiva global de análise desse tipo de desenvolvimento dependente-associado que se deve encarar cada uma das peças que o compõem; ele se redefine agora para intensificar o papel que a associação direta entre Estado e multinacionais vai desempenhar na produção típica da fase atual de industrialização da periferia. É possível mesmo que o dinamismo futuro do sistema econômico deixe de estar assentado apenas nos setores de produção de bens de consumo duráveis (controlados pelas multinacionais) para se deslocar na direção da grande siderurgia, da exportação de produtos semi-industrializados e dos minérios. Isso não significa a carta de alforria da dependência, que alentaria expansões de mercado a serem incentivadas pelos estados nacionais,[26] mas sim que, na nova divisão internacional da produção, o País busca obter vantagens relativas (e as está conseguindo) sob o guarda-chuva protetor da associação com as multinacionais de distintos países. No futuro, a economia brasileira, embora noutro patamar de desenvolvimento, estará exposta aos azares da "dependência externa" com esse tipo de produto industrializado de exportação, como esteve no período agro-exportador típico. A taxa de câmbio, as reservas, as dívidas externas, as crises mundiais e a distância entre o Estado nacional e os centros de decisão do mercado internacional recolocar-se-ão como problemas de primeira linha na discussão sobre o modelo de desenvolvimento industrial-exportador, mas dependente.[27]

Poder-se-ia pensar, diante disso, que, tirando as castanhas com a mão do gato, as multinacionais usam o Estado para obter seus fins e que, neste sentido, sustenta-se a ideia de subimperialismo, embora fosse mais difícil sustentar a crença num pré-imperialismo. Entretanto, a expansão real dos controles estatais, a subsistência de interesses capitalistas locais e especialmente o controle político crescente dos setores ligados à burguesia de Estado complicam a cena. No fundamental, como se viu, o dinamismo do mercado interno e, por consequência, os problemas ligados às formas de exploração social internas e à distribuição da renda constituem a contradição fundamental do modelo. A luta interclasses dominantes é que se orienta, nos limites da acomodação possível já assinalada, entre tendências nacionais-estatistas e tendências favoráveis ao predomínio das multinacionais. Contudo, para a expansão externa econômico-industrial típica de uma economia industrial avançada, as multinacionais não precisam fortalecer os instrumentos de controle dos estados locais, e a eles frequentemente se opõem. Antes, é o setor das empresas estatais que impulsiona suas operações no exterior, fazendo inclusive investimentos. Mas, quando o setor econômico nacional-estatista se lança à aventura do controle do mercado externo (minerais, petróleo, insumos semi-industrializados etc.), depende e tem de associar-se com as multinacionais, alienando, assim, parte de seu ímpeto imperial. É do jogo e do desencontro entre estas contradições que se nutre a história recente dos países periféricos que fortalecem o Estado e, com investimentos e financiamento externos, procuram um lugar na nova divisão internacional do trabalho.

NOTAS

1. Ver Marini, R.M. Dialéctica de la dependencia: la economía exportadora. *Sociedad y Desarrollo*, n. 1, p. 35-51, jan-mar. 1972.
2. A respeito deste último ponto, a melhor análise que conheço sobre as funções do terciário e do inchaço urbano sobre a acumulação é o estudo de Francisco de Oliveira. A economia brasileira: crítica à razão dualista. *Estudos Cebrap*, n. 2, 1972. Ver a apreciação crítica dos trabalhos sobre marginalidade em Kowarick, L. *Marginalidade urbana e desenvolvimento*. São Paulo, 1972 (mimeo.), especialmente cap. IV.

3. O estudo a que me refiro e de onde retirei estas informações foi o de Fernando Fajnzilber: *Sistema industrial e exportação de manufaturados. Análise da experiência brasileira*. Rio de Janeiro: Ipea/Inpes, 1971. cap. II.
4. *Ibidem*, p. 123; 55,3% do valor das exportações de manufaturados em 1969 provinham de setores em que a concentração industrial é inferior a 25%.
5. Ver a este respeito as cogitações de Carlos E. Martins: *Brasil-Estados Unidos dos anos 60 aos 70*. São Paulo: Cebrap, 1972. Cadernos Cebrap, n. 9.
6. Ver Rui Mauro Marini, *op. cit.*, e Brazilian subimperialism. *Monthly Review*. Neste último artigo, Marini assegura que o subimperialismo é a forma que o dependente adota quando atinge a etapa do capital financeiro e monopólico. Para ele, "a crise dos sessenta [1960] resultou da impossibilidade de expansão posterior baseada na insuficiência do mercado interno" (p. 15), que afetou a indústria de bens duráveis de consumo.
7. Por desenvolvimento entendo aqui (na mais ortodoxa tradição marxista) a acumulação de capital e sua incidência na diferenciação do sistema produtivo. Não me refiro, obviamente, a um idílico resultado capaz de igualar as rendas e terminar com a exploração, posto que estes alvos não se definem como válidos para uma economia de mercado.
8. Ver sobre este ponto R.M. Marini, no artigo já citado sobre imperialismo, especialmente na versão em castelhano (Santiago: CESO, 1971 (mimeo.)).
9. Ver Cardoso. F.H. Estado e sociedade. *In*: *idem*. *Notas sobre Estado e dependência*. São Paulo: Cebrap, 1973. Cadernos Cebrap, n. 11, p. 23-47.
10. Ou seja, que em vez de "subimperialismo" dever-se-ia começar a falar de "pré-imperialismo", como sugeriu em interessante ensaio recente Carlos Estevam Martins, *op. cit*.
11. Em outro artigo procurei sintetizar alguns estudos que caracterizam o modelo brasileiro de desenvolvimento: "O 'modelo brasileiro' de desenvolvimento: dados e perspectivas". *Debate e Crítica*, v. I, n. 1, jul./dez. 1973.
12. Ver artigo de Mauricio Vinhas de Queiroz, Luciano Martins e J. Pessoa de Queiroz publicado na *Revista do Instituto de Ciências Sociais*, v. 2, n. 1, 1965. Para maiores explicações, ver Cardoso, F.H. Hegemonia burguesa e independência econômica. *In*: *idem*. *Mudanças sociais na América Latina*. São Paulo: Difel, 1969.
13. Quero remeter o leitor a esclarecimentos que fiz sobre o significado da expressão "industrial-dependente". Ver *Notas sobre o estado atual dos estudos sobre dependência*. São Paulo: Cebrap, 1972. Cadernos Cebrap, n. 2. Basicamente mantém-se a situação de dependência, além das razões já aduzidas de controle direto pelas multinacionais e de dependência do mercado externo, porque mesmo o setor industrial desenvolve-se de forma incompleta. O setor de produção de bens de produção (setor I), que numa economia central é eixo da acumulação, não se desenvolve plenamente. Vulgarmente, os economistas referem-se a este problema em termos de "dependência tecnológica". De fato, ele é um indicador da deficiência da

acumulação. Isto leva a economia a ter de importar máquinas e insumos industriais e a ter, por consequência, que ativar o setor exportador (especialmente primário) para gerar as divisas necessárias. Esse processo foi mais acentuado nas modalidades anteriores de dependência.

14. Cf. Edmar Bacha. *Hierarquia e remuneração gerencial*. Brasília: Universidade de Brasília, setembro de 1973. Quanto ao crescimento industrial, as taxas foram as seguintes: 1965: 4,7; 1967: 2,9; 1969: 10,7; 1971: 11,2; 1966: 11,7; 1968: 13,1; 1970: 11,1; 1972: 13,8.
15. O estudo citado de Bacha mostra que os salários do setor industrial abriram-se em leque depois de 1964. Baseando-se em pesquisa localizada, mostra que a média do salário dos trabalhadores entre 1966 e 1972 elevou-se em 2,4% ao ano. Entretanto, outros dados apresentados no mesmo trabalho mostram que os salários da mão de obra desqualificada (serventes e ajudantes, que compõem mais de 50% da força de trabalho urbana do País) "experimentaram uma perda de substância entre 1966 e 1972" (p.24). Os demais salários variam, no mesmo período, entre -1,5% e 7,4%. Ou seja, enquanto os gerentes e técnicos têm ganhos reais importantes, o crescimento das categorias de operários é nulo ou bem menor.
16. A cifra global dos 3% encontra-se em *El desarrollo de las exportaciones no tradicionales de América Latina*. Santiago: ECLA/SE/Draft 84. Documentos de síntese, p. 39. Carlos V. Doellinger, em "Exportações brasileiras: diagnóstico e perspectivas" (*Pesquisa e Planejamento 1*, p. 106, jun. 1971), depois de haver chamado a atenção para o mesmo fato, apresenta outro quadro.
17. Cf., *op. cit.*, nota anterior.
18. Na nota da Tabela 5 indico dados mais recentes do Banco Central do Brasil, que elevam um pouco a percentagem dos industrializados na pauta brasileira de exportação. As variações devem-se às diversidades de critério sobre os produtos considerados industriais.
19. Ver os dados em Doellinger, C., *op. cit.*, p. l06.
20. Ver *Indústria e Desenvolvimento*, v. 6, n. 7, p. 143, jul. 1973.
21. *Idem*, p. 144.
22. Ver, por exemplo: "Similaridade entrava avanço da indústria de bens de capital". *Idem*, p. 136.
23. C. Doellinger, *op. cit.*, p. 136.
24. As exportações estão sustentadas por uma política de "taxa cambial flexível" e de minidesvalorizações do cruzeiro, por incentivos fiscais à exportação e por incentivos creditícios (ver o já citado artigo de Doellinger). Em outras palavras, a exportação é subsidiada, promovendo-se uma redução no preço das mercadorias em comparação com o mercado interno, da ordem de 36% em média. Ver *Políticas e instrumentos para el desarrollo de las exportaciones no tradicionales* (Brasil), Santiago: Cepal/SE/EX, jan. de 1973, p. 26.

25. Sobre a dívida externa e o *boom* brasileiro, ver Wells, J. *Euro-dolars, Foreign and Brazilian Boom*. Cambridge: Centre of Latin American Studies, 1973 (mimeo.). E também King, K. *Recent Brazilian Monetary Policy*. Belo Horizonte: Cedeplar, 1972 (mimeo.).

26. Não quero minimizar, naturalmente, o papel dos setores de produção de bens de consumo e as dificuldades que existem para sua exportação. Nem é de prever que o Estado deixe de se ocupar das *trade companies*.

27. Depois de feito este trabalho, li um estudo de José Eduardo Carvalho Pereira: "Novos padrões no relacionamento da economia com o exterior", que analisa bem as funções e os efeitos da política de endividamento externo recente.

CAPÍTULO VII A formação do Estado autoritário*

* Este ensaio foi publicado sob o título "A questão do estado no Brasil", em *Dados*, abril de 1974.

Dez anos depois da quebra da experiência democratizante de 1945-1964, a semelhança entre o processo político gerado pelo movimento de 1964 e momentos anteriores da vida brasileira engana facilmente o observador, levando-o, com frequência, a caracterizar o regime político por seus aspectos formais.

Vista da perspectiva de hoje, a questão da democracia, tal como se colocava para os chamados liberais de 1964, parece um contrassenso. A carta de Júlio Mesquita em que se propõe um roteiro para a "salvação nacional" e o estabelecimento da ordem democrático-partidista, os discursos de Castello Branco, os rompantes dos "libertadores" do Sul parecem hoje exemplos da falsa consciência de uma elite que via temerosa o ascenso da política de massas janguista e não percebia que o dique para se opor às tendências socializantes e ao populismo (que considerava uma deturpação do *verdadeiro* princípio da representatividade) implicava os riscos do estabelecimento de uma ordem autoritária.

O pêndulo da história política brasileira pareceria inclinar-se sempre para o autoritarismo, levando as afirmações democratizantes para o campo do imaginário. Como se tem dito com frequência, o autoritarismo do movimento de abril de 1964 nunca chegou a ser explicitamente consciente até 1968 (AI-5). Foi surgindo no embalo de cada conjuntura específica quando, frente à articulação política de grupos não alinhados ao "espírito de 1964", a tropa (leia-se, a oficialidade), temerosa dos "desregramentos" da vida política, movimentava-se para pedir "ordem e estabilidade". Era um estado de espírito, mais do que um programa definido, sem deixar de ser, por isso, uma clara manifestação ideológica.[1]

Foi assim com o surgimento do AI-2, com a Frente Ampla, com a cassação de Lacerda e outros próceres, com o golpe de dezembro de 1968, com a sucessão de Costa e Silva etc.

Interpretando esses fatos, os analistas políticos terminaram por batizar o regime como autoritário, mas não totalitário. Mais recentemente, Juan Linz[2] propôs que se qualificasse o regime mais como uma "situação autoritária" do que propriamente como um regime autoritário. O conceito de autoritarismo passou a ser aceito em nome de um conjunto de características que o sistema político exibe: centralização crescente, em prejuízo do espírito federativo (que era defendido pelos "históricos" de 1964); preponderância do Executivo sobre os outros poderes, como o Congresso, (que, em certas circunstâncias, perdem substância e passam a cumprir funções quase ornamentais, mas de valioso simbolismo, como nas sucessões presidenciais); convivência entre a ordem jurídica (existe uma Constituição) e o arbítrio corporificado no AI-5; censura à imprensa; condicionamento da cultura; em suma, um regime de liberdades prescritas cujo exercício é restrito.

Frente a essas características, a maioria dos textos sobre o regime brasileiro insiste em que, apesar de tudo, não cabe a ele o qualificativo de totalitário e, menos ainda, de fascista, porque basicamente o regime não é mobilizador, não constrói um partido, guarda intenções pluralistas, não regulamenta de forma estrita a vida cotidiana da "sociedade civil": e, quando o Estado tenta fazê-lo, não consegue impor seus objetivos à prática.

As pressões da chamada "linha dura" militar terminaram por obter dos "democratas de 1964" concessões substantivas na ordem política e no controle estatal, embora, como elite idealista, aqueles tivessem guardado a intangibilidade da ideologia democrática. Esta conclusão desloca as análises para a questão da legitimidade da ordem autoritária. Boa parte da crítica ao autoritarismo e da expectativa de transformação do regime segue esta linha. A discussão em termos da legitimação e institucionalização do regime passou a preponderar. A crítica tomou esta direção principalmente depois do governo Médici, quando os pruridos históricos de democracia foram substituídos pela preocupação com o crescimento do produto nacional, e quando a oposição entre "linha dura" e "democratas" foi substituída por uma espécie de pacto em que a mentalidade favorável à ordem engolfou

A CONSTRUÇÃO DA DEMOCRACIA

parte considerável da resistência democrática existente dentro do próprio Estado. Este acordo entre as duas principais facções do regime favoreceu uma espécie de "legalidade revolucionária" de inspiração formalmente democrática. A facção abertamente repressora tornou-se mais aceita depois que as impaciências da linha dura cederam diante do rigor com que o governo enfrentou a resistência dos opositores, eliminando praticamente a reação armada e cortando a crítica política pela censura e pela intimidação.

Não desejo discutir exaustivamente neste capítulo os aspectos sociais e econômicos subjacentes à ordem política atual. Mas parece-me que, no plano propriamente político, a caracterização anterior e o debate dela decorrente são insuficientes para entender o que ocorre na conjuntura presente e para indicar os traços fundamentais do regime.

AS QUESTÕES DE BASE

A história da política republicana mostra que existe um padrão de ajustamento institucional que se tem mantido, apesar das variações na concepção da ordem jurídico-política e, até certo ponto, do grau de sua diferenciação interna. Com distintas nomenclaturas, praticamente todos os que procuram pensar sobre as instituições políticas brasileiras referem-se a um mesmo padrão de organização e controle político: elitismo, política de cúpulas, regime político restrito, cooptação em lugar de representação etc.[3] Não é o caso de discutir neste ensaio as origens e especificidades da forma deste elitismo, que em geral não tem sido caudilhesco, como na América espanhola, mas provém de uma concepção autoritária e exclusivista de chefia que encontra semelhanças com o padrão prevalecente no salazarismo. Trata-se de uma ordem política tradicionalista na qual a submissão dos que a obedecem está de tal modo enraizada em diferenças econômicas e de oportunidades culturais que o custo das imposições pela coação é muito baixo. O debate antigo, mas nem por isso desinteressante, entre Sérgio Buarque de Holanda e Cassiano Ricardo sobre o "homem cordial" lança luzes sobre as raízes socioculturais da chefia autocrática e paternalista no Brasil.

Essas características formais do elitismo autocrático não resolvem, entretanto, as questões concretas do poder. Todas as vezes que novos atores entram ou buscam entrar na arena política, a forma de chefia e a ordem jurídico-política sofrem impactos com consequências variáveis que demandam respostas de êxito incerto por parte dos grupos dominantes. Não obstante, a crença dos que mandam, como em toda ordem tradicional, é a de que nada melhor do que a santidade da tradição para resolver impasses: imobilismo e força.

Foi assim na primeira crise republicana de Deodoro (sem êxito); foi assim com Floriano (com êxito restrito); foi assim com Campos Sales e os que o sucederam (com êxito); já havia sido assim com Prudente, e continuou a sê-lo com Epitácio (com êxito relativo), com Bernardes e com Washington. Este tentou nada mudar para melhor persistir, vindo a cair com a ilusão de que com energia e sem inovação poderia entregar o governo ao sucessor "legitimamente" eleito.

As questões subjacentes às crises políticas e à manutenção do padrão político nos casos mencionados eram distantes entre si e são distintas das que hoje se colocam. No início da República, havia duas novas forças aliadas frente ao Império (e, portanto, frente à ordem senhorial escravocrata) que, uma vez vitoriosas, tinham que dividir seu peso relativo na ordem republicana: o chamado jacobismo florianista (que expressava a presença ativa da corporação militar e, de forma mais limitada, de setores de uma classe média tradicional urbana) e a burguesia rural dos cafeicultores. Campos Sales ampliou e codificou o esquema elitista de mando, dando voz às oligarquias locais, mas limitou a participação militar e a da classe média urbana. Rodrigues Alves não apenas consolidou esta ordem, como foi a expressão vigorosa de uma classe em plena ascensão: renovou, expandiu, "tecnicizou" o País.[4] O atentado fracassado que o jacobinismo desferiu--lhe estava frustrado de antemão em termos político-sociais porque os opositores não tinham como dar vida ao projeto político que alardeavam. Nem com Hermes da Fonseca nem com a Reação Republicana as forças opostas às burguesias agrárias lideradas por São Paulo puderam desviar o curso das coisas. Não houve "crise de legitimidade" (denunciada por Rui Barbosa e tantos mais) capaz de abalar a força da oligarquia. Esta não provinha da forma oligárquica e tradicional do exercício de mando, mas da pujança ascensional da burguesia do café, que foi capaz de mobilizar recursos e solucionar problemas nacionais tal como os equacionara a partir de seus interesses.

Não obstante, 1930 não estava inscrito na trajetória política brasileira como consequência da crise do café. Foi a ordem restrita criada pela República (ou seja, pela elite agroexportadora) que limitou, no *plano político*, capacidade de absorção de novos atores e tornou obsoletos os recursos usuais de política de cúpula. Estes tornaram-se insuficientes frente ao assédio das novas questões criadas pela emergência de situações que a ótica tradicional, baseada no imobilismo e na força, era incapaz de encarar e enfrentar.

A questão de base, subjacente à instauração de uma ordem política, é, portanto, a de regular os atores legítimos da arena do poder e, *ipso facto*, a de excluir com êxito – e violência, se necessário – os grupos, classes e frações de classe que se tornam ilegitimadas pela situação política vencedora. A condição por assim dizer "histórica" que permite a um grupo emergente de atores políticos afirmar-se como donos do poder e encontrar a obediência dos demais depende de uma equação entre o recurso à força e a capacidade que o novo grupo tenha (utilizando os meios materiais e culturais e adotando as medidas políticas que sua imaginação permita) para resolver um conjunto de problemas que aparecem como cruciais num dado momento. Embora a solução encontrada para estes problemas encaminhe os interesses (sociais, econômicos e políticos) do grupo que está no poder, para minimizar o uso da força, ela deve aparecer como sendo proposta "em benefício da comunidade". É neste ponto que cobra força a questão da ideologia, e que a discussão sobre a legitimidade torna-se importante.[5]

Portanto, as oportunidades de êxito de uma situação política emergente dependem do modo de articulação entre violência, disponibilidade real de recursos (econômicos e sociais), e imaginação política. Esta última na dupla acepção de definição de políticas e organização de estratégias, por um lado, e, por outro, da criação de um instrumental simbólico que assegure a mágica indispensável para tornar ideologicamente quase consensual o interesse do grupo no poder. Simplificando muito, é possível dizer que, enquanto os recursos econômicos e sociais disponíveis ultrapassam o "sistema político" e lhe são (até certo ponto) *dados*, os outros dois são especificamente políticos. Isto não quer dizer que a análise deva ser feita apenas em termos destes últimos, pois as limitações extrapolíticas são básicas para a análise em pelo menos dois sentidos: delimitam o perfil das possibilidades e incitam a imaginação política a descobrir recursos capazes de alterar a composição dos atores políticos, chamando à cena ou dela excluindo grupos, classes e setores sociais que acrescentam ou diminuem os recursos e a capacidade de disposição que o grupo no poder tenha sobre eles.

Quando não se considera na análise o conjunto dos condicionantes "extrapolíticos",[6] a observação sobre o conflito político reduz-se à equação linear entre violência e legitimidade, numa supersimplificação do conjunto dos componentes do processo político. Em caso contrário, quando são analisados os condicionantes estruturais, a política aparece como epifenômeno, tornando a ação transformadora consequência mecânica de obscuras forças ocultas na base estrutural.

O ESTADO E A LEGITIMIDADE

Em boa medida, a discussão sobre o "modelo político" prevalecente no Brasil pós-1964 tem posto à margem os recursos políticos e o contorno social (ou seja, os atores legítimos, excluídos, mobilizáveis e cooptados) para se restringir à análise da relação entre violência e legitimidade ou à análise das formas mais ou menos autoritárias que o regime ostenta.

A própria caracterização corrente sobre autoritarismo, bem como a discussão sobre as intenções democratizantes dos históricos de 1964 e a reação dos pragmáticos de 1968 pecam com frequência pelo formalismo. Por certo, a distinção entre partido único e pluripartidismo, centralismo e federação, ideologia mobilizadora de Estado e flexibilidade ideológica etc., é relevante. Mas deixam de lado uma das questões básicas para a caracterização do sistema político, que poderia ser assim formulada: trata-se de definir os componentes do jogo de poder que não são de imediato políticos, entendendo-se que tanto o uso da violência quanto a ideologia o são.

A questão de base não se resume em saber se o regime usa mais ou menos força, tem maior ou menor capacidade de propaganda e de difusão de valores, mas sim a quem exclui e a quem atrai com este uso, e quais são os recursos reais dos que são atraídos e dos que são excluídos. A questão da natureza do Estado, da ideologia, do tipo e grau de apatia etc., tem que ser vista deste ângulo para que se entenda a tessitura real do regime de 1964.

É neste ponto que a observação sobre Estado e ideologia se justifica para analisar o regime de 1964/1968 e os desdobramentos posteriores. Não desejo alongar considerações sobre o Estado como forma de articulação entre as classes nem como matriz dos valores racionalizadores desta articulação. Mas é fácil entender que o exercício da hegemonia por alguns setores das classes dominantes depende da capacidade que eles têm para, ao manter as normas de exclusão política (e, portanto, exercer em algum grau uma ação coatora), assegurar, ao mesmo tempo, uma retribuição às demandas econômicas e sociais das classes no poder e atender, desigual e assimetricamente, as demandas das classes dominadas. Além disso, os grupos hegemônicos devem fornecer retribuições simbólicas para transformar em valor comum o estilo de participação e organização política que garante o atendimento dos interesses das classes dominantes e de seus representantes.

Não há novidade nesta caracterização, mas ela evita, pelo menos, os equívocos de uma interpretação liberal do pensamento gramsciano, que reduz a noção de hegemonia à de consenso e transforma a discussão da legitimidade no problema político fundamental.[7] Por este caminho dificilmente se chegaria a reconhecer que o movimento de 1964 criou uma nova situação de hegemonia, posto que a legitimidade da ordem estabelecida é restrita, e que nos planos jurídico-institucional e ideológico a "situação autoritária" brasileira aparece como contraditória (constituição *versus* AI-5; tendência democratizante *versus* ímpetos fascistas-repressores etc.).

Quando se aceita que a hegemonia do bloco de poder se exerce de forma imediata sobre as classes dominantes, fica claro que são formais e inconsequentes as digressões sobre a falta de legitimidade do regime brasileiro. Considero-o "legítimo" ou não segundo a capacidade que tenha demonstrado e venha a demonstrar para definir e manter regras de exclusão social e política capazes de garantir retribuições (materiais e simbólicas) às classes dominantes e de gerar, pela força normativa da matriz estatal e das instituições conexas (ou, para usar a expressão marxista contemporânea, pelos "aparelhos ideológicos"), um conjunto de valores, crenças e práticas que, sendo aceitos pela maioria, reproduzam a ordem vigente.

Por consequência, não minimizo a ordem institucional e simbólica, mas trato de integrá-la no contexto mais amplo da dominação. Nem, muito menos, ponho em segundo plano a análise do Estado. Apenas, encaro o Estado como o *locus* privilegiado no qual se dá a articulação política entre as classes e se estrutura primariamente a ideologia. Ao dizer isto estou afirmando que o Estado é ao mesmo tempo um feixe de interesses e um cadinho de ilusões. Ele, ao mesmo tempo que consolida interesses e molda políticas específicas que delineiam o perfil dos vencedores, elabora também o retrato transfigurado dos vencidos: desenvolvimento "humanizado", o homem como meta, a educação para todos como forma de redistribuição de rendas etc. etc. são projeções da cara da nação que não existe, mas que, para consolidar sua face verdadeira, são tão importantes quanto reais como aspiração, ilusão e função social. Assim, penso o Estado como forma, arena, matriz de valores e, *last but not least*, organização. Penso-o, pois, como *objetivamente contraditório*, na medida em que ele sintetiza o interesse particular e a aspiração geral, e que nele se digladiam interesses não sempre homogêneos. Entender o "modelo político" do Brasil consiste, antes de mais nada, em explicitar a forma estatal, a organização estatal, a ideologia do Estado, as políticas por ele engendradas. Ao fazê-lo, explicitam-se os que mandam, os que são beneficiados, os que são excluídos e os que participam.

O ESTADO E AS CLASSES

A releitura das declarações dos líderes vitoriosos de 1964 e o acompanhamento da atividade das organizações de classe e dos movimentos sociais ocorridos antes e depois de março/abril de 1964 mostram que

A CONSTRUÇÃO DA DEMOCRACIA

os analistas que naquela época viram um confronto "clássico" entre as classes e o fortalecimento das burguesias com o golpe partiram de boas pistas. Ideologia e prática pareciam apontar para um conflito entre classes que se resolveria por um período de "reação burguesa" ao fim do qual uma ordem democrático-burguesa,[8] embora autoritária, iria prevalecer.

Não eram poucos, não obstante, os elementos de conservantismo agrário e de tradicionalismo clerical que tisnavam as possibilidades da ordem burguesa formalmente democrática que os revoltosos mais falantes pensavam implantar. O predomínio dos elementos conservadores era enfatizado pela crítica de esquerda. Esta, menosprezando os aspectos de modernização conservadora apregoada pelo setor "liberal" de 1964, considerava inevitável uma "volta ao passado" (ao fascismo). O apoio dos setores latifundiários, da classe média reacionária e da direita militar ao movimento de 1964 parecia suficiente para bloquear a fraseologia liberal-jurisdicista que era apregoada pelas tendências centristas existentes no novo bloco de poder e para diluir os interesses "fisiológicos" da massa do pessedismo que aderira ao golpe com o propósito de voltar ao poder por meio da eleição de Juscelino Kubitschek.

Não obstante, que eu saiba, ninguém previu que, por trás das declarações, e mesmo contrariando as políticas postas em prática pelo governo Castello Branco, havia uma matriz de organização política que, para ser entendida, dependia menos da leitura de Locke ou de Hobbes do que de Hegel... Curiosamente, nem mesmo os marxistas (que, se supõe, terão lido a *Crítica da filosofia do Estado* feita por Marx) advertiram na época a possibilidade de que, apesar das intenções e dos interesses de alguns setores das classes dominantes, o caráter dependente da economia brasileira e a tradição centralizadora e burocratizante do Estado brasileiro acabariam por redefinir o quadro institucional. Este, como hoje é claro, nem se reorganizou para servir aos interesses "tradicionais" (agro-latifundistas-exportadores, classe média burocrática tradicional, setores profissionais "liberais", burguesia mercantil-industrial de baixa competitividade etc.) nem, ao dinamizar o processo de acumulação e ao chamar os técnicos e militares aos círculos íntimos de decisão de alta cúpula, tomou o rumo do fortalecimento dos interesses empresariais modernos.

Ao contrário disso, gerou um sistema híbrido que, atendendo aos interesses do capital monopólico (e consequentemente das empresas multinacionais) tratou de fortalecer, ao mesmo tempo, a empresa pública e de ampliar a área decisória do governo e sua capacidade de controle sobre a sociedade civil.

O PRÍNCIPE E O ESTADO

Não acompanharei aqui, nos pormenores, os passos e as fases da construção do Novo Estado brasileiro. Convém referir, contudo, que o embrião do que veio a ser a ordem institucional ora vigente começou a se perfilar em junho de 1964, quando o governo Castello rompeu a aliança com o PSD e cassou os direitos de Kubitschek. Esvaziado o sistema de poder do apoio das lideranças conservadoras tradicionais, o regime viu-se na contingência de depender politicamente de duas forças contraditórias: a tendência liberal-jurisdicista da UDN e a tendência propriamente militarista, cuja face visível estava no furor purgatório dos chefes de inquéritos policial-militares (IPM), mas cuja base real se assentava na linha dura militar. Esta, se talvez para a maioria de seus componentes, em 1964, ainda guardasse a intenção de ser "restauradora" da democracia e da pureza administrativa, tinha um substrato real no apego ao estatismo e na expansão burocrático-militar do Estado. Viam, como Hegel, na burocracia a expressão "civil" do Estado, e, nas corporações, o espírito "estatal" capaz de redimir a sociedade. Em pouco tempo as afinidades eletivas (e de interesse...) entre o integralismo caboclo e o autoritarismo burocrático reencontraram-se e puseram em debandada os ímpetos democrático-liberalizante-jurisdicistas da outra face do governo Castello.

Se no plano político este processo demorou um ano e meio para amadurecer (com o AI-2) e para expulsar do governo Castello a tendência liberal, no plano econômico – *malgré* a atribuída ortodoxia de Bulhões e Campos – ele amadureceu mais rapidamente. Os ministros encarregados desta área tudo fizeram para combater as impurezas que perturbavam o modelo econômico com que sonhavam: cercearam os interesses agraristas na política do café, censuraram os "empresários parasitas", criaram os instrumentos financeiros que lhes pareceram adequados para vitalizar a acumulação, apelaram, enfim, para a primazia do capital (e, *primus inter pares*, do capital estrangeiro). A "saúde" da economia, entretanto, dependia menos da "modernização" empresarial e do "espírito de risco" do que do controle salarial, do controle do gasto público e... da capacidade que o Estado tinha para se tornar, mais e mais, empresário e gestor de empresas. Com isso, em vez do "fortalecimento civil" – e, com ele, o das burguesias –, como parecia desejar a política econômico-financeira, foi-se robustecendo a base para um Estado expansionista, disciplinador e repressor. Quebraram-se os sindicatos, quebraram-se os habituais limites e formas de inter-relação entre o interesse privado e o público, passou-se à "legisferação" por decretos como rotina.

Castello Branco, ao que consta, não queria ser Bonaparte nem Luís Filipe. Talvez preferisse ser De Gaulle. Mas, onde basear *la grandeur* para, como fez o general francês, limitar, em nome do "interesse da soberania do povo", a aliança entre o monopólio e o Estado? Na França havia uma tecnologia própria para fazer a bomba atômica, capitais para renovar a grande indústria, e o Mercado Comum para ser moldado e liderado. No Brasil, o grande capital era estrangeiro ou do Estado, a tecnologia, alugada e condicionada, e, em vez do Mercado Comum como bloco internacional de poder, havia apenas o fim da Guerra Fria com a herança de uma teoria da guerra revolucionária na qual o inimigo era interno.

O resultado foi que o Príncipe se substantivou no seu predicado, no Estado, e este ficou sem sujeito aparente, como logo se viu com a eleição de Costa e Silva. Uma máquina que passou a crescer e a ser autogerida, baseada na força da aliança entre o monopólio estatal e as multinacionais; no integralismo elitista que tem horror à ideia de representação e de soberania popular; e o ponto que se legitimava pela sua guerra revolucionária, moribunda no mundo ocidental, mas condicionadora de comportamentos no Brasil.

Neste contexto nasceu a interpretação da "falta de legitimidade" e crise de hegemonia. Não viram os analistas que o Príncipe moderno, no caso brasileiro, não é o partido, como na aspiração gramsciana, mas o próprio Estado, com todas as implicações teóricas e práticas que esta situação coloca.

A TRANSIÇÃO

No início da gestão Costa e Silva, seria difícil ainda imaginar os contornos do modelo político em gestação. O marechal subira ao poder contestando abertamente a força de condução política do governo anterior. Parecia arrancar sua força dos *rank and file*, da tropa. Não faltaram analogias apressadas com Bonaparte. A ideia de "vazio de poder" (conceito que não chego a entender, pois o poder, para mim, obedece à lei da expansão dos gases...) escondia a ignorância sobre os fatores reais do poder. Imaginava-se que o presidente faria a multiplicação dos pães e determinaria as regras de sua divisão. De fato, no plano econômico foi assim, só que não foi o presidente quem determinou as regras do jogo. E no plano político (enredado com as forças sociais e institucionais do passado e pressionado pelas novas forças), o presidente foi ficando acuado e teve as bases de seu poder decisório roídas por dentro. Se houve algum esvaziamento de poder, este foi precisamente o do candidato (e não autocandidato) a Bonaparte. Mas o "vazio" logo foi ocupado pelos novos donos, naquele instante, do poder: a linha dura militar, os setores estatistas, e um novo personagem: a cruzada da repressão. Em conjunto, estes atores passaram a constituir a base do que veio a se designar como o "Sistema".

Costa e Silva subiu ao poder reagrupando a oposição política a Castello: a parte do pessedismo marginalizada, o empresariado nacional contrariado pela política econômica de Campos, a "linha dura", que também queria "humanizar" a política econômica e se aliava aos setores estatistas contra o favorecimento das empresas estrangeiras realizado no governo anterior, e até setores sindicais da cúpula neopeleguista que estavam contra o arrocho salarial mas que, não podendo voltar à política populista, viam na bonomia presidencial um sinal de paternalismo distribucionista.

Em poucos meses desfez-se o quadro de bonança e até mesmo a Constituição de 1967, que fortalecia o Executivo, pareceu "fraca" aos setores mais totalitários do governo. A maré crescente das manobras políticas de oposição (tentativa de aliança entre Lacerda e Juscelino, com apoios janguistas), o movimento urbano de massas (estudantil e operário), e o início das atividades da oposição armada levaram ao acirramento das

A CONSTRUÇÃO DA DEMOCRACIA

lutas políticas e uniram as forças estatistas e repressivas não sem desafogo por parte da burguesia. Em dezembro de 1968, o AI-5 demonstrou que, para os nacional-estatistas do general Albuquerque Lima e para o "Sistema", a oposição ativa nas ruas e no Congresso era incompatível com o desenvolvimento e com a segurança nacional.

Os episódios político-partidários e as tentativas presidenciais de restabelecer a ordem constitucional aparecem hoje como estertores das aspirações democráticas que animavam parte dos líderes de 1964. Em lugar delas, depois de ultrapassar o período agudo da recessão que começara antes de 1964, as questões políticas se deslocaram da discussão sobre o chamado "modelo institucional" para o "modelo econômico brasileiro". Começa uma etapa de "realizações e pragmatismo".

FUNCIONÁRIOS, EMPRESA E ANÉIS DE PODER

Durante o governo Médici, o que foi tendência e facção nos períodos anteriores transformou-se em norma majestosa de governo. A busca de legitimidade deslocou-se do plano político para o plano econômico, no qual um ambicioso programa de "Brasil-Potência" passou a orientar as metas e a propaganda do governo. E o que fora preocupação com a legalidade transformou-se em inculcação ideológica.

O regime passou a desejar medir-se pela eficiência mais do que por qualquer outro critério, e antes pela eficiência econômica do que por seus acertos em quaisquer outros terrenos.[9] Quando do prolongado período de auge econômico entre 1969 e 1973, o modelo de "desenvolvimento dependente-associado", baseado no financiamento externo e na dinamização das exportações, começou a sofrer os transtornos normais de uma economia capitalista de mercado aberto, o governo – porque dependia, para sua legitimação, de uma espécie de mito de crescimento contínuo e de êxito retumbante – foi lançando mão, em forma crescente, da ideologia e da propaganda. Práticas pouco ortodoxas de informação foram usadas para atingir as metas de controle da inflação por via de manipulação das estatísticas para manter os salários achatados, para minimizar os efeitos negativos que a dívida externa acarretaria sobre a opinião pública etc., chegando, em 1974, a criar uma situação embaraçosa para os herdeiros do modelo do crescimento contínuo.

Enquanto durou a expansão fácil da economia exportadora e industrializante (assim como houve bonança no governo de Kubitschek durante o período de "substituição fácil de importações"), as questões políticas de base puderam ser contidas pela repressão, pela ideologia e pelas realizações econômicas. *Post festum*, elas reaparecem com o vigor habitual, colocando, agora sim (se a facção dirigente não conseguir reorientar as políticas), um problema de crise de condução política.[10]

Nesse entretempo, o regime se caracterizou por uma espécie de delegação da política para a economia e, nesta, pela emergência do tecnocrata como personagem político. Para ser mais preciso, houve não apenas a delegação não sufragada pelo voto do eixo das decisões para os setores econômicos do governo como, em plena autocracia presidencial formal, no terreno político, consubstanciou-se a inversão entre sujeito e predicado a que me referi anteriormente. O poder presidencial transfigurou-se em mero símbolo sancionador e o Estado passou a secretar "por si" (no sigilo das reuniões de altos funcionários) as decisões políticas.

Esvaziada a ação presidencial, marginalizado o Congresso como foi (também ele passando a exercer a função simbólica de manter a "legalidade" ambígua da Constituição emendada por atos constitucionais emanados da Presidência), voltado o Ministério da Justiça – que, no passado, fora o ministério político por excelência – para a questão napoleônica da "reforma dos códigos",[11] feita a "inversão dos partidos" (ou seja, o Executivo sustentando os partidos, controlando-os, limitando-os etc., e não o contrário), a capacidade decisória escorregou mais e mais para o automatismo do "Sistema". Este, no aspecto político-administrativo, parece ter se substantivado na ação de alguns altos funcionários de segunda linha e de limitada responsabilidade política (como foi o caso da chefia do gabinete civil da Presidência), e especialmente no poder de veto exercido pelo Serviço Nacional de Informações e pelo zelo purgatório das seções controladoras (como os serviços de censura) e repressoras (como as operações especiais de combate à subversão) do Estado, todos direta ou indiretamente dependentes de órgãos internos das Forças Armadas.

A CONSTRUÇÃO DA DEMOCRACIA

Pouco a pouco, os ofícios oriundos não se sabe de onde e assinados não se sabe por quem (às vezes meras circulares) passaram a suprir, no cotidiano, a falta de uma cabeça política responsável e a existência de órgãos partidários capazes de assumir os riscos da proposição de uma política. Como corretivo à tendência necessariamente burocratizante e à acefalia política que uma descentralização de poder interna ao aparelho de Estado causa num regime que é centralizador e que, portanto, fortalece o Estado, estabeleceu-se uma estratégia de dinamização da máquina administrativa por meio dos chamados "projetos-impacto". Entre as muitas ações e planos conservados no anonimato dos gabinetes técnico-burocráticos, escolhiam-se alguns de efeito propagandístico previsível, embora não necessariamente injustificáveis técnica e politicamente, para se comunicar à população que o governo (e, especialmente, a Presidência) tinha uma política e velava pelos interesses da nação.[12]

Controlada a imprensa, coibida a oposição, e exitosa a expansão econômica, o relacionamento simbólico direto entre a Presidência e a "cidadania" teve como resultado fortalecer a "autenticação" (se bem que não necessariamente a legitimidade) do regime. Por outro lado, se o modo de articular a "sociedade civil" fosse semelhante à forma anteriormente descrita de organizar a "sociedade política", não sei como se poderia manter sequer o qualificativo de autoritário para um regime que exibe traços tão fortes de totalitarismo, e menos ainda como qualificá-lo apenas de "situação autoritária".

Entretanto, o regime não se constituiu apenas como um clube de funcionários mais ou menos controlados – nas linhas mestras – pela corporação militar. Ele foi também um regime de empresas. É este, a meu ver, o aspecto mais relevante para a discussão política sobre o chamado "modelo brasileiro".

De alguma forma, o regime tratou de dar resposta às pressões sociais provenientes de novos personagens que, se bem não estivessem incluídos no círculo restrito da facção dirigente do aparelho de Estado (pois esta, repito, parece ter sido *chasse gardée* dos militares e de burocratas mais ou menos versados na "tecnicalidade" jurídico-econômico-administrativa), puderam ser partícipes das decisões do Estado por mecanismos mais flexíveis de incorporação e cooptação política.

A relação entre as forças sociais que se beneficiam com o regime e as forças políticas que o articulam é extremamente complexa. Seria uma supersimplificação inferir a partir das políticas emanadas do Estado a base de sua sustentação.[13] Por outro lado, também seria simplista supor que os funcionários e "*decision-makers*" atuam, do alto de uma razão de Estado, como consciência que espelha os interesses da coletividade e, nesta qualidade, veem o que as próprias classes interessadas na vida econômica não são capazes de divisar, e atuam sem sofrer pressões por parte delas.

Convém distinguir, pelo menos, as classes dominantes das facções dirigentes, e, nas primeiras, separar as que de fato ampliam suas vantagens com as políticas postas em prática pelo regime (ou, mais precisamente, em cada governo) das que, se bem se escudem no Estado na medida em que este exclui o conjunto das classes dominadas da possibilidade de exercício do poder, não necessariamente ganham com a condução política das facções dirigentes.

Se nos restringirmos à caracterização das facções dirigentes, elas representam (e mais adiante discutirei como) a presença crescente do próprio Estado *na condição de organização* (como burocracia) e como *empresa* (portanto, como Estado capitalista produtivo), e do grande capital, multinacional e local.

Se a caracterização se fizer em termos mais empíricos quanto aos grupos sociais em que são recrutados os agentes das facções no poder, ver-se-á que as decisões são tornadas por intermédio de funcionários (civis e militares) e de pessoas que exercem cargos no Estado, recrutadas fundamentalmente entre quadros das empresas privadas ou públicas, entre tecnocratas, planejadores, economistas, engenheiros, administradores de empresas etc., que, imprecisamente, são chamados de membros das "novas classes médias". Imediatamente ao lado desses *policy-makers* encontram-se os produtores de ideologia (jornalistas especializados no apoio às medidas econômicas, juristas, técnicos em legislação fiscal etc.).

OS ANÉIS BUROCRÁTICOS

Mas não se devem confundir as pessoas que constituem o quadro técnico--burocrático da dominação com as classes em sua articulação com o aparelho de Estado. É óbvio que num regime que restringe as funções do Parlamento e dos partidos o jogo político se concentra no Executivo e faz-se por intermédio de seus funcionários. Subsiste a questão de determinar quem se beneficia com as políticas propostas e como se fazem sentir (e não necessariamente *representar*) os interesses concretos das classes dominantes no processo decisório. Embora não se disponha de análises adequadas, existem algumas especificidades no relacionamento das empresas com o Estado. Por um lado, as empresas públicas passaram a ter um raio de influência crescente. Isto não quer dizer que tenham necessariamente contrariado interesses privados, mas passaram a ser atuantes dentro do Estado, com voz própria.[14] Por outro, as forças econômicas privadas beneficiárias diretas do regime (os setores industrial-exportadores, os contratistas de obras, os setores extrativo-exportadores, o grande capital multinacional, bem como o capital financeiro mobilizado para sustentar a nova etapa da acumulação) fizeram-se sentir por mecanismos políticos ainda pouco estudados,[15] que tenho chamado de "anéis burocráticos". O próprio adjetivo usado para qualificar estes anéis mostra os limites que o setor privado encontra para se articular politicamente e para influir nas decisões do Estado.

Durante a montagem do modelo de desenvolvimento industrial-dependente-associado, estas forças trataram de se articular com os núcleos de onde emanavam as *policies* pertinentes, embora não sem atrito entre elas e com os funcionários do Estado; como mostrou Celso Lafer,[16] o Conselho Monetário Nacional e o Conselho Interministerial de Preços constituíram os pontos privilegiados para a ligação entre os interesses dos setores privados e as políticas oficiais e para a barganha interburocrática. Não quero repetir outros analistas nem argumentos que apresentei antes, mas o regime, embora cerrado às pressões da "sociedade civil", foi flexível para cooptar e incorporar as pressões, tanto do grande capital quanto dos setores assalariados de altas rendas. Forçando um pouco a imagem, seria possível sugerir que o ministro da Fazenda foi o presidente das facções dominantes da sociedade civil, e a articulação do *shadow cabinet* do regime (que não é um gabinete de oposição, mas um gabinete paralelo), e a presidência da "sociedade política" fez-se por um pacto de não interferência rotineira, no qual a Presidência guardou o poder tutelar e a função moderadora. Esta foi decisiva exatamente na solução dos impasses criados pela pressão expansionista dos representantes do setor empresarial do Estado e dos interesses propriamente nacionais das Forças Armadas (em questões como a do fortalecimento da Sudam, da Transamazônica, do mar territorial, da manutenção de monopólios estatais, dos termos de negociação entre as multinacionais e as empresas do Estado, dos programas de apoio à tecnologia local e à empresa nacional cogitados pelo BNDE etc.). A função tutelar foi decisiva não tanto pela interferência aberta quanto pelo reforço à atuação das empresas e órgãos de controle do desenvolvimento que impuseram limites às pretensões das empresas privadas internacionais e aos setores empresariais de orientação antiestatista.

A articulação entre as decisões político-administrativas e as político-econômicas garantiu um papel de relevo ao mundo das empresas privadas e públicas, dando ao regime, neste aspecto, uma conotação de pluralismo que dificulta sua caracterização como totalitário. A impersonalização intrínseca ao modelo político administrativo vigente deu um cunho de individualidade (no sentido de capacidade empresarial para decidir), e até de responsabilidade pessoal, à ação do ministro da Fazenda e, em grau menor, dos gestores das outras pastas econômicas.

Neste híbrido político em que se transformou o regime no período Médici, os partidos perderam sua função. Em seu lugar criaram-se instrumentos políticos menos estáveis e mais ágeis que, por falta de melhor nome, qualifiquei em trabalhos anteriores como "anéis". Não se trata de *lobbies* (forma organizativa que supõe tanto um Estado quanto uma sociedade civil mais estruturados e racionalizados), mas de círculos de informação e pressão (portanto, de poder) que se constituem como mecanismo para permitir a articulação entre setores do Estado (inclusive das Forças Armadas) e as classes sociais. As qualidades para o pertencimento a um "anel", entretanto, não advêm da solidariedade ou da possibilidade de busca de recursos políticos comuns entre camadas ou facções de classe mais amplas, mas da definição, nos quadros dados pelo regime, de um interesse específico que pode unir momentaneamente ou, em todo caso, não permanentemente, um "círculo de interessados" na solução de um problema: uma política energética ou rodoviária, o encaminhamento de uma sucessão estadual, a defesa de uma política tarifária etc. O que os distingue de um *lobby* é que são mais abrangentes (ou seja, não se resumem ao interesse econômico) e heterogêneos em sua composição (incluem funcionários, empresários, militares etc.), e especialmente que, para ter vigência no contexto político-institucional brasileiro, necessitam estar centralizados em volta do detentor de algum *cargo*. Ou seja, não se trata de um instrumento de pressão da sociedade sobre o Estado, mas de uma forma de articulação que, sob a égide da "sociedade política", assegura um mecanismo de cooptação de membros das classes dominantes nas cúpulas decisórias, que se integram *quae personae*, e não como "representantes" de suas corporações de classe.

A articulação por intermédio desses anéis (que chamo de "burocráticos" para sublinhar sua necessária localização no aparelho do Estado) é a forma que o regime adotou para permitir a inclusão dos interesses privados em seu seio e para criar instrumentos de luta político-burocrática no aparelho do Estado. A noção de corporativismo é inadequada para caracterizar essa relação vigente entre Estado e classe. No corporativismo, embora sob controle estatal, as classes se organizam e atuam. Por intermédio desses anéis, as classes (mesmo as dominantes) não se organizam como forma social, embora interesses econômicos e políticos específicos e individualizados possam pressionar o sistema decisório. O Estado mantém a capacidade de remover o funcionário-chave de um dado anel (quer seja este controlado por um ministro, um general, ou por um acordo entre ambos). Pode provocar, assim, uma desarticulação radical das pressões que se estavam institucionalizando. Com isto assegura-se a cooptação e não a representação da sociedade civil e assegura-se, ao mesmo tempo, a debilidade dos anéis burocráticos como força política autônoma.

AS BASES DO PODER E O ESTADO

Continuando a ressaltar o que é específico no autoritarismo vigente, existe uma dualidade na ordem política brasileira, que é contraditória e cuja contradição resolveu-se parcial e momentaneamente pela criação de duas linhas decisórias: a político-administrativo-repressiva e a político--econômica. A arbitragem entre elas, como eu sugeri, ficou nas mãos da Presidência, que durante o governo Médici foi antes a expressão do "Sistema" do que do exercício da autoridade pessoal do líder. Essa dualidade pode ser expressada com adjetivação variada: o regime utiliza simultaneamente mecanismos de cooptação e de "representação" limitada; existe um país integrado ao Estado e no qual os órgãos decisórios pesam mais do que qualquer outra força social, e um outro (no Centro-Sul) no qual as classes, a imprensa e a opinião pública tentam fazer-se representar e controlar as instâncias estatais de decisão, e assim por diante.

Expressivamente poder-se-ia dizer que Brasília é a capital de um Estado hegeliano em que a soberania, se não habita como noção absoluta o espírito de um monarca, incorpora-se à classe média dos funcionários como virtude pessoal (especialmente dos militares) e atributo cultural deles.[17] É tênue o limite entre o arbítrio e esta soberania voluntariosa e orgulhosa, atributo máximo do Estado, e mais tênue ainda quando o Príncipe se despersonaliza no "Sistema" e as esferas específicas de competência que regulam o relacionamento da "sociedade civil" com a sociedade política ficam sujeitas ao arbítrio do Estado soberano. Por outro lado, São Paulo expressaria a capital da "sociedade civil" de aspiração lockiana, cuja vigência encontra fundamento no esforço da persistência de uma cidadania ou de sua criação. Este se nota, por exemplo, nos impulsos autonomistas de setores da imprensa. Os efeitos desta "pátria lockiana" se estendem e mesmo se adensam no extremo sul, onde, apesar de tudo, o esquema clássico de relações entre classes, partidos e Estado parece resistir galhardamente. A oposição emedebista, herdeira de duas tradições contraditórias mas ambas altivas, a da presença reivindicativa dos assalariados (operários, funcionários e classe média baixa) no antigo PTB e da defesa intransigente de princípios federativos e representativos do ideário do Partido Liberal, continua a condicionar no Rio Grande do Sul a interferência do Estado Central, inclusive quando este trata de encaminhar as candidaturas do partido de governo.[18]

A referência a uma dualidade espacial tem valor meramente ilustrativo. De fato, o corte político expressa uma estrutura social híbrida, cuja existência é antiga, e cuja explicação deve remontar à formação colonial do País e às fases distintas de dependência que moldam classes e interesses heterogêneos e contraditórios não só na verticalidade da pirâmide social, como também dentro de cada estrato visto horizontalmente. Não é necessário repisar neste ensaio análises conhecidas. O fundamental é chamar a atenção para a especificidade de um regime político e de uma forma estatal que – por definição, ou seja, pela essência mesma do fenômeno estatal – têm de se organizar como moldes de uma generalidade (isto é, como aspiração e norma do interesse geral), e que se assentam em situações particulares cujos interesses refletem a existência de bases sociais estruturalmente distintas.

A solução específica encontrada pelo regime atual foi a de criar a duplicidade de canais decisórios e de assegurar ao topo do Estado a função tutelar de Poder Moderador. Este (mesmo baseado nas normas de exceção e no poder formalmente ilimitado de redefinir as regras do jogo que os atos constitucionais e institucionais asseguram) tenta fundamentar sua "legitimidade" em nome da necessidade de garantir o interesse geral. Por exemplo: diante da excepcionalidade da ameaça externa expressada pelo inimigo interno, resolve-se que...; ou, para assegurar a ordem e a segurança nacional, resolve-se que etc... Em nome de princípios gerais (formais, naturalmente), a Presidência regula os conflitos particulares de interesse e de competência internos ao sistema estatal e entre este e a sociedade civil. Os decretos baseados no AI-5, por exemplo, foram crescentemente baixados para disciplinar não os "subversivos", mas os anjos decaídos. Com o tempo, o reconhecimento *pelos próprios participantes do jogo político* de que a função "moderadora" (e arbitrária) do "Sistema" ou da Presidência – e, em última análise, das Forças Armadas – é o instrumento básico para assegurar o pacto contraditório das classes dominantes tornou desnecessário o uso formal das competências arbitrárias de aplicar sanções. A mera determinação interna ao aparelho de Estado e ao partido que o prolonga na arena pública é suficiente para vetar candidatos, para marginalizar pessoas, enfim, para a prática do que se poderia chamar de uma cassação branca de direitos políticos, como se viu no encaminhamento das sucessões estaduais do Rio Grande do Sul e de São Paulo.

Se o corte entre a sociedade política e a sociedade civil fosse linear seria fácil a interpretação e a previsão do curso político do regime. Entretanto, uma parte do Estado se transformou em empresa, e as empresas privadas tiveram acesso indireto ao Estado por intermédio dos anéis burocráticos. Com isso, o conflito político não se dá apenas "em bloco" entre os interesses da burocracia e das camadas sociais que ela expressa e os interesses das camadas dominantes da sociedade civil. Dá-se entre empresas estatais, aparelho político-administrativo, empresas privadas e as partes da sociedade civil que conseguem sobreviver mais ou menos independentemente do Estado.

Estas organizações, camadas sociais e facções de classe são os atores que conseguiram participar – desigualmente e controlados pelo "Sistema" – do regime atual. O Estado expressa com suas duas vertentes – a político-econômica e a administrativo-repressivo-distributivista – o resultado de uma multiplicidade de funções e interesses contraditórios destes atores: acolhe, mediatiza e resolve (via Conselho Monetário Nacional e Conselho Interministerial de Preços, ou, agora no Governo Geisel, por intermédio do Conselho de Desenvolvimento Econômico) os interesses divergentes de empresas locais, multinacionais, estatais; tenta acomodar os interesses, nem sempre coincidentes, destas forças ao "interesse geral" por intermédio da política fiscal e salarial, dos fundos sociais, da implementação das leis sociais etc.; organiza a participação das classes dominantes na máquina administrativa e no poder nas esferas estaduais, municipais etc.; e abriga valores e ideologias conflitantes. Graças a esta multiplicidade de interesses a serem atendidos, o Estado ora investe contra o pluralismo educacional e informativo, ora refreia os ímpetos totalitários que alguns de seus componentes exibem com orgulho; ou, noutro exemplo, ora transforma os cursos de "educação moral e cívica" em peças do controle ideológico, ora, sem deixar de exercer este controle, tenta limitá-los aos aspectos mais analíticos do estudo da realidade brasileira, conforme se fortalecem os interesses e a influência no aparelho de Estado de uns ou outros atores, anéis de pressão ou correntes de opinião que nele se digladiam.

ESTADO E MASSA

Se o "pacto de dominação" no caso brasileiro exibe a cara contraditória anteriormente assinalada, estas contradições se amenizam diante do "inimigo principal". Este, estrutural e virtualmente, se constitui pelos excluídos do pacto de dominação sobre os quais se exerce primariamente o poder do Estado, na função que também tem de reproduzir uma política determinada e, portanto, de manter as regras de exclusão social e política.

No período do regime populista, os dominados apareciam como parte integrante do pacto de dominação – ou seja, do Estado – por intermédio do voto e da política de massas. Por certo, a população trabalhadora rural e os analfabetos (que em grande parte se superpunham) tampouco participavam como atores legítimos no jogo de poder. Por um lado, as tentativas de mobilização populista feitas pela Igreja na área rural, pelo janguismo e pela esquerda tiveram papel de destaque como pretexto para a mobilização golpista, como que marcando os limites para o alargamento da "cidadania". Por outro, havia um sistema de representação não outorgada aos sindicatos, a alguns partidos e a partes do aparelho de Estado que, na ausência de partidos realmente de massa, funcionava como um *ersatz* de participação política generalizada. De qualquer forma, a legitimidade do regime era dada pelo Congresso e pelo jogo de partidos. No conjunto, as instituições representativas, mesmo que nelas preponderassem os interesses das classes dominantes, davam cabida à voz das classes dominadas, por intermédio de representantes reais, autodefinidos ou imaginários. Nesta medida, a "massa" participava da arena política.[19]

O regime de 1964 e especialmente o de 1968/1974 excluíram a representatividade em geral, e a popular em especial, como fonte legitimadora do Estado. Esta exclusão colocou alguns desafios à imaginação política do Estado que até agora não se resolveram.

O caminho da "autenticação" pela via dos projetos-impacto, da ideologia do crescimento e do Brasil-Potência esbarra nas caprichosas curvas do ciclo da acumulação que, de repente, transforma o auge em declínio. A resposta primária de que a violência supre a falta de apoio de massa esbarra na realidade de que, *no interior do próprio Estado*[20] e nos círculos da sociedade civil, que são atores legítimos, a ideia do "interesse geral" subsiste sem que possa ser substituída simplesmente pela coação generalizada (a não ser nos momentos de crise de Estado).

Assim, dentro destes limites e como recurso político usado na briga entre os membros do pacto de poder, ou diante de pressões da base para a redefinição de atores legitimados, a questão da participação e da legitimidade cobra importância. Ela não constitui, realisticamente falando, questão fundamental quando o regime e a economia são capazes de reproduzir as condições que asseguram a exclusão política da massa e a retribuição (material e simbólica) das classes dominantes. Mas quando se altera este equilíbrio, não havendo mecanismos institucionais nem ideologias para ligar a massa e o Estado, o "Estado Elitista" (em oposição à caracterização do "Estado de Massas") é levado a reforçar suas funções repressivas e a regredir sua diferenciação institucional-legal, restringindo, por exemplo, funções do Judiciário, promulgando novos atos institucionais para limitar mais ainda as funções eleitoral-legislativas etc.

Se houvesse uma ideologia capaz de cimentar o pacto de dominação, como, por exemplo, o nacionalismo, seria mais fácil estabelecer os vínculos entre a massa dos excluídos do círculo de poder e o Estado. Mas, como indicou Bolívar Lamounier, no Brasil prevalece uma "ideologia de Estado", e não uma ideologia nacionalista. Esta última, embora não necessariamente democrática, é mobilizadora e tenderia a incorporar as massas à arena política. A "ideologia de Estado", ao contrário, supõe a desarticulação ideológica da massa. Com isto se reduzem os riscos de utilização da massa no arsenal de recursos de que podem lançar mão os grupos no poder para dirimir questões de legitimidade e resolver conflitos intragrupos dominantes (como era corrente no Estado de Massas, tal como o caracterizou Francisco Weffort). Mas, ao mesmo tempo, dá-se ao Estado a aparência (que algo expressa do real) de um "Estado abstrato". Fica-se a perguntar: de quem é este Estado?

A resposta, creio, deduz-se das indicações apresentadas neste capítulo. Trata-se do comitê executivo de um pacto de dominação que expressa a aliança entre funcionários militares e civis, "burguesia de Estado" (ou seja, executivos e *policy-makers* das empresas estatais),[21] grande empresariado privado (nacional e estrangeiro) e os setores das "novas classes médias" a ele ligados. Graças à influência da "ideologia de Estado", às metas de eficácia propagandista do Brasil-Potência e ao "consumismo", o Estado obtém a solidariedade das classes médias urbanas (especialmente nos momentos de auge econômico ou de realização simbólica das dimensões de grandeza nacional, como durante os êxitos esportivos mundiais), e, em menor medida, das partes mais bem remuneradas das camadas trabalhadoras urbanas. Mas trata-se de uma solidariedade não ativa, e sua obtenção depende do atendimento específico a vantagens materiais, e não da adesão emocional ou arraigada a valores.

Por certo, o Estado também tem orientado seus impactos para a base da pirâmide social. Assim, por exemplo, o Funrural começou a assegurar aposentadoria aos trabalhadores agrários com mais de 65 anos. Neste processo, mesmo em zonas periféricas do País, não deixa de existir sindicalização. Entretanto, o estilo ideológico desmobilizador prevalecente, ao lado da falta de possibilidades reais de pressão da base, como que "tecnicizam" – e debilitam – os efeitos políticos dessas medidas. Elas não transformam o apoio popular a uma outra medida em elemento de legitimação do sistema. Assim, mesmo quando a massa é beneficiada pela ação do governo, ela mantém-se à margem da arena política e dessolidariza-se do regime.

Enquanto houver "capacidade hegemônica" por parte das camadas dirigentes (ou seja, enquanto elas conseguirem imprimir políticas que atendam aos interesses dos componentes do pacto de poder e mantiverem sua coesão relativa), mesmo que a maioria da população permaneça à margem do sistema de decisões e que a "ideologia de Estado" desarme e desarticule a massa, a ação relativamente eficaz deste "Estado abstrato" (que, como se viu, é bem concreto...)[22] poderá ser suficiente para limitar as fissuras que o choque de interesses produz nos componentes do bloco de poder.

AS DISSENSÕES E AS ALTERNATIVAS

Não são poucas as diferenças e as complicações derivadas da análise baseada na concepção clássica (marxista ou liberal) do Estado quando aplicada à realidade brasileira. A articulação política entre as classes e a organização do Estado tornaram as camadas burocráticas e a camada que tenho chamado de "burguesia de Estado" atores importantes da cena política, para ressaltar suas funções ligadas à acumulação na máquina burocrática. Não cabe pensar a ação política das camadas burocráticas como se cumprissem meramente a função de Comitê Executivo da burguesia. Elas cumprem funções no Comitê Executivo do Pacto de Dominação, mas aderem a este com títulos próprios. Por certo, na medida em que a realidade contraditória do Estado obriga-o a ser também a ilusão do consenso e a guardar, de algum modo, a relação simbólica entre soberania e nação (portanto, povo), os agentes deste Comitê Executivo, para se legitimarem *perante eles próprios*, têm que assumir "interesses gerais" como metas, e devem mediatizar a relação entre os sócios-proprietários do condomínio do poder e os sócios portadores de meras ações preferenciais: as camadas dominadas.

A dualidade de canais decisórios, com exercício de funções moderadoras e tutelares em órgãos internos das Forças Armadas, foi o modelo construído para organizar as esferas de influência, dentro do Estado, de cada um dos componentes básicos do quadro de dominação: os setores burocráticos e os setores das classes dominantes da sociedade civil que nele se integram. Indicou-se também neste capítulo que a articulação do jogo de poder dá-se por meio de "anéis burocráticos", e não de organizações autônomas e estáveis das classes, como os partidos. Por fim, indicou-se, recolhendo sugestões da bibliografia recente, que o regime autoritário assim constituído se apoia numa "ideologia de Estado", que, sem ser mobilizadora de massas, não deixa de suprir as funções de cimento simbólico do bloco de poder, bem como as de compatibilizar a crença dos membros do aparelho do Estado de que suas funções são gerais, com as ilusões dos excluídos quando pensam que, de fato, assim são.

Qual é a dinâmica possível deste modelo?

Esta questão necessitaria de um ensaio à parte para ser respondida. Aqui vão, a título conclusivo, apenas algumas considerações indispensáveis.

Em ensaios anteriores sugeri, e outros analistas também o fizeram,[23] que, além dos atritos entre o "nacional-estatismo" e o "liberal-imperialismo" e do choque entre aparelho repressivo e "legalidade revolucionária", existe o problema institucional das crises sucessórias, criado pela inexistência de partidos e de formas de mobilização de massas como recurso de legitimação. Embora estes fatores sejam reais, são insuficientes para prever a dinâmica do regime.

Esta, parece-me, depende de dois problemas básicos, situados em planos distintos, que às vezes se conjugam e que constituem forças desestabilizadoras do regime. Primeiro, o arranjo político em termos de dualidade decisória e de um poder tutelar não assumido plenamente torna-se fraco e leva à paralisia do sistema de decisões sempre que se acirra o choque de interesses entre os componentes do bloco. A sucessão presidencial é apenas uma entre "ene" questões que levam a um realinhamento de forças de consequências imprevisíveis. No governo Médici, dada a ausência de liderança na presidência, estes choques (por exemplo, quanto à política de concentração de renda, quanto às fusões bancárias, quanto à dependência externa) em vez de levarem à maior institucionalização do Estado, criaram pseudoconsensos em nome da segurança nacional e fortaleceram o poder paralelo do "Sistema". Se o Estado fosse apenas uma burocracia, as lutas de cúpula resguardadas pelo sigilo e pela competência poderiam dirimir as questões do poder. Mas, como se viu, o Estado é também regulador da economia e produtor direto; é, em certo sentido, "partido" e assume funções puramente políticas; é agência ideológica e tem que espelhar o interesse coletivo etc. Diante desta multiplicidade de formas de ser e de funções, a solução dos compromissos palacianos e do fortalecimento de núcleos "abstratos" (ou seja, não relacionados expressamente com as bases de poder) de decisão do sistema protelam, mas não evitam, choques dentro do bloco de poder.

Possivelmente, o caminho institucional mais direto para resolver este tipo de dissensão será o do fortalecimento do poder presidencial e, com ele, da chamada "legalidade revolucionária". Em seus aspectos mais diretos (como, por exemplo, na limitação das arbitrariedades e violências contra a pessoa) trata-se, neste caso, de uma luta entre a repressão promovida pelo "Sistema" e a "legalidade revolucionária" ligada ao fortalecimento do poder que, se não é legitimado, é legal, especialmente o do presidente. Como nos velhos tempos, o regime autoritário, para não degenerar em pura excepcionalidade de um "Sistema" paralelo, requer que se possa dizer com desafogo: *"Regem habemus"*. Seria este um dos caminhos (e é preciso buscar outros atalhos) para que exista pelo menos a responsabilidade de Estado, uma vez que não existe a obrigação política dos cidadãos, tão cara aos liberais.

Correlatamente a essa alternativa existe outra: a de regular os canais de informação e difusão que, sempre sujeitos à instabilidade do arranjo político, sofrem os efeitos de um Poder Abstrato, isto é, irresponsável no sentido preciso. A censura e o desrespeito aos direitos do homem passaram a ser componentes do regime não apenas como o são geralmente nos regimes autoritários, mas como instrumentos de poder do "Sistema". Ampliando as áreas de incerteza e sujeitos ao "fechamento brusco" dos canais que ligam a sociedade política à civil, os meios de comunicação de massa deixaram de cumprir as funções normais de eixo da opinião pública e de formadores dela.

Mas este aspecto da problemática política está diretamente ligado ao segundo problema a que quero me referir: a diferenciação e autonomia da "sociedade civil". O avanço do sistema econômico gera novos focos de dissensão e possibilita alternativas de organização política distintas das que se vislumbram do ângulo do próprio autoritarismo.

Refiro-me a que o "segundo país" a que fiz menção neste ensaio, ou seja, a sociedade industrial de massas, cria demandas de natureza complexa sobre o sistema político. Estas podem ser atendidas por um regime totalitário e mobilizador, mas são bem mais dificilmente atendidas por um regime baseado em "ideologias de Estado" e num Estado Elitista.[24] Talvez pela primeira vez na história do Brasil existam forças sociais, como a massa trabalhadora urbana e os setores técnicos do funcionalismo e das empresas, que não se solidarizaram com o regime. Alguns setores das próprias empresas do Estado e da burocracia também dissentem da linha econômica seguida. A baixa classe média urbana, o estudantado universitário em expansão etc. tampouco estão cooptados nem se sentem representados no pacto de dominação. Por força de sua própria situação econômico-social, alguns desses setores têm reivindicações específicas e consciência de interesses.

Por trás destas forças (que poderiam formar no futuro, *grosso modo*, um Partido dos Assalariados), existem os deserdados de sempre (o que se chama às vezes impropriamente de "campesinato", os setores também impropriamente chamados de "marginais", enfim, o conjunto das classes que em linguagem católica constituiriam a base do "povo de Deus"), que, embora tenuemente, talvez possam, em aliança com o Partido dos Assalariados, constituir base política para uma oposição.

Até hoje o regime não se preocupou com estes "pequenos problemas". E a verdade é que também as oposições (da esquerda ao centro) dispõem de pouca clareza quanto aos limites do autoritarismo para desenvolver uma organização política compatível com a sociedade industrial de massas. As oposições tampouco conhecem as questões substantivas e ideológicas capazes de sensibilizar esta base social marginalizada. Possivelmente na interseção entre os objetivos de igualdade social e de liberdade concreta (ou seja, com meios próprios de organização e de defesa de pontos de vista e interesses) radique o miolo da problemática que leva à participação política dos setores excluídos.

Não cabe, neste fim de capítulo, aprofundar esses temas. Convém, entretanto, advertir que dificilmente haverá uma evolução linear resultante do enfrentamento global entre bloco de poder, de um lado, e oposição, de outro. Mais provavelmente, segmentos de poder, visando a reforçar suas posições *na luta interna* e cumprir parte das funções de "interesse geral", acabarão por estabelecer, tática e tacitamente, conexões com setores da oposição. A partir da dinâmica deste realinhamento talvez surjam condições e recursos para equacionar de outro modo o arranjo de poder.

Entretanto, se a oposição se limitar a servir como massa de manobra do setor liberalizante do regime e não perceber que existe base real para a proposição de um outro tipo de Estado, ela nada mais fará do que servir de ancinho à "modernização conservadora". O desafio real existente é, portanto, o da discussão a fundo da questão da democracia, para com ela recuperar o núcleo válido da problemática da liberdade sem aliená-la no formalismo grandiloquente e, ao mesmo tempo, descobrir as formas de organização política que, ao lutar pelas possibilidades reais do igualitarismo, não condenem a vida política às desventuras do autoritarismo e ampliem a participação da cidadania.

Noutros termos, o desafio aos "intelectuais orgânicos" da oposição está posto: o de serem capazes de propor o debate não no nível abstrato da ideologia, mas no nível concreto de uma ação que conduza as oposições à hegemonia, na sua tripla determinação, no nível das forças sociais, da relação política e da ação coercitiva, se necessário, que, em circunstâncias dadas, como se disse, pode ser decisiva.

NOTAS

1. Ver, a esse respeito, a crítica de Bolivar Lamounier a Juan Linz: Ideologia em regimes autoritários. *Estudos Cebrap* 7, 1974.
2. Cf. o último capítulo da coletânea organizada por Alfred Stepan. *Authoritarian Brazil*. New Haven: Yale University Press, 1973.
3. O mais importante trabalho recente sobre o tema é o de Luciano Martins, ainda inédito: *Politique et développement économique: structure de pouvoir et système de décisions au Brésil, 1930-1964*. Paris, 1973.
4. Veja-se a admirável biografia de Rodrigues Alves feita por Afonso Arinos de Mello Franco: *Rodrigues Alves*. Rio de Janeiro: José Olympio, 1973. "Coleção Documentos Brasileiros".
5. Ver Bolivar Lamounier. *Ideology and Authoritarian Regimes: Theoretical Perspectives and a Study of the Brazilian Case*. PhD dissertation, UCLA, 1974. O balanço crítico feito neste trabalho sobre a teoria das ideologias, as proposições teóricas dele e, especialmente, o esquema analítico da situação brasileira são fundamentais. O leitor verá que neste ensaio utilizo algumas sugestões ali desenvolvidas.
6. Convém insistir, para evitar equívocos, que essa distinção entre "sistema político", condições "extrapolíticas" e "recursos sociais e econômicos" é meramente analítica. Quando as análises orientam-se no sentido de fazer a casuística dos componentes de um sistema político, ou quando não percebem que a interpretação correta do processo histórico requer a síntese de tudo isso, tornam-se formalistas e perdem-se numa ingrata busca do "especificamente político", como os sociólogos do século XIX que se atormentavam para determinar a especificidade do "social".
7. Digo "versão liberal" porque o pensamento de Gramsci sobre a matéria não era linear nem simplista, como, por exemplo, ao discutir como se analisa uma "situação" política (que para ele consistia em "estabelecer os diversos graus de relações internacionais de força") para passar às relações sociais objetivas (ou seja, "ao grau de desenvolvimento das forças produtivas"), "às relações de força política e de partido – sistemas hegemônicos no interior do Estado – [...]", e às relações políticas imediatas. Gramsci considerava estas últimas como "potencialmente militares". Ver Antonio Gramsci. *Note sul Machiavelli, sulla politica e sullo stato moderno*. Turim: Einaudi, 1966, p. 40. Não cabe neste ensaio uma digressão sobre o pensamento político de Gramsci e sua concepção de hegemonia. Basta lembrar que no mesmo capítulo do

qual extraí as citações anteriores reaparece a noção de que a relação entre forças políticas (nas quais o grau de homogeneidade, autoconsciência e organização dos grupos é essencial, e nas quais, portanto, se define a possibilidade da hegemonia) é um "momento sucessivo" da análise das forças, ao qual sucede o terceiro momento, o da "relação das forças militares, imediatamente decisivo, segundo as circunstâncias" (*ibidem*, p. 45-47).

8. Veja-se, especialmente, a carta de Júlio Mesquita Filho, "Roteiro da Revolução", publicada em *O Estado de S. Paulo* de 12 de abril de 1964. O próprio Castello Branco, ao referir-se às reformas de Goulart, reivindicava uma continuidade democrática: "As proposições de reformas que estão aí não são dele nem minhas. Pertencem à fase da evolução brasileira iniciada em 1945" (*O Estado de S. Paulo*, 28 de junho 1964). De Castello Branco existem inúmeras declarações sobre a missão de "restauração da democracia brasileira. Não somente do povo, pelo povo e para o povo, mas também a da prática de uma concepção de vida em que se encontrem o respeito à dignidade do homem e a justiça social [...]" (*O Estado de S. Paulo*, 16 de julho de 1964). Mesmo o almirante Rademaker (tanta era a pressão dos valores democráticos) dizia que "a revolução vitoriosa só poderá consolidar o seu triunfo se avançar corajosamente na linha da realização de uma verdadeira democracia política, econômica e social" (*O Estado de S. Paulo*, 21 de abril de 1964).

9. Ver Lafer, Celso. *Sistema político brasileiro: estrutura e processo*. São Paulo: Perspectiva, 1975, especialmente: Sistema político brasileiro: algumas características e perspectivas, parte B, p. 61-128.

10. Penso, portanto, que o governo Geisel enfrenta uma situação em que terá de optar pela alteração das alianças ou reforçar, ainda mais, a coerção, para garantir seu predomínio no seio das próprias classes dominantes.

11. Pena que até hoje nenhum cientista social haja descrito com a ironia necessária a tarefa de Sísifo de "ordenar e codificar" a que se dedicou parte importante do pensamento jurídico brasileiro, sob a batuta do então ministro da Justiça Alfredo Buzaid. Esforço ridículo quando realizado num estado de exceção e numa sociedade marcada pela mudança social rápida que, em vários aspectos, é induzida do exterior por forças da expansão da economia dinamizada pelas empresas multinacionais.

12. Por exemplo: Plano de Integração Social (PIS); Programa de Redistribuição da Terra e de Estímulo Agroindustrial do Norte e Nordeste (Proterra); Fundo de Assistência e Previdência do Trabalhador Rural (Funrural); Programa de Assistência ao Trabalhador Rural (Patru ou Prorural); Áreas Metropolitanas.

13. Agradeço aqui as críticas pertinentes de Carlos Estevam Martins à versão preliminar desta parte do texto, que era mais esquemática do que a atual.

14. O papel, por exemplo, do presidente da Petrobras ganhou relevo. Basta lembrar que ele era o general Geisel. Em certos momentos, na luta interna ao aparelho de Estado, o presidente do BNDE parece ter expressado o ponto de vista do capital estatal e do

empresariado público, em dissonância com o ponto de vista do ministro da Fazenda. Em outro momento, foi o ministro do Planejamento quem assim procedeu.
15. Fica claro que existem amplos setores das classes dominantes que não se beneficiaram da mesma forma com as políticas postas em prática. Exemplo disso pode ser visto com a luta (e derrota) da política proposta pelo ministro da Agricultura (Cirne Lima), que visava defender interesses pecuaristas. Apesar da existência de programas para as pequenas e médias empresas (nacionais) durante o governo Médici, também estas foram marginalizadas, não digo apenas como participantes dos círculos de decisão, mas como beneficiárias diretas do regime.
16. *Op. cit.*
17. "É na classe média, à qual pertencem os funcionários, que residem a consciência do Estado e a mais eminente cultura. É ela também que constitui o fundamento do Estado para a honestidade e a inteligência." "Hegel", p. 297 da *Filosofia do Estado*, apud Marx, *Critique de la philosophie de l'état*, de Hegel. Paris: Alfred Cortes (ed.), 1948, p. 96.
18. A tese de doutorado de Simon Schwartzman, *Political Patrimonialism and Regional Cleavages in Brazil*, chama a atenção para alguns problemas derivados das peculiaridades regionais do poder no Brasil e para as implicações políticas gerais dessa situação.
19. A exclusão virtual dos focos de poder interno do Executivo (por exemplo, os grupos executivos criados no Conselho de Desenvolvimento, ou o BNDE e a Sumoc), a luta política travada no período populista – que se dava no Congresso e na intersecção deste com o Executivo – facilitou à burguesia o controle efetivo dos rumos da política econômica. Ver, a este respeito, o estudo penetrante de Carlos Lessa, *15 anos de política econômica no Brasil*, 1964 (mimeo.).
20. Pois que, se a ideologia é deformação, ela implica também crença e, portanto, menos parte dos mandantes deseja fazer com que o Estado seja representante a Nação como um todo.
21. Ver, a este respeito, as sugestões contidas no capítulo 4 deste livro.
22. Utilizo aqui a expressão "Estado abstrato", cara a Maria Conceição Tavares, e que algo tem a ver com o que notava Carlos Lessa ao falar de "estatização formal". Entretanto, Lessa refere-se a esse tipo de estatização para caracterizar o que ele considerava ser a manutenção do "interesse privado", apesar da ação do Estado. Quando digo que o "Estado abstrato" é concreto não quero dizer a mesma coisa. Como indiquei, essa concretização passa pela existência de interesses burocráticos que são tão reais quanto os da burguesia, e supõe uma forma de articulação política que assegura uma função arbitral e tutelar ao "Sistema", bem como uma forma de relacionamento entre a "sociedade civil" e o Estado politicamente controlada por este último na condição de organização, embora dentro dos limites impostos pelo interesse geral das classes dominantes e, especialmente, de suas facções dirigentes.

23. Basta indicar os ensaios contidos no livro organizado por Alfred Stepan: *Authoritarian Brazil*. New Haven: Yale University Press, 1973.
24. Desenvolvo este ponto em: A questão da democracia. *Debate & Crítica*, n. 3, p. 1-15, 1974. É de interesse para estes aspectos da questão política brasileira e para a recolocação da questão do direito, da democracia e da organização das classes trabalhadoras o ensaio de Luiz Jorge Werneck Vianna: Sistema liberal e direito do trabalhador. *Estudos Cebrap* 7, 1974.

CAPÍTULO VIII A questão da democracia*

---

* Este capítulo foi escrito entre agosto e outubro de 1973. Foi publicado pela primeira vez em *Debate & Crítica*, n 3. São Paulo, julho de 1974.

Há alguns anos, era moda nas Ciências Sociais explicar os desequilíbrios regionais, os desajustes do sistema político e problemas congêneres pelo "atraso cultural". Por certo e por sorte, a inocuidade da explicação era tão grande que perdeu vigência. Hoje ocorre a pouca gente dizer que os problemas fundamentais de uma sociedade derivam do atraso relativo de alguma de suas partes ou da defasagem entre ritmos de mudança. Não obstante, alguns aspectos da vida política brasileira são de tal modo toscos que é difícil resistir à tentação de usar imagens também toscas e falar de um "atraso político".

De fato, que outro nome se poderia dar, por exemplo, à concepção geopolítica tão em voga depois de 1964 (embora elaborada em época anterior, quando tinha alguma base objetiva) e que restabeleceu o império da teoria da guerra fria no momento em que esta se eclipsava no mundo? Relendo os documentos da época, vê-se que o alinhamento do Brasil sob a liderança dos Estados Unidos costumava ser justificado em função de um enfrentamento previsível entre esse país e a União Soviética. Consequentemente, as necessidades de defesa do "mundo ocidental" deveriam primar inclusive sobre interesses nacionais. Concepção correlata a essa visão era a da existência de um estado larvar de guerra interna. Supunha-se que a forma de luta entre os dois grandes blocos rivais – o ocidental e o comunista – implicava a utilização de instrumentos não convencionais de guerra como a guerrilha, a subversão psicossocial etc. Daí foi curto o passo para o endurecimento político, a repressão às vezes maciça, a quarentena de toda convivência democrática, enfim, a generalização de uma espécie de ideologia do "crê ou morre", na qual a cruz foi substituída pela espada.

Talvez esta tenha sido, no plano da ideologia e da superestrutura, a contradição básica do período Castello Branco. Muito se tem insistido – e com razão – nos aspectos diretamente econômicos da oposição entre a necessidade de reativar as fontes de acumulação de capitais, controlar os salários e expandir o mercado, de um lado, e, de outro, o funcionamento do sistema democrático, cuja manutenção o governo Castello Branco afirmava desejar. Sem minimizar o peso desses fatores econômicos no processo de estrangulamento progressivo e quase ininterrupto do que existia – e não era tanto – de democratização política antes de 1964, parece-me que a concepção da política internacional e de suas repercussões na estrutura nacional de poder tiveram um papel crucial na montagem do drama liberalismo *versus* autoritarismo, que enredou o governo Castello Branco e arruinou o que existia de intenção constitucionalista no governo Costa e Silva – Pedro Aleixo.

De fato, a percepção da subversão interna ligada à guerra entre os blocos externos como fator condicionante da vida política transformou os menores problemas e conflitos em ameaças à segurança nacional. Complementarmente, também no plano da política externa a linha proposta foi de "fronteiras ideológicas" e compromissos ativos com a segurança dos Estados Unidos, encarada como peça fundamental da segurança ocidental e, portanto, do próprio Brasil – veja-se, por exemplo, o episódio, que até hoje a consciência latino-americana está ruminando, da intervenção em São Domingos sob a bandeira tão desprestigiada da OEA. Com essas implicações, a concepção geopolítica então prevalecente dava muito pouca margem, se é que alguma, para sustentar um sistema "aberto" ou democrático no plano da política interna.

As declarações de intenção não bastaram para se contrapor aos fatos. Pouco a pouco e sem recuos se foi montando o regime autoritário que resplandece hoje, já mais livre das peias impostas pela ambiguidade entre as reafirmações da "vocação democrática" de seus porta-vozes e as inclinações necessariamente autoritárias alimentadas pela política de guerra fria e guerra interna. Por certo, no período castelista, a relação postulada entre guerra fria e subversão tinha uma certa base objetiva: existia Cuba atuante e existia uma política guerrilheira de esquerda que, depois de fechadas as outras alternativas, conferia aparência de validade

A CONSTRUÇÃO DA DEMOCRACIA

ao esquema geopolítico e à caracterização da guerra moderna como guerra de subversão. Assim, repetindo-se um movimento que não é raro na história, mantinham-se e alimentavam-se, reciprocamente e por oposição, ideologias que, na medida em que se ia alterando o posicionamento das grandes potências rivais no mundo, deixavam de corresponder à nova correlação de forças.

O MODELO POLÍTICO BRASILEIRO

O encontro simetricamente oposto entre os dois extremos no plano ideológico, e seu desencontro com a prática econômico-social, facilitou a montagem de uma ordem política a que se chama agora de "modelo político brasileiro". Este, se de fato tornou-se anacrônico do ponto de vista da situação política internacional, não deixou de ter uma base objetiva e de ser útil para outros fins dos grupos políticos vencedores. Com efeito, o autoritarismo prevalecente permitiu a reorganização do aparelho de Estado, liquidou o sistema partidário anterior (e, com ele, a representação política das classes populares e trabalhadoras urbanas, bem como de setores importantes das antigas classes dominantes), e, sob novas condições, incorporou ao processo político as Forças Armadas e os grupos sociais que expressam os setores monopólicos da economia. Essas modificações contribuíram para moldar o "milagre econômico" nos termos em que se deu: com concentração da renda e desigualdade social. Por outro lado, a intervenção econômica do Estado e os investimentos estrangeiros puderam combinar-se mais facilmente no clima de autoritarismo criado depois do desmantelamento da antiga ordem política.

Para ser um pouco mais preciso, o que se chama presentemente de "modelo político" é o sistema de poder que assumiu a forma burocrático-autoritária e que tem funcionalmente dois eixos não excludentes, um tecnocrático e outro militar. Por trás deles, estão os interesses da expansão capitalista, nas suas duas vertentes, a empresa estatal e o conglomerado internacional, aos quais se liga uma burguesia local que nem por ser caudatária e dependente deixa de ser importante como força econômica e social. Em conjunto, o setor dirigente deste bloco de poder se recruta nas Forças Armadas e depende delas como corporação, tendo nos setores tecnocráticos um apoio decidido.

Dizer que o regime político assim caracterizado é burocrático-autoritário ajuda a descrever a situação, mas não explica seu modo de funcionamento nem a sua razão de ser. Não pretendo discutir a questão neste capítulo, mas gostaria de assinalar dois pontos. Por um lado, parte do que os analistas políticos chamam de "aparelhos ideológicos" continua sustentando valores liberais, que, aliás, estão presentes na própria Constituição. Assim, por exemplo, setores do poder Judiciário, alguns órgãos de imprensa, parte da Universidade se contorcem para conciliar valores formalmente liberais com as restrições que a situação de fato impõe. Por outro lado, a peculiaridade da forma burocrático-autoritária no caso brasileiro reside em que, no plano das relações de trabalho e dos mecanismos de acumulação, a preeminência do Estado se afirma para garantir o crescimento econômico. Dessa forma, ao contrário do que alguns teóricos disseram sobre o assunto, a institucionalização do regime e sua hegemonia vão de mãos dadas com o ciclo expansivo da economia, e não com as situações de crise.

Não há novidade nesta caracterização do bloco de poder e de suas bases sociais, pois a vida cotidiana vai se encarregando de mostrar, pouco a pouco, a tessitura do modelo em questão, que é apresentado – e em larga medida assim o é – como um todo coerente e forte. Entretanto, não obstante sua consistência, o sistema de poder encobre certos problemas de fundo que devem ser contrastados com os dados da situação política local e mundial.

FRONTEIRAS DEGELADAS

Comecemos por esta última. Assim como de repressão em repressão, de reinterpretação de textos de lei aos atos institucionais, todos foram se dando conta de que nem sequer nos aspectos mais abstratos e formais cabe a qualificação de democrática para a ordem que se implantou no Brasil, também se foi desfazendo, no outro polo da ideologia do movimento de 1964, a teoria da guerra fria. Não sou especialista na matéria e não quero aventurar-me além do razoável em hipóteses. Mas não terão sido a bomba atômica chinesa, a mobilização nas fronteiras sino-soviéticas, a busca da *entente* russo-americana que deram o sinal de que a geopolítica cabocla estava errada em sua concepção estratégica? Parece óbvio... De qualquer modo, no plano da política internacional, desde o final do governo Costa e Silva e durante o governo Médici, o Brasil parece ter seguido simultaneamente duas políticas, nem sempre coerentes. De um lado, as fronteiras ideológicas, o "pacto do Atlântico do Sul", a defesa do colonialismo português, o encorajamento de mudanças reacionárias na Bolívia e onde mais ocorram etc.; de outro, a "independência externa" na recusa de assinar o tratado de não proliferação da energia nuclear, a defesa de uma política ambiental discutível, mas apresentada como sendo compatível com os interesses do Terceiro Mundo na reunião de Estocolmo (junto com... a China), a posição na Unctad etc.

Aparentemente, foi sendo gestada uma *realpolitik*, chamada de "realismo pragmático", que nasceu impregnada de subserviência à Potência líder, e que pouco a pouco foi utilizando os valores da guerra ideológica já não apenas para fortalecer o Bloco Ocidental, mas para alinhar – à direita, por certo – interesses de outros países com os interesses próprios do Estado brasileiro. No limite, ultrapassou-se à política dos dois blocos: na Unctad ou em Estocolmo, valores retirados da visão anterior e "progressista" foram usados para construir a política externa do Brasil. No caso das relações com o Chile, este processo parece ter revelado os dois lados da contradição (para não mencionar que a hipótese da guerra fria desapareceu envergonhada por sua desatualização). Depois da Argentina, o Brasil foi o país latino-americano que mais expandiu o crédito para o governo de Allende; além disso, apesar dos titubeantes ensaios na OEA e no nível de chancelaria, engavetou-se a ideia anacrônica de estabelecer cordões ideológicos contra o Chile. Por certo, nada disso impediu o entusiasmo quando da queda do regime da Unidade Popular. Mas a Chancelaria brasileira passou a atuar com mais sutileza e realismo do que seria o caso se fosse guiada simplesmente pela noção de "fronteiras ideológicas".

A convivência pacífica na ordem internacional (tal como a proclamou Brezhnev em Washington depois de brindar Nixon) parece ter atingido o Itamaraty, se não arquivando a anterior posição de política externa, tornando-a pelo menos mais flexível e contraditória. Nada disso significa "não intervenção" (mesmo na política das grandes potências, a convivência não exclui áreas de influência, que o digam a Checoslováquia, o Cambodja, o Vietnã, o Oriente Médio etc.), nem exclui argumentações sobre os interesses brasileiros no Prata ou onde mais seja. Mas são elementos para mostrar que este tipo de política externa define-se fora do quadro da luta ideológica e dentro de um contexto de interesses econômicos e de Estado.

Essa digressão um pouco longa sobre política externa permite recolocar a questão interna: diante do exposto, não se torna patente que uma das peças da montagem política doméstica, a ideia de guerra subversiva, está perdendo sentido e entrou em contradição com outros interesses do atual bloco de poder?

Se partirmos de uma concepção de política internacional na qual a convivência armada e a pluralidade ideológica são aceitas, embora dentro dos limites dos interesses e das áreas de influência das grandes potências, como justificar que a teoria de segurança nacional se baseie na mobilização ideológica contra o inimigo externo encapuzado de opositor interno, e na perseguição implacável dos opositores, inspirada pela ótica da adesão total? O último argumento para sustentar essa posição seria a continuidade do *political gap* à esquerda. Mas os fatos não estão redefinindo a posição de Cuba? Não é agora a própria Colômbia, cujo chanceler foi feroz anticubano em outras épocas, que capitaneia, com a complacência americana (embora, é certo, com a recusa ostensiva cubana), a reintegração da Ilha na OEA? Por outra parte, para os países que já reataram relações com Cuba, esta não se tem mostrado um parceiro confiável? Não seria de estranhar, portanto, que num par de anos mais o Brasil passe a avaliar de outro modo a política externa de Cuba, posto que a política das potências é volúvel. Ajusta-se mais aos interesses do que às ideologias.

Indo agora direto ao assunto: entre a situação de interesses mundiais e a ideologia oficial brasileira há uma contradição quanto a um aspecto essencial do condicionamento político do regime, ou seja, a definição do inimigo e de suas bases. A visão integrada do mundo dos governos que se autoproclamam revolucionários fez água. Terá o novo piloto a visão de estado suficiente para mudar de rumo?

A CONSTRUÇÃO DA DEMOCRACIA

A resposta não pode ser buscada em critérios pessoais e psicologizantes. Não foi por acaso Nixon quem viajou à China? Kissinger e Nixon – o mesmo pequenino Nixon de Watergate – não reconheceram as "novas realidades" que se gestaram nos dez anos anteriores e, em fevereiro de 1972, não proclamaram que a China era vizinha? Não foram estes mesmos senhores, com as mãos ardendo do napalm que lançaram sobre o Vietnã, os que assinaram o Tratado de Paris?

Por consequência, se algum hipotético Tratado do Rio de Janeiro viesse a ser firmado no Brasil, reconhecendo que a guerra interna é hoje um pretexto para manter arranjos políticos autoritários e para dar lugar nas mesas de discussão a cavalheiros de má catadura cuja prática repressiva alimenta o único trunfo que jogam, numa espécie de moto contínuo (mais repressão para mais reprimir), se tal Tratado fosse assinado, dependeria da correlação externa de forças, muito mais do que das disposições de bem-intencionados intelectuais, próceres políticos ou homens de Estado.

Se o corte analítico for feito neste momento, e se a pergunta sobre possíveis transformações se endereçar às bases estruturais do regime, a resposta será um rotundo *não*. Não existe mobilização social e política; os grupos e classes sociais explorados estão vivendo momentos de apatia; o empresariado continua eufórico com o crescimento do PNB (e, mais concretamente, com o aumento de seus ativos); a classe média ascendente vê cifrões à sua frente etc. etc.

Entretanto, com este tipo de consideração, provavelmente não se verá nunca uma oportunidade de mudança política. Tentemos, portanto, dinamizar a análise, e detectar na conjuntura atual as possibilidades de, quando mais não seja, ampliar o grau de consciência e de vontade na direção do que se deseja.

Essa apreciação implica uma escolha. Estou partindo do princípio de que uma página da história foi virada no mundo – sem exageros e sem pensar que os argumentos valem para caracterizar uma alteração estrutural na relação de interesses e forças. A Guerra Fria foi redefinida e, consequentemente, as guerras internas de subversão perdem sentido pouco a pouco, pelo menos na atual conjuntura. Já não existem bases externas para apoiar transformações políticas concebidas nos estritos termos militares anteriores. Sobraram, entretanto, os regimes autoritários e repressivos que condicionam a vida política a partir da situação anterior e impedem os movimentos de massa e a ampliação da participação política. Existe, pois, neste aspecto, uma "situação de anacronismo". Será que este anacronismo, redefinido, é indispensável às classes dominantes? Ou, num dado ponto, pode haver coincidência tática de interesses em sua eliminação? Neste caso, de que forma e a que preço?

O argumento mais forte para solidarizar os interesses dos que exercem pressão para a manutenção de um enrijecimento político crescente como base de sustentação do "modelo brasileiro" estriba na alegação de que a repressão é necessária para a taxa de crescimento, a fim de desmantelar as organizações dos trabalhadores e sua capacidade de pressionar por melhores salários. Tomando o argumento em termos da conjuntura de 1963/64, ele procede. Quando, entretanto, ele é elevado à categoria de condição estrutural indispensável para o desenvolvimento capitalista em qualquer conjuntura, em qualquer fase do ciclo econômico e em qualquer estágio do desenvolvimento das forças produtivas, o argumento torna-se enganoso. Por trás dele se esconde um erro de apreciação da dinâmica do capitalismo; supõe-se que a acumulação depende exclusivamente da concorrência entre os próprios trabalhadores por emprego, da tendência à baixa dos salários reais e do controle das organizações sindicais para evitar pressões salariais. Entretanto, pelo menos a acreditar na teoria do capital, o dinamismo econômico depende também, e decisivamente, da intensificação das forças produtivas (daí a importância da tecnologia e a tendência ao aumento de composição orgânica do capital) e da concorrência entre as empresas, que leva, por sua vez, à inovação tecnológica. No caso brasileiro, a dinâmica do "milagre" não se deveu apenas ao controle da inflação "pela base", ou seja, rebaixando os salários reais, para o que a repressão foi usada; deveu-se também ao aumento das forças produtivas e à tendência oligopólica, graças à expansão das empresas estrangeiras e estatais.

Na atual fase do ciclo expansivo, não creio que a rigidez totalitária seja uma condição necessária para garantir o crescimento econômico. Por certo, ela é cômoda do ponto de vista estreito dos empresários individuais. Mas não parece indispensável do ponto de vista global da economia. Sem dúvida, este último é racionalizador e encontra expressão em políticas concretas mediante o Estado, que, por sua vez, pode sustentar valores e práticas totalitárias, por motivos mais políticos e ideológicos do que econômicos. Portanto, na conjuntura atual, as mudanças ou o imobilismo político dependerão mais da dinâmica dos grupos ligados diretamente ao Estado do que de um hipotético empresariado competitivo que alimentaria uma concepção liberal de mercado, ou, no polo oposto, de um empresariado ávido por manter o controle salarial e a repressão sindical.

Se este argumento for correto, a dinamização da conjuntura atual vai depender mais de fatores definidos no plano propriamente político do que, de imediato, no plano econômico.

OS RISCOS DO IMOBILISMO

E é aí que reside a maior debilidade de qualquer estratégia de mudança no sentido de diminuir a rigidez do sistema. Ocorre, entretanto, que essa debilidade é a fraqueza específica do chamado "modelo brasileiro". Em termos muito sumários: a vida política gerada pela ordem burocrático--autoritária atual está esclerosada em "canais competentes" cada vez mais entupidos, e não resolveu os problemas básicos de fluidez e comunicação, não diria entre a sociedade e o Estado – pois isso abrangeria também as classes dominadas –, mas entre o Estado e os setores sociais que sustentam o bloco de poder. Aqui não ocorreu como no México (para citar um regime político aparentado com o do Brasil, embora primo pobre por suas origens populares), onde bem ou mal se institucionalizou um partido; nem como na Espanha, onde a guerra civil degolou a oposição liberal e os vinte anos de estagnação geraram um autoritarismo obscurantista. Entretanto, assim como na Espanha do "milagre" as comissões de fábrica, as oposições liberal-republicanas, as dissidências monárquicas, o nacionalismo local etc. bloqueiam o regime, e este não sai do imobilismo para dizer como compatibilizar a sociedade industrial espanhola com o autoritarismo prevalecente, no Brasil, com mais força e de modo mais desordenado, o próprio ímpeto do crescimento está gerando condições sociais que a vida política, para se dinamizar, terá que expressar como uma contradição com o estilo burocrático-repressivo do regime.

Um exemplo polêmico do que digo foi a indicação do atual candidato à Presidência da República.[1] Se o processo de escolha do general Médici expressou a virtual transformação do Exército em partido no poder, subdividido em facções, e se o problema foi resolvido dentro dos quartéis por negociações e graças ao predomínio do estilo hierárquico-burocrático de decisões, já não se pode dizer, *stricto sensu*, que a base do atual candidato seja exclusivamente castrense. De um modo ou de outro, setores influentes da "sociedade civil" – na cúpula, por certo – mobilizaram-se na articulação da candidatura Geisel. O governo atual (ou parte dele) e seu chefe não dispuseram de instrumentos para se contrapor à articulação. Restaria apenas o caminho conspirativo, que significaria um "golpe institucional" de muito discutível acolhida e viabilidade. Fez-se a defesa dos mecanismos de autoridade apelando-se para o segredo de polichinelo, como forma passiva de ganhar tempo, sem o resultado de mudar o curso político esperado. Em síntese, a articulação política, mesmo *na cúpula*, passou a ser quase sediciosa, não pela vontade dos articuladores, mas pelo estrangulamento da vida política até nos níveis governamentais. Como contrapartida, qualquer eventual alternativa ao candidato emergente ganhou contornos conspirativos e terminou por ser ilegítima e inviável.

Que esquema político baseado na ideia de segurança nacional pode correr riscos tão grandes quanto esse? Cada resolução importante, por não dispor o regime de mecanismos legítimos de discussão e conflito – pois que estes são percebidos como crime de lesa-pátria –, torna-se conspirativa e ilegal. Convenhamos que, em termos de ordem política, o quadro é desastroso. Se o País no seu conjunto fosse uma organização burocrática como a Igreja ou um partido, essa forma conspirativa de articulação poderia perpetuar-se. Mas ocorre que o Estado não recobre toda a Nação, e, assim, as formas normalmente prevalecentes na política das cúpulas burocráticas (mesmo que estas exerçam práticas de cooptação com certa largueza) terminam por gerar insatisfações e por aumentar a distância entre as duas faces do sistema político brasileiro: a que expressa a agregação de interesses sociais e econômicos de uma parte da sociedade civil, e a que resolve pela cooptação elitista os interesses corporativos da outra.

Visto de outro ângulo, o processo de confinamento da vida política aos gabinetes mais recônditos cria um desestabilizador muito forte também. Refiro-me ao problema da apatia e à despolitização em massa que ocorreu no País. À primeira vista, a despolitização generalizada cria as precondições para a canalização das energias nacionais para o trabalho e quebra a capacidade de reivindicação frente às condições de trabalho. Por consequência, do ângulo estrito e míope dos interesses empresariais, isto pode ser considerado uma vantagem. Permite o estilo de desenvolvimento que se resume em ordem e abundância: ordem para os que estão em baixo e abundância para os que estão por cima. Entretanto, até que ponto é possível *hoje* – ou seja, num mundo intercomunicado e de rápida circulação de informações, com meios de comunicação que difundem os valores e os modos de vida prevalecentes noutras partes do mundo – manter tal estilo de desenvolvimento? Além disso, a própria situação urbano-industrial de vida gera tensões e reivindicações que, a princípio tímida e surdamente, começam por suscitar nas fábricas, nos escritórios, nas escolas, atitudes de descrença e de protesto.

ECONOMIA A QUALQUER PREÇO?

Abstratamente, a tarefa de reprimir e assegurar a apatia é viável. Mas tem um alto custo, nem sempre pode ser realizada mantendo-se outros objetivos das sociedades ocidentais industrializadas: criando-se ao mesmo tempo uma elite tecnocrática e ilustrada, por exemplo, e expandindo-se, para isso, o sistema educacional. Para fazer tudo isso simultaneamente é preciso dispor de uma mística, de valores novos, de um partido etc., que pelo menos no plano formal neguem a legitimidade da ordem para a maioria e abundância para a minoria. O preço que a distribuição desigual das rendas e dos frutos do trabalho e do progresso técnico paga no mundo ocidental é mais liberdade e ideal legitimado de participação, os quais, por sua vez, tentam corrigir os exageros da concentração. Sem real e total fechamento do País às correntes ideológicas do mundo exterior (inclusive do mundo capitalista), a superexploração e a apatia política são tão inconsistentes quanto a guerra interna sem guerra fria.

A crítica brota por toda parte, não porque existam grupos disseminando a insídia da subversão nas universidades e nos locais de trabalho, mas porque as contradições entre os ideais apregoados e a prática terminam sendo difundidas pela própria vida, com a ajuda natural dos meios de comunicação, dos técnicos, dos estudantes, dos padres, dos operários, dos intelectuais etc.

Essa situação coloca os setores dirigentes na incômoda situação de fazer um jogo de cabra-cega com o totalitarismo: hoje é *A classe operária vai ao paraíso* ou o *Calabar* de Chico Buarque e Ruy Guerra que parecem conter os germes do mal; amanhã é a pornografia barata, ou, quem sabe, Picasso; depois, é a cultura mesma, em seu conjunto, que está pervertida. Ao mesmo tempo, contudo, o tão desejado progresso que impede o PNB em níveis de cobiça geral, requer e está contaminado pela mesma cultura, que, noutras de suas faces, é considerada pelos poderosos como tão pecaminosa. Que fazer? Segmentar mais ainda a sociedade e criar grupos privilegiados que podem gozar dos benefícios da cultura e do progresso, cobrando o preço de serem bons técnicos ou intelectuais iluminados (talvez não conformistas, mas conformados)? Proibir tudo a todos? Mas a educação não é um bem que *precisa* ser generalizado para que o crescimento continue? E, então, como controlar essa gente toda reivindicando? Militarizando o ensino? Mas, se o regime não é militarista... Criando-se grupos especializados na repressão cultural? "Mas isso não é fascismo?", perguntarão, com razão, os componentes não fascistas do Bloco do Poder. E, assim por diante, se o caminho for este, como foi nos últimos anos, o regime não sairá de um pobre zigue-zague obscurantista.

Por menos que os homens no Estado sejam estadistas, deveriam se perguntar sobre as consequências, até para a segurança nacional, do presente processo de despolitização e de limitação das oportunidades de participação política e cultural para a maioria da população. De modo mais restrito, esse processo mais cedo ou mais tarde acabará tendo consequências sobre a formação das elites dirigentes do País em todos os seus níveis.

Aparentemente, escapam deste quadro sombrio de despolitização, nos limites em que a situação permite, setores importantes das igrejas – que passaram a atuar como uma espécie de partido do povo de Deus –, segmentos universitários e profissionais (juízes, advogados, jornalistas, e mesmo tecnocratas), bem como a militância operária.

À margem destes grupos fica a base agrária da sociedade (40 por cento da população) que, se do ângulo político sempre esteve marginalizada, nunca deixou, do ângulo social, agora como antes, de ser superexplorada e de rebentar seu protesto em lutas mais ou menos intermitentes por melhores condições de vida e de trabalho.

AS CONDIÇÕES DA ABERTURA

Se pode haver alguma esperança de mudança política na direção insinuada neste capítulo – e eu acho que a esperança se constrói –, ela dependerá da ativação das forças anteriormente mencionadas para que se proponham mais firmemente a dar rumos menos incertos ao futuro político. Entretanto, dado que o sistema político brasileiro, hoje como no passado, deriva do amálgama entre dois tipos distintos de organização política – uma baseada na existência de classes inseridas numa ordem capitalista industrial e monopólica, outra enraizada no patrimonialismo estatal originado no sistema capitalista colonial –, seria utópico pensar que a solução para os impasses políticos brasileiros derivaria da implantação plena do modelo de organização representativa que dá ao Estado funções basicamente agregativas. Este último, mesmo na época atual, em que penetra na vida econômica como gestor de parte da atividade produtiva, continua exercendo uma função corporativa e obedece, portanto, às regras do jogo do sistema de cooptação política. É por intermédio deste mecanismo, inclusive, que as camadas sociais não imbricadas diretamente na organização produtiva, como os próprios militares e os técnicos, exercem sua liderança. Consequentemente, para que possa ocorrer um desdobramento político que permita a reativação das classes sociais e de suas frações, torna-se necessário um pacto em que se definam as condições para a coexistência entre as duas formas de articulação política que são próprias de sociedades do tipo da brasileira. Como não houve no passado brasileiro nada equivalente à Guerra de Secessão americana, nem a burguesia nacional fez sua revolução "democrático-liberal", a pauta do

Estado de Compromisso virtual continua vigente. Não mais no sentido em que a expressão era empregada anteriormente, de um compromisso entre liderança e massas e entre a oligarquia e a burguesia industrial, mas como uma espécie de compromisso múltiplo entre a burguesia internacionalizada e os empresários públicos, entre a existência de uma sociedade de massas (e, portanto, a necessidade de definição de alguma forma de participação popular) e uma condução política patrimonialista e elitista.

Para que haja um descongelamento político, é preciso que alguns segmentos não totalitários dos grupos dirigentes entendam que ou bem se constroem avenidas que permitam a participação política popular e o conflito – para que se expresse a sociedade industrial de massas –, ou o futuro da ordem política brasileira – em que pesem as intenções dos que eventualmente venham a ocupar o ápice da cúpula do poder – descambará para as formas envergonhadas do fascismo, dissimuladas num autoritarismo anacrônico. Neste caso, deslizaremos ainda mais para o mundo cinzento da dominação burocrático-repressiva, tanto no plano social (especialmente contra os trabalhadores) quanto no plano cultural, em proveito de minorias que querem se arrogar em árbitros dos interesses do País.

É este, portanto, o ponto de coincidência possível na trajetória dos que, de um e de outro lado da barricada, percebem que o totalitarismo leva a que usem as mãos do gato em benefício de interesses que muito pouco têm a ver com a segurança e a prosperidade dos que trabalham e vivem no Brasil. O preço a pagar, para transformar esta coincidência tática numa forma que permita a convivência de forças sociais e políticas não só distintas, mas opostas, é o reconhecimento por ambos os lados da necessidade de legitimação do conflito. Legitimação não significa apenas que devem existir leis que definem o campo e a forma do conflito, mas sim que a discrepância e a oposição têm o direito de se expressar aberta e organizadamente. A forma dessa legitimação – que é um processo social mais do que jurídico, sem, no entanto, dispensar este último – não pode ser antecipada na atual conjuntura, mas é óbvio que ela passa necessariamente, sem se deter, pelo fortalecimento do estado de Direito, pelo controle responsável do aparelho do Estado por quem de direito o exerça, e não por um sem-número de interesses anônimos encapuzados num "Sistema" indefinido, pela liberdade de associação, de expressão e de reivindicação, e pelo respeito à dignidade física e moral da pessoa humana.

Enquanto as elites dirigentes e os grupos opositores, tanto os ligados à ordem social dominante quanto os populares, não entenderem que a democratização não significa a eliminação dos conflitos pela via de adesão simbólica a valores pseudoconsensuais que estabelecem uma ordem supostamente homogênea, mas praticamente o oposto, ou seja, o reconhecimento da necessidade e da legitimidade da divergência – enquanto isto não for entendido, os riscos do totalitarismo estarão presentes.

Estamos por certo muito longe de uma conjuntura que permita uma real democratização. É um exagero supor, entretanto, que existam razões de ordem internacional, interesses de segurança nacional ou razões privadas (como a necessidade da acumulação e do crescimento) em função dos quais o Estado deve impedir as transformações políticas necessárias. Existem, isso sim, imperativos do estilo degradado da *realpolitik*, estratégias de voo curto de grupos que, enraizadas no aparelho de governo, fazem passar por razões de Estado a defesa do imobilismo político que beneficia o *status quo* e especialmente as posições pessoais de poder. O argumento que estou sustentando aqui é o de que as contradições existentes no próprio sistema de poder acabarão por fazer ruir este tipo de racionalização do imobilismo burocrático-repressivo. Isto, se a eles se juntar a pressão dos grupos e classes que estão fora do Bloco de Poder e que, se bem seja certo que insistem na participação política, não a confundem com a adesão, mas, ao contrário, estão dispostos a manter a integridade de suas visões de oposição.

Há muitas vias para que este processo se dê. Ele caminharia de forma mais veloz se houvesse algum De Gaulle que, do alto da visão do Estado e da grandeza da Nação, pusesse a OAS no lugar que lhe corresponde num estado de Direito, e entendesse que a segurança nacional sem um povo ativo e participante termina por fortalecer o Estado para o benefício de minorias, sem real proveito para o País. Esta seria, por assim dizer, a saída de direita, na perspectiva de uma espécie de autoritarismo esclarecido. Mais seguro a largo prazo, e mais venturoso, seria contar com uma reação organizada que brote semiautonomamente do ímpeto político dos grupos e setores de classe mencionados neste capítulo, e que o processo contasse mais com o realismo de vários setores localizados nas cúpulas decisórias do que com a visão iluminada de um *condottiere* ou com o apoio de alguma comissão secreta de estudos de estratégia e segurança.

A REATIVAÇÃO DA SOCIEDADE CIVIL

Ainda que o curso de um processo como o indicado seja relativamente lento, ele será certamente mais demorado se não começar já. Não para "pedir" democracia, no sentido de reabertura do jogo de partidos controlados pelo Estado e pelas classes dominantes, mas para criar um clima de liberdade e respeito que permita a reativação da sociedade civil, fazendo com que as associações profissionais, os sindicatos, as igrejas, os grêmios estudantis, os círculos de estudos e debates, os movimentos sociais, em suma, exponham de público seus problemas, proponham soluções, entrem em conflitos construtivos para o País. Neste contexto, é preciso não esquecer que, dentro do *aparelho de Estado*, também será preciso legitimar as divergências construtivas e eliminar as tendências favoráveis à uniformidade pseudoconsensual.

O Brasil é um país-continente, variado e desigual. A vida política terá que expressar, para ser legítima, essa variabilidade e desigualdade. Assim como o Estado, no afã centralizador e uniformizador, termina por engolfar a variabilidade dos interesses numa pseudovisão consensual, qualquer partido que pretender, nas atuais circunstâncias, ser a expressão de todos, terminará por alentar o totalitarismo. Será preciso uma década de movimentos sociais mais ou menos espontâneos, em que todos os pontos de vista possam florescer, para que se vão decantando as linhas das várias tendências que deverão, no futuro, expressar a vontade nacional. Que eles se unifiquem, numa espécie de Partido do Congresso da Índia; que parte da sociedade se articule num Partido Trabalhista, como os sindicatos se articularam em partido na Inglaterra; que se criem um ou vários movimentos socialistas, ou que existam partidos federados e mesmo, quem sabe, que as igrejas gerem seus partidos; que se reduzam a três ou quatro com suas tendências; que o Estado continue o processo de cooptação de parte dos interesses políticos etc. etc. – tudo isso deverá decorrer de um processo que implica o aprendizado da participação e da definição dos interesses dos grupos sociais.

Em poucas palavras: é preciso ir tecendo os fios da sociedade civil de tal forma que ela possa se expressar na ordem política e possa contrabalançar o Estado, tornando-se parte da realidade política da Nação. Este processo impõe uma ampla revisão de valores e exige que as várias nuanças do espectro político brasileiro, de um lado a outro, assumam a contemporaneidade da vida cotidiana atual. À ligeireza das sínteses ideológicas extremas, é preciso contrapor o peso das exigências concretas do trabalho e da ação. À superação verbal fácil dos problemas reais em nome de um futuro mistificado (que seja o do Brasil Potência ou o da igualdade imediata), é preciso contrapor o desafio das reivindicações específicas, que são múltiplas e diferenciadas, de cada grupo ou setor ou classe social. Não como uma forma de escapismo ou como a aceitação passiva das atuais condições de existência, que são inaceitáveis, mas como um aprendizado para a existência política, como uma disciplina para os que dirigem e para as bases, que ensine a crer na necessidade, na possibilidade e na legitimidade da reativação da sociedade. É nestes termos que tem sentido pensar-se em redemocratização e preparar-se para ela. Como prática cotidiana, e não como um gesto de benevolência de cúpulas esclarecidas que dificilmente poderão passar da intenção ao ato, se não houver estruturas reais de apoio político e formas organizadas de pressão a partir dos segmentos da sociedade que não estão encastelados no Estado.

Este processo será mais fácil e construtivo, por outro lado, se os grupos dirigentes compreenderem que o crescimento da sociedade urbano-industrial, mesmo que tenha sido acelerado pelo Estado, como foi, gerou uma situação política na qual a cooptação e o estilo elitista de decisão das cúpulas governamentais tornam-se insuficientes como o recurso político para legitimar a ordem estabelecida. Enquanto não for reconhecida a diferença real entre as formas de participação política que são legítimas para as bases e as que valem para a cúpula, entre a ordem patrimonial-estatal transformada em ordem autoritário-burocrática e as massas dominadas, pouco se caminhará para compreender o processo político brasileiro. E menos ainda para realmente se chegar à institucionalização de uma ordem isenta dos riscos do totalitarismo: uma ordem compatível com uma real democratização que parta da diversidade e da heterogeneidade e busque formas de convivência racional efetivamente arraigadas em valores capazes de criar uma Nação, tolerando e legitimando os conflitos. Fora disso, poderá haver um Estado forte, um empresariado ativo, um povo que trabalha sob a pressão da necessidade de sobreviver; mas dificilmente será possível criar os valores capazes de cimentar a unidade nacional com proveito para a maioria da população. Em lugar disso haverá um conformismo apático, controlado de cima para baixo, incapaz de garantir, no futuro, a permanência de uma ordem nacional apta para enfrentar os desafios do mundo contemporâneo e das pressões existentes na arena internacional.

NOTA

1. Este artigo foi terminado em outubro de 1973, quando Geisel era candidato à Presidência.

CAPÍTULO IX A Fronda Conservadora:
o Brasil depois de Geisel*

* Artigo publicado na *Folha de S. Paulo*, 21 de janeiro de 1979, p. 5-6.

Quando o governo do general Geisel estava por começar, escrevi um artigo no qual manifestava a vaga esperança de que, por fim, se pudesse dizer com desafogo: *"Regem habemus"*. Estávamos então no meio do túnel. Quase sempre os que se encontram nessa situação imaginam que basta caminhar mais alguns passos e uma réstia de esperança se deixará vislumbrar. Não sabíamos, então, até que ponto o autoritarismo cavara fundo no cotidiano do País. Sequer sabíamos que ocorriam fatos tão significativos quanto uma guerrilha em pleno Araguaia, e menos ainda que, para desmantelá-la, as populações locais tivessem pago preço tão alto. Mas todos os que líamos jornais no País, e, ao lê-los, nada sabíamos, sentíamos que o sufoco havia chegado ao auge. Como o homem é um ser teimoso por vocação e acredita no que não está à vista, contra todas as evidências imaginei que pior o regime não poderia ficar: que pelo menos tivesse um rei!

Por aí se vê a que ponto as instituições políticas haviam retroagido. Só restava um consolo, que de nada vale em termos práticos: a comparação com outras situações históricas. Não se havia chegado, por certo, às noites de são Bartolomeu que abalaram o Chile depois da queda de Allende, naquele setembro tenebroso; nem se chegaria à sistemática destruição da *Polis* como na Argentina. Mas, em vez de termos, no mínimo, a responsabilidade pessoal de um ditador ou mesmo a aceitação pública do ônus do poder por alguma instituição – as Forças Armadas que fossem –, tinham-se apenas a onipresença e a pouca ciência do que se chamava o Sistema. Era a repressão, o arbítrio não responsabilizável, porque nem era pessoal, nem institucional, mas difuso e persistente, quem comandava os cem milhões de brasileiros.

A seu lado – mas sem querer assumi-lo como irmão gêmeo –, as forças do Brasil Grande. Grande para as multinacionais e o grande capital em geral; para a burocracia tornada razão substantiva pelo interesse não só dos tecnoburocratas, mas dos que tiravam a castanha com as mãos do gato, enriquecendo e progredindo, fossem eles "executivos de alto nível", enxame de semiempresários da classe média, agenciadores de negócios, e assim por diante.

Foi neste contexto que me pareceu que a emergência de um "rei" era a saída conservadora para evitar que a manipulação canhestra do "princípio do chefe" degenerasse, como havia degenerado, na privatização do monopólio da violência do Estado e também na progressiva privatização de parte do aparelho de Estado, através dos "anéis burocráticos" que passavam a servir a interesses pessoais e empresariais. Era necessário que alguém assumisse a representação do Estado para que fosse possível recolocar pelo menos a indagação clássica nessa matéria: a relação entre o Estado e o soberano, posto que a relação entre Estado e povo se esfumara no arbítrio e não fora substituída sequer por qualquer outra modalidade perceptível de reconhecimento de poder. Era o Estado-Fantasma predicado de um sujeito oculto, o Sistema. Se, na lógica da expansão econômica e, portanto, das classes, da sociedade civil, este não Estado todo-poderoso funcionava às mil maravilhas, segregando uma burocracia mata-borrão que enxugava os vazios da agressividade empresarial e aparecia como Superestado, no reino da política ele supunha uma cena em que os personagens se digladiavam em busca de um autor.

Mas que significaria ser rei? Insinuei no referido artigo duas condições. Na linguagem velada que era o pão nosso de cada dia da época, disse que o soberano haveria de colocar "a OAS no seu lugar". Ou seja, fazer o que fizera De Gaulle quando a podridão repressivo-colonialista enlameada na Indochina e na Argélia tentara apoderar-se do Estado francês: destruir os "serviços especiais" e os segmentos políticos que lhe davam consistência. Em segundo lugar, e paralelamente, para fazer isso seria necessário refazer as alianças entre os setores de classe que davam sustentação ao poder, posto que, bem ou mal, o sistema tinha seus apoios. De Gaulle firmara seu poder oferecendo aos setores mais dinâmicos do capital monopólico francês a chance de construir a autonomia (relativa)

A CONSTRUÇÃO DA DEMOCRACIA

tecnológica e militar da França. Poderia Geisel, num país dependente, encontrar brechas para reorganizar o sistema de alianças que sustenta o Estado oferecendo a alguns setores da sociedade civil um caminho de participação efetiva num projeto de construção nacional?

A SAÍDA CONSERVADORA

Era este o desafio que o general Geisel enfrentava. Não se abria para ele — nem seria de seu agrado, imagino — uma alternativa realmente democrática. Estávamos no auge da Reação Thermidoriana no continente. No Brasil, todos pagávamos as derrotas populares do início dos anos 1960 e o aventureirismo posterior dito "pequeno-burguês" de uma política de esquerda sem massas. O operariado fora silenciado pelo arrocho salarial e pela repressão (entre 1968 e 1978 não chegou a haver greve de monta). As universidades e o próprio movimento estudantil não conseguiram até então sair da perplexidade desencadeada pela censura, pela autocensura e pelo policialismo. A imprensa apenas engatinhava pelos semanários alternativos, todos sob censura. A classe média adormecia em berço esplêndido, embalada pelos campeonatos de futebol, pelos êxitos do crescimento do PIB (do qual beliscava porções desprezíveis em nível global, mas confortadoras para alguns setores). O campo ruminava a miséria e, como secularmente, explodia vez por outra na violência dos desesperados. Só a Igreja, talvez, e alguns punhados de jovens ou de velhos idealistas deixaram sua marca de protesto mais fundamente cravada nos pés do Moloch que se construía. E desse protesto os IPMs e os dossiês secretos são testemunhas mudas, talvez para sempre. Frequentemente a intenção do protesto perdia-se pelos equívocos da forma que assumia, pela impossibilidade prática de constituí-la como força política efetiva, pelo irrealismo das análises, ou pelo envelhecimento das ideias diante das transformações da vida.

Como imaginar neste quadro a democracia? Como, pior ainda, pedir que um governo autoritário viesse a propô-la? Seria ingênuo e injusto. Os dilemas do general Geisel eram outros, mais conservadores, nem por isso menos árduos. Terá conseguido enfrentá-los?

Eu acho que sim. E convém dizê-lo claramente. Não para atribuir ao general presidente ou ao general Golbery, ou a qualquer outro "gênio da raça", a discutível glória de ter aberto uma via à estabilização conservadora, posto que nem essa existiria se não houvessem ocorrido modificações importantes no comportamento da sociedade civil e se a pressão das classes médias e dos trabalhadores não tivesse sido desencadeada na forma pela qual o foi. Mas convém reconhecer, para depois tirar as ilações necessárias, que pelo menos em parte, sim, tivemos rei. Mais difícil, como se verá, foi estabelecer as regras da sucessão e, mais árduo ainda, recriar os caminhos pelos quais a Carruagem Imperial poderá seguir sob o aplauso dos poderosos, ainda que sob o apupo das massas, como Luís XIV.

Encarado deste ângulo, o governo Geisel foi uma tentativa de resolver os impasses que se colocavam ao regime político. Este, já o anotaram os observadores mais consistentes, inaugurara-se ambiguamente com o marechal Castello, envergonhado de ser antidemocrático, sempre pronto a fazer concessões verbais a um liberalismo elitista, mas que fora pouco a pouco assumindo a feição militarista, burocrática e repressiva que o AI-5 proclamara em 1968 como necessária. A inexistência de "princípios legitimadores" aceitáveis, a luta entre facções, o monstrengo sistema bipartidário gerado, o aviltamento das funções judiciárias e legislativas e tudo o mais foram cozinhando em caldo morno o descozido institucional.

Geisel herdou tudo isso e proclamou logo a intenção de dar um rumo às coisas: a distensão. Pagou, porém, o preço do aviltamento tecnocrático do pensamento político conservador que ocorrera no País: imaginou a distensão como um processo controlável, sem grandes mudanças no sistema de alianças. E não supôs uma variável crítica: a opinião pública e a reação popular.

O ano primeiro da distensão mostrou o preço desse engano: as eleições de novembro de 1974, sem férrea censura aos meios de comunicação, resultaram em derrota política. A Arena – que fora imaginada como canal para reorganizar o sistema político, ainda que contrabalançada pelas outras instituições conservadoras – mostrou-se incapaz de polarizar forças vitalizadoras para sustentar um regime "conservador, mas decente". O "Sistema" cobrou seu preço pelo engano dos *policy-makers* oficiais. Ele já atuara violentamente em 1974, enchendo as gavetas do general Golbery de dossiês de cadáveres assassinados logo no início do governo Geisel. Em 1975, o "perigo comunista" foi redescoberto. O próprio ministro da Justiça se fez porta-voz de tão graves preocupações: o Partido Comunista existia, possuía até gráficas, com mimeógrafos... O general Geisel, em agosto de 1975, pôs um ponto, que a muitos pareceu final, nos projetos liberalizadores.

Foram precisos novos e mais graves incidentes entre o Sistema e o governo para que de novo a visão conservadora, politicamente reacionária, mas não facinorosa, do Palácio do Planalto se alertasse. Foi no episódio da morte de Vladimir Herzog e de Fiel Filho e subsequente destituição do general Ednardo d'Ávila Mello que o poder imperial de Geisel começou a "pôr ordem na casa". Nas circunstâncias, não há que negar: o general-presidente atuou como chefe – como rei –, e começou a preparar a possibilidade da saída conservadora para a iminência da degenerescência do militarismo em violência quase privada, "à Argentina".

Neste ínterim, entretanto, a outra crise, não a do regime, mas a do próprio Estado (isto é, do sistema pelo qual as classes sociais e seus segmentos se organizam para permitir a dominação), lavrara mais fundo. O "milagre econômico" acabara, e o governo, como gestor do aparelho burocrático do Estado e como expressão das alianças políticas que permitem a existência do próprio Estado, via-se assoberbado pela crítica da sociedade civil. Esta, que calara e dera a impressão de consentir sob o governo Médici, começou a espernear. O governo Geisel enfrentava a pesada herança do pós-milagre: a dívida externa, os juros altos, a inflação, e, acima de tudo, o sobredimensionamento dos projetos de investimento (o Brasil Grande). Tudo isso numa conjuntura internacional recessiva.

Coube, portanto, à administração Geisel a tarefa de redimensionar o gigante: talhando-o em proporções menos paranoicas. Só que a rearrumação da casa teve preços: as caixas (do Tesouro, sob formas múltiplas) baixaram, e, portanto, o repasse para mãos privadas passou a ser mais disputado. Neste contexto, a presença das empresas estatais (e do setor público em geral) passou a ser "inquietante". Foram os anos da crítica ao "estatismo". Os empresários nacionais (especialmente dos setores de bens de capital) quiseram se defender do favoritismo às multinacionais e às empresas públicas. Estas, por sua vez, defenderam-se como puderam das tentativas do governo e da burocracia da administração direta para discipliná-las e fazerem-nas atuar como parte do "sistema estatal". As multinacionais manejaram a seu modo o endividamento no mercado internacional e sua superioridade tecnológica, colocando as políticas oficiais frequentemente em xeque, e assim por diante.

Rompido o equilíbrio do "tripé" do desenvolvimento (empresas multinacionais, estatais e privadas), rompeu-se também a unanimidade no governo. Severo Gomes, de um lado, Mario Henrique Simonsen, de outro; BNDE, de um lado, Secretaria-geral, do Planejamento de outro, moralismo militar *versus* necessidades imperiosas de cobrir os furos do sistema financeiro; mordomias, salvações das bancarrotas e moralidade administrativa como ideal e toda uma coorte de choques de opinião e de interesses.

Foi, portanto, num duro terreno minado pela discórdia que o governo Geisel caminhou. Diante disso, se antes já se sentia a necessidade de estabelecer as "regras do jogo", isso passou a ser crucial, para evitar que a discórdia terminasse por romper o Estado. Havia que restabelecer um sistema de válvulas para soltar a pressão e ao mesmo tempo recriar um sistema de freios para salvar, não os anéis, mas os dedos das camadas dirigentes. Que a aliança fundamental poderia romper-se era visível: setores militares, setores empresariais, o MDB, setores oposicionistas não integrados nos partidos do regime e mesmo setores populares começaram a se reconhecer como peças do jogo: poderiam, mais tarde, exigir não a mera "distensão", mas a democratização.

A liberdade de imprensa foi sendo conseguida gota a gota: como pressão da sociedade, mas também como artimanha necessária do Palácio do Planalto. De TV e rádio nem se cogitava: são peças demasiado sensíveis para o cimento ideológico do País. A tortura e as prisões arbitrárias foram diminuindo, embora não extintas completamente. Até mesmo o exercício da greve veio como conquista dos trabalhadores, mas também com um fechar de olhos de Brasília. Os ministros – e por vezes o próprio Júpiter Tonitruante – usaram os meios de comunicação para ameaçar. Porém, mais numa tática de colocar limites do que para coibir completamente.

Foi assim até mesmo com o movimento estudantil, embora neste caso os excessos dos policiais tenham sido mais fortes.

Nada disso deve ser entendido como "concessão": é que não havia mais a unanimidade na cúpula para que o risco das imposições fosse previsível. Mas nada disso pode ser entendido se não se considerar também que havia uma tática de "liberalização conservadora". Rompido o anterior sistema de alianças que sustentava o Estado, os grupos dirigentes, quase por instinto de conservação, foram buscando novas acomodações. Para consegui-las, usaram os instrumentos de liberalização como tática para ganhar o apoio das partes da opinião pública que ainda se alinhavam na Arena, as que estavam no setor estatal dito "esclarecido" dos gabinetes planificadores, em algumas instituições da classe média (a OAB e a ABI, por exemplo), nas Igrejas, no empresariado, e especialmente nas Forças Armadas. Levantado o véu da censura, agilizavam-se mais facilmente opiniões, ao gosto do Planalto; degelado o sistema de partidos, certas táticas de envolvimento poderiam ser desempenhadas mais folgadamente contra determinados setores do governo (veja-se a "missão Portella"), e assim sucessivamente.

O desenrolar final destes lances foi cada vez mais dramático. Havia que vencer o saudosismo do arbítrio (episódio Frota) e deslindar a sucessão. E havia que evitar que a rearrumação da casa fosse feita jogando-se pela janela todos os móveis antigos. Foi mais fácil o episódio final de "pôr a OAS no lugar" do que vencer politicamente os riscos de perder o controle do processo de liberalização conservadora. De fato, contra os desmandos do militarismo de ultradireita, quando se deu a crise do general Frota, já havia uma quase unanimidade nacional. Contra os anseios de uma democratização mais ampla (que acabou sendo proposta pelo general Euler) havia que navegar em mar encapelado.

Mas, de novo, o governo Geisel foi consequente nos seus propósitos de mudar algo, mas não mudar muito. O episódio-chave que garantiu o controle do processo foi a promulgação do pacote de abril, em 1977. A violência do fechamento do Congresso tornou-se pequena diante da violência ainda maior ocorrida quando a Constituição outorgada de 1969 foi novamente emendada, por obra e graça de meia dúzia de conselheiros pessoais do presidente, os chamados "constituintes do Riacho Fundo", nome do palácio em Brasília onde se reuniram.

Não eram mais as Forças Armadas que arbitravam, nem foram consultadas a respeito das emendas casuísticas feitas para garantir as vitórias eleitorais do governo e a aprovação de leis constitucionais por maiorias simples. Nem foi a pobre Arena de tantos desenganos. Era o "grupo do Palácio". Era o "Imperador". "O Estado sou eu". Mas "eu" quem? E aí termina a analogia imperial. "Eu', no caso, é a vontade conservadora de uma elite dirigente que expressa, mais do que a vontade pessoal do monarca (a qual existiu e foi necessária para lograr esta mediação, mas não se perpetuou), uma tendência larvar nas elites econômicas, nos altos mandos militares, em setores limitados porém influentes das elites intelectuais e dos meios de comunicação de massa, e até, quem sabe, em segmentos mais amplos das classes médias. Vontade de mudar, sim: mas com segurança e devagar. Vontade esta que resultou agora no "governo de conciliação revolucionária".

Qual o preço desta mudança?

Os setores ultra estão marginalizados. O *fiat* tecnocrático foi dificultado pela ampliação da negociação política ao círculo de notáveis mais próximos aos Palácios, a qual se tornou necessária para refazer os esquemas de poder. Ressurgiu uma "classe política" (expressão deturpadora que se refere à existência de uma política de notáveis, típica de uma ordem tradicional) dependente da concessão de prebendas governamentais (postos ministeriais, senatorias biônicas, governadorias indiretas etc.), mas atuante em defesa própria e ocupando um espaço que antes era privativo dos militares e dos tecnocratas. E sobretudo: um regime que faz concessões "liberalizantes", mas não faz concessões democráticas.

Dessa forma o regime cortou algumas das amarras diretas entre ele e o Sistema. Reorientou o papel das Forças Armadas na direção do exercício de uma função tutelar, considerada pelos donos do poder como "necessária e normal". Expeliu o AI-5, ou seja, o reconhecimento expresso do arbítrio presidencial, substituindo-o pelas "salvaguardas constitucionais", essenciais à manutenção da função tutelar dos militares. Abriu certo espaço para o Judiciário, mas manteve o Legislativo como uma área de incerteza: nem mexeu na estrutura dos partidos, nem ampliou as funções legislativas, mas assegurou condições mais favoráveis para o exercício dos mandatos, limitando os poderes de cassação do Executivo. Tudo isso sem devolver à sociedade civil as chaves mestras do processo decisório, nem por meio de eleições nem por sua presença mais institucionalizada nas decisões nacionais. "Democracia", mas sem povo.

Foi na questão da reorganização do sistema de alianças sobre o qual há de repousar o regime da distensão que se viram com maior clareza os estreitos limites conservadores nos quais as reformas geiselianas operam. Nenhuma "abertura" para a ação popular (a lei antigreve é a "salvaguarda" contra o povo); escassas concessões políticas aos setores modernizados e educados das classes médias (que desejam eleições diretas, reformulação partidária, discussão pública das questões econômico-financeiras: basta ver o caso da compra da Light para se ter ideia da intolerância governamental nesta matéria); incorporação de novos atores apenas por via de cooptação dos que, por seus interesses e personalidades, são absorvíveis pela política de notáveis. E, no fundamental, a mesma política econômica de base, reforçando o "tripé desenvolvimentista" nas condições atuais.

A expressão final e cabal do estilo geiseliano de mudança política foi a sucessão presidencial e a composição do novo gabinete. Nestes episódios, somou-se a vontade férrea do Imperador e de seu círculo imediato de fâmulos para arbitrar contra tudo e contra todos, e impor tanto a candidatura Figueiredo quanto a imediata recomposição de boa parte dos interesses contrariados mediante a formação de um gabinete de "conciliação revolucionária". Ou seja, feitos alguns remendos no regime, em vez de o governo partir para uma composição que levasse a novas alterações, partiu para restabelecer a unidade entre os setores dirigentes que se formaram na vigência do AI-5. Mas enganar-se-iam os que pensassem que isso é uma estratégia para evitar novas "aberturas": era para fazê-las, sob controle do mesmo grupo de interesses.

Formou-se assim uma clique, uma Fronda Conservadora, contra a ameaça de ruptura do Estado. Transformou-se algo do regime para não mudar as bases políticas de sustentação do Estado.

E AGORA?

Para que se entenda contra o que se organiza esta Fronda Conservadora, é preciso ter presente que, bem ou mal, o Brasil é um país que passa por uma experiência singular no mundo contemporâneo: nele se desenvolve um agressivo processo de crescimento capitalista. E isso não é um fato banal. Ao contrário, poucos países dependentes (que se articulam no mercado mundial como "periferia") conseguiram reintegrar-se no processo de divisão internacional de trabalho como produtores parciais de produtos industrializados. A internacionalização do sistema produtivo integrou – mediante a atuação das multinacionais e agora de algumas grandes empresas locais estatais – a economia brasileira à economia oligopolista internacional. Mais ainda. Isso se faz num espaço nacional amplo que dispõe até hoje de imensas fronteiras agrícolas.

Não é difícil perceber as condições sociais e as consequências políticas desse processo. Urbanização, megalopolização, modernização das estruturas do sistema estatal, formação de enormes complexos burocráticos, tanto no nível do Estado quanto no das empresas privadas, intensa imigração interna, concentração de rendas e, apesar dela, mobilidade social, deslocamentos migratórios maciços etc. dão-nos o pano de fundo dos grandes processos estruturais brasileiros. Tudo isso implica a expansão do sistema de classes (exemplo simples: passa-se de 3 para 12 milhões de trabalhadores industriais no espaço de menos de 20 anos; surgem novos setores de "classe média" educada e tecnificada; emergem os "boias-frias" sem que diminua o número de famílias camponesas e assim por diante). E como ainda que Deus fosse mesmo brasileiro não evitaria as crises e as conjunturas difíceis tanto da economia quanto da política, têm-se o endividamento externo pesando sobre o País, os interesses das multinacionais não se ajustando automaticamente nem aos desígnios do governo nem aos interesses de seus sócios nacionais, a inflação comendo os salários e os orçamentos, o custo de vida martelando as famílias da maioria da população, os sindicatos renascendo, as universidades criticando de novo. Enfim: tem-se tudo, menos a estabilidade a que a Fronda Conservadora aspiraria para imprimir sobre a massa imersa do País um destino de grandeza, sem reivindicações incômodas.

As soluções políticas conseguidas pelo governo Geisel são acanhadas diante do peso das grandes questões nacionais. Elas protelam, mas não resolvem nem sequer encaminham soluções para os problemas de base do País. Estas, numa enumeração breve para que se tenha uma ideia do que será o "Brasil depois de Geisel", vão desde as mais prementes aflições conjunturais até as questões que os militares gostam de qualificar como atinentes aos "objetivos nacionais permanentes".

Comecemos a exemplificar pelo mais imediato e óbvio: a inflação do ano passado rondou os 40%; se medidas drásticas não forem tomadas, esta taxa pode alcançar rapidamente os 60% no ano em curso. Há patamares, difíceis de precisar, que mudam qualitativamente o sentido do processo inflacionário e de suas consequências políticas. Provavelmente uma inflação do nível de 60% já representa algo não absorvível sem crises sociais e políticas. Logo, impõe-se conter a inflação. Mas como e a que preço? Se a Fronda Conservadora imaginar que o "remédio ortodoxo" vai ser aplicado à custa do nível de salários (sabendo-se que não foi ele o que provocou a inflação), e se imaginar que o MDB, os sindicatos e o povo vão absorver o golpe solidariamente com o governo, estará se enganando, e terá de enfrentar situações delicadas que porão em xeque a ourivesaria política das miniliberalizações, para perda geral do País.

Tomemos o outro lado da medalha: como se fará a propalada redistribuição de renda, e como se entrosarão as políticas econômicas com as políticas sociais? A ninguém parece sensato um plano que contenha a inflação e ao mesmo tempo dê sinais de redistribuir a renda efetivamente. E existem demandas, a partir de setores sociais diferentes, para que se façam as duas coisas. Como, no quadro apertado de um gabinete de "conciliação revolucionária", enfrentar com firmeza e com apoio social estas duas intrincadas questões?

Não será a mesma dúvida que se repõe na discussão do problema energético quando as opções e as combinações entre o uso de energia hidráulica e de energia nuclear, entre o consumo crescente de petróleo e sua escassez, entre os padrões de consumo das classes bem aquinhoadas e a realidade do País necessitam de soluções inovadoras e com um grau razoável de consentimento social para serem eficazes? E idêntico raciocínio não se coloca para o encaminhamento das questões urbanas prementes (poluição, transporte de massas, habitação etc.)? E as questões agrárias foram acaso encaminhadas?

Por aí se vê que os arranjos políticos combinando "liberalização contida" com práticas oligárquicas de uma política de notáveis, se podem contornar o temporal momentaneamente, não conseguem conter as pressões que virão e que estão enraizadas não na "perversidade" ou na "irresponsabilidade" das oposições, sejam elas representadas pelo MDB, pelas Igrejas ou pelas instituições da sociedade civil (como os sindicatos, a imprensa, as organizações profissionais, de moradores etc.), mas na natureza mesma do processo de crescimento da sociedade. Se as reformas institucionais propostas não são suficientes, é porque elas não entram a fundo nas questões da participação política, da modernização dos mecanismos de tomada de decisões de modo a abri-los à opinião pública, na reformulação partidária e no estabelecimento de um sistema democrático de negociação entre as partes interessadas. Elas mantêm o arbítrio político em círculos restritos (burocráticos, empresariais e militares) dando certa folga aos direitos individuais, e, ao mesmo tempo, dada a "liberalização", aguçam na massa da população a sede de informações e o desejo de participar das decisões nacionais.

A estratégia de poder representada pelo gabinete de "conciliação revolucionária", que teve como argamassa os frangalhos de um sistema partidário que deu o governo à Arena, não só parece ser incapaz de responder aos grandes problemas nacionais encaminhando soluções negociadas e estáveis, como se baseia no afastamento de todas as forças "potencialmente disruptivas" dos centros de decisão. Ora, as forças potencialmente disruptivas são exatamente as mais "modernas", as que foram criadas ou recriadas pela expansão capitalista recente.

Assim, são os operários os marginalizados, são os técnicos mais críticos e a intelectualidade em sentido amplo (isto é, a classe média que passou pela universidade), e, também, os empresários que não se acotovelaram no apertado sistema de notáveis de Brasília. Disso tudo resulta até uma expressão geográfica: São Paulo, em particular, e o Centro-Sul, de modo geral, passam a pesar menos no sistema decisório nacional do que sua expressão econômica e cultural indicaria ser necessário para que as decisões nacionais fossem mais abertas e mais consensuais. Não será este um problema de "geopolítica" que preocupa as mentes militares menos engolfadas nas disputas imediatas de poder?

Dito de maneira analógica: tendo havido a modernização capitalista sem uma "guerra de secessão", não teremos sido condenados a suportar um sistema político inerentemente anacrônico e contraditório, que quanto mais se esforça por fazer o País progredir materialmente mais se embaraça numa ótica política tacanha que posterga sempre a democratização para manter grupelhos no poder? Daí não poderá surgir no futuro uma corrente com reflexos graves em todo o sistema nacional agressivamente anti-Brasília? Só não ocorrerá isso se as oposições do Centro-Sul e de São Paulo em particular forem capazes de gerar lideranças com sentido genuinamente nacional.

Mas o que significa hoje uma liderança genuinamente nacional? Para mim significa, em primeiro e principal lugar, liderança que entenda que as grandes questões nacionais devem ser pensadas do ângulo dos interesses populares. Mais ainda, que entenda que não é suficiente assumir ou presumir o interesse popular: é preciso que o interesse popular se organize tanto mediante formas institucionais autônomas da sociedade civil quanto por meio de um sistema de partidos baseado não em grupos de notáveis, mas em lideranças abertas democraticamente às influências da opinião pública.

Portanto, para que o Brasil depois de Geisel não mofe em minirreformas palacianas sem substância, sem apoio social, nem se estiole em soluções tecnocráticas presumindo responder ao que os planejadores julgam ser os interesses nacionais (que raramente coincidem com o interesse popular e frequentemente se confundem com os interesses das multinacionais), será necessário que se encaminhem as questões do País sem separar a democratização dos interesses populares e sem imaginar que as questões nacionais assentam apenas na razão do Estado ou no interesse do empresariado. Não basta que se formule a partir da ótica atual e estreita de interesses partidários estas questões. Existe, no Brasil de hoje, um desafio maior: não se trata apenas da questão de democracia vista do ângulo institucional, trata-se da necessidade de democratizar a própria sociedade. Nos países democráticos, as grandes questões do mundo contemporâneo passam, sem dúvida, pelos Congressos. Mas passam tangencialmente: elas são discutidas por todo o país, e são preparadas e implantadas por um sem-número de agências governamentais e privadas. Democratizar a sociedade implica aumentar o número de arenas nas quais a opinião pública esteja presente, e implica que nelas exista lugar para a diversidade de opinião. Nada disso pode ser feito sem ampla informação, sem organização livre, sem opinião pública e sem partidos reais que não sejam apenas comitês eleitorais, nem se resumam à atuação de parlamentares. É preciso que tenham capacidade de criticar as políticas no dia a dia, de aglutinar os grupos, e de racionalizar as decisões.

É esta a conciliação nacional possível: conciliar o povo com os mecanismos decisórios, dando-lhe participação efetiva. O resultado desse processo levará a uma inevitável e drástica reformulação da política de notáveis e a um novo equilíbrio entre as forças sociais e regionais.

Teremos a capacidade política de marchar nesta direção sem fraturas ainda maiores no sistema nacional? É neste ponto que a questão das lideranças torna-se crucial. O general Geisel teve a férrea vontade de alterar alguns aspectos do arranjo político anterior. Faltaram visão nacional (caracterizada anteriormente) e grandeza para dar um passo que poderia custar, eventualmente, a perda do controle da situação por parte do grupo ao qual pertencia. Fez o sucessor, dotou o País da camisa de força de um novo conjunto de regras políticas que possibilitou o fortalecimento da Fronda Conservadora, e vai agora descansar, pensando que cumpriu o seu dever.

Não criou, entretanto, um sistema capaz de ser durável e de, sendo-o, encaminhar as reformas de base de que o País necessitava. E legou ao País um sucessor que não pareceu dotado da mesma férrea vontade de sua têmpera, e que teria de governar num clima de pressões muito mais fortes. É neste contexto difícil que a sociedade brasileira enfrentará nos próximos anos o pesado desafio de definir o seu perfil até o fim do século. Só mesmo se Deus for brasileiro e se, independentemente dos pequenos interesses de manutenção imediata de poder, for possível projetar novas forças e novas lideranças na vida nacional, escaparemos do clássico impasse entre justas pressões populares sem rumo político viável e a intolerância reacionária que nada cede ao interesse popular para manter posições vantajosas de poder.

CAPÍTULO X   Os anos Figueiredo*

---

* Escrito em maio de 1981, este artigo foi publicado em *Novos Estudos Cebrap*, v. 1, n. 1, p. 4-11, dez. de 1981.

Marx, para amesquinhar, chamava Napoleão III de "Soulouque", que fora imperador do Haiti. Com carga dobrada de preconceito, também Bolívar foi qualificado por ele como "o verdadeiro Soulouque". Engels é autor de frases parecidas. Entretanto, nem o preconceito, injustificável, que o levara a comparar Bolívar com o "rei negro", para insistir no tom desdenhoso, nem o ódio votado a Napoleão III toldavam o descortino de Marx. Criticando Victor Hugo, que considerava o golpe de Estado do 18 Brumário o ato de força de um só indivíduo, que caíra sobre a história de repente, como um raio em dia de céu sereno, Marx dizia: "Eu, pelo contrário, demonstro como a luta de classes criou na França as circunstâncias e as condições que permitiram a um personagem medíocre e grotesco representar o papel de herói."

Do lado de cá do Equador, nem os falsos Napoleões entram em cena. A quem, em nossa história recente, caberia chamar de Luís Bonaparte? A qual de nossos generais-presidentes caberia o apodo? E qual deles teria representado o papel de herói, embora fosse "personagem medíocre e grotesco"?

Geisel, que pelo nome e pela postura poderia confundir-se no panteão das figuras guerreiras de outrora, foi quem mais se aproximou de ter desempenhado um certo papel pessoal na história: bem ou mal, opôs-se à surda aliança entre a burocracia e a repressão. Em certo momento, quase se pôde dizer dele com alívio: "*Regem habemus*". E data de seu tempo o projeto de abertura. Por trás do trono, Golbery e Portella – o senador – fiavam sem parar as redes da armadilha institucional em que caímos.

Mas, se o desenho inicial da rota se fez nos tempos de Geisel, a travessia faz-se agora, na época de Figueiredo.

Não será essa, precisamente, a dificuldade para interpretar a história recente? Não será que, em nossa política terra a terra, a falta do personagem mostra logo o autor e, de repente, como se a história se fizesse sem agentes pessoais, se descobre que o projeto não é de ninguém e é de todos, e, por isso mesmo, abomina e repugna a cada qual que se descobre parte, e parte culpada, de tão melancólico desenrolar?

Mesmo que assim seja, cabe inquirir, à boa moda antiga, pelas circunstâncias e condições que fizeram de joão-ninguém rei e senhor do aqui e do agora.

DA DISTENSÃO PARA A ABERTURA

Deixemos de lado, por já sabida, a trama imediata da ascensão de Figueiredo. Recordemos apenas que, no plano político, ela teve dois desdobramentos básicos no tempo de Geisel: a "operação encantamento", pela qual os fiandeiros da tecelagem do rei, Portella e Golbery, abriram o "diálogo" com a "sociedade civil", à margem do Congresso e dos partidos – mas também do Sistema –, e a "operação desbaratamento", pela qual os granadeiros do rei decapitaram, um a um, os generais rebeldes, fossem ministros, chefes da casa militar, ou simplesmente ex-qualquer coisa. Do "pacote de abril" de 1977 às "eleições" de outubro de 1978, acionaram-se os mecanismos decisivos da transição: condições para o fim do AI-5, controle do sistema eleitoral, volta do *habeas corpus*, tolerância relativa frente às primeiras greves, para falar apenas dos principais.

No fim do processo, a operação surpresa era já segredo de polichinelo: o áspero general Figueiredo recebera a quarta estrela, assistira impávido aos boiardos de quepe ou de paletó e gravata beijarem a cruz do sisudo e prussiano czar, elegendo aquele que "seu" lobo mandou. Cingido aos baldes de ouro, como os czaréviches antigos, o nosso Príncipe declarou logo que era plebeu: as verdes lentes escuras viraram cristais brancos, o fardamento – tão nova a quarta estrela, que pena! – virou peça de museu, e até mesmo, como nos ritos de passagem de grupos primitivos, houve a redenominação: qual general Figueiredo, qual nada: João, simplesmente João.

A CONSTRUÇÃO DA DEMOCRACIA

Por trás da cena, muita coisa mais mudou. Mudou o Brasil, mudou o vento do mundo, mudaram as circunstâncias.

Ao contrário do que era de imaginar até 1978 – e principalmente entre 1977 e 1978 –, a transformação da distensão em abertura conseguiu solidificar apoios, suspeitos e insuspeitos. O novo governo emergia trazendo um sinal de paz aos donos de alguns setores militares e sob o fogo de uma oposição unificada e derrotada. Figueiredo era tanto Médici quanto Geisel, e, nessa última medida, era também Castello e, mais ainda, ao chamar Delfim para o gabinete, era ainda tudo o que fora o milagre, de Costa e Silva a Médici.

Até aí, os insuspeitos. Bastiões do próprio regime, mais que apenas de governos. Mas Figueiredo veio para propor a negociação. Para sua sustentação fora do círculo imediato dos incondicionais, precisava luzir ao público as virtudes do *uomo qualunque* e não do general tonitruante. Essa ampliação da base do governo requereu prévia operação tática de vulto. A operação "mídia". Criou-se o presidente volante, homem-massa. Surtiu efeito?

Até certo ponto. Até Florianópolis,[1] com certeza. Depois, cautamente. Não se "vende" um presidente como um sabonete. Mas se paga a pauta da grande imprensa e dos meios de comunicação. Com sorriso, com informação exclusiva, e também com anúncio. O presidente da abertura é humano: sorri, xinga, até se desnuda com halteres. E fala! É melhor que a estátua de Michelangelo.

Mas política não é apenas símbolo, é também transa e concessão. E o regime transou e concedeu.

Concedeu, sob pressão, a anistia. Curioso e paradigmático processo: primeiro o anúncio vago, como a corresponder aos um, dois, três, muitos Comitês Brasileiros de Anistia. Depois, em *off*, a redonda negativa: os que ergueram o braço armado jamais serão perdoados: seria uma ofensa às Forças Armadas. Mais adiante, novamente até com lances de anteprojetos esquecidos em mesas de fácil acesso – a intenção regeneradora, o perdão sem mácula. Envia-se proposta ao Congresso, por fim. A lei não é ampla, nem geral, nem irrestrita. Árdua batalha, perdida pela oposição que tentou ampliá-la.

Só que à margem da Lei da Anistia, depois da derrota política das oposições, reveem-se administrativamente os prazos das penas e, um a um, os prisioneiros são soltos, um a um, os asilados retornam.

Só não retornam os desaparecidos, os mortos do regime. Nem se desfazem as marcas da tortura, na carne e na alma. Por antecipação, temendo alguma revanche, são anistiados também os autores de crimes "conexos" aos políticos: os torturadores e os assassinos.

AS CONCESSÕES DO REGIME

Bem ou mal, contudo, foi superado o trauma do reingresso dos marginalizados à vida política. Ficaram as marcas, as indeléveis, já mencionadas, e os bolsões de "patriotas sinceros, mas equivocados", ultradireitistas inconformados, artilheiros em tocaia, ainda hoje ativos intermitentemente e sempre preservados: sabem demais para que sejam expostos à execração pública.

O regime concedeu também no plano político institucional. Por três vezes o presidente João negou que quisesse outra coisa além ou aquém da democracia. Estendeu a mão a todos. A princípio, apenas o gesto, prejudicado pela imagem de outro personagem, que também três vezes negara ter traído. Depois, mais do que gestos: eleições diretas para governadores, reiteradas declarações de que o calendário eleitoral seria seguido, apelos à concórdia.

A opinião pública hesita em dar-lhe apoio. O presidente anuncia a democracia, mas não impede prorrogação de mandatos de prefeitos, senão que a estimula: acena com as prerrogativas do Congresso, mas derrota as emendas que as restauram, mesmo quando propostas por seus correligionários; faz aprovar o Estatuto Infame, dos estrangeiros, embora logo em seguida o ministro Abi-Ackel comece a negociar com as oposições o abrandamento da lei. E assim por diante.

Em suma: Fronda Conservadora no ministério, como prato de substância, imagem popularesca, desafogo na repressão, e uma política de concessões democráticas sob controle.

Para chegar a tal ponto, feita a anistia à moda da casa, havia três áreas críticas a resolver no plano político (sem falar no que logo virá, o plano econômico). A primeira, o relacionamento com as "grandes instituições" da sociedade civil. A segunda, a questão dos partidos. A terceira, a "questão social".

Quanto à primeira área crítica, a política adotada foi variável, na linha do *carrot and stick*. Muita cenoura para os meios de comunicação de massa, como já disse, *habeas corpus* para satisfazer a OAB; bombas também, mais tarde (embora vindas dos restos do Sistema, e não do governo); bombas e puxões de orelhas para a ABI; e, principalmente, pauladas na Igreja. Entre as "grandes instituições", essa é a área de maior resistência aos desígnios oficiais. Não apenas pela "circunstância" brasileira da miséria dos posseiros, dos loteamentos clandestinos, das comunidades de base, mas também pela política geral do Vaticano, que, à sua moda, como organização hierarquizada e autoritária que também é, prepara-se para o novo século: a Igreja será do povo, mais do que dos Estados (posto que estes são leigos e agnósticos – quando não anticlericais). E principalmente porque, além do Vaticano, existe a Teologia da Libertação, e uma parte significativa da cristandade fez uma opção contra a exploração e os poderosos. Nesse contexto, o governo Figueiredo procura, simultaneamente, dialogar com setores da Igreja e expulsar os padres, se necessário, das funções diretivas do Estado.

Quanto à segunda questão, a dos partidos, embora mais espalhafatosa do que a da Igreja, foi equacionada com mais facilidade pelo governo. O cronograma era claro: primeiro a anistia, depois, a quebra do MDB, depois, a via-crúcis da formação dos novos partidos e, só depois, a lei eleitoral.

A relação entre anistia e reforma partidária era direta: os velhos líderes, os do exterior e os marginalizados no País, não aceitariam alinhar-se com os da "resistência democrática", os que não se exilaram nem foram expulsos da vida pública. Dito e feito. Com algumas exceções, a armadilha funcionou. Foi quando, por ingenuidade, acreditava-se que o "novo" surgiria com ímpeto, juntando a parte mais combativa da resistência com os "históricos", viu-se que nada disso ocorreria. Para exorcizar tal risco, os fiadores do regime não se pejaram de manipular, e as oposições, de claudicar: o que seria o PTB de Brizola virou partido auxiliar do PDS, com Ivete e Jânio Quadros; o que seria um forte movimento trabalhista novo virou um PT demasiadamente principista, e, no outro polo, o trabalhista histórico renovado virou um PDT, demasiadamente feito à medida de um só líder para dar cabida à renovação pela base. O PMDB, frente que aspira a ser partido, tornou-se demasiadamente partido pelo que não une: a expectativa de ser poder, sem poder dizer que poder será.

Mas não foram apenas os fiadores do regime que manipularam. Fosse assim e a introdução deste artigo não teria sentido: estaríamos mesmo diante de execráveis grandes senhores do destino da nação. Ocorre, entretanto, que por razões mais profundas, quando se abre a Caixa de Pandora da redemocratização ou da democratização, começa-se a perceber que falta hoje à política *Virtù*, e sobra, a alguns, *Fortuna*.

Por quê? Por que não houve maior resistência aos golpes e contragolpes do Planalto? Seria toda a oposição obtusa? Teria ela traído a democracia mais do que o presidente, suas promessas?

Custa crer; custa escrever. Mas a democracia que teremos é a democracia que nós queremos. Escrevo com raiva este "nós" – abusivamente, irritantemente inclusivo. Não é no plano da subjetividade que queremos a contrafação que está sendo montada. É no plano objetivo, que torna os cálculos realistas peças do regime da "democracia conservadora": visam à vitória dentro deste regime.

A mesma sociedade que vomitou a tortura, que congelou os generais--presidentes, absorveu (não diria aceitou) a democracia dos joões-ninguém e, ato contínuo, desinteressou-se, talvez enojada, das instituições. Largou-as – partidos, eleições, tribunais, imprensa – ao cozimento no próprio caldo das ambições, dos sonhos, dos interesses. E fez-se de novo o muro entre, de um lado, a vida cotidiana, e, de outro, o Estado e suas adjacências.

Desse ângulo, os anos Figueiredo não foram a vertigem dos anos iniciais do rei de Espanha restaurador da democracia, nem o ardor dos cravos de abril de Portugal, nem nada parecido. Talvez sejam os anos sensaborões de Caramanlis. Ou talvez pior, pois ao lado da dimensão da política existe a da democracia, e, com ela, a da sociedade. Quem sabe o que nelas nos espera?

Antes de esmiuçar mais as causas dessa entrega sem prazer da sociedade ao poder, convém pôr uma pitada de sal na análise. A "questão social" é a pedra no meio do caminho do regime.

De onde vem precisamente a força da Igreja? Por que dom Paulo e dom Pedro (Casaldáliga) representam tanto, sendo príncipes e não delegados do povo?

Porque eles ecoam, em tom diverso, a ladainha do sofrimento do povo: é a terra ambicionada da qual o posseiro é enxotado; é a grande injustiça da fome de terra e, às vezes, de gêneros também – ao lado da abundância gerada por uma acumulação vultosa que hoje derrama seus excedentes pelos ladrões dos tanques da poupança na vastidão do mundo rural; é a periferia inóspita da grande cidade, viveiro de ambições, calvário de muitos fedores de esgoto a céu aberto, de subnutrição da herança genética das classes subalternas, cloaca de todos os desesperos dos que se preocupam com as políticas sociais.

Isso o regime não mudou, senão que, em certos casos, revolveu e expôs pela força mesma da acumulação que se espraia, sem dar saída. E é por isso que a cada momento vozes que vêm do fundo do poço exclamam: abertura "para quem"? As Severinas que morrem cabem hoje, como ontem, em seu palmo de sepultura na única terra que possuirão. Os habitantes da periferia, se acaso tombam – muitas vezes vitimados pelas balas que as rotas e rondas da vida disparam para lhes dar em princípio mais "segurança" –, sequer têm o consolo antigo de ver dividida a parte que lhes cabe no latifúndio da morte.

Mais ainda, a própria industrialização coagulou e engrossou nódulos das classes trabalhadoras que nem foram – e dificilmente serão – absorvidos pelo regime, nem lhes deram sustentação: a "nova classe operária". Está aí, ao alcance da mão, o ABC indomável. Ontem foram as greves, a comunidade fundida com a fábrica: o padre, o líder operário e o político da resistência, unidos de repente, afora e acima das siglas partidárias, das correntes ideológicas, diante do fato bruto da exploração. Hoje, quando os sindicatos foram decapitados e os partidos separaram o que deviam unir, novamente surge a voz da altivez no voto: os trabalhadores da fábrica mais "moderna" recusam compactuar com os cortes salariais e exigem que o governo, que ontem subsidiou os patrões em nome do desenvolvimento, subsidie o emprego, em nome da justiça.

UMA DISCUSSÃO SEM SEIVA

Seria incorreto imaginar que diante desse quadro o regime não entendeu, não transou, não concedeu. Também aqui se aplica o *carrot and stick*. Antes mesmo de ser novamente o dono e senhor da "economia do encolhimento", o poderoso chefão da dívida externa e da inflação propôs o "pacto". Conversou com Lula, Amaldo e outros mais pedindo que, em troca das cenouras (programa de habitação popular, aumentos reais e módicos dos salários, talvez negociações diretas entre operários e patrões), os trabalhadores cedessem nas greves.[2]

Doce ilusão: não estamos na Europa social-democrática. Não haveria líder que se aguentasse depois de tal pacto. Nem dá para acabar, por decreto, com a luta de classes. Eis aí a circunstância: em vez de ceder, o ânimo dos trabalhadores cresceu em 1979 e mais ainda em 1980.

Diante disso, o ministro do Trabalho (que virou do Capital, nas palavras do bispo Angélico) não se fez de rogado: ordenou a cessação de negociações por parte dos patrões, fez o Tribunal do Trabalho engolir a decisão prévia de que era incompetente para julgar a legalidade da greve metalúrgica de 1980, interveio nos sindicatos, e mostrou que esta terra tem dono: nela o Estado manda mais do que as classes.

Mas seria equivocado pensar que a política social do governo Figueiredo faz-se apenas com a borduna. Também no Brasil os inimigos mandam flores: bem ou mal, o reajuste semestral minora as agruras causadas pela inflação, o "arrocho" de outras épocas deu lugar à política do confeito e de confete. E, acima de tudo – como é clássico –, reina neste terreno o *divide et impera*: cada categoria é uma realidade à parte, cada caso é um caso, em cada intervenção, uma junta diferente. Diga-se de passagem, no outro lado, o das lideranças sindicais e políticas, também reina o dividir, não para imperar, mas para impedir que alguém impere. Pior ainda: a reivindicação máxima, a da autonomia da negociação direta entre patrões e operários, faz-se no preciso momento em que o capitalismo oligopólico estabelece a norma de que, mesmo para os patrões, "fora do Estado não há salvação". Assim, nem bem os operários gritam seu berro de autonomia na sociedade civil, veem-se eles próprios na contingência de pedir que à mesa de negociações sentem--se representantes dos empresários, dos sindicatos, e... dos ministérios.

Retomemos agora o fio da meada. Por que depois da liberalização de Geisel e da proposta de democracia conservadora de Figueiredo – que visa separar o movimento das instituições políticas da movimentação social –, em vez de o ímpeto transformador ter tomado conta da sociedade, veem-se a modorra de uma discussão sem seiva e a descrença do homem da rua minando propostas mobilizadoras?

Responder dizendo que é porque as classes subalternas "já eram" como motor da história ou "ainda não são" é simples, insuficiente e, no limite, falso. Os exemplos de luta pululam no campo e na cidade. Dizer que "não há propostas políticas adequadas" é mergulhar no subjetivismo mais vaidoso, pois quem assim pensa no fundo imagina que sabe, senão a solução, pelo menos seu encaminhamento. E o que se vê na prática cotidiana é que as mais diversas propostas mobilizadoras e transformadoras naufragam no desencontro de interesses e na desconfiança que cada grupo nutre pelo outro.

Não seria mais frutífero voltar a pensar nas condições para um processo de abertura política não tão medíocre e que o tornem, apesar da crítica verbal, a bússola do rearranjo político da sociedade?

Sobra repetir, mas vamos lá. O Brasil sofre hoje as consequências de dois terremotos: o do desenvolvimento dependente-associado e o da crise do capitalismo internacional. Pelo primeiro, novas classes e facções de classe foram decantadas: a burocracia é hoje parte integrante do modo de produção capitalista oligopólico. Burocracia estatal, burocracia privada das empresas, e burocracia do setor produtivo estatal; a grande empresa (pública, nacional e estrangeira) fornece a armação fundamental do sistema. Mas ela dá apenas a "anatomia" da sociedade civil, não lhe dá o "movimento". Este depende de como se articulam politicamente os interesses da grande empresa: quem fala por ela, como dinamiza as forças auxiliares, o que propõe. E depende ainda das forças que a ele se opõem.

Dada a peculiar articulação entre o interesse público e o privado gerado pelo capitalismo oligopólico nos países da periferia do sistema econômico internacional, mesmo essa diferença entre a sociedade civil (as classes) e a sociedade política (o Estado) esfuma-se: a empresa pública alia-se à privada ou com ela entra em pugna: ambas isoladas ou, em certas circunstâncias, conjuntamente, guerreiam ou dão suporte a governos: interesses públicos e privados fundem-se através dos "anéis burocráticos".

O Estado aparece, assim, sob a forma de *capitalismo industrial*, juridicamente proprietário da empresa estatal, e sob a forma de burocracia gestora dos interesses coletivos e especialmente dos interesses *capitalistas coletivos*, como parte da sociedade civil.

E ainda por cima, pelas razões que não cabe repetir neste artigo, uma parte essencial da "fisiologia" desse sistema é o nevrálgico jogo monetário e financeiro no qual toda uma classe de prestamistas do Estado ou de prestamistas simplesmente, mas sempre sujeitos à regulamentação do Estado, passa a ser a parceira do governo: banqueiros de todos os tipos, nacionais e estrangeiros, agentes financeiros vários e investidores privados formam essa fauna privilegiada.

DE QUEM É O REGIME, HOJE?

Quem, em sã consciência, imagina que o regime hoje ainda é militar, no sentido de que é a burocracia fardada que lhe dá rumo? O que o coronel comandante do batalhão de fronteira tem a ver com os "furos" do orçamento monetário para subsidiar empresas? Tudo, no sentido de que, sem o saber – e talvez sem o querer –, a repressão militar e a ditadura foram obra sua; e nada, no sentido de que hoje em dia sua voz não fede nem cheira nos altos conciliábulos da República. E, desde Geisel, nem sequer o Alto Comando tem vez e voz, nem na economia, nem na política. Houve, nesse aspecto, uma transição. E transição importante.

O regime é hoje do grande capital oligopólico instrumentado por seus técnicos, articulado dentro do Estado por seus políticos, *que não são os políticos profissionais*, a "classe política", mas os membros dos múltiplos serviços de informação (militares e civis), funcionários de vários palácios, jornalistas a serviço da "comunidade de informação", as cúpulas das empresas estatais e dos ministérios etc. O presidente João é, de fato, o ex-general Figueiredo. Ele impera, nesse aspecto, como a rainha da Inglaterra impera sobre a *City*: assina em cruz, mas confia, porque ele pertence ao núcleo dos que puseram as Forças Armadas à margem e enlaçaram ao Estado os grandes interesses civis e estatais por intermédio de uma parte da burocracia civil e militar que virou política.

Que tem isso a ver com a crise? É que a crise cerceia os passos dos donos do Estado, e não só do governo. Desde 1974 já estava rompido o equilíbrio do milagre: não dá para todos ganharem ao mesmo tempo em épocas de vacas magras.

O projeto da abertura (que, diga-se de passagem, para evitar qualquer mecanicismo, era *anterior* à crise econômica mundial, sequer a previra, e, portanto, não resulta dela) pegou a sociedade de calças curtas: o povo esteve sempre insatisfeito; a "classe política" contra o regime, então sim, claramente militar-tecnocrático-oligopólico empresarial; o empresariado desanimado com a expansão do "setor público"; este último, na berlinda, associado ao grande capital e politicamente acovardado. Se a "abertura" surge como projeto palaciano, ela vai se transfigurando, aos trancos e barrancos, até virar a pedra de salvação de todos para a "próxima etapa". Perdida a substância repressiva da "Revolução", marginalizada a corporação militar e desfeito o milagre econômico, precisava-se inventar novo cimento ideológico para refazer o regime.

Pedra de salvação de todos, menos da maioria. Os trabalhadores do campo e da cidade, a pequena classe média, os assalariados mal provaram o desafogo político e dele gostaram, começaram a comer o pão que o diabo amassou da inflação, da "austeridade" etc. (que nada tem, em si mesmo, com a abertura), sem terem sido jamais chamados a participar, direta ou indiretamente, da mesa de negociações.

Havendo brechas na contenção política, o movimento social avança por sua conta. Avança e para: a sociedade que o grande capital criou e a burocracia controlou é cheia de compartimentos estanques; fragmenta--se em um sem-número de questões que são percebidas, vividas e resolvidas (ou não) isoladamente. São Bernardo, da altivez, para sozinha: a solidariedade da liderança das outras categorias operárias não se traduz pela generalização da greve; os líderes sindicais processados e condenados amargam no isolamento suas penas. Não que o resto da sociedade oprimida se desinteresse, mas sua solidariedade é passiva, mediatizada pela TV, barrada pela ausência de uma rede efetiva de solidariedades encadeadas; o grito do camponês, a homilia do padre, o clamor da dona de casa explodem sem eco capaz de mover as massas no interior de uma sociedade altamente diferenciada e segmentada.

Não se pense que esse fenômeno atinge apenas as classes subalternas: assim como a liderança operária, a comunidade de base conscientiza e a universidade ideologiza, o empresariado, no círculo limitado de seu interesse privado, geme e lamuria. É o setor de bens de capital hoje quem protesta, amanhã são todos, pela voz da Fiesp, contra os juros e o FMI. Mas disso tampouco decorre a cascata de apoios que levam à ação.

Só o Estado (falando pelos interesses nele aninhados) dispõe dos meios para transformar a proposta em política. A Fiesp protesta. Pois bem: dela se tira o dinheiro do Sesi, para forçar a acomodação dos dirigentes. Se o líder sindical se enche de coragem e vira político, pois Lei de Segurança nele, e amanhã será outro dia. Por certo, são dois pesos e duas medidas. Mas nos dois casos o Estado mantém as rédeas curtas.

Dito de modo mais abstrato: as condições específicas de sociabilidade criada pelo capitalismo oligopólico "modernizam" as relações entre os produtores-operários e patrões – e deles com a sociedade, aguçam-lhes apetites novos, ampliam sua consciência crítica, mas fazem tudo isso no contexto da luta imediata e sem que, pelo menos até agora, se divise quem (que categoria, que facção de classe, que grupo) dará o salto do círculo de convivência imediata para o conjunto da sociedade. O Estado, reforçado por suas funções de capitalista direto, e a burocracia, reforçada por seu vínculo técnico com a organização da administração e com a produção moderna, sugam da "sociedade civil" as funções globalizadoras e as distorcem. Na medida em que logram cooptar a *intelligentsia* (e o fazem via tecnoburocracia e via enfeudamento da Universidade aos programas estatais de desenvolvimento), o Estado e a burocracia conseguem, ademais, propor a cara da "nova sociedade".

É por isso, porque todos sentem que a pauta já está dada e que sua ruptura implicaria desatar forças incontroláveis no parâmetro ora vigente, que a resposta, mesmo a mais crítica, ou é abstrata ou é tímida. No plano geral da crítica dos princípios, a ousadia é permitida. No plano concreto, da ação política, quase todas as batalhas que se travam são como as de Itararé: nunca chegaram ao tiroteio.

A "democracia conservadora", a institucionalização de certas regras de acesso ao poder sem que delas derive o curto-circuito entre política e reivindicação social, entre política e mudança econômica de base, passa a ser, nessas condições, aspiração de todos (ou quase). Os agentes políticos, se não a aceitam na subjetividade, com ela se conformam objetivamente. Mesmo os mais autênticos e puros reformadores e lutadores contra a exploração, em vez de denunciar e somar forças no plano político, recuam para a luta imediata no cotidiano e abominam, quando não vituperam, a política (e os políticos). No fundo, a regressão ao plano da ética é o reconhecimento tácito de que, no aqui e no agora, a fragmentação de interesses e de propósitos é de tal monta que tudo o que não seja imediato e imediatamente popular aparece como abstrato ou mistificação. Sem o saber e sem o querer, com essa postura também dão vigência à inexorável lei do sistema: cada macaco no seu galho, que da árvore cuida o imperador.

É neste sentido específico que este é o regime que a sociedade quer: seu querer está condicionado por uma estrutura de determinações sociais que torna a negação da ordem valor moral, sem consequência prática. E a ordem aparece como se fosse a ordem dos joões-ninguém. De fato, a proposta do João que é alguém, do João Figueiredo, é a forma política que convém a uma sociedade bloqueada, a um sistema econômico privatista, mas cuja privacidade é conexa ao Estado. Estado e Capital, hoje, são duas moedas de mesma cara. Solidificado não o regime – que ainda está engatinhando –, mas o sistema de produção que criou a nova sociedade burocratizada e de massas (simultânea e contraditoriamente), a proposta Figueiredo (ou Golbery, ou Portella, ou que adjetivo tenha, porque seu nome é o mesmo) é – que ninguém se iluda – o momento da busca da *hegemonia*. Não a liberal-burguesa, do consenso dos partidos. Mas a oligopólico-autoritária, que se funda no Estado e dá à sociedade a ilusão da participação. É por isso, *porque ela é forte*, que o presidente pode parecer (e ser) fraco. Medíocre sem ser grotesco e sem qualquer heroísmo.

Foram estes, até agora, os anos Figueiredo. Anos modorrentos em que pouco a pouco vai vendo-se que o rumo que está traçado é uma via de muitas mãos, todas elas levando ao mesmo: a ordem acima de tudo, querida por todos, se possível; imposta na marra, se necessário. Ordem com lei, por certo. O arbítrio de outrora – dos anos da incerteza – deu lugar a certa previsibilidade e a certas garantias. Mas garantias nos dois sentidos: o cidadão será respeitado (relativamente), e a ordem estabelecida será mantida (absolutamente).

A sociedade aceitou, aliviada, o fim do arbítrio: os agentes políticos engolem, com maior ou menor dose de náusea, os condicionamentos do jogo institucional; o povo esperneia na defesa do interesse imediato, e desinteressa-se das regras do Estado. A ameaça, agora, vem da direita terrorista, que tem os pés nos porões da repressão e quer reagir contra a sua marginalização do Estado.

Até quando?

Não é o caso de olhar a bola de cristal. Mas, mesmo sem catastrofismos econômicos (hoje possíveis de acalentar ou temer) e sem visões falsamente heroicas da reação popular, uma coisa é certa: a legitimidade buscada – a hegemonia oligopólico-autoritária – contempla momentos de verificação de vontades. Apesar da fragmentação do social, apesar da divisão das correntes políticas, apesar de tudo, se é certo que a solidariedade das classes subalternas não é ativa, e se é certo que, pelas razões indicadas, falta o pião social e político a partir do qual se descortine "outra coisa que não isso que aí está", não é menos verdade que há situações nas quais é difícil fazer valer a nova ordem: quando, no plano social, se rompem os equilíbrios mínimos suportáveis (do que decorrem saques de armazéns na zona da seca, depredação de trens de subúrbios, greves operárias "selvagens" etc.), e quando, no plano político, se pede ao povo (à cidadania?) que vote e despeje, no isolamento da cabina indevassável, toda a raiva contida.

De pouco valeria que as oposições, ao reconhecerem a armadilha do regime e as amarras do sistema social, ficassem apenas na lamúria ou no sonho de uma impossível volta atrás. Há que recuperar, a partir das condições atuais, ímpeto para a luta. Nem tudo o que o Planalto prevê e deseja ocorre. Bem ou mal, estão aí os novos partidos, está aí uma sociedade insatisfeita. Há que desenhar os horizontes de um futuro baseado em ideais de igualdade e participação: é preciso restabelecer a crença em uma alternativa real e a confiança na capacidade de condução do processo pelas massas e destas em suas lideranças. Há, portanto, apesar de tudo, espaço para a ação.

A CONSTRUÇÃO DA DEMOCRACIA

Não se acomodem, pois, nos louros do já obtido os fiadores do Rei. Pela frente ainda há borrasca: da inflação à eleição não se vê mais do que céu cinzento. Quem sabe estejam aí nossas estepes frias como aquelas da Europa, engolidoras até de Napoleão, o Bonaparte verdadeiro. Mas acautelem-se também as oposições: antes um código napoleônico discutível do que a Santa Aliança do grande capital somado à burocracia e à repressão. E é por isso também que, no contexto da atual correlação das forças sociais e políticas, a sociedade traga goela adentro o óleo de rícino da democracia conservadora.

NOTAS

1. Em Florianópolis, em 1980, o presidente foi vaiado e entrou em luta corporal com manifestantes que ofenderam sua mãe...
2. Refiro-me às conversas havidas entre Delfim Neto e o líder sindical dos metalúrgicos de Santos, Arnaldo Gonçalves, e Luiz Inácio da Silva, o Lula.

CAPÍTULO XI   Os impasses do regime autoritário:
início da distensão*

---

* Texto apresentado em reunião do Latin American Program, The Wilson Center, Washington, setembro de 1979.

Muito se escreveu nos últimos tempos sobre o autoritarismo moderno. Desde o livro ideologicamente comprometido de Carl Friedrich e Brzezinskí sobre o totalitarismo[1] até a caracterização de Linz sobre a Espanha,[2] uma avalancha bibliográfica foi despejada a respeito do "novo autoritarismo", do "autoritarismo burocrático", do corporativismo autoritário, e assim por diante. Aos casos "clássicos" do autoritarismo europeu (alguns nitidamente fascistizantes, senão abertamente fascistas na sua origem) somaram-se mais recentemente os emergentes Estados "autoritário-modernizantes" da América Latina, que passaram a ser analisados pela ciência política com empenho crescente.

Não obstante, o que marca a bibliografia é a confusão conceitual e a distribuição de adjetivos que mais impressionam do que esclarecem. Houve, apesar disso, um avanço na caracterização das transformações pelas quais passou o Estado em alguns dos principais países da América Latina. Este avanço foi significativo em duas direções principais: na caracterização de mecanismos corporativistas de relacionamento entre as classes e o Estado e mesmo das classes entre si,[3] e no debate sobre o Estado "burocrático-autoritário".[4]

Não é esta a oportunidade para um balanço crítico da bibliografia sobre o tema. Quero referir-me apenas às principais conclusões do debate para colocar em seguida as questões sobre os impasses dos regimes autoritários e os processos que os desarticulam.

Na discussão sobre o Estado autoritário, os temas que foram razoavelmente esclarecidos e os limites que se impõem ao paradigma proposto são os seguintes:

1) Embora o fenômeno do corporativismo[5] seja antigo na política latino-americana e alguns autores derivem-no de características da cultura "hispano-católica", ele se redefine quando é visto como mecanismo regulador de relações básicas do próprio Estado,[6] e não como traço isolado que caracteriza o relacionamento entre segmentos da sociedade.[7]

2) O que tem sido chamado de Estado "burocrático-autoritário" reforça liames de tipo corporativo, embora não se resuma ao corporativismo como característica do Estado.

3) Na caracterização específica dos Estados burocrático-autoritários, a ênfase foi posta nas tarefas de transformação econômico-social que eles deveriam cumprir, assegurando a *profundización* da economia, na linguagem de O'Donnell (ou seja, a continuidade do processo de integração interna da economia pelo avanço dos setores de produção de bens de produção, e a continuidade da internacionalização da economia local em novas bases).

4) De igual modo, a emergência dessa forma de Estado foi vista como uma resposta aos desafios da crise social e econômica que o avanço da sociedade urbano-industrial colocara à dominação populista ou às formas mais tradicionais de organização liberal-burguesa do Estado.

5) Como consequência, esta forma estatal é repressiva social e politicamente, e, por outro lado, economicamente dinâmica.

6) O dinamismo econômico deriva da articulação que se consegue, por intermédio da ação do Estado, entre o grande capital internacional e a economia local, e deriva da própria expansão da atividade econômica estatal.

7) A máquina estatal se expande e se enlaça ainda mais na economia, dando preeminência às formas burocráticas de controle social, político e econômico.

8) Mais ainda, as funções "modernizadoras", na sociedade em geral, e produtoras, na economia, exigem a aplicação de critérios formais de racionalidade que requerem competência técnica crescente por parte dos agentes estatais.

Na caracterização das formas recentes de dominação autoritária, alguns autores distinguem o caráter integrador de alguns destes regimes, como Stepan mostra na análise que faz sobre o Peru, e, sem usar esta terminologia, também o faz Lowenthal,[8] enquanto outros, especialmente os que se referem ao Brasil e ao Cone Sul, insistem no caráter excludente da dominação burocrático-autoritária, limitando este conceito a tais regimes.

As críticas principais à noção de Estados burocrático-autoritários também podem ser resumidas brevemente:

1) Existem os que, como Florestan Fernandes,[9] se insurgem contra a própria noção de autoritarismo por considerá-la ideologicamente comprometida na medida em que aceitasse o *continuum* democracia–autoritarismo–totalitarismo, que é formal porque nem distingue os sistemas socioeconômicos (capitalismo – socialismo – comunismo), nem relaciona os regimes políticos com as classes sociais.
2) Existem outros autores que questionam o possível "economicismo" do esquema *profundización*–Estado burocrático-autoritário, como notadamente José Serra.[10]
3) E existem os que chamam a atenção para a necessidade de pôr mais ênfase nas relações entre a dominação de classe e as formas do regime, distinguindo-se Estado de regime político.[11]
4) Bem como há os que, sem rejeitar o avanço analítico da noção de autoritarismo burocrático, e aceitando as precauções antieconomicistas, querem dar ênfase ao caráter militar dos regimes burocrático-autoritários e querem insistir em que, apesar da rigidez destes regimes e de sua capacidade repressora e limitativa da sociedade civil, existe uma dinâmica social que independe do regime[12.]

Nas reformulações sucessivas sobre os regimes instalados na Argentina, Brasil, Chile e Uruguai, estas e outras críticas (algumas vezes, autocríticas) vêm sendo incorporadas. Desta forma, mais do que uma *definição*, o que tem sido importante é a caracterização do processo pelo qual alguns países latino-americanos, de variável tradição democrática e em fases diversas de sua evolução econômica, a partir de 1964 e até hoje acabaram submetidos a regimes políticos ditatoriais e de base militar. Em qualquer dos casos referidos, além de terem aumentado a intervenção estatal em todas as esferas da vida social e especialmente na econômica, e de terem reprimido os trabalhadores e os grupos oposicionistas, esses regimes buscaram formas de integração à economia capitalista internacional. Neste processo, marginalizaram os assalariados das decisões políticas e buscaram sustentação no empresariado e nos setores de classe média alta.

Entretanto, creio eu, param aí as analogias substantivas. Nem as instituições políticas dos regimes militares são semelhantes nos casos anteriormente mencionados, nem as políticas econômicas são as mesmas.

Com efeito, e sem que se detalhe maiormente aqui a questão, enquanto no Brasil manteve-se um jogo partidário funcionando e o parlamento só foi fechado temporariamente, nos outros três países os militares expulsaram "a política" até simbolicamente, fechando os parlamentos e os partidos. Enquanto no Chile houve a "desestatização da economia", no Brasil o setor estatal expandiu-se. Enquanto as estratégias econômicas chilena e uruguaia se orientaram para uma inserção primário-exportadora, no Brasil houve um esforço industrializador importante, e a estratégia exportadora não se deu com prejuízo da expansão acentuada do mercado interno. Já na Argentina, os desequilíbrios sociais e políticos não parecem ter permitido avanços mais consistentes no sentido de uma integração à economia mundial pela via da industrialização monopolista.

Dito isto, justifico por que cuidarei neste artigo apenas do caso brasileiro, sem pretender generalizar conclusões. Tratarei apenas de indicar a dinâmica do regime militar depois do auge do modelo industrializador integracionista e os dilemas que a presente situação oferece.

O AUTORITARISMO ESPLENDOROSO

Não é necessário, para o público desta reunião, repetir os passos percorridos pelo regime brasileiro. Basta aludir ao fundamental para nos situarmos adequadamente.

Em primeiro lugar, o golpe de 1964 e as políticas inicialmente propostas (tanto socioeconômicas quanto no plano institucional) não visaram deliberadamente alcançar uma forma de Estado e um regime burocrático-

-autoritário. Ao contrário, explicitamente a mobilização anti-Goulart foi feita para restabelecer o primado da ordem constitucional que se acreditava ameaçada pela política então chamada de "pelego-comunista". Assim, tanto pela base social que apoiou o golpe (os setores proprietários na sua integralidade, especialmente o rural, e a classe média urbana em sua maioria) quanto pelas instituições que se mobilizaram contra Goulart (a Igreja majoritariamente, os partidos tradicionais, com exceção do PTB, a maioria das Forças Armadas e a grande imprensa), os vitoriosos de 1964 estiveram, desde o início, comprometidos com a ideologia liberal-conservadora e com os interesses do setor privado da economia.

A visão do Estado e as políticas econômico-sociais que davam coerência aos novos donos do poder poderiam ser descritas da seguinte maneira:

- A ordem política democrática burguesa há de ser preservada; mas deve ser atualizada. Ela sofreria dois tipos de risco: o externo, por causa da Guerra Fria e do desafio do comunismo internacional, que tinha uma expressão interna por meio de uma possível guerra de subversão, e o interno, devido ao fraco desenvolvimento econômico, numa fase de modernização das aspirações. Esta situação deixaria o bastião estatal da dominação burguesa sujeito às pressões incontroladas dos "novos bárbaros", a plebe ignara, os camponeses reivindicantes, e o proletariado "manipulado" pelos sindicatos e pelos partidos de esquerda;
- A ordem econômica, baseada na propriedade privada e na competição (inclusive internacional), há de ser revigorada. Para isso, a ação corretora do Estado deve restabelecer as condições para a acumulação, disciplinando os salários (destruindo, quando necessário, os sindicatos e os partidos opositores), corrigindo as distorções anteriores (modificando a política de preços subsidiados, por exemplo), atraindo o capital estrangeiro, controlando a inflação, expandindo as exportações etc.

Em nenhum momento, no setor majoritário e vitorioso em 1964, cogitou-se eliminar o sistema de partidos, ampliar o setor público da economia, criar mecanismos de permanência das Forças Armadas na vida pública, organizar a repressão permanente, disseminar uma ideologia fascistizante. Ao contrário, a retórica permaneceu liberal-conservadora. E as instituições básicas seriam as mesmas da Constituição de 1946, expurgadas dos "ramos podres"" e revivificadas pelas necessárias "salvaguardas" modernizadoras.

Este "projeto" ruiu fragorosamente. Ruiu tanto ao golpe dos segmentos "duros" do movimento (alguns de expressão mais do que autoritária, fascista) quanto graças à resistência do *ancien régime*. Os partidos tradicionais persistiam, as lideranças mais fortes, como a de Kubitschek, ameaçavam o retorno pela via eleitoral, o apetite dos políticos não se saciava (Lacerda, por exemplo), e eles queriam participar do butim do Estado, antes mesmo de os efeitos cirúrgicos de 1964 podarem os referidos ramos podres, e assim por diante. Apesar das cassações, até mesmo de Kubitschek, Castello Branco foi derrotado nas eleições de outubro de 1965 no Rio e em Minas. Tudo isso levou ao AI-2, à dissolução dos partidos, às eleições indiretas, e à criação do bipartidarismo.

Na economia, de igual modo, a "intervenção corretora" de Campos levou ao arrocho salarial, às insatisfações do setor privado carente de créditos e, contraditoriamente, ao restabelecimento do vigor do setor estatal, em parte por causa de sua "privatização", posto que o setor público deixou de ser pensado em sua dimensão social (tanto de sustentação de preços subsidiados e de mecanismos clientelistas quanto de fundamento para a expansão de setores privados dele dependentes) para ser encarado como empresa capitalista pertencente ao Estado.

Bem ou mal, quando o clima de insatisfação e as dificuldades econômicas cresceram (depois do golpe incruento de Costa e Silva no castelismo), o projeto de "modernização liberal-conservadora", expresso pela Constituição de 1967, tornou-se inviável. Começou-se a ver que uma nova força política, com *outros ideais* e outra *base social*, fora constituindo-se no País. O AI-5, de dezembro de 1968, marca o batismo dessa *nova* força, a escolha de Médici marca sua crisma, e seu governo leva o regime autoritário ao esplendor.

Foi neste período que se estabeleceram as instituições do Estado burocrático-autoritário. Este, mesmo depois do AI-5, aparecia "envergonhado". Costa e Silva – já então enfrentando focos de oposição armada – ainda

A CONSTRUÇÃO DA DEMOCRACIA

tentou restabelecer um pacto constitucional autoritariamente promulgado, em setembro de 1969, mas não teve forças diante do "novo".
Que "novo" é este? As Forças Armadas, imbuídas de sua missão repressora, a ideologia do Brasil-Potência (de inequívoca similitude fascista) e o fortalecimento do modelo de desenvolvimento dependente-associado. Esta foi a argamassa do regime. Sua base socioeconômica foi a grande empresa local, estatal e principalmente multinacional, suas "classes de apoio" foram a burocracia militar e a tecnocracia civil e sua ideologia, a da grandeza nacional-estatal.

Como, entretanto, nada disso foi proposto explicitamente em 1964, senão que, ao contrário, o golpe de então era "corretor" e liberal-conservador, o "novo" nem sequer foi compreendido, a seu tempo, pelas oposições ou pelos setores de sustentação do regime que não aceitavam o curso emergente da ordem burocrático-autoritária. Esta foi-se implantando lentamente, e veio marcada por compromissos.

A própria "eleição" de Médici expressou uma aliança contraditória: grupos castelistas (os dois Geisel, um no Ministério da Guerra, outro na Petrobras) uniram-se aos novos donos do poder, aceitando as novas metas estatal-desenvolvimentistas, calando, contrafeitos, com respeito à exacerbação das funções policiais das Forças Armadas, e embarcando ardorosamente no desenvolvimentismo das grandes corporações econômicas, estatais e privadas.

Bem ou mal, entretanto, o regime não eliminou as instituições propostas pelo anterior modelo "liberal conservador" do autoritarismo (o Congresso, os partidos criados em 1966, o ritual das eleições), não teve força para propor uma ideologia abertamente antidemocrática (apesar da prática: tortura, violações de direitos etc.), nem eliminou totalmente o princípio da competição política, apesar do AI-5.

Neste último aspecto, a perversão do próprio autoritarismo foi particularmente marcante. Ele se apresentou coerente e íntegro para eliminar do jogo institucional as massas populares pré-1964 e as oposições que começavam a se enraizar na sociedade civil. Mas criou mecanismos *internos* (extrapartidos e extrassociedade civil) para dar curso ao conflito entre os grupos de poder. Não só se articularam os "anéis burocráticos", como nas próprias Forças Armadas e nos grandes conselhos (ligados à segurança nacional e às decisões de desenvolvimento), o conflito manteve-se aceso. O presidente (Médici, no caso) dispunha de poderes ditatoriais graças ao AI-5. Mas, de fato, esta regra era aplicável *hacia abajo*, não entre os que burocrático-oligarquicamente fruíam o poder. A "guerra de posições" foi intensa, *derrière l'État*. Nunca houve concordância total dos grupos principais quanto à ordem institucional que deveria viger como norma futura. Havia acordo *eufórico* sobre o modelo dependente-associado de desenvolvimento, acordo quanto ao papel exponencial do setor estatal da economia, adesão às práticas repressoras e às práticas espoliadoras da massa dos assalariados. Mas havia dúvidas e conflitos quanto ao "modelo político", isto é, quanto ao regime.

Na época das "vacas gordas", ou seja, quando o esforço de integração da economia brasileira ao sistema internacional de produção coincidiu com uma forte expansão do comércio internacional (até 1973) e com a existência de excedentes financeiros internacionais ávidos por oportunidades de investimento, a orientação "privatista" do setor público, o controle salarial e as políticas de subsídio às exportações funcionaram "milagrosamente". Neste período, o conflito interforças dominantes ficava obscurecido pelos êxitos da via autoritária de integração ao desenvolvimento capitalista internacionalizado.

Graças a isso, durante o governo Médici, os aspectos repressivos, socialmente espoliadores e politicamente marginalizadores do regime, ficaram obscurecidos para as classes dominantes. A euforia dava a tônica à adesão das classes médias altas e do empresariado. E a "apatia" (ou seja, a falta de informação graças à censura da TV, do rádio e da imprensa, somada à repressão e ao desmantelamento de quaisquer organizações que visassem a assegurar a participação popular) dava a tônica nas relações das massas com o Estado.

Entretanto, logo que se desfez o nexo objetivo do crescimento econômico, as dúvidas sobre o modelo institucional fizeram-se sentir com força, como já veremos.

Cabe salientar, à guisa de contribuições ao estudo comparativo das formas recentes de governo autoritário na América Latina, que o regime brasileiro, diferentemente do caso chileno ou do caso argentino, levou um certo tempo para se instaurar. O primeiro impacto, o do golpe de 64, foi desfechado contra o risco da perda de controle da "dominação burguesa". Nem por isso, apesar do grau de "ameaça", o regime de Castello Branco assumiu plenamente as características de um regime burocrático-autoritário (o BA, na caracterização feliz de O'Donnell). Quando os aspectos repressivos e burocráticos se acentuaram, depois de 1968, a ameaça não era mais generalizada, nem o "inimigo" estava encastelado no aparelho de Estado, como estivera até 1964. E a economia já estava reaquecida.

Talvez por isso – porque a implantação do regime se desdobrou no tempo, porque o "inimigo" era circunscrito, e porque havia êxito no crescimento econômico – houve certa margem de "conciliação" com valores da ideologia liberal-conservadora. Conciliação com "valores", e não com práticas. Conciliação em termos de tolerância de dissidências, mas, no âmbito ultrarrestrito dos círculos de poder, à condição de que a dissidência não se disseminasse *hacia abajo*, ou seja, englobando setores sociais e grupos de opinião da classe média ou das classes populares. Por este e por outros motivos, o fato é que o regime militar brasileiro foi híbrido. Quando o presidente Castello Branco perdeu o controle da sucessão e o grupo castrense assumiu o mando com Costa e Silva, a manobra foi feita *contra* a política de contenção monetária de Roberto Campos e com tinturas de nacionalismo. Quando, *malgré* Costa e Silva, novamente o grupo dos duros – o Sistema – começa a desenhar seu perfil autoritário e a dar às Forças Armadas – como corporação burocrática – maior controle sobre o aparelho do Estado, o setor castelista (com os Geisel à frente) busca forças na inspiração "liberal" para criticar os desmandos. Médici torna-se presidente como resultado de uma acomodação, escanteando o general Albuquerque Lima, tido na época como *duro* e nacionalista, e compondo-se com o castelismo a partir da própria indicação de Orlando Geisel para o Ministério da Guerra.

Esta política de acomodação entre elites divergentes não impediu a repressão, a censura, e toda a coorte de atentados aos direitos humanos e ao Estado de Direito. Mas introduziu um elemento de instabilidade na cúpula, que só não foi explosivo porque o regime contou, entre suas peculiaridades, com o rodízio de mando. Os mandatos (em todos os níveis) foram dados por prazo determinado. Se a renovação não era democrática (pois as "eleições" eram indiretas e controladas), ela permitia a circulação da elite. A política burocrática, os conchavos, o aliciamento de grupos deram a tônica. Mais ainda, as manobras da cúpula costumavam corresponder, para "se autenticar", a rituais pseudodemocráticos, como a validação das escolhas pelo Congresso e pelas Assembleias locais. Vale dizer, pelos partidos.

Dessa forma o regime, embora militar e "burocrático-autoritário", convivia com partidos, não derrogava no plano ideológico o ideal de um Estado de Direito, e, portanto, se autoconcebia como provisório. As prevaricações contínuas do ideal encontravam justificativa na repressão aos "subversivos" e no crescimento econômico.

GEISEL E A "DISTENSÃO"

A dinâmica política do governo Geisel desenrolou-se a partir de forças situadas em dois planos básicos e distintos, que nem sempre se acoplaram: o jogo da política burocrática própria do regime e a pressão das forças movidas pelas transformações drásticas da situação econômica.

No primeiro aspecto, o governo Geisel precipitou a crise que existiu, de forma latente noutros governos, entre os que adotavam uma postura favorável à democratização restrita tipicamente conservadora e os que se opunham até mesmo a esta via para a institucionalização do regime, preferindo prolongar o "estado de exceção". Foi neste contexto que nasceu a "política de distensão". Seus percalços são conhecidos. O primeiro e principal obstáculo foi a eleição de novembro de 1974, da qual o partido do governo, a Arena, saiu derrotado pelo da oposição, o MDB. Nos 22 estados houve eleições para o Senado, e a oposição ganhou em 16. A partir daí, tornou-se claro que a via autoritária para a democratização conservadora teria que saltar o obstáculo das eleições diretas. O governo Geisel não desistiu do projeto de liberalização controlada, mas teve que contornar aquela dificuldade básica e, além disso, enfrentar a "linha dura". Ao reconhecimento da derrota eleitoral pelo governo seguiu-se um período repressivo interno e externo, em 1975, com o renascimento da teoria do "inimigo objetivo". Foi ressuscitado o fantasma do perigo comunista, houve mais prisões, torturas e cassações. Esta crise interna só começou a ser resolvida em 1976, quando o general Geisel depôs um general de Exército pelos excessos praticados sob seu comando (duas mortes sob torturas em um mês).

Não obstante, Geisel enfrentou ao mesmo tempo a questão maior para seu projeto: como liberalizar a imprensa, controlar o sistema repressivo sem desmantelá-lo, e criar um sistema institucional que barrasse as oposições. A virada de rumo decisiva foi dada em abril de 1977 quando, sob pretexto de não haver contado com a compreensão da oposição para a reforma judiciária que o governo propusera, Geisel usou as atribuições ditatoriais que o AI-5 lhe conferia, fechou o Congresso temporariamente, e modificou a Constituição. Tornou indiretas as eleições para 1/3 do Senado e para os governos estaduais, e restringiu a liberdade de propaganda partidária durante as eleições. Logo depois, já com o Congresso restabelecido em seus direitos limitados, cassou importantes líderes oposicionistas e... preparou-se para as eleições de 1978.

Sob esta cena tormentosa, borrascas maiores se sucediam no plano econômico e social. A crise do comércio mundial, somada à do petróleo, e ainda mais à própria tensão de um estilo de crescimento econômico que exigia vultosas e contínuas importações[13] para manter o ritmo da expansão interna, e provocava uma intensa utilização dos fatores econômicos locais produzindo pressões inflacionárias, diminuía o raio de opções econômicas do governo Geisel.

Foi sob este clima, de uma conjuntura econômica de declínio *relativo* (pois, no início do governo, o PNB continuava crescendo a níveis elevados, e até hoje o setor industrial continua em expansão), que o governo Geisel teve de manobrar. A impossibilidade objetiva de atender às altas expectativas dos setores empresariais, que se haviam formado no período do "milagre", somada à maior liberdade de expressão, tornou menos coesa a base social de sustentação do regime. Como o governo, sendo militar e presidido por um autocrata, tinha força para seguir seu rumo sem ouvir os reclamos da sociedade civil, o acúmulo de tensões dirigiu-se diretamente ao *regime*. A burguesia local redescobriu o "estatismo" como alvo predileto. Geisel não fora responsável pela expansão do setor público da economia, processo que vinha, *malgré* os personagens, do início da retomada do crescimento, já sob regime militar. Mas fora presidente da Petrobras, e era tido por nacionalista, embora "moderno", isto é, favorável a *joint ventures* entre empresas estatais e multinacionais. A crítica ao regime por parte dos setores liberais fez-se mais abertamente depois de 1975, tendo como alvos a estatização crescente, a burocratização daí decorrente e os abusos conexos, com a corrupção à frente.

Se já em 1974 as eleições mostravam o descontentamento, em 1978 este se generalizou nos estados economicamente mais avançados. Em São Paulo, os candidatos de oposição a postos majoritários receberam cerca de 80% dos sufrágios, contra 20% dados ao partido do governo. E a distribuição dos votos por classe de renda e de instrução mostra que a oposição abrangeu toda a escala socioeconômica.

Até chegar-se a estes resultados, as crises políticas sucederam-se sob o governo Geisel. Crise interna no *establishment* armado, no momento da demissão do ministro da Guerra, que seria eventualmente candidato alternativo à Presidência, e no momento da demissão do chefe da casa militar, que não se conformou com a escolha de Figueiredo. Crise política, inicialmente branda, quando da demissão do ministro do Comércio e Indústria, em 1977, que se tornara partidário de uma linha econômica mais voltada para o desenvolvimento interno e mais nacionalista; crise político-militar, quando um general de quatro estrelas, recém-retirado do Alto Comando, aceitou ser candidato anti-Figueiredo na disputa presidencial em 1978.

E, principalmente, crise social quando o regime passou a ser acossado não só por empresários descontentes, militares rebelados contra a "distensão" e militares que se aliavam à oposição, como pela classe média e, depois, pelos trabalhadores. A Igreja, os advogados, os intelectuais, os estudantes, os jornalistas passaram a se manifestar depois de 1977. E os trabalhadores metalúrgicos fizeram uma importante greve em 1978, a primeira depois do AI-5, de 1968.

Apesar disso, o governo Geisel prosseguiu com a "distensão", impondo a democratização conservadora pela via autoritária. Ganhou militarmente contra os *ultra*, e conseguiu impor não só o "Pacote de Abril", como ficou conhecido o conjunto de reformas antidemocráticas de abril de 1977, como as bases para um diálogo no seio da elite dirigente.

A CONSTRUÇÃO DA DEMOCRACIA

Derrotado o candidato militar da oposição, pela incapacidade de formar uma "frente nacional" com sustentação político-militar (pois as eleições eram indiretas e os congressistas não votariam abertamente contra Geisel, a não ser numa conjuntura de pressões generalizadas e de crise militar), o governo não recuou no plano da distensão. Ao contrário, negociou e impôs várias reformas:

1) Absorveu uma primeira leva de políticos "cassados" com o fim do AI-5 em 1978;
2) Liquidou, em dezembro de 1978, os poderes ditatoriais do presidente para fechar o Congresso, legislar, cassar deputados, intervir na Justiça etc.;
3) Restabeleceu o *habeas corpus*;
4) Propôs-se a uma reforma político-partidária.

Tudo isso contrabalançado por medidas de "salvaguardas constitucionais" que dotam o Executivo de forte capacidade de intervenção "corretora".

Foi neste clima de "novo curso" que Geisel entregou o governo a Figueiredo,[14] e este se comprometeu a prosseguir o processo de democratização.

Que conclusões pertinentes para a análise comparativa pode se tirar da experiência da "distensão"?

Em primeiro lugar, ela só é entendida quando se recorda que o regime autoritário brasileiro, como escrevi anteriormente, foi híbrido.[15] Não só conviveram as formas ditatoriais e os ritos democráticos, como a ideologia democrático-conservadora sempre teve porta-vozes internos ao regime. Estes, articulados por Golbery do Couto e Silva, ganharam dimensão maior no governo Geisel por várias razões:

1) Foi em nome de ideais "aberturistas" que o grupo que se instalou no governo Geisel criticou o governo Médici e encontrou base para sua coesão e expansão;
2) A política americana de salvaguarda dos direitos humanos beneficiou o setor "distensionista" do regime (e não as oposições democráticas diretamente);

3) A insatisfação social (e a pressão política) atingira a classe média alta e o empresariado, por força mesmo das condições econômicas já mencionadas.

Em segundo lugar, a pressão da sociedade civil renascente colocava como uma alternativa a política de "entregar os anéis para salvar os dedos". E esta pressão foi decorrência tanto do hibridismo do regime que deixava frestas para o "protesto interno" quanto da própria dinâmica de uma sociedade que se transformava sob o impulso de um processo de desenvolvimento dependente-associado de vastas proporções.

Este último fator gera necessidades contraditórias: a expansão econômica requer técnicos, competência e certa sofisticação cultural. Quando isso se dá no contexto de uma economia dependente, a sociedade é, deste ângulo, necessariamente aberta: o fluxo de informações, de pessoas e de atitudes acompanha o fluxo das mercadorias. É difícil "fechar" culturalmente uma sociedade deste tipo. Há pressões que não são controláveis a partir deste fato. Assim, por exemplo, o crescimento da universidade cria uma base de classe média com altas expectativas. Ela é crítica e politicamente dinâmica, apesar do "terror cultural" que não chegou a ser generalizado. Porém, o obstáculo maior criado pelo crescimento econômico acelerado é a formação rápida de uma camada de trabalhadores urbanos e de novas classes médias com expectativas definidas. As contramarchas da economia, quando somadas à "liberalização controlada", põem em movimento pressões virtualmente desestabilizadoras do regime.

Noutras palavras: não foi a dinâmica da expansão econômica em si que gerou pressões; foi a combinação dela com a "liberalização controlada" e com o súbito desencantamento com os êxitos do milagre. Não obstante, essas características já marcam diferenças frente ao processo argentino, uruguaio e chileno.

Em terceiro, no caso brasileiro não se está diante de uma ruptura da ordem autoritária, mas de uma transformação dela. Uma transformação que tem seus percalços, que serão discutidos adiante, que levou a mudanças no regime, mas que, até agora, apontam mais na direção de uma nova ordem baseada nos princípios (e na prática) de uma "democracia restrita", de bases políticas ultraconservadoras, do que de uma democracia de massas.

A CONSTRUÇÃO DA DEMOCRACIA

O caso espanhol começou também com um processo gradual de distensão sob controle. Porém, a capacidade de pressão da sociedade civil espanhola foi incomparavelmente maior do que no caso brasileiro. A organização sindical, a reorganização partidária, os movimentos regionalistas, a ação da Igreja, enfim, o conjunto organizado da sociedade civil atuou mais energicamente na Espanha para romper o autoritarismo no sentido de democratização política.

FIGUEIREDO E A FRONDA CONSERVADORA

Seria um engano pensar que a política de distensão significou apenas uma mudança nominal do regime. Bem ou mal, a liberalização controlada deu ensejo a greves sem repressão imediata, dificultou a violação dos direitos humanos, e devolveu ao Parlamento garantias e até mesmo funções de arena lateral de decisões (ou melhor: tornou-o um campo de negociações para a preparação das decisões palacianas, e, neste limite, ampliou seu espaço político).

Na transição do governo Geisel para o governo Figueiredo, a questão central para impor o padrão de liberalização controlada já não foi a de debelar os *duros* do "Sistema" (que haviam sido derrotados por Geisel), mas a de impedir que houvesse um elo eficaz entre setores descontentes de *dentro do regime* (nas próprias Forças Armadas): a oposição institucional (representada pelo MDB) e a oposição extrainstitucional (Igreja, organizações de classe média, sindicatos etc.). Essa etapa de luta desenrolou-se em 1978, desde o lançamento das candidaturas dos "anjos rebeldes" (Magalhães Pinto e Severo Gomes), até a consolidação da candidatura do general Euler Bentes Monteiro como alternativa para o MDB. A resistência do grupo liberal do MDB à aliança com os militares oposicionistas (oposição ao "governo", diziam os críticos, e não ao "regime"), seu endosso entusiástico pelo setor mais radical do partido (os autênticos) e as dificuldades de comunicação entre o general-candidato e a sociedade civil (bem como a defecção de Magalhães Pinto) limitaram muito o ímpeto da alternativa. Isolado este risco e recomposto o esquema Geisel–Figueiredo frente às Forças Armadas (pois o risco de um general ter se deixado envolver pela oposição mais agressiva voltava a cimentar a aliança liberal-conservadora dentro do regime), a transição restritiva e conservadora foi mais fácil.

Praticamente depois das "eleições" presidenciais de outubro e das eleições legislativas de novembro (sob a égide do "Pacote de Abril"), o governo recompôs suas forças e tomou a dianteira no encaminhamento da agenda política. Em vez de se abrir aos setores mais absorvíveis da oposição, o governo Figueiredo recompôs uma Fronda Conservadora: ex-ministros de Castello, Costa e Silva, Médici e Geisel reencontraram-se no gabinete Figueiredo. Este "mudou a imagem". Do sisudo general, chefe do Serviço Nacional de Informações, passou a ser o afável "presidente João", conforme a melhor prática do *marketing* político".

Com base nos governadores indicados em 1978, nos senadores indiretos (ditos biônicos), e em uma escassa maioria na Câmara, assegurada pelas representações do Nordeste especialmente, o governo Figueiredo lançou-se à tripla tarefa de:

1) Desconcertar as oposições, oferecendo novos passos democráticos (anistia, reforma partidária, eventualmente eleições diretas);
2) Garantir um controle sólido de sua base política;
3) Enfrentar os mesmos problemas econômicos de antes, que se apresentavam agora de forma mais aguda e com pressões sociais crescentes.

Não é difícil perceber o desencontro entre estas metas e os impasses que elas acarretam. A situação tornou-se delicada na área social: greves (embora sem que o direito de greve estivesse assegurado) e protestos foram a consequência imediata de uma política de liberalização sem redistribuição de rendas e sem correção dos baixos níveis salariais. Restrições por parte dos setores empresariais foram a consequência de uma política de controle inflacionário que requereu contenção de créditos. Disso resultou a queda do ministro do Planejamento (Simonsen) e a volta de Delfim Netto, que reacendeu expectativas de novo "milagre", embora num contexto econômico maldosamente "agnóstico". Disso resultou também, logo no início do governo Figueiredo, o enfrentamento com os trabalhadores, que foi absorvido pelo regime de forma relativamente suave.

Com as margens de manobra no campo socioeconômico apertadas, o governo concentrou esforços no campo político. Propôs e aprovou uma anistia parcial; descartou a possibilidade de aceitar a convocação de uma Assembleia Constituinte (que só teria sentido se o regime marchasse efetivamente para a democratização); passou a acenar com uma reforma partidária.

Aparentemente, esta seria a questão central para que se aquilatasse a profundidade da "distensão". A oposição protesta contra a reforma partidária, alegando que ela visa a apenas liquidar o MDB, fragmentando o bloco político que poderia propor uma alternativa. Apesar de este ser um propósito inegável do regime, a verdade é que o grau de abertura atualmente existente dificulta que as questões políticas possam ser encaminhadas no apertado sistema bipartidário.

A partir da candidatura do general Euler, especialmente quando os setores politicamente liberais e socialmente conservadores do MDB tragaram uma candidatura imposta pelos "autênticos", houve uma paralisia no metabolismo interno da oposição. O MDB, em bloco, assumiu posições mais contestatórias e, simultaneamente, certas grandes lideranças ficaram marginalizadas no interior do partido.

Com isso criou-se uma situação, na fase inicial do processo de distensão controlada, que radicalizou as posições do MDB, posto que, pela lei, todos os deputados são obrigados a votar com a liderança nos casos nos quais a direção fecha a questão, sob pena de serem expulsos. Se no passado o bipartidarismo podia funcionar mesmo com o risco do confronto entre MDB e o governo, pois a oposição era numericamente débil e as grandes questões eram resolvidas por meio do AI-5 e não do Congresso, a partir da valorização da arena legislativa os riscos de uma oposição dura (incentivada ainda mais nesta direção pelos movimentos extrapartidários de oposição, que se tornaram mais frequentes e influentes) passaram a dificultar o controle do governo. Como, por outro lado, o setor moderado do MDB preferiria um comportamento mais acomodatício e de apoio discreto às medidas distensionistas do governo, tanto este quanto aqueles passaram a mover-se pela expectativa de uma reformulação partidária.

A volta de importantes lideranças que estavam exiladas e a presença de novas lideranças, especialmente os operários que propõem um Partido dos

Trabalhadores (eventualmente em fusão com os "autênticos" do MDB depois da reforma partidária), são novos ingredientes que vão na direção da reformulação partidária.

Isso não obstante (e, portanto, o caráter de passo necessário que a reforma assume para a democratização), os percalços são muitos. Em primeiro lugar, o governo pretende, acima de tudo, não perder os controles políticos herdados do esplendor do autoritarismo. Neste sentido, a reforma em discussão parece ser oposta à que ocorreu na Espanha. Não se trata de compatibilizar o Estado (na condição de pacto de classes dominantes assegurado pelas Forças Armadas) com o regime, distinguindo-se o rei dos partidos, como garante do Estado, organizando-se aqueles com nitidez político-ideológica sob o comando de uma aliança centro-direitista; mas, sim, trata-se de transformar o presidente em chefe de um novo partido.

Este ponto é crucial. No passado, o "Sistema", chefiado real ou nominalmente pelo general-presidente, garantia o Estado (o pacto de dominação) e o regime. Neste, os partidos eram ornamento. O conflito verdadeiro se desenrolava no interior dos órgãos burocráticos do Estado. Era este quem dava "legitimidade" aos partidos. Agora, pretende-se devolver aos partidos e ao Congresso a função de componentes essenciais do regime. Mas teme-se a democratização. A solução proposta enlaça o Estado no jogo partidário mediante a transformação do chefe do Estado em chefe de partido.

O chefe do Estado foi selecionado burocraticamente e chancelado pela corporação militar. Teria, portanto, em tese, a opção de se transformar em "rei", em árbitro, deixando que o jogo dos partidos se movesse no terreno da competição política, sempre e quando pudesse surgir um partido ou uma coligação de "centro-direita" que compatibilizasse os anseios moderadamente liberalizadores com os interesses mais profundos do Estado: ordem e crescimento econômico. Não parece ser este o curso escolhido: busca-se a integração da nova ordem por meio de um sistema de partidos *criado no âmbito do Parlamento* (a partir de blocos de deputados e senadores), assegurando-se a maioria, de antemão, pela criação de um "partido do presidente". Daí a necessidade de popularizar essa figura, para ver se o "partido do presidente", com a máquina do Estado na mão e com publicidade de corte personalista (semipopularesca), assegura o êxito nas eleições futuras.[16]

A CONSTRUÇÃO DA DEMOCRACIA

Esta opção obriga a postergar as eleições municipais previstas para 1980 a fim de evitar riscos de derrotas antes mesmo da afirmação do novo sistema. E leva a uma agenda de distensão ainda mais paulatina: só depois de testado o novo sistema (para ver se ocorre a fragmentação das oposições e a aglutinação do oficialismo em novas bases) será possível considerar a proposta de eleições diretas para os governadores e eventualmente a de suprimir o sistema indireto de eleições de senadores.

Esta estratégia dificulta, por outro lado, a autonomização dos setores moderados do MDB. Talvez eles se arriscassem a criar um novo partido, junto com os setores "liberais" da Arena, à condição de que o novo partido pudesse competir e ter acesso ao poder. E, na prática, transforma o sistema político em um sistema cartorial: dão-se legendas a grupos capazes de se articular no Congresso; mas não se permite a criação de partidos a partir da base. O próprio partido dos trabalhadores, ora proposto autonomamente pelo PTB de Brizola, dificilmente será sancionado pela lei, salvo se ele se acoplar aos setores "autênticos" do MDB, formando no futuro uma nova sigla.

Entretanto, as dificuldades da transição não derivam só do horror tradicional dos sistemas elitistas (autoritários ou não) à participação popular ampliada. Existem outros fatores, no interior das oposições, que dificultam o processo.

Do ângulo do MDB, os grupos dirigentes ("autênticos" ou moderados) preferem manter a máquina eleitoral, e dificultam tanto a discussão da reforma partidária quanto a integração orgânica de novas correntes, tanto as sindicalistas-populares que, como vimos, renasceram na sociedade civil, quanto as das antigas lideranças reintegradas à vida política. Defendem-se no interior de uma legenda partidária que se tornou capaz de recolher votos populares abundantemente, embora não se tenha enraizado, como partido, na nova sociedade.

Do ângulo da sociedade civil, a desconfiança generalizada quanto ao sistema de partidos-legenda e aos políticos surgidos num regime fechado leva muitas lideranças a um "basismo" acentuado e à desconexão dos movimentos sociais com o Estado e, portanto, com os canais de ligação com ele: os partidos. Esta atitude é generalizada nos setores ligados aos movimentos sociais incentivados pela Igreja e bastante ampla no setor sindical. A preferência nítida pela mobilização em torno de movimentos sociais (luta pela anistia, lutas salariais, lutas pela terra etc.) e sua relativa desconexão com os partidos tanto se devem ao desenraizamento do MDB, dado o desinteresse dos políticos por tal tipo de movimento sob o autoritarismo, quanto a uma hostilidade latente das direções intermediárias da sociedade civil aos partidos atuais e futuros.

Mais ainda, no debate sobre a reformulação partidária, enquanto o governo pretende estabelecer um sistema de partidos-legenda de base congressual e apoiados na máquina administrativa (tudo isso sob a máscara de um espectro ideológico formal, atribuindo-se a cada um dos quatro ou cinco partidos cogitados[17] valores que vão da "esquerda" à "direita"), os grupos de esquerda que desejam dar aos partidos um conteúdo de participação popular e uma orientação ideológica os concebem à maneira dos partidos europeus, cuja história data do século XIX. É duvidoso que a sociedade urbano-industrial brasileira, que se expandiu a partir de uma economia internacionalizada de base oligopólica, criando rapidamente uma sociedade de massas, se expresse politicamente dessa forma. Mais provavelmente, os novos partidos (mesmo que livres e democráticos) tenderiam a se organizar heterogeneamente, com núcleos de tipo "partido europeu de classe" e setores de tipo partido de agregação de interesses, à moda do partido democrático americano.

Assim, enquanto a elite no poder quer persistir na linha de uma "democracia ultrarrestrita", os setores oposicionistas mais consequentes e ideologizados sonham com um sistema que permita reproduzir o jogo partidário clássico, e a média dos políticos profissionais, sem o saber, sonha com partidos burocráticos que recolham o voto das massas, sem dar-lhes espaço real de participação na vida interna dos partidos.

Conclusões

A apertada síntese do curso da "distensão" do regime autoritário brasileiro mostra que seria mais apropriado dizer que se trata da transição de uma "situação autoritária", conforme a caracterização de Linz, para um regime de "democracia de elites" ou restringida. Até mesmo essa qualificação é duvidosa. Se o sistema de partidos que está em gestação limitar-se a atuar na esfera do Legislativo (como é a tradição), os elementos de autoritarismo (com todas as conexões corporativas e a fusão entre os núcleos de decisão econômica do Estado com os grupos empresariais locais e multinacionais) constituirão uma argamassa muito sólida para impedir que a reanimação da sociedade civil incida sobre temas fundamentais para a dominação de classe. Ter-se-á, neste caso, um simulacro de democracia restrita (com o sistema de partidos nascidos no Congresso e, talvez, eleições indiretas somadas ao sistema de voto distrital) operando para controlar áreas de decisão que não são fundamentais.

É verdade que mesmo neste caso os direitos humanos poderiam estar mais salvaguardados, e a liberdade civil, inclusive a de expressão, assegurada.

Não obstante, como regulamentar as pressões sociais dos assalariados, que tenderão a crescer como consequência tanto das dificuldades econômicas quanto da maior liberdade de expressão e mesmo de organização?

Não creio, por conseguinte, que a engenharia política dos estrategistas oficiais possa conter, por "deliberação", a luta social e política. Nem creio que eles possam definir os limites da "abertura". Apesar das debilidades das oposições (tanto das institucionais quanto das extrapartidárias), algumas assinaladas neste trabalho, depois da ruptura do autoritarismo "puro" – processo que já ocorreu – será impossível conter as forças transformadoras nos estreitos limites de um sistema de participação ultrarrestrita.

O nó górdio está no sistema de partidos e na articulação entre a sociedade civil e o Estado. O regime autoritário brasileiro (pelas características do autoritarismo burocrático-militar em causa) não foi mobilizador e não repousou na articulação de um partido de sustentação do regime. Aberto o sistema à crítica e à mobilização, mesmo que parciais, o hiato entre Estado e nação não se preencheu. Busca-se cooptar a "classe política" e popularizar o presidente para restabelecer as pontes. Creio que esses processos são frágeis para institucionalizar a vida política de uma sociedade *extremamente dinâmica*.

Nestas condições, é provável que a crise da situação autoritária (assim como ocorreu com sua emergência) desdobre-se no tempo. Sem o recrudescimento do poder militar e sem que haja, por outro lado, o dia D da revolução democrática gloriosa, mas em uma longa guerra de posições, os trabalhadores, as classes médias assalariadas, e os setores não reacionários das classes dominantes poderão moldar no futuro um sistema mais aberto.

Acho, entretanto, que este processo dependerá da presença mais ativa das lideranças baseadas em organizações sindicais, populares e partidárias mais consistentes. Dependerá também da atualização da visão política tanto destes setores quanto do setor radicalmente democrático das oposições para entenderem que a questão da democracia não se esgota no sistema de partidos. Se a isso se somar o fortalecimento da "centro-direita" na ala conservadora em prejuízo da direita que até hoje prepondera, será possível avançar na direção da democratização do próprio Estado.

Tudo isso condicionado ao desdobramento das lutas sociais e à interrogação sobre se a própria forma democrática do Estado, para se impor, não terá de passar por uma transformação social de base que, por enquanto, está longe de ser uma probabilidade, mas continua presente no leque das possibilidades e dos desejos de muitos.

NOTAS

1. Friedrich, Carl J.; Brzezinski, Z. K. *Totalitarian Dictatorship and Autocracy*. Nova York: Praeger, 1963.

2. Linz, Juan. The Case of Spain. In: Dahl, R. (Org.). *Regimes and Oppositions.* New Haven: Yale University Press, 1974.
3. A discussão sobre o corporativismo na política latino-americana tornou-se momentosa. Ver especialmente: Schmitter, Philippe C. Still a Century of Corporatism? *Review of Politics,* v. 36, n. 1, jan. 1974; e Malloy, James M. *Authoritarianism and Corporatism in Latin America.* Pittsburgh: University of Pittsburgh Press, 1977. Para um estudo de caso significativo, ver Stepan, Alfred. *The State and Society, Peru in a Comparative Perspective.* Princeton: Princeton University Press, 1978.
4. A contribuição mais significativa para caracterizar o Estado burocrático-autoritário foi de Guillermo O'Donnell. Na já referida coletânea de Malloy, se publica de O'Donnell um capítulo sobre "Corporatism and the Question of the State". Ver especialmente: Reflexiones sobre las tendencias generales de cambio en el Estado burocrático-autoritario. *Cadernos CEDES,* 1975; e Notas para el estudio de procesos de democratización a partir del Estado burocrático-autoritario, 1979 (mimeo.). Stepan, no livro citado na nota anterior, desenvolve outro modelo analítico – o do "estatismo orgânico" – para analisar o funcionamento de certas variantes de regimes autoritários nas quais se salienta a noção de que o Estado representa o "todo" e tem uma função interventora abrangente para integrar as partes (que, entretanto, são reconhecidas como tais). No estatismo orgânico, os interesses são representados corporativamente, mas o conceito é mais limitado historicamente: enquanto podem existir formas corporativas de representação (em oposição às pluralistas e agregativas) tanto no fascismo quanto no estatismo orgânico, e até mesmo em regimes mais democráticos, a noção de estatismo orgânico funciona como uma espécie de "modelo abstrato de governança", coerente e integrado.
5. Schmitter, no artigo já citado, explora as várias definições do corporativismo. Malloy, em sua coletânea, no artigo sobre "Authoritarianism and Corporatism in Latin America", caracteriza-o da seguinte maneira: "Estruturas governamentais sólidas e relativamente autônomas que procuram impor à sociedade um sistema de representação de interesses baseado num pluralismo forçadamente limitado. Esses regimes tentam eliminar a articulação espontânea de interesses e estabelecer um número limitado de grupos oficialmente reconhecidos que interagem com o aparelho do Estado dentro de regras determinadas. Além disso, nesse tipo de regime, esses grupos organizam-se preferencialmente em categorias funcionais verticais, e não em categorias de classe horizontais, e são obrigados a interagir com o Estado por meio dos líderes indicados pelas associações de interesses oficialmente sancionadas" (p. 4).
6. Ver O'Donnell, *op. cit., in:* Malloy, *op. cit.*
7. Ver Schmitter, P. C. *Interest Conflict and Political Change in Brazil.* Stanford: Stanford University Press, 1971.
8. Ver Lowenthal, A. F. (Ed.). Peru's Ambiguous Revolution. *In:*_____. *The Peruvian Experiment*: Continuity and Change under Military Rule. Princeton: Princeton University Press, 1975. Cap. I.

9. Ver Fernandes, F. *Apontamentos sobre a teoria do autoritarismo*. São Paulo: Hucitec, 1979.
10. Serra, J. *In*: Collier, David (ed.). *O novo autoritarismo na América Latina*. Rio de Janeiro: Paz e Terra, 1982.
11. Hirschman, A., *ibidem*.
12. Cardoso, F. H., *ibidem*.
13. No modelo dependente-associado, a debilidade relativa da expansão do setor de produção de bens de capital obriga as importações *crescentes* de equipamentos. No caso brasileiro, a escassez de petróleo e a adoção de um modelo civilizatório altamente consumidor de energia aumentam ainda mais a dependência externa. Enquanto o mercado internacional esteve em expansão, as exportações deram para cobrir os custos das importações. Contraído o mercado mundial e baixados os preços dos produtos exportáveis com relação ao do petróleo e dos equipamentos, a balança comercial se desequilibrou. E as importações não podem ser comprimidas, sob pena de limitar o crescimento do produto (90% das importações são máquinas e petróleo). Somando-se a isso, os custos financeiros dos contratos de "assistência técnica" do exterior, o pagamento de juros, *royalties* etc., entende-se por que a dívida externa chegou a 45 bilhões de dólares.
14. A escolha de Figueiredo obedeceu ao desdobramento típico das jogadas burocrático--palacianas. Ela preservou o controle do Estado nas mãos de um grupo reduzido de pessoas, e teve a chancela militar *ex post*. Diferentemente da escolha de Médici, desta vez os "grandes eleitores" não foram os generais, mas o "grupo do Palácio". O desgaste militar, dada a pressão da sociedade civil, somado ao curso da distensão conservadora, permitiu que a seleção do presidente se fizesse num círculo mais restrito, com o aval do presidente Geisel.
15. Convém dizer que também em alguns outros países há certo grau de hibridismo, como na própria Argentina. Mas a capacidade de pressão do grupo "liberal"-conservador parece ter sido notavelmente maior no caso brasileiro.
16. Medidas complementares poderão ser encaminhadas para garantir a estabilidade da nova ordem política. Além da fragmentação da oposição institucional, o governo pode tentar estabelecer o voto distrital e manipular a composição dos distritos eleitorais, por exemplo.
17. Pela lei atual (que eventualmente será abrandada), a criação de novos partidos depende do apoio de 10% dos deputados e dos senadores. Ora, o senado compõe-se de 66 membros, dos quais 22 "biônicos". É extremamente difícil obter a adesão de 7 senadores e 42 deputados para formar um partido. Assim, se limita o número de partidos possíveis.

CAPÍTULO XII O papel dos empresários
no processo de transição*

---

* Trabalho apresentado na conferência "Transitions from Authoritarianism and Prospects for Democracy in Latin America and Southern Europe", patrocinada pelo Latin American Program of the Woodrow Wilson Center, Washington, 4 a 7 de junho de 1981. Primeira publicação em *Dados: Revista de Ciências Sociais*, v. 26, n. 1, p. 9-27, 1983.

Analisarei neste capítulo o papel dos empresários na recente liberalização do regime político brasileiro. Mais especificamente: tratarei de ver como os empresários industriais (pois estes, sem terem sido os únicos, manifestaram-se com maior ressonância) reorientaram suas políticas em função tanto de seus interesses quanto da concepção de sociedade que lhes parece mais adequada para assegurar o "desenvolvimento econômico" e a convivência política entre as classes.

Nas páginas iniciais, farei um brevíssimo resumo da bibliografia sobre o papel da "burguesia nacional" e de seu relacionamento com a sociedade e o Estado. Em seguida, na análise direta do tema, registrarei os momentos de ruptura parcial do empresariado com o regime militar (burocrático--autoritário), procurando mostrar como e até que ponto o empresariado distanciou-se politicamente do Estado. Por fim, tentarei caracterizar de que modo o empresariado está procurando refazer seu sistema de alianças desde o governo Geisel (1974-1978) até o atual governo Figueiredo (iniciado em 1979). Neste processo, embora os grupos empresariais recomponham diversamente seu relacionamento com as demais forças sociais e políticas do País, em conjunto coloca-se para o empresariado industrial um problema que, em linguagem gramsciana, seria o equivalente de uma tentativa de superação da crise orgânica do Estado pela busca de novas formas de hegemonia burguesa.

OS EMPRESÁRIOS NA POLÍTICA, ONTEM E HOJE

Estamos longe da época em que se acreditava no papel determinante da "burguesia nacional" para a elaboração de políticas favoráveis à democratização. As vacilações dos empresários entre consolidar uma aliança com as massas ou enfeudarem-se ao Estado – que ocorreram antes de 1964 – levaram muitos autores a crer que o papel socialmente inovador e democratizante da burguesia local era evanescente. Ele teria derivado, mais do que da realidade latino-americana, de uma interpretação analógica que supunha possível a repetição dos padrões de comportamento político da "burguesia conquistadora" da Europa dos séculos pretéritos nos países de industrialização emergente.[1]

Vários pesquisadores, e notadamente Luciano Martins,[2] esmiuçaram o tema e reduziram às suas devidas proporções as expectativas que se poderiam formar quanto ao papel progressista da chamada burguesia nacional.[3]

Os estudos mencionados e vários outros mostraram os limites daquela interpretação.[4] Assim como se redefiniu o papel do empresariado, a noção de "populismo" foi trazida a suas devidas proporções, redefiniu-se o significado do Estado e reelaboraram-se visões integradas do desenvolvimento para escapar da ideia de que ou bem ocorria uma aliança entre as forças populares e o empresariado para controlar o Estado, para democratizá-lo e para colocá-lo a serviço do desenvolvimento econômico, ou haveria estagnação e colonialismo disfarçado.

A ideia básica na revisão crítica pós-1964 era a de circunscrever os limites da ação política do empresariado no contexto de uma economia dependente e de uma sociedade cuja história dotava as classes e o Estado de características que não podiam ser "deduzidas" do modelo abstrato que reconstruía na Periferia as relações entre burguesia, Estado e capitalismo nos países do "Centro". No contexto desta revisão, a contribuição de Philippe Schmitter foi singular e esclarecedora: ele mostrou que as conexões "corporativas" davam-se também no seio da "sociedade civil" e que *ipso facto* não se poderia derivar uma experiência do comportamento empresarial-burguês pautada nos valores do individualismo liberal-democrático.[5]

Não se tratava, portanto, de subestimar a ação política do empresariado, mas de situá-la num contexto histórico determinado. A burguesia industrial não fora excluída do sistema de alianças que se formara a partir de 1964.[6] Apenas a emergência de condições novas – econômicas, políticas e sociais – redefiniu o papel do empresariado no sistema de alianças.[7]

Entretanto, especialmente na literatura político-partidária – com incidência remota mas persistente em círculos acadêmicos –, a versão predominante insistia em que a "dependência externa", agora sob a forma nova da presença das empresas multinacionais, sufocava a ação do empresariado local, com exceção talvez do setor produtivo estatal. O desenvolvimento industrial, inegável em países como o Brasil e o México, passou a ser visto como resultado de novos enclaves estrangeiros. No limite, desacreditava-se que tal tipo de industrialização produzisse "desenvolvimento". Passou-se a falar mais em "crescimento", "acumulação perversa", e até mesmo em tendência à estagnação.

Quando alguns dos países que se industrializaram integrando-se crescentemente ao sistema produtivo internacional, notadamente o Brasil, sofreram os efeitos políticos de golpes de força e da ocupação corporativa do Estado pelas Forças Armadas, o quadro completou-se: industrialização sob controle dos monopólios internacionais, com a ajuda de uma infraestrutura econômica criada pelo Estado, e com a roupagem de um regime autoritário, quando não fascistoide.[8]

A dificuldade para repor a análise em termos que não sejam simplistas nem mecânicos é grande. A presença dos militares e das corporações multinacionais é uma realidade; a autonomia da economia nacional – entendida como uma economia estatal-autárquico-burguesa – tornou-se mais problemática; mas desta constatação muitos passam facilmente para o outro extremo que sublinha apenas o condicionamento externo e o estatismo controlador da sociedade, ligado aos interesses externos. Para modificar esta situação, tentam reviver o nacionalismo dos anos 1950, que em tudo se tornou anacrônico no contexto de uma economia internacionalizada.

Como a história política não obedece à lógica das construções mentais, regimes que antes pareciam inexoravelmente condenados a sufocar a sociedade civil e a reproduzir o domínio castrense começaram a se transformar, como notadamente no Peru e no Brasil. Nestas transformações não foi dispensável a ação do empresariado local; nem esta última enquadrou-se no esquema que supõe que a "lógica da acumulação monopolista estatal" levaria a burguesia a reforçar permanentemente os aspectos coercitivos do regime militar.

O renascimento da vida político-partidária e das pressões de grupos e classes sociais requer, entretanto, abordagens novas para evitar que se pense que estamos diante do recrudescimento da ação da "burguesia nacional", tal como ela foi concebida pelas teorias nacional-populistas. Ou então, diante de uma recidiva democrática, do gênero da que ocorreu depois da Segunda Grande Guerra, na passagem do varguismo para o período da Constituição de 1946.

São estes os pontos que precisam ser explicados neste trabalho: no que consiste a ação empresarial na sociedade brasileira atual? Que tipo de regime está emergindo com o concurso da ação política empresarial para substituir o autoritarismo militar sem *ruptura do Estado*, isto é, provocando-se uma transformação lenta e sob controle do regime autoritário, mas sem mudar a base social do regime nem sequer a injunção direta das Forças Armadas nas decisões básicas?

Quanto ao primeiro ponto, a discussão será feita com base na bibliografia recente sobre o empresariado e com a revisão de algumas fontes primárias para caracterizar a ação dos empresários na fase da "abertura política" a partir do governo Geisel (1974-1978). O segundo ponto será tratado ao final, não de modo específico, mas apenas nos aspectos em que o regime emergente se relaciona com os empresários. De qualquer modo, discutirei no final em termos genéricos a possível re-emergência de uma "hegemonia burguesa" e seus limites.

O REENCONTRO COM A POLÍTICA

Ao mesmo tempo que se tornava visível para o grande público a constituição de uma corrente de empresários favorável às políticas "aberturistas" e a um novo equilíbrio na divisão de tarefas entre o setor público da economia e o privado, os cientistas sociais foram corrigindo as distorções que resultavam de se atribuir um papel subalterno aos empresários na vida social e política.

A CONSTRUÇÃO DA DEMOCRACIA

Esta revisão implicou reavaliar o papel da burguesia na revolução varguista de outubro de 1930 e de sua capacidade de influir no Estado[9] e, mais recentemente, a caracterização da relação entre os empresários nacionais, a tecnoburocracia[10] e as multinacionais. Ela ganhou contornos mais concretos em trabalhos empíricos que, sem negar as características estruturais de uma sociedade dependente e o papel da tecnocracia, insistem em que o empresariado não se "dissolve" frente à burocracia estatal[11] e que, embora ele não tenha as características de uma elite hegemônica e tenha que se ajustar às peculiaridades de um regime autoritário burocratizado, *joga seu próprio jogo*.[12]

Hoje parece claro que, se durante os anos mais duros do autoritarismo burocrático-militar (até mais ou menos 1976, com o interregno breve de 1974), o empresariado se aninhou no Estado e desempenhou um papel discreto sem aparecer como protagonista da ação política, à medida que começou a haver certa "liberalização", setores de vanguarda da burguesia industrial moveram-se para aumentar seu poder relativo.

É óbvio, também, que, no auge do período burocrático-autoritário, o empresariado procurou influir mais corporativa do que politicamente sobre o Estado. A noção de "anéis burocráticos" tenta descrever este tipo de vinculação da classe empresarial com o Estado para exercer pressões sem passar pela articulação autônoma da sociedade civil, nem pelo partido, mas, ao mesmo tempo, construindo trincheiras no Estado para a luta em defesa de seus interesses econômicos. Estes "anéis" se formam no interior do aparelho do Estado sob condução de algum funcionário-aliado, e é por intermédio deles que o empresariado faz sua política nos regimes autoritários.[13]

O autoritarismo não elimina obviamente o jogo de interesses e a ação dos empresários, mesmo quando sua política geral se apoia no eixo "empresa estatal-empresas multinacionais'" Mas ele condiciona a forma de expressão dos interesses empresariais e delimita seu alcance.

Até que ponto a emergência de uma "nova elite industrial" com visibilidade política, como ocorreu nos últimos anos, implica redefinir as análises anteriores sobre o papel da burguesia industrial nas sociedades periféricas e dependentes?

Para responder a essa questão, convém esmiuçar como e quando emergiram as pressões empresariais, e qual foi sua orientação principal.

Parece haver coincidência tanto quanto ao período de re-emergência do empresariado na política como quanto aos objetivos políticos e econômicos a serem alcançados. O trabalho que sintetiza melhor esta temática é de Carlos Lessa.[14] Nele, o autor sugere que houve certas guinadas na estratégia econômica em três momentos: 1974, fim do governo Médici, e a apresentação do II Plano Nacional de Desenvolvimento (PND), período em que o Brasil era concebido como uma "ilha de prosperidade" num contexto de crise mundial. Foi proposta uma nova estratégia de desenvolvimento mediante a prioridade à industrialização pesada como a maneira de prolongar o "milagre" econômico; 1976, abandono dessa estratégia (há que lembrar a demissão do ministro da Indústria e Comércio, Severo Gomes, favorável à defesa da indústria nacional e a uma alternativa de desenvolvimento menos ligada à divisão internacional do trabalho sob impulso das multinacionais, e o fortalecimento subsequente do ministro Simonsen, de linha mais "ortodoxa"); 1979, proposta de redução do ritmo de crescimento e ênfase nas políticas agrícolas.

Seria fácil, diz Lessa, derivar daí uma análise mecânica que faz coincidir o protesto empresarial com os pontos de ruptura entre seus interesses objetivos e as políticas propostas. Entretanto, antes das guinadas efetivas da política econômica ocorridas a partir de 1976 – quando os planos de expansão das empresas não encontravam mais saída prática por meio de encomendas oficiais –, o empresariado já se manifestava ativamente contra a "estatização" da economia pelo regime autoritário. E naquele período não havia ainda a percepção de uma crise econômica. Cabe lembrar que, no quinquênio 1975-1980, a economia cresceu a taxas de 6 a 7% ao ano.[15]

Para evitar o mecanicismo da análise econômica sem cair no polo oposto (no voluntarismo da interpretação em nível puramente político), Lessa propõe uma interpretação mais sofisticada: "O empresariado descobriu, a partir de 1974, que o Estado é um Leviatã, especialmente quando interpretou o II Plano Nacional de Desenvolvimento como desencadeador de um irreversível processo de estatização da economia. Diante disso, a campanha antiestatizante e a defesa de uma 'economia liberal de mercado' devem ser entendidas não tanto ao pé da letra como defesa de interesses econômicos contrariados, mas como um 'código', um discurso político que procura criar espaços diante do Estado autoritário. A defesa do liberalismo à Locke por empresários que sabem que a ação do Estado é inseparável das formas contemporâneas de sociedade e de acumulação, a volta à ideia da inseparabilidade das 'duas liberdades', a econômica e a política – imagem usada e abusada pelos empresários entre 1974 e 1977 em discursos, entrevistas, mesas-redondas etc. –, não podem ser vistas senão como 'uma espécie de linguagem codificada que maneja prudentemente' a argumentação do liberalismo econômico como vetor da explicitação de reivindicações das outras liberdades".[16]

A ser verdadeira a interpretação de Lessa, eis-nos, pois, confrontados com um empresariado reivindicante de liberdade. É certo que alguns empresários foram explícitos neste ponto. José Mindlin, por exemplo, foi taxativo: "Se é exato que um regime político forte tem tendências a intervir na economia, essa intervenção por sua vez fortalece o regime e conduz à consolidação de um Estado tecnocrático forte. Daí ao arbítrio o caminho não é difícil".[17] Mindlin, na reunião do Congresso Nacional das Classes Produtoras (Conclap) de 1977, defendeu o direito de greve para os trabalhadores. Cláudio Bardella, eleito em primeiro lugar em 1977 por 5 mil empresários como líder da categoria no Fórum da *Gazeta Mercantil*,[18] acrescenta que desejava – contrapondo-se ao *slogan* de Geisel sobre uma "democracia responsável ou possível" – "uma democracia sem adjetivos e um liberalismo econômico adjetivado". Progressivamente, Bardella pede a união dos empresários com outros setores da sociedade, e exige participação nos processos decisórios: "Nós, empresários, como todos os demais setores, cada um dentro dos limites de sua competência, devemos e queremos participar desse processo, e, por isso, devemos e queremos participar da definição dos rumos que nosso país deve seguir".[19] Dando um passo à frente no sentido da politização da demanda empresarial, Severo Gomes, demitido nesse mesmo ano do ministério e eleito em segundo lugar como representante do empresariado no Fórum, diz: "O que importa é que a sociedade possa controlar o Estado e não o inverso, como acontece agora. E, para que isso aconteça, só existe um caminho – o acerto político. A única saída é a democracia".[20]

Neste sentido, a decodificação do discurso empresarial feita por Lessa pareceria correta. Lessa não supõe que o entusiasmo pela democracia tenha surgido entre empresários independentemente dos interesses.[21] Ao contrário, mostra que a administração Geisel propôs a continuação do "milagre econômico" por meio de um novo padrão de acumulação que estaria baseado na demanda crescente de bens de capital e de insumos básicos. Estes últimos expandir-se-iam graças, especialmente, às compras das empresas estatais. A política do II PND foi recebida com entusiasmo pelos empresários do setor de bens de capital. As encomendas oficiais – pois as empresas estatais deveriam sustentar o setor de bens de capital comprando no mercado interno – não foram percebidas por este setor como perigosa ameaça estatizante. Ao contrário, os principais líderes do setor mostraram-se otimistas. Oficialmente, a Abdib (Associação Brasileira para o Desenvolvimento da Indústria de Base), por seu presidente, aceita, em fins de 1974, o repto do II PND, mas exige: financiamento especial (o BNDE cobrava 40% ao ano de juros); tratamento da política de preços que permitisse absorver os custos da mão de obra, que subia acima dos níveis fixados pelos dissídios coletivos; controle dos competidores pelo estabelecimento de barreiras à entrada de novos produtores.

Iniciativa privada e ação estatal (intervenção direta no mercado por meio de compras dos produtos locais pelas empresas estatais e do controle dos investimentos mediante o Conselho de Desenvolvimento Industrial – CDI) pareciam ser mutuamente indispensáveis.[22]

Não foi esta, entretanto, a única reação dos empresários aos planos do governo Geisel. Para amplas camadas da categoria empresarial, a tentativa de soldar os interesses do desenvolvimento econômico (este firmemente ancorado, desde 1964, na ligação entre as empresas multinacionais e as empresas estatais) pela criação de um setor local produtor de bens de capital (e, portanto, assimilador rápido de tecnologias, senão produtor delas) foi percebida como irrealista e perigosa. Irrealista porque requeria um esforço de investimento considerado acima das possibilidades do País (o II PND falava em uma taxa de poupança de 35% entre 1975 e 1981), e perigosa porque não só aumentava o papel das empresas estatais na dinâmica do desenvolvimento como ampliava a ação reguladora do Estado na economia.

Esta "ameaça", lida pelo setor empresarial ligado às multinacionais como limitativa de sua ação, somada ao fato de que o plano de desenvolvimento era voluntarista e não atendia às demandas das bases sociais que "antes davam sustentação ao regime", somada às políticas levadas adiante no CDI, à centralização dos recursos do PIS-Pasep no BNDE etc., levaram parte do empresariado a uma atitude de receio e crítica. Assim, o governo Geisel, ao mesmo tempo que incentivava o crescimento industrial privado e especificamente o nacional, propunha ênfases em políticas econômicas que descontentavam os setores ligados à produção de bens duráveis de consumo. Geisel iniciara o mandato, em 1974, tratando duramente o setor financeiro-especulativo. Ainda por cima, permitira o funcionamento da Fiat em Minas Gerais, desagradando o setor oligopólico automobilístico "paulista". Com sua política de "equilíbrios regionais", favorecendo a descentralização do polo petroquímico e a criação de indústrias subsidiárias às montadoras de autos fora de São Paulo, o governo provocava ainda mais a insegurança empresarial paulista.

Foi com este *background* que o empresariado descobriu a "democracia", a ponto de alguns redescobrirem até a... Constituição: "Prejudicaria (uma medida de Geisel) as fábricas já existentes, além de violentar seus direitos adquiridos e garantidos pela Constituição".[23]

Assim, a política industrializadora do governo Geisel – na linha do que Guillermo O'Donnell chama de aprofundamento da economia – assustou os principais componentes do sistema de alianças que sustentavam o regime autoritário-militar, tanto as empresas internacionais ligadas à produção de bens de consumo durável e à importação de equipamentos, ou à transferência controlada de parte de sua produção para o Brasil, quanto o enorme setor nacional subsidiário delas – estruturalmente dependente da internacionalização da produção local – e as empresas locais, mesmo as de maior porte, que inicialmente apoiaram o II PND.

Por outro lado, a evolução da crise econômica internacional e a pressão dos sócios internacionais para a colocação de seus equipamentos nos projetos industriais brasileiros (como no caso da usina de Tubarão com a Fisinder, italiana, a Kawasaki, japonesa, e mesmo no projeto das usinas atômicas) dificultaram a sustentação prometida pelo governo Geisel ao setor nacional de bens de capital. O agravamento da dívida externa – alimentada pela importação de equipamentos pelo menos até 1976 – limitou mais ainda a margem de manobra do governo para assegurar as metas autonomistas do II PND. Elas se tomaram rapidamente insubsistentes. As empresas estatais não puderam (e alguns setores da burocracia empresarial pública não quiseram) sustentar o setor local produtor de bens de capital.

Em pouco tempo, dadas estas condições, os líderes empresariais do setor nacional de equipamentos de base desiludiram-se das promessas oficiais e tornaram-se críticos ásperos, primeiro da política econômica; logo depois, do próprio regime.[24] Eles haviam embarcado numa política de expansão que não encontrava mais apoio nas encomendas oficiais. Sendo, como são, altamente dependentes das políticas oficiais, sua "politização" foi imediata e estrepitosa.

Pouco importa, neste contexto, que o objetivo do II PND e do governo Geisel tivesse sido o de manter o crescimento industrial e de favorecer o setor privado; conta pouco, também, que medidas concretas antiestatizadoras tivessem sido tomadas. Na leitura que os empresários faziam da conjuntura de mudanças e na prática autoritária[25] de um governo que, mesmo quando desejava melhorar as condições econômicas dos empresários, tomava decisões a distância, via-se que havia "algo de podre no reino da Dinamarca". A percepção – a ideologia – contou tanto quanto os fatos brutos. O governo que mais quis favorecer os interesses de setores nacionais e que *já havia liberalizado* pelo menos a imprensa foi o alvo da crítica irada dos empresários que, atingindo inicialmente o governo, terminaram por colocar em causa o regime.

Esta crítica chegou a colocar a questão da democracia como demanda política, e seu coro não se baseava apenas nos setores de vanguarda democratizante. As citações seriam repetitivas, mas a verdade é que, entre 1976 e 1977, empresários politicamente muito conservadores[26] somaram-se à voz "aberturista" dos supracitados líderes. O ano de 1977 foi, portanto, o do reencontro vocal do empresariado com a crítica ao governo; passaram, para isto, a falar em democracia.[27]

A CONSTRUÇÃO DA DEMOCRACIA

A DEMANDA DEMOCRÁTICA: ALCANCE E LIMITES

A crítica consistiu numa espécie de aceitação genérica dos pontos de vista oposicionistas no que se refere às "distorções" sociais e econômicas do "modelo de desenvolvimento" prevalecente; na ênfase à necessidade do controle de ação estatal direta na economia; na prédica em favor da participação dos empresários no processo de decisão; na reiteração da importância da democracia e no contraponto diante de medidas propostas pelo governo. Este último aspecto especifica o jogo empresarial, muito mais do que o invólucro geral do discurso, embora seja importante reafirmar que o tom geral democratizante (que permanece até agora) é significativo.

Em declaração pública, os empresários eleitos para participar do Fórum da *Gazeta Mercantil* de 1977 assim resumiram, em 1978, suas posições: "Desejamos exprimir nossa concepção sobre os rumos do desenvolvimento econômico, fundado na justiça social e amparado por instituições políticas democráticas, convencidos de que estes são, no essencial, os anseios gerais da sociedade brasileira".[28]

Fazendo coro à ênfase dada pelo governo, repetem que o desenvolvimento industrial deve repousar sobre a indústria de base, reclamam melhor equilíbrio no "tripé do desenvolvimento" ("a empresa privada nacional padece de fragilidade, a empresa pública escapou dos controles da sociedade, e a empresa estrangeira não está disciplinada por normas mais adequadas e claras de atuação"), criticam o sistema financeiro e o endividamento externo crescente, reclamam políticas tecnológicas adequadas, pedem regulamentação do capital estrangeiro, fazem-se arautos da pequena e média empresa etc. Para implementar tudo isso, torna-se necessária, naturalmente, "uma participação ativa do empresariado" na elaboração das políticas.

Ainda na linha do discurso geral, os empresários aderem às teses oposicionistas relativas a uma "política salarial justa", à liberdade sindical, à modernização da estrutura sindical de patrões e empregados, pedem que o "Estado enfrente as carências gritantes em matéria de saúde, saneamento básico, habitação, educação, transportes coletivos urbanos e de defesa do meio ambiente", exigem reforma do sistema tributário para "tornar mais equânime o imposto de renda das pessoas físicas, taxando progressivamente as rendas de capital", criticam as desigualdades regionais etc.

Parece até que se está lendo o programa do partido oposicionista de então, o MDB, ou um documento da ONU... No plano político, de igual modo, pedem "uma ampla participação de todos". "E só há um regime capaz de promover a plena explicitação de interesses e absorver tensões sem transformá-las num indesejável conflito de classes – o regime democrático."

Note-se que este documento foi publicado antes das eleições de 1978, na fase aguda da luta sucessória, quando Geisel enfrentava oposições militares, e o MDB iniciava uma campanha política tendo um general como seu candidato à presidência.

O tom do discurso empresarial é genérico e de oposição ao autoritarismo[29] sem precisar "inimigos" nem solidarizar-se com "aliados". Dois anos depois, os empresários eleitos para o fórum começam a entoar outro discurso. Agora, o contraponto é com a política energética, com o desenvolvimento da agricultura, e com a ativação dos gastos sociais. Aceitam a proposta de Delfim Netto (sem mencioná-lo) de evitar a recessão: "O caminho do progresso, da justiça social e da democracia deve contornar os perigos da recessão. Esta seria a pior das soluções".[30] "E numa atmosfera como esta (de crise) os inimigos da democracia poderiam fazer respirar seus propósitos totalitários."

As anteriores reivindicações de melhoria social, autonomia sindical e liberdades públicas são endossadas. Mas começa a perfilar-se o "inimigo": "É inadmissível qualquer forma de retrocesso político. Aqueles que se dedicam a maquinar nas sombras o fracasso da abertura democrática – e, pior do que isto, ousam utilizar o recurso abominável do terrorismo – não prevalecerão sobre a vontade da esmagadora maioria do povo". Reagem, portanto, contra o terrorismo de Estado, dos serviços especiais de segurança.

Entretanto, a especificação de como se levará adiante a luta é também clara: "Sob a liderança firme e bem-intencionada do presidente João Figueiredo, já iniciamos a caminhada".[31]

O presidente da Federação das Indústrias do Rio de Janeiro apoiou o documento, o vice-presidente da Associação Comercial de São Paulo *idem*, o ministro Delfim Netto regozijou-se com ele, e, por fim, o próprio presidente da República:

> Meus senhores, a minha satisfação é grande, porque o que está aqui, no resumo do documento dos senhores, é o que tenho dito nos meus discursos [...] Fico satisfeito por ver que os homens da iniciativa privada [...] estão, de uma maneira geral, para não dizer na sua quase totalidade, com aquelas ideias que tenho apregoado.[32]

Um dos mais combativos líderes empresariais assim comentou as palavras presidenciais: "Agora temos de aguardar uma palavra do presidente para saber como ele pretende enquadrar esta participação".[33]

Este *arabesque* que foi da crítica abstrata ao apoio concreto, do horror do Estado à súplica de uma definição estatal, do discurso ideológico oposicionista ao posicionamento favorável à "abertura do João Figueiredo", não se resumiu à liderança. Em recentes pesquisas de opinião de empresários os resultados, foram os seguintes:

1980[34]

Quanto ao programa político do governo, na sua opinião a abertura é:

- um sucesso: 27,86%;
- um exagero: 7,35%;
- uma interrogação: 64,79%.

Considerando a atual cena política brasileira, você acha que o governo deve:

1. Agir com prudência, escalonando as etapas finais da abertura para assegurar estabilidade do regime democrático: 57,44%.
2. Convocar os partidos recém-formados para, juntamente com o governo, estabelecer por consenso o calendário mais adequado para completar a abertura: 29,4%.
3. Convocar os políticos, independentemente dos partidos, para sustentar o programa de abertura: 12,62%.

A ideia de uma abertura "lenta, gradual e segura", no *slogan* do governo Geisel, reaparece em outras perguntas. A busca de estabilidade política pela via de partidos fortes conta com mais apoio (57,53%) do que a realização de eleições antes da formação dos partidos (23,72%) ou do que completar a abertura política dando acesso à disputa dos setores de esquerda (18,65%).

Em 1981, a liderança empresarial voltou a se manifestar. Desta vez, a preocupação econômica básica é com a dívida externa (que, segundo os empresários, deve ser negociada sem apelo ao FMI), os juros elevados, o controle do crédito, a política agrícola, a contração do gasto público, enfim, com o clima recessivo. Com exceção dos líderes que são banqueiros, a crítica feita pelos empresários à condução da política creditícia e monetária é muito forte. Mas, no que concerne à "abertura" e mesmo à política social, mantêm-se as atitudes (por exemplo, os líderes empresariais consultados concordam em que a política salarial não é responsável pela inflação, o que é certo, mas não deixa de ser surpreendente).

Hegemonia burguesa?

A esta altura, convém retornar às questões iniciais e à interpretação proposta por Lessa sobre o "código democratizante" dos empresários. Não se apreende corretamente o sentido das pressões empresariais sem uma referência explícita ao fato de que o próprio governo Geisel (desde 1974, embora não de modo contínuo) havia lançado ao debate o tema da "distensão". Não preciso repetir a cronologia deste processo. Quando, a partir de 1976-1977, o empresariado moveu-se para participar do debate sobre a "abertura'" as reuniões de professores e pesquisadores na Sociedade Brasileira para o Progresso da Ciência, os protestos contra a tortura (como no episódio da morte do jornalista Vladimir Herzog) levados a cabo pela Igreja Católica, por alguns sindicatos, pelos estudantes, jornalistas, advogados etc. já constituíam o pano de fundo da política brasileira.

A voz dos empresários industriais somou-se a este coro. Se a categoria não teve a iniciativa, conseguiu dar repercussão ao movimento da sociedade civil: a própria imprensa, para engrossar o clamor liberalizante, "usou" a liderança empresarial.[35] Ainda assim, é um fato que a liderança empresarial mais ativa e mais falante moveu-se no sentido de apoiar a liberalização. É provável que a massa do empresariado, no início, visse com certa perplexidade as posições de alguns líderes.[36] Com o tempo, como os resultados das sondagens que reproduzi mostram, caucionaram majoritariamente a mesma posição.

Isto não quer dizer que a estratégia da abertura decorreu da pressão empresarial. Esta última somou-se, com certo atraso, às alterações políticas propostas pelo grupo Geisel-Golbery e ao coro dos protestos da base da sociedade civil.

Nestes termos, seria correto supor que a crítica antiestatizante tivesse sido um meio para aprofundar a crítica ao regime? Nos resultados, certamente sim. Nas intenções, dificilmente. A ênfase liberal, antiestatizante, foi dada às declarações empresariais depois de Geisel haver negado reiteradamente as suspeitas de "estatismo" na política econômica, e quando a liberalização era bem-vista pelo governo. Ela pode corresponder a um "atraso ideológico", frequentemente criticado pelos próprios empresários mais articulados intelectualmente e com maiores ligações com o Estado (em geral, os grandes empresários) e ao desejo empresarial de se contrapor, no jogo político, a pressões burocráticas. Mas ela tem muito a ver com o fracasso do governo Geisel em cumprir as metas de sustentação do crescimento econômico em benefício de setores locais, assim como tem a ver com a crise econômica posterior, que levou o governo a tratar com menos benevolência seus aliados preferenciais. Viu-se, páginas atrás, que foi curto o interregno no qual o empresariado "liberal" parecia ter uma representação de si próprio como "categoria social autônoma" que devia lutar na sociedade civil para obter força política e controlar o Estado; mais recentemente – diante das pressões democratizantes fortes e mais generalizadas feitas por outros setores da sociedade a que aludirei adiante –, os líderes industriais voltaram a falar de uma democracia "conduzida" pelo Estado.

Depois da abertura, o empresariado parece ter sofrido uma atração "democrático-liberal", como ocorreu com outros setores sociais. A pressão pela autonomia das categorias sociais e pela quebra de vínculos com o Estado foi encorajada (noutras classes) pela Igreja, teve franca acolhida entre intelectuais, e foi transformada em política por sindicalistas. Os empresários, por seu turno, manifestaram-se favoravelmente à quebra de liames corporativistas entre o Estado e a sociedade. Há, mesmo, um certo paralelismo na "visão dos empresários" e na que prevalece entre lideranças operárias, intelectuais e eclesiásticas, sobre o tipo de sociedade desejável. Pode-se detectar um modo comum de articulação do discurso político geral destas distintas categorias sociais.[37]

Parece que existem, portanto, elementos estruturais, derivados da formação de uma sociedade industrial e de massas, que levam à busca de um modelo societário que valoriza a sociedade civil frente ao Estado. É de notar que, assim como a liderança trabalhista autêntica ampliou seu espaço e ocupou sindicatos e movimentos intersindicais, empresários liberalizantes aumentaram sua influência nas organizações de classe e chegaram a controlar a poderosa Federação das Indústrias do Estado de São Paulo.[38] A partir desta posição reforçaram, simultaneamente, seus contatos com o governo e com as oposições. A dinâmica dos interesses pessoais (econômicos e políticos) e das distintas apreciações sobre o futuro reorganizará, provavelmente, o alinhamento destas forças, ora mais próximas do governo, ora (no caso de algumas pessoas) mais próximas das oposições.

Não creio, contudo, que se possa sustentar a ideia de que existe um horizonte de possibilidades para uma "hegemonia burguesa" nova constituída a partir da liderança de empresários nacionais, empenhados na construção de uma sociedade democrática.

À medida que o governo Figueiredo foi delimitando o espaço e o tempo nos quais se desenrola o processo de liberalização, o empresariado foi assumindo o papel de avalista dos propósitos presidenciais. Mais do que isso: a própria noção de que seria importante que os empresários pressionassem o governo e o regime foi se transformando. Reiteradas declarações mostram que os empresários esperam, de novo, o "enquadramento" oficial; a ação política há de se desenrolar nos limites das competências "de cada corpo social". Volta-se, assim, a reconhecer que fora do Estado não há salvação...[39] O empresariado há de se organizar e pressionar. Porém, mais como categoria que defende interesses corporativos do que como classe que se organiza politicamente para ocupar o Estado.

Nos longos debates transcritos pela imprensa entre os principais líderes do grupo empresarial mais democratizante, a perplexidade diante dos temas clássicos transparece com frequência: participação político-partidária ou resguardo da independência empresarial, economia de empresa ou economia estatal, democracia "clássica" ou de massas, capacidade sindical para pressionar o Estado ou integração corporativa nele, e assim por diante. Uma análise do discurso de empresários, de políticos ou de líderes sindicais provavelmente mostraria que as oposições que formam o tecido do discurso ideológico são, formalmente, parecidas. Mas não se vê perfilar o código de uma nova hegemonia a partir do balbucio dos líderes empresariais. Antes, vê-se uma identidade abstrata em função de tópicos que se unem todos contra o Estado, como se este não expressasse uma dominação que se articula na própria sociedade.

Esta identidade ideológica abstrata e geral desaparece, naturalmente, no embate concreto dos interesses. O renascimento do movimento operário e a eclosão das greves (principalmente a dos metalúrgicos) a partir de 1978 colocaram limites à boa consciência geral da sociedade. Quando a chama das reivindicações salariais ardeu no interesse direto das empresas, desfez-se o encantamento cívico das posturas liberalizantes consensuais. No caso da greve de 1980, diante do ímpeto dos trabalhadores, os líderes empresariais escudaram-se novamente no Estado, envergonhados alguns, apressados outros. O ministro do Trabalho atuou duramente, proibiu "negociações diretas" entre empresários e trabalhadores, e, que eu saiba, não houve um sequer que tivesse desafiado o *dictum* estatal. Antes, calaram e desapareceram, deixando que o Estado atuasse, intervindo nos sindicatos e decepando lideranças. É inegável que a partir deste momento o governo Figueiredo passou a ser encarado pelo empresariado como, se não um aliado, uma barreira necessária para conter a sofreguidão com que a pressão liberalizante, ao sopro das massas, deslocava-se do plano institucional para o plano social. Quebrara-se, assim, o pé da democratização cabocla: ir-se-ia, sim, para a democracia; mas sem o Pacto de Moncloa, e na batida de um compasso mais lento, sob a batuta presidencial.

Com isso não quero minimizar o papel dos empresários na "transição". Pelo menos frente a um possível "fechamento" e à ameaça do terrorismo de direita, a posição empresarial é firmemente de rechaço. O empresariado "comprou" o projeto de abertura. E nesse sentido tem razão Lessa: essa articulação ideológica vai além da simples transposição do interesse econômico imediato no plano do discurso. Mas o projeto que finalmente vem tendo o endosso da liderança empresarial (e de suas bases) não é outro senão o do governo. Não se trata da emergência de uma corrente democrática hegemônica que veja na sociedade civil a fonte do poder, nos partidos, sua instrumentação, e no regime democrático, seu objetivo. (Embora existam empresários que, individualmente, assim pensem.) Trata-se, antes, da contrapartida no empresariado de uma política de liberalização controlada.

Sem ela, entretanto, a experiência do "transformismo autoritário-esclarecido" teria sido difícil: como antes de 1964 e em 1968, os setores militares mais "duros" teriam encontrado eco para seus propósitos de frear a tentativa de liberalização (mesmo regulada "de cima") pelo temor de que o processo político escapasse ao controle. Nesta fase da transição para a democracia, o posicionamento empresarial pela "abertura" foi inegavelmente um fator favorável. Favorável, é bom repetir, a um modelo de transição que não se originou de pressões empresariais, e que encontra no governo o centro de gravidade.

Não será precisamente este *blend* entre um regime autoritário e uma sociedade hierarquizada, mas ambos com certa "sensitividade" para os problemas sociais (pelo menos no nível do discurso) e para os reclamos de *voice*, o que caracteriza a transição brasileira? E não será o horror a mudanças bruscas de atitudes políticas, inclusive as que possam levar líderes de categorias profissionais da sociedade civil à ação política, o que marca esta transição no plano político? A reclamação constante quanto à inépcia dos partidos não vem junto com a atitude que deplora que os líderes de suas categorias "caiam" do plano social para o político? E não é isso também que, noutro código, expressam setores das massas populares e os ideólogos de certos movimentos sociais quando projetam para o futuro o bom momento da ação política e circunscrevem sua prática a domínios distantes do Estado e do processo de tomada de decisões?

Por que, então, pedir aos empresários que deles venha a boa-nova da sociedade democrática? Só se for em nome de uma concepção da sociedade e do papel hegemônico que a "burguesia nacional" deve desempenhar nela. Estas suposições, entretanto, continuam tão mortas quanto antes. Sem essa premissa ideológica (desnecessária), cabe apenas reconhecer que o papel dos industriais na transição brasileira foi estratégico e exemplifica a importância desta categoria no novo sistema de alianças, sem que seja necessário ou conveniente imaginar que estamos diante de nova investida "hegemônica" da burguesia liberal.

Conclusões

A transição do regime autoritário brasileiro ensina algo da dinâmica dos regimes autoritários.[40] É certo que, no caso brasileiro, como fora advertido por Juan Linz, trata-se mais de uma "situação autoritária" do que de um regime deste tipo. Ainda assim, boa parte da reflexão sobre os regimes burocrático-autoritários fez-se, se não a partir do caso brasileiro, pelo menos considerando-o como manifestação expressiva desta forma de regime político e deste tipo de Estado. A ligação entre a internacionalização da economia (com a presença consequente das empresas multinacionais) e o papel ativo do Estado é flagrante no caso brasileiro; assim como, seguindo a linguagem expressiva de O'Donnell, a constituição do "trio" – pela junção da ação do setor empresarial nacional aos outros dois *partners* – deu-se de forma talvez mais clara no Brasil do que no caso dos outros regimes burocrático-autoritários. A própria tentativa de fortalecimento do setor nacional produtor de bens de capital, como o II PND, materializa algo que O'Donnell chamou de processo de aprofundamento da economia sob a égide do Estado autoritário.

Pois bem, nas páginas anteriores vimos como se desfez – e com que rapidez – este casamento de conveniência. Tem-se a impressão de que os empresários locais são uma espécie de Dalila, prontos a envolver o Estado-Sansão nas malhas de um amor pérfido para logo traí-lo e chamar de novo os filisteus da propriedade privada para reconstruírem a democracia pagã que não acende velas ao deus autoritário.

Não obstante, procurei mostrar também que é, no mínimo, precipitada uma interpretação demasiado ajustada à ideia liberal de que a sociedade civil, uma vez fortalecida sob a égide da burguesia industrial, coibiria a ação estatal e estenderia a esteira para que a cidadania reivindicante controlasse os desatinos do poder público.

O que é específico da "transição política" brasileira – pelo menos encarando-a do limitado ângulo do realinhamento do setor empresarial, como fiz neste capítulo – é o crescimento das demandas político-participatórias da sociedade civil, *sem quebra do Estado*. Neste aspecto, a transição brasileira está se dando como a que houve na Espanha:[41] ocorre uma espécie de transformismo no núcleo do poder autoritário pela pressão de setores internos ao regime que registram as mudanças ocorridas na sociedade e no sistema mundial e tendem a abrir válvulas e a exercer esforços para cooptar partes dos setores sociais antes excluídas, integrando-as ao sistema decisório; ao mesmo tempo, os setores excluídos apertam o cerco ao núcleo do Estado e tentam atrair para suas teses segmentos anteriormente comprometidos com o autoritarismo. O empresariado foi politizando-se por este mecanismo de pinças, pressionado por um e por outro lado da correlação de forças emergente.

Aparentemente – pelo menos até agora – nem o Estado se "enfraqueceu", nem o fortalecimento – real – da sociedade civil permitiu aos partidos e às lideranças sociais o desenvolvimento de uma estratégia de assalto ao núcleo do poder. É como se a sociedade recorresse à tática do cerco prolongado, havendo discordância, em suas tropas e comandos, sobre qual o jogo estratégico a adotar: se, ao final, lançar o ataque para romper o núcleo autoritário e restabelecer a democracia (mudando-se as bases sociais do Estado), ou se acelerar o "transformismo" do Estado, provocando-se uma fusão entre o "novo" e o "antigo" que o obrigará a conceder, ampliará as alianças de classe constitutivas do sistema de dominação, provocará alterações de monta no regime, mas não porá em risco o controle do Estado pelo núcleo autoritário ancorado nas Forças Armadas e, em especial, na chamada "comunidade de informações", ambos plenamente convencidos de que segurança nacional só existirá com desenvolvimento econômico, e este só é possível por meio das grandes unidades de produção, estatais e privadas, associadas às empresas multinacionais.

A análise que apresentei indica que o empresariado – como é natural – opta por esta última alternativa. É por isso – e não por "erro" ou "fraqueza" – que ele assume simultaneamente uma postura de crítica ao autoritarismo e de apoio à transição controlada.

O fortalecimento simultâneo da capacidade decisória do Estado (que implica, dado o "cerco" da sociedade civil, alterar as políticas sociais e abrir, nem que seja simbolicamente, canais de participação regulada) e da reivindicação autonomista da sociedade civil é que dá o charme particular da transição brasileira. Ela nem supõe apenas a volta ao liberalismo e aos valores democráticos nem se resume à mera contra facção de uma democratização formal ou de fachada. Não ocorre, pois, um jogo de soma zero no qual o Estado autoritário perde o que a sociedade ganha e vice-versa.

Esta forma de transição[42] implica um jogo de compromissos complexo e clama pela transigência: as partes opostas sabem que, pelo menos no momento, não têm capacidade para impor a regra isoladamente; sabem, também, que a Lei de Talião ajudará pouco a conquistar palmos do terreno. Por isso as formas terroristas, especialmente de direita, mal são ensaiadas como instrumento de pressão, esvaem-se e têm efeitos políticos contraproducentes.

Não é difícil perceber, neste contexto, que o papel do empresariado é, ao mesmo tempo, crucial e limitado. Crucial porque as pressões cooptadoras se exercem com força sobre ele, e se ele se deixar absorver pelo Estado as concessões liberalizantes serão menores. Limitado porque na política de cerco ele é apenas um dos batalhões, e não dos mais aguerridos. Não se deve, portanto, sobrevalorizar sua importância no espaço que se criará se o cerco ao autoritarismo levar o País a uma transição estável para um regime mais compatível com a presença reivindicante das massas.

NOTAS

1. Ver Cardoso, F. H. *Empresário industrial e desenvolvimento econômico no Brasil.* São Paulo: Difel, 1964, último capítulo e também a nota 3.
2. Martins, L. *Industrialização, burguesia nacional e desenvolvimento.* Rio de Janeiro: Saga, 1968.
3. Ver o capítulo 2 deste livro: "Hegemonia burguesa e independência econômica: raízes estruturais da crise do populismo e do nacionalismo."

4. Para uma excelente síntese, ver Trindade, H. La Bourgeoisie brésilienne en question. *Amérique Latine*, n. 5, p. 35-46,1981.
5. Refiro-me ao livro de Schmitter, P. *Interest, Conflict and Political Change*. Stanford: Stanford University Press, 1971.
6. Cf. Cardoso, F. H. "Hegemonia burguesa (...)", capítulo 3 deste livro.
7. No plano acadêmico, houve um autor que continuou dando atenção extrema à "revolução burguesa" e, pois, à formação das classes empresariais: Florestan Fernandes. Ver seu *A revolução burguesa no Brasil*. 3. ed. Rio de Janeiro: Zahar, 1976.
8. Não vou referir-me a este ponto e aos esforços para dialetizar a análise dos regimes autoritário-militares. Remeto o leitor ao livro editado por Collier, D. *O novo autoritarismo na América Latina*. Rio de Janeiro: Paz e Terra, 1982.
9. Ver, por exemplo, Diniz, E. *Empresário, Estado e capitalismo no Brasil* (1930-1945). Rio de Janeiro: Paz e Terra, 1978.
10. Não vou desenvolver este tema aqui, o qual foi objeto de amplo debate principalmente entre Luís Carlos Bresser Pereira e Carlos Estevam Martins.
11. Ver Figueiredo, V. *Desenvolvimento dependente brasileiro*. Rio de Janeiro: Zahar, 1978.
12. Ver Diniz, E. Cerqueira; Boschi, R. R. Elite industrial e Estado. *In*: Martins, C. E. (Ed.). *Estado e capitalismo no Brasil*. São Paulo: Hucitec/Cebrap, 1977.
13. Ver Cardoso, F. H. *Autoritarismo e democratização*. Rio de Janeiro: Paz e Terra, 1975.
14. Lessa, C. A descoberta do Estado totalitário. *Gazeta Mercantil*, 29 de abril de 1980, p. 32-34. O trabalho anterior de Lessa, "A estratégia do desenvolvimento 1974- -1976: sonho e fracasso", 1978 (inédito), constitui a análise mais abrangente da ação empresarial e da política econômica da época.
15. Outro analista considera que "O II PND expressa o espírito de nacionalismo e o desejo de autonomia que caracterizam a coalizão tecnocrático-militar que controla o aparato burocrático. Esta é uma demonstração inequívoca de autonomia do Estado". Faucher, P. The Paradise that Never Was: The Breakdown of the Brazilian Authoritarian Order. *In*: _____; Bruneau, T. C. (Ed.). *Authoritarian Capitalism: Brazil's Contemporary Economic and Political Development*. Colorado: Westview Press, 1981.
16. Lessa, C. A Descoberta..., *op. cit.*, p. 32.
17. Declaração publicada em *Veja*, 19 de maio de 1976.
18. A partir de 1977, o jornal que publica em São Paulo com o título de *Gazeta Mercantil* (e que é o principal jornal de tipo econômico brasileiro) passou a consultar anualmente milhares de empresários para a eleição dos dez mais influentes líderes da classe. Os eleitos reúnem-se em seguida para um debate (o fórum) e emitem um documento assinado sobre a situação política, social e econômica do País.
19. Declarações prestadas quando da eleição do Fórum de 1977. *Gazeta Mercantil*, 13 de setembro de 1977.

A CONSTRUÇÃO DA DEMOCRACIA

20. Declarações à *Gazeta Mercantil*, 13 de setembro de 1977. Note-se que, nessa época, perguntado por repórteres se as teses que ele propunha eram "de oposição", Gomes responde cautelosamente, sem romper ainda com Geisel.
21. A rigor, existe uma diferença de interpretação nos dois trabalhos de Carlos Lessa a que fiz referência. No livro sobre a estratégia do desenvolvimento, a relação entre interesse econômico e posição política desenha-se nitidamente. No artigo sobre a descoberta do Estado autoritário, a motivação democrática dos empresários parece fluir por conta própria.
22. O governo Geisel não se limitou ao plano declaratório no apoio ao setor de bens capital. Pela resolução nº 9, de 31 de março de 1977 do Conselho de Desenvolvimento Econômico, o BNDE deveria dar prioridade ao financiamento de projetos do setor nacional da economia. As associações entre capitais locais e estrangeiros deveriam exigir destes a transferência real de tecnologia; os estudos de investimento e as obras de engenharia deveriam ter participação local crescente, e o CDI deveria impedir investimentos que competissem com os locais. O CDI, entre 1973 e 1977, nos setores básicos, contribuiu com 5 e 18%, respectivamente, do total dos investimentos. A contribuição foi decrescente, nos setores de bens de consumo, de 5,5 para 2,6%. A participação da indústria nacional para suprir equipamentos em planos de investimentos aprovados pelo CDI passou de 35 a 68%. O BNDE criou três subsidiárias (Embramec, Fibase e Ibrasa) para prover de capital fixo as empresas nacionais; outra subsidiária do BNDE, a Finame, assegurava financiamento, com juros fixos muito abaixo da inflação, às indústrias de bens de capital. Cf. Fauchet, P. The Paradise (...), *op. cit.*, p. 21.
23. Declaração de empresário, citada por Carlos Lessa no artigo já referido da *Gazeta Mercantil*.
24. Ver Lessa, C. A estratégia (...), *op. cit.*, e Faucher, P. The Paradise (...), *op. cit.* Ver ainda Martins, L. La "Joint-venture" État – Firme transnationale – Entrepreneurs locaux au Brésil. *Sociologie et Société*, v. 11, n. 2, p. 169-190, out. 1979. As promessas de investimentos do setor estatal, não cumpridas, levaram o setor de produção de bens de capital a acumular capacidade ociosa: a partir de 1975, as encomendas declinaram, do número índice 135 (1972 = 100), a 97 em 1978.
25. No caso específico do governo Geisel, acrescenta-se que o CDI era presidido pessoalmente pelo presidente da República, que opinava abundantemente em matéria econômica e se responsabilizava por decisões.
26. É conveniente recordar que houve apoio direto de empresários ao próprio sistema de repressão e tortura.
27. Severo Gomes, então ministro da Indústria e Comércio, encampou esta crítica. Empresários conservadores, como o presidente da Federação do Comércio do Estado de São Paulo, *idem*. As principais associações empresariais (Anfavea, Abdib, ABINEE) e a própria Fiesp (Federação das Indústrias do Estado de São Paulo) endossaram posições liberalizantes.

28. Primeiro documento dos empresários. Fórum da *Gazeta Mercantil*, julho de 1978.
29. Os empresários que assinam o documento são os seguintes, por ordem de votação: Cláudio Bardella, Severo Gomes, José Mindlin, Antônio Ermírio de Morais, Paulo Villares, Paulo Velhinho, Laerte Setúbal, e Jorge Gerdau.
30. Fórum da *Gazeta Mercantil*: "Íntegra do documento". *Gazeta Mercantil*, 2 de outubro de 1980. Os eleitos foram: A. E. de Morais, C. Bardella, L. E. Bueno, Vidigal Filho, Olavo Setúbal, Abílio Diniz, José E. de Morais Filho, Laerte Setúbal, Mário Garnero, Jorge Gerdau, José Mindlin. Assinam ainda os fóruns anteriores: Manoel Costa Santos, Paulo Villares, Paulo Velhinho.
31. Por causa deste parágrafo, Severo Gomes, então já militante do partido oposicionista, deixou de firmar o documento.
32. Declarações feitas pelo presidente ao receber um grupo de empresários que transmitiu o documento do fórum de 1980. *Gazeta Mercantil*, 23 de outubro de 1980.
33. Antônio Ermírio de Morais, *Gazeta Mercantil*, 23 de outubro de 1980. É de notar que A. E. de Morais continuou aprofundando a crítica às políticas econômicas e a defender a necessidade da democratização pelo ano de 1981 afora.
34. Perguntas extraídas dos resultados de uma pesquisa feita pela *Gazeta Mercantil* e publicados no dia 29 de abril de 1980. Foram distribuídos 13 mil questionários, e respondidos pelo correio 1.353, de todo o Brasil. É difícil tirar conclusões objetivas das respostas porque as perguntas, em certos casos, não dão opção contrária. De qualquer forma, como a resposta foi livre, é de imaginar que os empresários endossaram algumas das opiniões propostas.
35. Em mesa-redonda recente sobre o papel do empresariado, Cláudio Bardella, que foi dos que mais ergueram a voz, chamou a atenção para este ponto. *Gazeta Mercantil*, 29 de abril de 1980. É interessante este aspecto do processo da liberalização política brasileira: a sociedade civil foi "reinventada" como força política em grande parte pelos *mass media*. A criação do Fórum da *Gazeta Mercantil* é um belo exemplo disto. Independentemente dos partidos e do governo, lideranças foram sendo institucionalizadas e assumidas pelos personagens.
36. Além disso, assim como a "burguesia liberal" foi sendo trazida à arena política, o setor mais reacionário dela – que preponderara na emergência do regime autoritário – também se manifestou. A *Gazeta Mercantil* de 2 de junho de 1978 transcreve um documento assinado por cem homens de "negócios" protestando simultaneamente contra o estatismo econômico e contra o aparente liberalismo reinante, que, na verdade, dizem, bem poderiam ser um retorno ao comunismo. Só que este tipo de discurso, de 1979 em diante, perdeu força diante do discurso mais liberal.
37. Alfred Stepan, em recentes palestras, tem chamado a atenção para um aspecto peculiar da retomada democrática da sociedade brasileira: as "conexões horizontais". Isto é, existe uma permeabilidade que permite o contato e a articulação entre segmentos da sociedade civil que se situam estruturalmente em níveis distintos e mesmo, em

momentos críticos, opostos. Líderes eclesiásticos, operários, jornalistas, advogados de renome, industriais, professores, representantes de organizações de base, intelectuais, políticos etc. entram frequentemente em contato e reforçam mutuamente sua capacidade de pressão frente ao Estado.

38. Embora não se deva, neste caso, fazer superposições mecânicas, pois houve divisões a partir de motivações que nada têm a ver com a democratização, e que jogaram papel importante.
39. Declarações recentes do presidente da Federação das Indústrias do Estado de São Paulo são significativas: ele não participará de nenhum partido político para evitar o risco de se tornar o "Lula da minha classe – o que não me tornaria necessariamente líder de meus companheiros". *O Estado de S. Paulo*, 3 de maio de 1981, declarações de Luís Eulálio Bueno Vidigal.
40. Depois de toda uma década de análise sobre o autoritarismo latino-americano, os cientistas políticos passaram a se preocupar com o *breakdown* dos regimes autoritários. Ver especialmente o ensaio de O'Donnell, G. Tensions in the Bureaucratic Authoritarian State and the Question of Democracy. *In:* Collier, D. (Ed.). *O novo autoritarismo* (...), *op. cit.* 1982. Ver ainda Cardoso, F. H., "A bias for democracy", *paper* apresentado ao Wilson Center em 1978.
41. É preciso, contudo, não exagerar na comparação: a pressão operária na Espanha foi e é muito maior do que a brasileira. Por outro lado, no Brasil inexiste a questão regional e o terrorismo existente é de direita, e muito limitado.
42. Outra vez, a Espanha é a referência mais próxima, embora no caso brasileiro não exista o peso do regionalismo autonomista e do fascismo arraigado socialmente nem, por outro lado, a classe trabalhadora, os partidos "de classe", socialistas e comunistas, são fortes.

CAPÍTULO XIII Regime político e mudança social: a transição para a democracia*

---
* Segunda parte do artigo publicado pela primeira vez na *Revista de Cultura e Política*, n. 3, p. 7-25, nov./jan. de 1981.

Discutirei neste capítulo algumas questões sobre a "transição" do autoritarismo para a democracia no Brasil. Com todas as reservas quanto ao significado de tal transição, não há dúvida de que ocorreu uma mudança significativa no regime político brasileiro. Esta mudança deu-se, até agora, sob a forma de um processo controlado pelas *mesmas* elites de poder que antes pilotavam a nau do Estado autoritário, embora os grupos sociais de apoio nos quais elas eventualmente se sustentam possam ter mudado.

Este simples processo já coloca uma série de questões de resposta controvertida.

Por que houve tal mudança? Até que ponto uma mudança na "superestrutura política", sob controle dos mesmos personagens que procuram refazer uma teia de alianças sociais e econômicas a partir do Estado, cabe nos modelos de explicação vigentes? Quais os limites desse processo?

As respostas vêm sendo elaboradas pelos cientistas políticos, mas eles divergem. Para explicar a mudança, há pelo menos quatro variantes: a estratégico-conservadora, a estrutural-crítica, a liberal-democrática, e a da crise de hegemonia. As três últimas têm largas áreas de superposição. Vejamos brevemente.

Na visão estratégico-conservadora, cujo documento analítico mais explícito é a conferência do general Golbery na Escola Superior de Guerra publicada por *Veja* (n. 627), a mudança se colocou como uma necessidade no nível da manobra política. Para evitar o "desgaste do poder" que o exercício continuado do mando pelo mesmo grupo provocou e para limitar, na pugna interna que se trava entre os "donos do poder", as chances do setor ultradireitista de controlar o ápice do aparelho de Estado, impunha-se uma mudança. Ela tornava-se necessária, também, para se antecipar às pressões dos que estão fora do círculo de poder e dos setores "de baixo" da sociedade. Assim, mantidos os delineamentos básicos do regime de "democracia restrita", seria possível estabelecer canais de comunicação entre o Estado e a sociedade e, finalmente, retirando-se as Forças Armadas do cenário direto do governo, manter-se-ia intacta sua capacidade de veto e de arbitragem.

Não é necessário refazer aqui os meandros desse processo.[1] Para os fins deste capítulo, basta sublinhar o caráter da explicação proposta: a política é um jogo tático-estratégico, cujo fim último é a manutenção do poder; sua justificativa é a realização dos grandes ideais do desenvolvimento nacional que darão sustentação a uma "potência emergente"'; o meio essencial para lograr os "grandes ideais" é o controle do Estado; a tática básica a ser utilizada pelo grupo de poder é a divisão do adversário e a camuflagem das manobras realizadas. Para tal, se o Príncipe é lúcido, o Estado joga sempre com as pedras brancas e antecipa a resposta das negras, mantendo-as sempre em xeque.

O general Golbery vê os "acontecimentos" sem surpresa (como Foucault, mal comparando este último). Eles são "produzidos" pela vontade política encastelada no Estado. O resto é contingência: a economia, a luta social, a aposta do adversário, tudo. E é óbvio que, vista da ótica dos ganhadores, a história parece sempre resumir-se à sua vontade. Mais ainda, como descrição de manobras efetivamente realizadas, a visão estratégico-conservadora é imbatível, até que... ocorra uma fratura no sistema de poder. Provavelmente o general Golbery tinha a mesma visão, na época do presidente Castello, quando seu grupo foi derrotado pelo setor castrense e o general Costa e Silva assumiu o poder. Só que a partir daquela época foi obrigado a jogar com as pedras pretas. E a surpresa verdadeira ocorreria (e pode ocorrer) se em vez de a partida ter sido perdida para adversários internos ao círculo de poder tivesse sido para adversários externos a ele, para as oposições. Nestes momentos, em vez de "teoria", tem-se o vazio de explicação: uma série de racionalizações para dizer que, se em vez de se ter feito isto e aquilo fosse feito aquilo outro, então... nunca se perderia o poder.

No polo oposto, a visão estrutural-crítica reduz os acontecimentos a suas determinações gerais. Por que o governo Geisel liberalizou a imprensa e, depois de crises sucessivas, controlou a repressão e cortou as cabeças políticas que poderiam dar substância a um regime não só direitista na prática, mas convicto de sua ideologia como valor universal? Porque a crise do petróleo de 1973 e as dificuldades de uma industrialização dependente do exterior e incompleta tornaram insuficientes os "fundos de acumulação", geraram conflitos no seio do empresariado e reabriram o debate da questão da autonomia nacional com repercussões nas próprias Forças Armadas. O raio de manobra do governo autoritário estreitou-se a partir da própria crise do modelo de crescimento adotado, levando a insatisfação à classe média alta e ao empresariado rural e urbano.[2] O governo, nesta perspectiva analítica, em vez de ter desenvolvido uma manobra tática "aberturista" para redirecionar o regime a partir de sua própria avaliação e utilizando os recursos de que dispunha, foi acuado. Jogou com as pedras pretas, forçado pelas pressões econômicas que repercutiram no plano social, e deste, no político.

A explicação liberal-democrática descreve a mudança de outro modo. Valoriza a questão da legitimidade e de sua erosão devido precisamente ao êxito do modelo de crescimento econômico posto em prática depois de 1967. Mostra que a procura da legitimidade calcada no desempenho econômico (do período Médici, das "grandes metas") é ingênua. Pode acontecer o que Hirschman chama de "efeito túnel",[3] isto é, mesmo com a prosperidade crescente, havendo desigualdade também crescente, os setores desfavorecidos, depois de haverem tolerado a desigualdade, podem provocar um efeito de "deslegitimação" importante quando se comparam com os mais favorecidos. Um efeito deste tipo estaria por trás do comportamento da população quando se tornou visivelmente contrária ao regime autoritário, pelo menos a partir das eleições de 1974. A falta de um sistema legitimador no plano político (consequência do caráter não mobilizador do autoritarismo vigente e de sua "ideologia de Estado") levou as massas não só a desesperançarem-se do regime, como dessolidarizou do sistema partes importantes das elites. Este último processo teria ocorrido tanto como consequência das frustrações políticas que a "privação relativa" de base econômica ocasionou quanto porque, para coibir a "luta armada", o Estado lançou mão de expedientes como a censura aos meios de comunicação e a repressão exacerbada, que, se tiveram o apoio inicial das elites, terminaram por frustrar as expectativas democratizadoras de parte delas, e por aumentar as limitações de acesso à informação e ao processo decisório de que elas dispunham.[4]

Abrindo-se uma "crise de legitimidade", a reorientação do regime torna-se necessária. Como o processo irá se desenvolver depende do jogo propriamente político: da capacidade do governo ou das oposições de proporem questões – a principal das quais é a da reinstitucionalização – capazes de sensibilizar os atores políticos e de criar recursos de poder além da simples força militar, que levem de um ou outro modo a ampliar os graus de consentimento.

Já as explicações que se organizam a partir da questão da "crise de hegemonia" tomam o mesmo problema – o da legitimidade –, mas de outro ângulo. Não se satisfazem com as versões mecanicistas (economicistas, em geral) das análises crítico-estruturais, embora não deixem de se referir aos condicionamentos estruturais da dominação de classe. Tampouco compartem a limitação implícita nas análises liberal-democráticas sobre a questão da legitimidade que nestas é vista mais no plano propriamente político (das instituições, do governo, do jogo nas arenas especificamente políticas), sem discutir com a mesma ênfase a dominação social, mas não deixam de reconhecer que existe uma questão de consentimento que se coloca além da simples coerção.

No caso brasileiro, o apelo às hipóteses baseadas na "crise de hegemonia" tem sido feito com amplitude diversa. Há os que, como parece ser o caso de Francisco Weffort, ampliam o espaço desta crise colocando seu marco inicial no período da quebra da dominação oligárquica; desde então, não encontram bases para falar com propriedade da emergência de um novo "poder hegemônico". E há os que pensam que já existe um projeto hegemônico da burguesia no Brasil, e acreditam que até mesmo o proletariado ou as classes populares podem vislumbrar, no horizonte, uma "alternativa hegemônica".[5]

No miolo da questão da crise de hegemonia está a discussão gramsciana sobre a capacidade de "dirigir" que uma classe social pode adquirir historicamente. Isto é, não se trata apenas de impor a vontade pela força e por meio do Estado, mas de propor uma alternativa cultural-ideológica que cimente solidariedades. A capacidade hegemônica se constrói de fora para dentro do Estado. O instrumento principal de sua articulação é a existência de um partido capaz de fundir o interesse e os desejos da massa com um saber e uma visão do mundo que os torne factíveis, generalizáveis e desejados. Política, cultura e sociedade civil casam-se antes de serem Estado e de reformar instituições e estruturas.

Provavelmente, no sentido estritamente gramsciano, só se pode falar, no caso brasileiro, de uma "crise de hegemonia" ainda sem alternativas.

É preciso saber se, nesta amplitude, tal abordagem ajuda em algo mais do que em contrastar e constatar que não se dispõe de alternativa para a mudança política. Talvez por isso os que lançam mão da noção de hegemonia para explicar a presente transição brasileira adotem uma postura que é mais ao gosto de Foucault do que propriamente de Gramsci: aferram-se à importância da política fora do Estado e valorizam a "microfísica" do poder. Na resposta à indagação sobre por que mudou o estilo de autoritarismo brasileiro, valorizam como elementos catalisadores das mudanças ocorridas os movimentos sociais, a reaparição, depois de 1978, da ação político-reivindicativa da classe trabalhadora, a ação dinamizadora das comunidades eclesiais de base, do movimento estudantil, dos sindicatos, das associações de moradores da periferia na luta por reivindicações específicas, e assim por diante. Se a classe trabalhadora e o povo não se constituem ainda como "alternativa de poder" no nível do Estado, pelo menos já seriam sujeitos de uma prática social – e eventualmente política – autônoma.

O governo, ao mudar o regime, tentaria ajustá-lo às novas condições de dominação que, no limite, uma prática popular desafiadora impõe. O Estado, para se manter burguês, é obrigado a reajustar as regras de seu funcionamento institucional – o regime. Assim, se o Estado concede na organização partidária, torna-se menos sufocante o cotidiano político, abrindo espaço para a ação de setores de fora do círculo imediato de poder, age sob pressão de *los de abajo*.[6]

Deixando à parte a versão estratégico-conservadora da transição, que pouco tem a ver com o tipo de mudança que me interessa, e a versão estrutural-crítica, cujos marcos de balizamento da mudança afetam o comportamento dos agentes políticos e condicionam a estrutura das situações mas pouco acrescentam a como se dá a mudança, e sobretudo à sua direção e à forma política que ela assume,[7] gostaria de debater um pouco mais a fundo as duas últimas versões explicativas a que me referi na parte anterior.

Ambas têm em comum um procedimento implícito: supõem que se saiba suficientemente sobre o funcionamento das sociedades industriais para que se possam delinear as tendências prováveis da mudança. A perspectiva liberal-democrática assume que a crise de legitimidade levará a uma busca de equilíbrio político nos moldes do "mercado político" ou, pelo menos, que o aumento da participação dos cidadãos na vida política e a institucionalização dos partidos, ao lado dos contrapesos democrático-institucionais ao Estado autoritário, ocorrerão para sanar a "anomalia" atual. De outro lado, na perspectiva das crises de hegemonia, a reconstrução global da ordem político-social (e, naturalmente, econômica) por meio da força renovadora da classe--reitora da história define o horizonte cognoscitivo e dá os marcos de referência para a análise.

Ora, *é isto precisamente o que está em jogo*. A crise da legitimidade nas sociedades avançadas[8] – que tem muitos fatores precipitantes – põe em causa as crenças liberais tradicionais. A expansão do Estado, a oligopolização da economia, o controle dos meios de comunicação de massa por grupos de poder e grupos econômicos obrigam a repensar o papel dos partidos e as bases para a cidadania nas sociedades complexas. Levam, por outro lado, a um "descolamento" entre o Estado – que é a alavanca mestra da acumulação de capitais, inclusive a privada – e a sociedade, ou melhor, entre o Estado e os dominados na sociedade.

Poder-se-ia pensar que este fenômeno ocorre apenas nas "sociedades avançadas", o que não é o caso da brasileira. Entretanto, mesmo que o argumento fosse aceito, por que imaginar que as sociedades menos desenvolvidas devessem percorrer as "etapas" das mais desenvolvidas? E por que não aceitar – como eu penso ser o caso – que as sociedades dependentes mais industrializadas, que têm amplos segmentos da população no campo mas já são sociedades "urbanas de massas", participam tanto da temática das sociedades avançadas quanto da das subdesenvolvidas, reformulando-se, no conteúdo, o velho refrão do "desenvolvimento desigual e combinado"?

A CONSTRUÇÃO DA DEMOCRACIA

Se for assim, a versão liberal-democrática e, especialmente, a teoria da crise de legitimidade, embora real, não soluciona a questão. Apenas põe com ênfase uma indagação: quais as condições para democratizar a sociedade e institucionalizar democraticamente a vida política?

É para a resposta desta questão que se dirige o grosso das preocupações dos adeptos da teoria da "crise de hegemonia". A primeira resposta é fácil, mas de pouca ajuda prática: como condição para a democracia política, é requerida uma democratização substantiva da vida social (tema sobre o qual insisti tanto nos últimos cinco anos). De igual modo como é válida a crítica liberal sobre a questão da legitimidade nos regimes autoritários, é pertinente a crítica socialista sobre a desigualdade econômico-social. Mas o que significa isso em termos políticos? Não estaríamos abrigando teoricamente a separação entre o social, o político e o econômico, que vem sendo criticada no debate atual (especialmente na Itália)?

A "abertura" brasileira mostra claramente que as mudanças ocorridas no plano político (mesmo que tenham sido provocadas pela estratégia conservadora de entregar os anéis para não perder os dedos) repercutem fortemente no plano social. Não fora a crise de 1976-1977 (política), a pressão da sociedade civil movida pelos setores "supraestruturais" (Igreja, intelectualidade, advogados etc.), a pugna intragrupos dominantes (apesar da reconstituição no governo Figueiredo de uma "Fronda Conservadora", como eu a chamei[9]), e as greves de 1978-1979 e 1980 não teriam ocorrido *na forma e com as repercussões políticas* que tiveram. É difícil – senão incorreto – imaginar que sem a democratização substantiva na área social a democratização política é um engodo. Por certo, quando se coloca a questão do socialismo, isso é verdade. Mas, para o encaminhamento desta questão (ou, simplesmente, para que a democratização social avance), às vezes a "pura" democracia liberal (ou mesmo as liberdades democráticas exercidas de fato, não reconhecidas pelas leis) constitui não diria pré--requisito (o que seria falso, pois é possível imaginar outros caminhos), mas *condição favorável*.

Se isto é certo, a discussão sobre a emergência de um novo bloco hegemônico não pode se desfazer da questão da representatividade política, e terá que passar pelos mesmos desafios que, nesta matéria, são colocados aos adeptos da teoria da "crise de legitimidade". A resposta, entretanto, não pode ser a mesma. Os liberais se aferram mais ao plano institucional e se encastelam na teoria clássica da divisão entre os poderes para depois valorizarem a independência da sociedade civil, o fortalecimento do seu nexo com o Estado por meio dos partidos, e o papel do Legislativo e do Judiciário, em desmedro do Executivo. Por que deveriam os adeptos da "crise de hegemonia" comprar o pacote inteiro do liberalismo?

Acho que a reflexão sobre a crise de legitimidade nas democracias avançadas e nos países de *Welfare State* ajuda os defensores da teoria da crise hegemônica a dar passos adiante. De fato, a concepção liberal de separação entre Estado e sociedade civil precisa ser criticada e repensada. A questão atual não é apenas a de garantir a autonomia da sociedade civil em si, mas a de recolocar a questão do controle democrático do Estado sem imaginar que esse esteja em fase de desaparecimento, seja no mundo capitalista, seja no socialista. E é também a de criticar a recusa de pensar o Estado, que existe implícita na atitude "basista" e na valorização absoluta dos movimentos sociais frente aos partidos como se o povo, a "base" (o que é a "base" da sociedade industrial complexa?), a periferia do poder, fossem não apenas "puros e bons", mas capazes de implementar soluções sociais, econômicas e políticas que dispensassem uma "visão do todo". Ora, o desprezo pelo Estado torna este tipo de pensamento generoso, mas, ao mesmo tempo, impotente para enfrentar o desafio do controle político das sociedades complexas.

É compreensível e salutar que em países como o Brasil, de tradição elitista e de pensamento político conservador ordenado ao redor do eixo estatal, haja a valorização dos movimentos sociais, e que se desenvolva uma atitude ética de solidariedade com as bases. Mas é teoricamente insatisfatório e politicamente pouco eficaz imaginar uma política de transformação social que não diga o que fazer *no* e *com o* Estado para redirecioná-lo em benefício da maioria.

Não obstante, existe hoje uma tendência não apenas "basista" (cega à compreensão destas questões), mas que se esquece de que, nas sociedades de classe, a ideologia das classes dominantes e a prática da dominação marcam os dominados na sua subjetividade (não apenas no nível do discurso) e na sua visão do mundo, mutilando-os dos saberes necessários à liberdade. Sendo assim, a "boa consciência" não é a "consciência ingênua" ou espontânea, mas a consciência crítica que dê conta dos problemas gerais que afetam a sociedade. A menos que nos contentemos com a dicotomia que deixa aos dominadores a tarefa de controlar o Estado e exige para os dominados apenas o direito de construir seus espaços de liberdade, de costas para o conjunto da sociedade, o que é manifestamente insatisfatório como política geral.

A crítica a esta visão ingênua da política dos dominados é, pois, responsabilidade urgente de quem quiser propor uma *saída* para a crise hegemônica.

Mas não terminam aí as revisões necessárias. Será necessário rever a fundo a teoria da representação política. Revê-la não significa que ela possa ser substituída por um rousseaunismo mal colocado, que não vê a legitimidade da vontade geral senão na comunidade. E, não obstante, esta parece ser a tônica atual. A tal ponto que não existe apenas a desconfiança generalizada da representação política (tanto do Legislativo quanto de seus membros), como até mesmo no âmbito do movimento social a liderança e a representação são vistas com desconfiança. Nas greves (como, por exemplo, na dos funcionários públicos e dos universitários em São Paulo em 1979) a descrença na representação chegou a tal ponto que sempre se recorria ao expediente das "comissões", cada vez mais numerosas, as quais não tinham mecanismos internos para dirimir querelas e se apresentavam frente ao Estado (este unificado) num despreparo técnico-organizacional que freava qualquer negociação. Embora este tenha sido o exemplo extremo, nas greves, em geral, o pêndulo oscilou entre a liderança carismática forte (que suprime, naturalmente, qualquer mecanismo de representação e controle pela base) e a democracia direta das assembleias seguida pelo desencontro de comissões *ad hoc* que falariam – desencontradamente – em nome das "bases".

Entretanto, cabe a pergunta: posto que não vivemos na Grécia antiga, nem é provável que numa democracia de massas a decisão ocorra sob forma puramente comunitária, ao dar-se alento a tal atitude não se estará, na prática, fortalecendo apenas o polo oposto, o da decisão técnico-burocrática, no nível do Estado ou da fábrica?

Convém esclarecer: a questão real não consiste em eliminar o peso da base e limitar a mobilização e o assembleísmo (que, repito, especialmente no caso de sociedades elitistas, são importantes), mas em criar os mecanismos necessários para, ao mesmo tempo, revitalizar a base e dispor de instrumentos eficazes de ação e de representação para pressionar e *controlar* os núcleos de decisão e de poder. Essa reflexão nos levaria à questão dos partidos e dos movimentos sociais, mas prefiro tratá-la adiante, depois de levantar outro problema que requer resposta criativa.[10]

Refiro-me à questão dos agentes sociais da transformação política. Como disse anteriormente – e como na Europa alguns marxistas já estão fazendo –, enquanto não forem ajustadas as contas a respeito do "papel histórico" do proletariado na transformação social, e enquanto não se reelaborar a questão do "partido de vanguarda" da classe operária, a teoria da "crise hegemônica" permanecerá trôpega. Ou melhor, *indefinida*.

Assistimos hoje, no Brasil, a uma oscilação constante nesta matéria. Por um lado, há os que guardam fidelidade à ideia de que, num país economicamente atrasado e com amplas partes de sua população no campo, a questão agrária e as lutas camponesas constituem o aríete da revolução. Por outro, os mais ortodoxos, que registram as transformações ocorridas na estrutura produtiva e na de classe, jogam o peso da responsabilidade histórica da transformação social nos ombros do proletariado fabril. Entre os dois polos, transitam os defensores do novo populismo (sem a anterior conotação pejorativa da manipulação estatal): o "povão", a gente sofrida da periferia das cidades e do campo, os "humildes", que, independentemente de sua posição estrita de classe no sistema de relações produtivas, carregam consigo os germens do futuro. Tateando, ainda, vão tecendo na luta cotidiana o caminho de sua autonomia social e política, pavimentado na dignidade do ser humano e direcionado para a igualdade e a justiça.

Não é difícil entender por que chamo de "indeterminado" este sujeito histórico que a teoria implícita nas análises vai elaborando. Na teoria clássica marxista, o sujeito era determinado: o proletariado industrial tinha interesses próprios que negavam – se contrapunham –, na sua prática, os interesses da classe dominante. Dado o aumento contínuo de seu contingente e a agudização das contradições, o proletariado teria condições para generalizar, para o conjunto da sociedade, suas aspirações de libertação. Unificava politicamente a vontade geral de mudança. Uma vez construído o instrumento transformador – o partido – e assimilada a teoria revolucionária (que não se confundia com a ideologia espontânea da classe operária), estavam dadas as condições para, "de fora do Estado" e contra a ordem social vigente, começar a longa marcha da conquista da hegemonia. Nas "sociedades agrárias", com as necessárias adaptações, o mesmo elo se mantinha, graças à aliança "operário-camponesa".

Qual o problema, então?

É que, no caso brasileiro, como em outras sociedades do mesmo tipo (e deixando de lado as dificuldades que este tipo de previsão política enfrenta nas sociedades industriais avançadas), a "heterogeneidade estrutural" das classes dominadas e o padrão de desenvolvimento capitalista vigente obrigam a, no mínimo, refazer os argumentos na discussão da questão da hegemonia. Explico-me: o que é específico deste tipo de sociedade é que, por motivos que não vêm ao caso discutir neste artigo, elas se inseriram no sistema capitalista-industrial na fase monopólica (na verdade, oligopólica). De chofre, saltaram do estilo de desenvolvimento agroexportador somado à industrialização de bens de consumo corrente para o desenvolvimento industrial-internacionalizado. Daí para a frente, fábricas de automóveis, fábricas de aviões e computadores etc. convivem com o crescimento da economia camponesa, com os boias-frias etc. Mais ainda: em vez de se ter um simples "terciário inchado", como previam os teóricos da "marginalização crescente", provocada por este tipo de desenvolvimento dependente, têm-se a formação de um amplo setor de serviços modernos, o crescimento urbano acelerado, a modernização dos estilos de consumo, a implantação do modelo cultural das sociedades de massa, embora quase sempre de forma caricata e incompleta.

Talvez por isso mesmo as diferentes versões do "sujeito histórico" da nova hegemonia pintem retratos parciais e, por isso mesmo, insatisfatórios. E não é fácil totalizar: a estrutura real de sustentação das hipóteses de uma possível unificação política é recortada, e quase sempre a unidade proposta como possível no plano político substitui a lógica da análise clássica por uma generosa, mas não convincente, vontade de mudança. Nestas teorias, o voluntarismo político volta a rondar como um fantasma a cena histórica.

Retomo, a partir dessas considerações, a questão dos partidos. Não é difícil perceber que, se é correto o que eu disse anteriormente sobre estas sociedades (e sobre a brasileira em particular), talvez a leitura que se vem fazendo do processo político seja "antiga". Uns, os liberais-democratas, porque, como já disse, têm um horizonte *evanescente*: nem mesmo nos países centrais o jogo político vai na direção proposta. Outros, os de inspiração marxista, porque o peso do século XIX perturba a visão do presente, pensam que a classe operária é a mesma, o padrão de desenvolvimento é o do capitalismo competitivo (liberal), o Estado exerce as mesmas funções, e os partidos vão enraizar-se nas classes para visar do mesmo modo à conquista do Estado. Em termos analógicos: pensam que o futuro do Brasil vai se desenvolver político-socialmente como a Europa se desenvolveu até os anos 1950 (ou como a Argentina ou, melhor ainda, o Chile, até os golpes militares). Não imaginam nunca que o capitalismo monopólico e a sociedade de massas (que, como disse, constituem partes *decisivas* da estrutura brasileira) se materializaram nos Estados Unidos, onde os partidos são "comitês eleitorais", o operariado é reivindicativo-corporativo, e a dinâmica do protesto segue outros caminhos que não os da revolução.

Não quero incorrer no simplismo de transpor a situação americana para o Brasil. Mas acho que convém evitar o simplismo de imaginar que vamos repetir na periferia industrializada do sistema capitalista mundial o esquema de classes, partidos e Estado que prevaleceu na Europa. E como, por outro lado, o modelo de sociedade que aqui prevalece não é, como em algumas sociedades africanas e asiáticas, agrário-colonial, não iremos, por isso mesmo, marchar para o grande partido de todo o povo unido para alcançar a liberação nacional. É preciso, portanto, decifrar o enigma da expressão política das peculiaridades estruturais da sociedade brasileira.

Voltemos um pouco ao dia a dia da "transição" brasileira. Qual a característica essencial dela? A meu ver, trata-se de um processo de liberalização que visa ajustar a dominação burguesa, tal como ela pode se dar nos países, com as características que mencionei no item anterior, aos desafios de uma sociedade *muito* dinâmica. No que tem de mais expressivo, essa liberalização procura criar "espaços controlados" para o exercício da crítica, sem ceder, no plano da estrutura de poder, às pressões democratizadoras.

Este processo, entretanto, tem certa maleabilidade. Ele traz implícito um "código hegemônico novo":[11] é o Estado, e não o partido do empresariado, quem "totaliza". O PDS é tão pouco enraizado na burguesia quanto foi a Arena, o PP (embora dito partido dos banqueiros) não articula politicamente as classes produtoras, e tem um discurso liberal à antiga que frequentemente o condena à oposição, à nova "hegemonia". O "partido hegemônico" do capitalismo oligopólico, especialmente nas situações de dependência, é o Estado como burocracia, como produtor associado às multinacionais ou às empresas locais, e como governo em última *ratio* de base militar. O inesperado na etapa brasileira atual é a separação formal entre o Executivo e as Forças Armadas e a proposta do "armistício" que os donos do poder fazem à sociedade. Em que consiste este armistício?

Consiste em que a sociedade aceite como legítima uma ordem que *separa radicalmente* a esfera do político da esfera do social (sindicato não é para "fazer política"; Parlamento não é para fazer leis que digam respeito à administração da vida: orçamento, gasto social etc.; Igreja é para rezar; universidade, para estudar etc.), que deixa o econômico sem controle social, mas apenso ao Estado, e que separe, ainda por cima, o poder real (o governo e a administração) da área política que é deixada à sociedade, isto é, os partidos e o Parlamento.

E consiste também em que, em troca disso, o Estado se mostre sensível ao "clamor geral dos povos". Como? Por uma proposta de políticas sociais[12] mais aberta (Previdência, legislação salarial) e pelo estabelecimento de um sistema de radares políticos que se antecipem, desnaturando-as e desvirtuando-as, às reivindicações dos setores populares e das classes médias.

É a proposta de um Estado-Panóptico, que tudo vigia e a tudo busca antecipar-se, registrando, como se fosse o olhar de um deus, os conflitos, as demandas, os protestos da sociedade. Para isso, a criação dos espaços "legítimos" de protesto, o jogo institucional dos partidos, a liberdade relativa de expressão, a crítica "sem medo, mas sem eficácia", em suma a "distensão", constituem peças importantes.

Existe, além do institucional e do legal (sem esquecer o repressivo), a necessidade da difusão de uma ideologia. Esta não pode ser mais a "de Estado", apenas; nem pode exacerbar o sentimento liberal-democrático, que levaria a uma discussão sobre os controles do poder; nem é capaz de ser mobilizadora. Há de ser a da "sociedade-espetáculo", do "Fantástico" como participação simbólica, da fragmentação da informação, da difusão de uma educação para "subir na vida", da desmoralização cotidiana do político, e assim por diante. Numa palavra, o olho que vigia não apenas pune, mas insinua a abundância e manipula a discórdia no seio dos dominados e dos dependentes dos círculos mediatos do poder.

Diante deste Estado onipresente e "abstrato" (ele está na televisão, no sindicato, dentro da fábrica, no guichê de pagamento do tesouro público e da empresa), a questão tradicional do Parlamento, dos partidos etc., embora real, é restrita. Ao regime, na atual fase de transição, ela apresenta certos desafios, mas não fundamentais: o desafio de encontrar fórmulas de transformar estas arenas políticas em "conchas acústicas".

Será nelas que a sociedade civil, ao se politizar, desaguará seu pranto. Mas o nível *realmente decisório* não poderá depender delas. O grande problema para o regime não é, portanto, o das eleições parlamentares, mas a dos governadores e a eleição do presidente, pois será necessária muita casuística para impedir que as oposições avancem e ocupem o Poder Executivo em alguns estados, ou então será necessário esvaziar muito as funções dos governadores.

Como responder a este desafio?

A "sociedade civil" engatinha nesta matéria. O dilema partido ou movimento social, basismo-assembleísmo ou representação política, participação generalizada ou eficácia técnica da decisão (e seus múltiplos hibridismos), apenas começa a ser posto. Creio que a esta altura da partida já muitas ilusões desfizeram-se quanto à "forma-partido" *genre XIXème siècle*. De igual modo, a gangorra típica do "movimento social" não permite que a partir dele se proponha uma "alternativa de poder". Os movimentos sociais são processos lábeis por definição: mobilizam apenas topicamente, lutam para conseguir um objetivo e, ao alcançá-lo, se extinguem, assim como se extinguem se, depois de certo tempo, não o alcançam. Ou então, para manter os objetivos alcançados, se institucionalizam e viram "organização", se esta já não era sua forma anterior disfarçada.

Nesta conjuntura, ou bem as forças sociais contestadoras aceitam a contrapartida da proposta dos dominadores e, de costas para o Estado, montam seu mundo à parte e fazem eco às lamentações que afligem as massas despossuídas nas conchas acústicas que o regime oferece, ou terão de repensar suas formas de organização política para conquistar o Estado e, a partir dele, refazer a sociedade, caindo no que queriam evitar, na vida política e partidária. Entretanto, esta proposta nestes termos é inaceitável: ela oferece mais do que riscos, *certezas*, de burocratismo em vez de democracia; de estatismo, em vez de socialismo.

É neste ponto que cobram força a visão política à Foucault, ou a defesa do democratismo basista radical, ou, ainda, o renascimento de um Gramsci dos pobres. Sem a crítica constante nos interstícios da sociedade – a microfísica da política – e sem uma nova proposta de simbiose entre sociedade e Estado que leve, de fato, à "socialização" do Estado e a seu controle democrático, e sem, ao mesmo tempo, a valorização do poder e, em particular, do poder estatal, como objetivo a ser conquistado (em todos os níveis e não só no nível do poder central), as oposições correm o risco de viver um dilema: ou repetem no poder a proposta do Panóptico ou, se apenas derem as costas ao Estado, são generosamente inoperantes.

A outra grande questão a ser pensada, e que fica para outra oportunidade, é a da nova forma-partido e de sua relação com os movimentos sociais e com o Estado para contra-atacar o código hegemônico burguês que está à vista. Quero deixar claro, nestas "conclusões abertas" (e expostas à crítica fácil), que, como corolário do que escrevi anteriormente, creio que as funções dos partidos serão mais modestas na nova política do que pensam os teóricos dos "partidos de vanguarda". E mais difusas também: terão de atacar *dans tous les azimuts*, desde o plano econômico ao cultural. Mais ainda, o recorte entre classe e partido não será de superposição coincidente: a heterogeneidade da estrutura social e a homogeneização da espoliação capitalista unem grupos sociais que são distintos quanto à sua inserção na estrutura das relações de produção. "Partidos de classe", no sentido estrito, pertencem à história de outras estruturas sociais. Em sentido amplo, da "classe" dos assalariados e oprimidos, talvez sim; mas à condição de não se pretenderem a "única" forma verdadeira de expressão de interesses populares e de serem capazes de propor tanto pão quanto modo de vida e liberdade.

Por fim, a resposta ao desafio deste tipo de hegemonia "burguesa-
-estatal" requer uma utopia socialista. Digo utopia porque o contraste
com o socialismo "tal como ele existe" terá de ser feito para dar credibilidade ao que se deseja. E digo utopia, também, porque é preciso
imaginar além do visível uma forma de controle da produção que,
sem dispensar o Estado, corte-lhe as garras de monstro devorador de
iniciativas e de liberdades. Deste ângulo, não se trata de saber se o socialismo está posto no Brasil como questão política atual: não está. Mas
está posto no centro mesmo da questão ideológica contemporânea. O
que o socialismo tem de não resolvido é como domesticar a produção
moderna, como tomar transparente a informação, e como assegurar um
controle político que seja popular-democrático não apenas porque o
Estado, em teoria, se baseia no proletariado e no povo, mas porque os
saberes e as práticas do cotidiano e da produção da vida (da economia,
da organização social e da cultura) estão de fato "abertos" à participação
e ao controle de todos.

NOTAS

1. Para isto, consultar Moisés, José Álvaro. Crise política e democracia, a transição difícil. Novembro de 1979 (mimeo.); e o capítulo 9 deste livro.
2. Para uma crítica desta perspectiva, ver Lamounier, Bolivar. *O discurso e o processo*. 1979 (mimeo.).
3. Ver Hirschman, A. Mudanças na tolerância com a desigualdade de rendas no curso do desenvolvimento econômico. *Estudos Cebrap*, n. 13, 1975.
4. Para a sustentação deste argumento ver especialmente Lamounier, Bolivar, *op. cit.* Convém dizer que, em medida variável – assim como as análises "crítico-estruturais" –, ele foi usado por muitos autores, e também por mim.
5. Ver, sobre este último ponto, Moisés, J.A. A democracia é possível? Um debate. *Revista de Cultura e Política*, n. 2, ago.-out. 1980.
6. Faço aqui uma síntese muito livre dos argumentos utilizados. Assim como nos dois anteriores paradigmas, este foi utilizado variavelmente por muitos autores. Como ponto de referência, ver o artigo já citado de José Álvaro Moisés.
7. Quero esclarecer que não minimizo, de nenhum modo, o peso do condicionante não só estrutural mas mesmo conjuntural, da economia. Principalmente num país dependente e quando a dívida externa, a inflação e a carência de energia tornam tão

A CONSTRUÇÃO DA DEMOCRACIA

apertados os meandros pelos quais o processo institucional pode passar. Apenas para os fins da análise da *política* da mudança institucional a referência ao econômico é obrigatória, mas insuficiente. Por exemplo, a crise atual (como em 1929 em diferentes países) tanto pode minar o regime no sentido de torná-lo *ainda mais rígido* quanto no sentido de desarticulá-lo. A direção que o processo assumirá dependerá do encaminhamento propriamente político da crise, que é o que ora interessa.

8. Veja-se, além de Habermas, J. *Legitimation Crisis*. Boston: Beacon Press, 1975, especialmente o cap. VI, Offe, Claus. *Lo stato nel capitalismo maturo*. Milão: Etas Libre, 1977.
9. Veja-se o capítulo 9 deste livro sobre "A Fronda Conservadora".
10. A questão dos partidos e dos movimentos sociais constitui a segunda parte deste artigo, que não reproduzi no presente capítulo.
11. Coloco entre aspas porque não se trata, obviamente, da hegemonia gramsciana, que tem um alto grau de sensibilidade para a questão do "convencimento e direção". Mas eu me pergunto: pode subsistir a ideia gramsciana de hegemonia quando, nas próprias sociedades avançadas, desaparece o parlamentarismo liberal-democrático como princípio legitimador? Não estaria a noção de Gramsci contraposta, mas presa ao horizonte do liberalismo? Este "código hegemônico" é manipulador e não libertador. Mas a hegemonia burguesa clássica tampouco era liberadora. Existe aí uma questão que não pode ser tratada ligeiramente, como estou fazendo, e que requer uma análise conjunta da sociedade técnico-industrial e dos meios de comunicação de massa.
12. Neste aspecto, o artigo de Regis de Castro Andrade, "Política social e normalização institucional no Brasil" (*Revista de Cultura e Política*, n. 2, ago./out. 1980), é extremamente sugestivo.

O texto deste livro foi composto em Sabon,
desenho tipográfico de Jan Tschichold de 1964
baseado nos estudos de Claude Garamond e
Jacques Sabon no século XVI, em corpo 11/15.
Para títulos e destaques, foi utilizada a tipografia
Frutiger, desenhada por Adrian Frutiger em 1975.

A impressão se deu sobre papel off-white
pelo Sistema Cameron da Divisão Gráfica
da Distribuidora Record.